"中国人文社会科学集刊 AMI 综合评价"入库集刊
复旦大学"学术期刊质量提升支持计划"资助立项

Journal of China's
Neighboring Diplomacy
Volume 7, Issue 1 (2021)

中国周边外交研究

第十三辑

复旦大学中国与周边国家关系研究中心　编

世界知识出版社

图书在版编目（CIP）数据

中国周边外交研究. 第十三辑/复旦大学中国与周边国家关系研究中心编.—北京：世界知识出版社，2023.12

ISBN 978-7-5012-6700-2

Ⅰ. ①中… Ⅱ. ①复… Ⅲ. ①中外关系—研究 Ⅳ. ①D822

中国国家版本馆CIP数据核字（2023）第227592号

书　　名	中国周边外交研究·第十三辑 Zhongguo Zhoubian Waijiao Yanjiu·Di-shisan Ji
编　　者	复旦大学中国与周边国家关系研究中心
责任编辑	蒋少荣
责任出版	赵　玥
责任校对	陈可望
出版发行	世界知识出版社
地址邮编	北京市东城区干面胡同51号（100010）
网　　址	www.ishizhi.cn
电　　话	010-65233645（市场部）
经　　销	新华书店
印　　刷	北京虎彩文化传播有限公司
开本印张	710毫米×1000毫米　1/16　19½印张
字　　数	350千字
版次印次	2023年12月第一版　2023年12月第一次印刷
标准书号	ISBN 978-7-5012-6700-2
定　　价	88.00元

版权所有　侵权必究

为适应我国信息化建设，扩大本集刊及作者知识信息交流渠道，本集刊已被中国知网（CNKI）和万方数据（Wanfang Data）收录，其作者文章著作使用费与本集刊稿酬一次性给付。免费提供作者文章著作引用统计分析资料。如作者不同意文章被收录，请在来稿时向本集刊声明，本集刊将做适当处理。

《中国周边外交研究》第十三辑（2021年第一辑）

由复旦大学"学术期刊质量提升支持计划"（复旦大学文科"双一流"建设项目）及复旦大学国际关系与公共事务学院政治学"高峰学科"经费资助出版。

特此致谢！

The publication of

Journal of China's Neighboring Diplomacy Volume 7, Issue 1 (2021)

was made possible through generous grants from

"Quality Improvement Program for Academic Journal" of Fudan University (Fudan University "Double First-Class" Construction Project of Liberal Arts) and

School of International Relations and Public Affairs of Fudan University (Fudan University Gaofeng Project of Political Science).

《中国周边外交研究》

Journal of China's Neighboring Diplomacy

主　管　复旦大学国际问题研究院
主　办　复旦大学中国与周边国家关系研究中心

主　编　杨　健
副主编　包霞琴　祁怀高　薛　松
编　委（以姓氏笔画为序）

左希迎　中国人民大学	石源华　复旦大学
卢光盛　云南大学	归泳涛　北京大学
包霞琴　复旦大学	关培凤　武汉大学
祁怀高　复旦大学	李皖南　暨南大学
杨　健　复旦大学	杨鲁慧　山东大学
吴心伯　复旦大学	吴寄南　上海国际问题研究院

〔日本〕青山瑠妙　日本早稻田大学（Waseda University）

周方银　广东外语外贸大学	赵卫华　复旦大学
赵可金　清华大学	赵青海　中国国际问题研究院
赵明昊　复旦大学	

钟飞腾　中国社会科学院亚太与全球战略研究院

费　晟　中山大学	夏立平　同济大学

〔马来西亚〕黄子坚（Datuk Danny Wong Tze Ken）
马来亚大学（University of Malaya）

郭　锐　吉林大学	薛　松　复旦大学
魏　玲　对外经济贸易大学	

编辑部主任　温　尧
编辑　张泽宇　孙志强

编辑部联系方式

投稿电邮：ccrnc@fudan.edu.cn
电　　话：86 21-6564 2939
传　　真：86 21-6564 2939
地　　址：上海市邯郸路220号复旦大学文科楼307室复旦大学中国与
　　　　　周边国家关系研究中心
邮　　编：200433

目录

CONTENTS

周边国家数字经济研究

会议综述

附 录

Contents

Studies on Digital Economy in Neighboring Countries

Review on Symposiums

Appendix

卷首语

祁怀高

《中国周边外交研究》第十三辑（2021年第一辑，简称"本辑"）刊载了11篇学术论文、1篇研究报告和1篇会议综述。本辑对新冠疫情与中国周边外交、中国与邻国的边海事务等议题做了重点回应。本辑的内容涉及以下方面：中国和东盟的抗疫合作、新冠疫情以来印度对华外交、2008年以来澳大利亚涉华认知、俄罗斯北极政策的再转型、阿富汗"帝国陷阱"效应、1992年以来蒙古国的转型之路、2020年中印边界西段对峙、2020年中日钓鱼岛问题、南海外大陆架问题、南海共同开发、印度尼西亚（简称"印尼"）佐科政府的数字经济、中亚国家数字经济发展等。本辑的作者来自复旦大学、武汉大学、吉林大学、华东师范大学、兰州大学、中国政法大学、北京外国语大学、中共中央党校（国家行政学院）、中国社会科学院、中国南海研究院等国内学术机构，东南亚国家的7个知名学术机构①，以及蒙古国国立大学。

新冠疫情与周边外交栏目刊载了"中国–东盟学术共同体"和缅甸仰光大学共同发布的《中国和东盟的抗疫合作研究报告》。该报告从多角度分析了中国和东南亚国家在抗击新冠疫情期间的合作，并展望了后疫情时代中国与东南亚之间公共卫生合作的发展及总体关系的走向。该报告也是第四届"中国–东盟学术共同体"国际研讨会的成果之一。②该报告的作者来自8个国家知名学术机构（文莱、中国、印度尼西亚、马来西亚、缅甸、菲律宾、新加坡和越

---

① 东南亚国家的7个知名学术机构包括：文莱大学、印度尼西亚大学、马来亚大学、仰光大学、菲律宾大学、南洋理工大学、越南社会科学翰林院。

② 第四届"中国–东盟学术共同体"国际研讨会由缅甸仰光大学和"中国–东盟学术共同体"秘书处共同主办。参见《第四届"中国–东盟学术共同体"国际研讨会在线上举办》，复旦中国周边研究微信公众号，2020年11月21日，https://mp.weixin.qq.com/s/oxoFz5WiZxCvtEGlQOD-qw，访问日期：2022年11月4日。

南），共10位，分别为：缅甸的秋秋盛（Chaw Chaw Sein），缅甸仰光大学国际关系系主任；缅甸的埃伊伊昂丹（Aye Ei Ei Aung Than），缅甸仰光大学国际关系系助理讲师；印度尼西亚的阿里・阿卜杜拉・维比索诺（Ali Abdullah Wibisono），印度尼西亚大学国际关系系讲师；越南的阮辉煌（Nguyen Huy Hoang），越南社会科学翰林院东南亚研究所副教授；菲律宾的乔夫・桑塔利塔（Joefe B. Santarita），菲律宾大学迪利曼分校亚洲中心教授；温尧，复旦大学中国与周边国家关系研究中心助理研究员；马来西亚的饶兆斌（Ngeow Chow Bing），马来亚大学中国研究所主任；李明江，新加坡南洋理工大学拉惹勒南国际关系学院副教授；美国的杨紫（Yang Zi），新加坡南洋理工大学拉惹勒南国际关系学院博士生；文莱的布鲁诺・杰丁（Bruno Jetin），文莱大学亚洲研究所副教授。

新冠疫情与周边外交栏目也刊载了杨路撰写的《新冠疫情以来印度对华外交新态势》。该文认为，新冠疫情全球大流行以来，印度对华政策出现较大的调整。在经贸领域，印度发起并深化与中国脱钩的进程；在军事领域，印度实施对抗性的边境政策和谋划针对性的军事改革；在软实力领域，印度主动同中国展开意识形态和疫苗援助竞争。经过近一年的实践，莫迪政府在经贸领域和软实力领域的对华竞争政策未能达到预期结果，在军事领域的对华施压前景亦不容乐观。面对印度对华政策新态势，中国首先须做好中印双边关系长期处于低谷期的政策准备；其次中国应划出明确的政策红线，将中印关系置于可控范围之内；最后中国须坚持互信建设，着眼双边关系的长期发展。该文作者杨路为中共中央党校（国家行政学院）国际战略研究院讲师。

周边国情研究栏目刊载了徐博和陈立赢合作撰写的《新环境下俄罗斯北极政策的再转型展望：目标、路径与挑战》。俄罗斯为了应对国际局势和北极局势新挑战，正在调整其北极政策，试图实现其北极政策的"再转型"。这一转型的最终目标则是打造以俄罗斯为主导的"全球北极"。作者认为，俄罗斯北极政策再转型的目标与路径将涉及俄罗斯的北极安全、北极地区社会经济发展以及北极外交与合作三个方面。同时俄罗斯国内条件的制约、美西方国家的制裁与掣肘等问题也将使俄罗斯北极政策的再转型面临诸多挑战。作者进一步指出，对俄罗斯北极政策再转型的深入研究有助于中国进一步加深对北极未来发展趋势的了解、加强与俄罗斯的北极合作，进而深入参与北极治理与北极事务。该文第一作者徐博为吉林大学东北亚研究院国际政治研究所教授，吉林大学俄罗斯研究所副所长，第二作者陈立赢为吉林大学东北亚研究院硕士研究生。

周边国情研究栏目的第二篇文章是祁治业和黄佟拉嘎合作撰写的《蒙古国转型三十年：人民党的政治改革与探索》。1992年2月蒙古人民共和国改称蒙古国，作者认为此后蒙古国全面开启了从一党制转向多党制、从计划经济转向市场经济、从社会主义转向民主社会主义的转型之路。蒙古国转型三十年来，人民党经历了政治上的自我革新、向议会党身份的转变和适应、党内的分裂与派系斗争，以及重新整合后重回权力顶峰的过程。2021年人民党在庆祝建党百年之际，再次实现了总统、议长、总理的"三权统揽"，确保政令统一。该文第一作者祁治业为兰州大学马克思主义学院博士研究生，第二作者黄佟拉嘎为蒙古国国立大学国际关系专业博士研究生。

周边国情研究栏目的第三篇文章是杜哲元撰写的《阿富汗"帝国陷阱"效应析论》。作者认为，"帝国陷阱"这一概念能够准确客观地反映阿富汗在大国政治中最突出的效应。阿富汗"帝国陷阱"效应的形成过程往往经过三个阶段："帝国"被诱惑进入、"帝国"损失增加、"帝国"被迫撤离。作者认为，中国应在明确阿富汗对中国的实际价值与中国对阿富汗的实际需求的基础上，对阿富汗重建以外交协调为主，有限的经济参与为辅，避免直接安全介入。该文作者杜哲元为中国政法大学政治与公共管理学院讲师。

周边国家对华外交栏目刊载了孙西辉和刘雨桐合作撰写的《2008年全球金融危机以来澳大利亚涉华认知中的变与不变》，该文结合国际体系因素与国内因素探讨了2008年全球金融危机以来澳大利亚的涉华认知。该文认为，澳大利亚涉华认知涉及澳基于国际体系和国家实力的国家利益关切，也涉及澳国内政治、经济与社会因素。总体来看，在涉华认知方面，澳大利亚重视地区国际秩序、重视澳美同盟和重视中澳经济关系的认知没有变化；但是，澳在安全与威胁来源、对中国一些重要对外政策的认知以及对中澳关系的认知方面发生了不同程度的变化。该文第一作者孙西辉为中国社会科学院亚太与全球战略研究院副研究员，第二作者刘雨桐为中国社会科学院大学国际关系学院学生。

中国边海事务栏目刊载了关培凤和万佳合作撰写的《中印边界西段对峙及其对双边关系的影响》。该文认为，新中国成立前，中英两国虽就中印西段边界的划界问题进行过交涉，但始终没有正式划定边界，两国基本依传统习惯线而治。20世纪50年代，印度对归属中国且长期处在中国实际管辖下的中印边界西段部分领土提出主权要求，揭开了中印边界西段冲突的序幕。2020年6月，中印在边界西段对峙中发生冲突，引发人员伤亡。此次冲突爆发的根源在于印度政府长期在中印边境地区实行"前进政策",并意图借中美竞争加剧之势对中国形成某种压制。对峙以来,中印两国在各领域的关系都受到明显冲击,但在边境地区局势趋稳和印度疫情形势的影响下,两国关系可能会从当前的低谷实现缓慢而有限的回弹。该文第一作者关培凤为武汉大学中国边界与海洋研究院教授,第二作者万佳为武汉大学中国边界与海洋研究院博士研究生。

中国边海事务栏目的第二篇文章是包霞琴和宋奥合作撰写的《2020年中日钓鱼岛问题再起的特点与原因》。该文认为,本轮钓鱼岛问题发轫于2020年5月,在新冠疫情深度影响全球秩序、中美战略竞争日趋复杂、日美两国政局变动的背景下展开。目前看来,日本菅义伟政府并未跳出外交抗议、前沿对峙、强化能力与国际合作的传统应对框架。但是,日本对华强硬势力对菅义伟政府的"软弱"态度极为不满,要求其进一步采取解除自身能力限制、推动国内法律整备、引入域外军事力量、强化实际有效支配等更趋对抗的政策措施。该文指出,日本炒作本轮钓鱼岛问题的战略意图主要有三:对中国的"海洋进出"活动形成有效牵制;拉拢美国更深层次介入区域安全议题,巩固日美同盟;为日本防卫政策整体性修改谋篇布局。该文第一作者包霞琴为复旦大学国际关系与公共事务学院教授,第二作者宋奥为复旦大学国际关系与公共事务学院硕士研究生。

中国边海事务栏目的第三篇文章是杨力撰写的《南海外大陆架问题初析》。马来西亚和越南等国提交的南海200海里外大陆架划界案引发的南海外大陆架问题,是近十多年来南海外交和法理论战的重要表现。该文简要回顾了《联合国海洋法公约》外大陆架制度创设的背景和主要内容,从该制度本身、大陆架界限委员会的实践以及南海领土海洋问题的特点等不同角度,就南海外大陆架问题涉及的主要国际法问题进行了分析。该文认为,应从《联合国海洋法公约》的宗旨和精神出发,确保外大陆架制度在不断发展变迁的形势下得到正确的、实事求是的适用。该文的一个核心观点是,大陆架界限委员会在是否审议有关南海划界案的问题上应当审慎止步,以利于妥善处理南海问题和保持南海地区稳定。该文作者杨力为中国南海研究院院长助理。

中国边海事务栏目的第四篇文章是祁怀高撰写的《中国在南海共同开发中的动因和政策选项》。该文认为,中国积极倡议南海共同开发,既有经济动因,又有战略动因。中国的经济动因包括对南海油气资源的需求、助推"21世纪海上丝绸之路"建设、海南全境建设自由贸易试验区、南海沿岸国建立共同市场和未来的经济一体化等。中国的战略动因包括服务中国的海洋强国建设目标、为南海和平稳定发挥建设性作用、与其他南海沿岸国发展睦邻友好关系、有效降低中美南海竞争的烈度等。该文认为，中国在南海共同开发上的政策选项可包括以下七个方面：一是继续在南海事务中展现善意；二是努力约束在主张重叠海域的单边开发行为；三是从南海事务中的低敏感领域着手；四是建立共同开发相关工作机制；五是在只涉及两个争端当事国的海域优先开展共同开发；六是以求共识的方式划定共同开发区；七是把越菲作为推动共同开发的主要对象国。该文作者祁怀高为复旦大学国际问题研究院研究员。

周边国家数字经济研究栏目刊载了夏方波撰写的《印度尼西亚佐科政府的数字经济发展探析》。该文认为，在印度尼西亚佐科政府的带领下，印尼数字经济在市场监管、基础设施建设以及人力资本培育等方面取得了不小的成就，并建立了一些有印尼特色的独角兽企业和行业模式，新冠疫情也为印尼数字经济发展带来了新的机遇。但是，印尼数字经济发展仍旧面临缺乏战略规划、创新能力不足、网络安全问题突出、监管效率低下以及行业缺乏可持续性等挑战。中国与印尼在数字经济发展上各自具备比较优势，在政府治理、文化教育交流和经济发展等方面都存在非常广阔的合作空间。中印尼两国政府和人民应该共同探索数字经济合作的新焦点、新模式和新未来，不断深化两国全面战略合作伙伴关系。该文作者夏方波为清华大学国际关系学系博士候选人。

周边国家数字经济研究栏目也刊载了王海燕撰写的《中亚国家数字经济发展及其与中国的合作》。该文认为，在数字经济蓬勃兴起的时代，中亚各国纷纷出台数字经济发展战略，电子商务发展方兴未艾，电子政务能力不断提升。同时，中亚各国也面临数字基础设施建设较为薄弱、数字人才缺乏、网络安全和地缘政治风险增加等挑战。新冠疫情暴发后，中亚国家数字经济发展的需求更加迫切，发展潜力巨大。由于中国数字经济和技术的巨大优势及其与中亚国家合作的基础，中国与中亚国家在数字经济领域开展合作可助力中亚国家提升经济现代化发展水平，并促进"一带一路"建设。该文指出，为应对挑战，中亚国家可与中国在数字基础设施建设、数字治理、电子商务、数字人才培养等领域展开合作，因国施策，共建数字丝绸之路。该文作者王海燕为华东师范大学国际关系与地区发展研究院副研究员。

会议综述栏目刊载了张泽宇整理的《周边视域下的中国与东南亚校庆报告会综述》。2021年5月25日，复旦大学中国与周边国家关系研究中心举办庆祝建校116周年学术报告会，主题为"周边视域下的中国与东南亚"。杨健研究员、赵卫华研究员、祁怀高研究员、涂怡超副研究员、贺嘉洁青年副研究员、温尧助理研究员和张励助理研究员分别做了发言。[①] 该篇综述对上述七位学者的主要观点进行了总结概括。

《中国周边外交研究》第十三辑（2021年第一辑）的出版离不开各位作者、审稿专家和编辑的辛勤工作。感谢复旦大学国际问题研究院杨健研究员、赵卫华研究员、薛松副研究员、温尧助理研究员，复旦大学国际关系与公共事务学院包霞琴教授对本辑组稿和编审提供的帮助。感谢审阅稿件专家[②] 提供的审稿意见。复旦大学中国与周边国家关系研究中心科研秘书张泽宇老师和世界知识出版社编辑蒋少荣承担了编辑工作。复旦大学国际关系与公共事务学院博士研究生张婷参与了本辑英文摘要的校订工作。复旦大学"学术期刊质量提升支持计划"（复旦大学文科"双一流"建设项目）和复旦大学国际关系与公共事务学院政治学"高峰学科"经费资助了本辑的出版。在此一并对他们的贡献表示感谢！

祁怀高

2021年6月30日

---

① 《中国与周边国家关系研究中心举办2021年校庆报告会》，复旦大学国际问题研究院，2021年5月26日，http://www.iis.fudan.edu.cn/d4/02/c6840a316418/page.htm，访问日期：2021年6月1日。

② 审稿专家名单，请参见本辑《审稿专家致谢》。

新冠疫情与周边外交

中国和东盟的抗疫合作研究报告[*]

"中国－东盟学术共同体"成员机构学者

【内容提要】2020年11月21日，"中国－东盟学术共同体"和缅甸仰光大学共同发布《中国和东盟的抗疫合作研究报告》（英文版）。该报告从多角度分析了中国和东南亚国家在抗击新冠疫情期间的合作，并展望了后疫情时代中国与东南亚之间公共卫生合作的发展及总体关系的走向。该报告也是第四届"中国－东盟学术共同体"国际研讨会的成果之一。^① 该报告的10位作者来自8个国家的知名学术机构（文莱、中国、印度尼西亚、马来西亚、缅甸、菲律宾、新加坡和越南）。本文是该研究报告的中文版。

【关键词】中国；东盟；抗疫合作；公共卫生合作

【作者简介】〔缅甸〕秋秋盛，缅甸仰光大学国际关系系主任；〔缅甸〕埃伊伊昂丹，缅甸仰光大学国际关系系助理讲师；〔印度尼西亚〕阿里·阿卜杜拉·维比索诺，印度尼西亚大学国际关系系讲师；〔越南〕阮辉煌，越南社会科学翰林院东南亚研究所副教授；〔菲律宾〕乔夫·桑塔利塔，菲律宾大学迪利曼分校亚洲中心教授；温尧，复旦大学中国与周边国家关系研究中心助理研究员；〔马来西亚〕饶兆斌，马来亚大学中国研究所主任；

---

* 《中国和东盟的抗疫合作研究报告》于2020年11月21日公开发布，英文版下载链接为：http://www.iis.fudan.edu.cn/_upload/article/files/e0/a2/2242e2114e8a9d43482b7f4ae2b0/7b8e2bac-5c27-4316-a92f-140c52e3c0ee.pdf。本文有删节。

① 第四届"中国－东盟学术共同体"国际研讨会由缅甸仰光大学和"中国－东盟学术共同体"秘书处共同主办。参见《第四届"中国－东盟学术共同体"国际研讨会在线上举办》，复旦中国周边研究微信公众号，2020年11月21日，https://mp.weixin.qq.com/s/oxoFz5WiZxCvtEGlQOD-qw，访问日期：2022年11月4日。

〔新加坡〕李明江，新加坡南洋理工大学拉惹勒南国际关系学院副教授；〔美国〕杨紫，新加坡南洋理工大学拉惹勒南国际关系学院博士生；〔文莱〕布鲁诺·杰丁，文莱大学亚洲研究所副教授。

【译者简介】张泽宇，复旦大学中国与周边国家关系研究中心科研助理。

【校者简介】温尧，复旦大学中国与周边国家关系研究中心助理研究员。

【声明】这份合作研究报告中表达的观点和意见是作者个人的观点和意见，并不反映其本国政府的官方政策或立场。

一、背景与意义[①]

新冠疫情毫无疑问地将世界由全球化推向地方化。疫情暴发之后，各国为了保护本国和本国公民的安全，采取了旅行禁令、停工停产、封闭国境等措施。后疫情时代的议程可能昭示全球和地区的政治经济领域出现重大转折。在保护本国国家根本利益的现实主义假定下，自由主义视角下的合作正在成为备受关注的问题。在这种情况下，由于国际和地区秩序的不确定性，中国和东盟须秉持友好邻邦和自由主义所强调的合作精神，互相理解，迎接挑战，这在后疫情时代非常重要。值得一提的是，在2020年11月15—16日举办的第三十七届东盟峰会上，[②] 15国签署了《区域全面经济伙伴关系协定》（RCEP），这个合作机制可能对后疫情时代该区域的经济复苏非常重要。

这份以中国和东盟的抗疫合作为题的报告值得一读，原因有三点。

第一，疫情的暴发可能成为对中国周边外交的考验。包括中国在内的大国，可能会以疫情为契机来拓展其公共外交。无论怎样，这些周边外交实践都必须考虑其对东盟的有效程度。中国历届领导人都基于经济发展、政治和安全等方面的目标开展周边外交。在2013年10月24日举行的周边外交工作座谈会上，中国国家主席习近平强调，要更加奋发有为地推进周边外交，为中国发展争取良好的周边环境，使中国发展更多惠及周边国家，实现共同发展。

为了证明自己是一个好邻居，中国一直在协助改善该地区发展中国家的社

---

① 本部分由缅甸仰光大学国际关系系主任秋秋盛教授撰写。

② 第三十七届东盟峰会及东亚合作领导人系列会议于2020年11月12—15日以视频方式举行。原文此处有误。——编者注

会经济发展状况。一个著名的例子是2016年澜湄合作的启动。在澜湄合作机制下，中国强调消除贫困，这与联合国的可持续发展目标是一致的。在澜湄合作专项基金的支持下，中国向机制成员国提供了可以满足消除贫困需求的早期收获项目。中国周边外交在疫情期间的作用也不能被忽略。在与新冠疫情斗争的过程中，中国一直在向一些东盟国家提供医疗援助物资并派遣医疗队，在东盟与中日韩抗击新冠肺炎疫情领导人特别会议中也承诺为东盟提供支持。

第二，中国如何克服阻碍，将"一带一路"建设成健康之路也值得观察。"一带一路"倡议正在尝试建立连接中国与亚洲、欧洲的走廊。虽然在政府层面多国已同意实施"一带一路"项目，但是当地的居民、媒体和民间组织仍然在观望中国的抗疫外交。在这方面，本报告也阐述了如何让中国与东盟的合作成为"健康丝绸之路"的一部分。

第三，应对新冠病毒将是对东盟中心地位的考验。由于疫情已经给社会、经济和政治等方面带来了重大打击，中国同东盟关系在推进合作来应对疫情的过程中起着重要作用。为了解决这些问题，自2020年4月以来，东盟秉持着团结的精神，通过视频方式召开东盟与中日韩抗击新冠肺炎疫情领导人特别会议。① 会议发表了《东盟与中日韩抗击新冠肺炎疫情领导人特别会议联合声明》，《声明》特别强调通过加强东盟制度网络来应对未来的公共卫生紧急情况。② 2020年，东盟举行了四次线上峰会：东盟特别峰会、东盟与中日韩特别峰会以及第三十六届和第三十七届东盟峰会。这些峰会特别关注后疫情时代如何解决疫情对社会经济发展的影响。

在《中国和东盟的抗疫合作研究报告》中，来自8个国家知名学术机构（文莱、中国、印度尼西亚、马来西亚、缅甸、菲律宾、新加坡和越南）的10位作者从多角度阐述和分析了他们对于中国和东盟抗疫期间合作的观点，希望该报告能为克服疫情带来的不利影响提出一些建议。

该研究报告是第四届"中国–东盟学术共同体"国际研讨会的成果，该线上研讨会以"东盟和中国的抗疫合作"为主题，由仰光大学于2020年11月21日承办。仰光大学很荣幸在建校百年之际举办该会议。

---

① "37th ASEAN Summit and Relates Summits Begin Today," ASEAN, November 12, 2020, accessed November 12, 2020, https://asean.org/37th-asean-summit-related-summits-begin-today.

② "Declaration of the Special ASEAN Summit on Coronavirus Disease 2019 (COVID-19)," ASEAN, April 14, 2020, accessed June 1, 2020, https://asean.org/declaration-special-asean-summit-coronavirus-disease-2019-covid-19.

二、后疫情时代的"印太"地区秩序：重大趋势①

"印太"地区的秩序处于不断变动之中。随着新冠病毒在全球蔓延，围绕疫情对该地区战略和外交政策的辩论越来越激烈。该地区两大国之间的竞争也因疫情而加剧。美国国务院发表声明称中国在南海的大多数主张都是"非法"和"无效"的。②此外，两国对东盟国家的援助让很多人开始思考，双方是否在该地区进行战略性疫情援助的竞赛。东南亚各方很显然已经意识到疫情所带来的一系列变化，并因此关切未来的地区稳定性。在这种背景下，本文将讨论在后疫情时代地区秩序变化中的重要趋势及其可能前景。

（一）美国在"印太"地区的主导地位下降

许多人认为，美国的物质能力（例如军事力量和经济影响力）作用有限。根据世界银行的数据，美国的国内生产总值（GDP）和国防支出约占世界总量的四分之一，这意味着在21世纪，美国并未完全占统治地位。约瑟夫·奈（Joseph Nye）认为，"即使美国仍然是最强大的国家，但是由于信息革命和全球化，它已无法独自实现许多国际目标"。③新冠疫情暴发后，美国在抗疫方面的领导作用有限这一观点得到了进一步验证。首先，特朗普政府决定在疫情期间暂停向世界卫生组织（WTO，简称"世卫组织"）提供资金。④作为世卫组织最大的捐助国，美国不仅忽视世卫组织的作用，并且破坏了其多边合作的前景。其次，当特朗普总统认为该病毒是严重威胁时，他只是从美国的角度（"美国优先"）考虑，而不是从整个世界的角度考虑。美国援助价值8700万美元的物资给东南亚国家，这被认为可能是为了与中国在该地区竞争。最后，甚至在美国国内，政府对疫情的应对都是一片混乱。有人批评说因为美国没有在

---

① 本部分由缅甸仰光大学国际关系系助理讲师埃伊伊昂丹撰写。

② Lynn Kuok, "Will COVID-19 Change the Geopolitics of Indo-Pacific?" International Institute for International Studies, June 4, 2020, accessed June 5, 2020, https://www.iiss.org/blogs/analysis/2020/06/geopolitics-covid-19-indo-pacific.

③ Joseph Nye Jr., "The Future of American Power," Foreign Affairs, November 1, 2010, accessed June 1, 2020, https://www.foreignaffairs.com/articles/2010-11-01/future-american-power.

④ "Coronavirus: US to Halt Funding to WHO," BBC, April 15, 2020, accessed June 1, 2020, https://www.bbc.com/news/world-us-canada-52289056.

前几周为应对疫情做好准备，导致它现在已经成为确诊病例数最高的国家。[①]

与中国相比，美国在"印太"地区的力量投射正在减少。它在该地区的轴辐同盟体系正在变得薄弱。有人预测疫情会使"印太"地区的军事战备状态恶化。2020年，美国许多联合演习被取消，例如原定美国和韩国的定期联合演习、在5月举行的美国和菲律宾年度"肩并肩"（Balikatan）联合军事演习以及美国、澳大利亚、韩国、日本的"漆黑"（Pitch-Black）多边演习。这些演习的取消使地区行为体对于美国未来在该地区的安全承诺产生怀疑。为了有效处理此地区的事务，美国需要加强其在该地区的联盟和联盟的团结性。但是，出于多种原因，要建立这种凝聚力并不容易，而且联盟管理也有难度，各国的国内因素也在其中起着重要作用。未来，美国在该地区的霸权地位可能会减弱。

（二）中国在该地区的影响力不断增强

新冠疫情中，中国提升了其全球形象。在特朗普总统停止美国向世卫组织提供资金一周后，中国向世界卫生组织承诺提供3000万美元的援助。早期的新冠疫情援助行动大部分是由中国完成的，中国政府提供了大量的口罩和个人防护设备。东南亚尤其是中国新冠疫情援助计划的重点地区。马云基金会和阿里巴巴基金会为东盟成员国捐赠了大量物资。2020年4月，中国向东盟秘书处捐赠了医疗用品，其中包括75,000个医用外科口罩，300瓶洗手液（500毫升装）和35个红外温度计。中国通过提供医疗物资和派遣由中国医生及医务人员组成的团队，向东盟各个国家提供了援助。

中国的国防支出每年都在增加，到2019年，这项支出达到了2610亿美元。尽管新冠疫情对经济产生了冲击，但是2020年中国的国防支出也没有受到影响。[②]从经济上讲，预计疫情后中国将更加有信心。根据国际货币基金组织的预测，2020年全年中国GDP会增长1.9%，将是唯一一个缓慢返回正轨的主要

---

① Lynn Kuok, "Will COVID-19 Change the Geopolitics of Indo-Pacific?" International Institute for International Studies, June 4, 2020, accessed June 5, 2020, https://www.iiss.org/blogs/analysis/2020/06/geopolitics-covid-19-indo-pacific.

② Bonnie Glaser, Matthew P. Funaiole and Brian Hart, "Breaking Down China's 2020 Defense Budget," Center For Strategic and International Studies, May 22, 2020, accessed June 1, 2020, https://www.csis.org/analysis/breaking- down-chinas-2020-defense-budget.

经济体。①②

事实上，中国似乎并没有像美国那样建立联盟体系，它的目标是通过重塑既符合中国利益又体现中国价值的体系，在地区架构中担当角色。然而，中国要建立以其为主导的地区安全网络将面临一些阻碍。首先，亚洲伙伴对中国作为安全保障者的信任未完全建立。其次，中国很难打破美国联盟和东盟等地区制度的韧性。

（三）中等强国日益重要

随着中国崛起进程的加快和美国力量衰落的显现，中等强国的地位凸显，成为确保地区和平稳定的新的集体力量。印度和日本等地区内国家在这方面发挥了重要作用。它们与美国和澳大利亚一道参与"四边机制"（Quad）。最近，它们提出了"自由开放的印太（FOIP）战略"。这一战略聚焦于"印太"地区的"航行自由"。

1. 日本

作为美国旧金山联盟体系的重要支柱和稳定器，日本对于地区秩序的展望是以美国为中心的"基于规则的地区秩序"。当美国推行"自由开放的印太战略"时，日本迅速接受了这一战略。但是同时，在美国优先的模式下日本一直面临着巨大挑战，一方面要防范被美国遗弃的风险，另一方面要管理同盟的关系。这使日本重新调整其对华政策，当日本描绘其"自由开放的印太战略"时，它在经济问题上对中国的态度相对更倾向合作，而不是纯粹的对抗。

在中等强国中，日本一直被期望能在该地区发挥全面领导作用。东南亚国家与日本在文化、经济、安全等方面存在着多层次的关系。日本通过促进东南亚国家的基础设施发展和经济繁荣，确保了其在该地区愿景的实现。2019年6月，日本在东南亚的基础设施投资总额达到3670亿美元，超过了中国的投资额2550亿美元。此外，东南亚对主要大国信任度排名调查显示，日本是最受

---

① Martha C. White, "China Just Became the First Country to Grow Its Economy after Covid-19. What Lessons Can the US Learn?" NBC News, October 19, 2020, accessed November 1, 2020, https://www.nbcnews.com/business/economy/china-just-became-first-country-grow-its-economy-after-covid-n1243898.

② 2020年中国GDP实际同比增长2.3%。——编者注

信任的大国，紧跟其后的是美国和中国。[①] 但是与美国和中国相比，日本为东南亚提供抗疫援助的速度较慢。根据世界经济论坛的报告，新冠疫情对日本经济造成了巨大的冲击。如果日本经济没有在疫情中遭受重创，预计日本将会支持该地区的经济复苏并重建其薄弱的医疗体系。

2. 印度

在过去的十年中，印度凭借其经济实力和海军力量稳步发展成为一个新兴大国，为东南亚的海上能力建设提供了支持。由于美国面临力量销蚀之危，印度成为实现特朗普的"印太战略"以帮助美国遏制中国崛起的主要行为体之一。然而，印度更大的目标是成为主导大国而不是平衡者。印度的"印太愿景"集中在以"法治、贸易自由和包容平衡"原则为基础的"自由和开放的印太"上。印度还强调，在实现其战略时要锚定东盟的统一和团结。2020年9月，印度的新冠病例数达到高峰，死亡人数仅次于美国和巴西，居世界第三位。自3月严厉封锁以来，印度经济一直在疫情中挣扎，预计将继续萎缩，可能会面临衰退。此外，疫情加剧了该国的失业问题。预计疫情之后，印度在"印太"地区发挥更重要作用的时刻可能会被延迟。

随着疫情的加剧，"四边机制"国家增加了与包括新西兰、韩国和越南在内的非四边国家展开"四边+"安全对话。这些国家不仅讨论了控制病毒蔓延的方法，还讨论了一旦疫情变得不那么严重，如何恢复它们的经济。[②] 由于新冠疫情，它们作为战略平衡者，其地位预计会变得更加重要。但是这在很大程度上也取决于它们的经济状况以及它们如何有效地应对疫情对该地区的影响。

（四）东盟中心地位受到挑战

在地区秩序变化的时代，东盟中心地位一直是学者和决策者争论的焦点。在发展对外关系与开展对外合作中维护东盟中心地位、坚持东盟主导性作用是东盟的主要宗旨之一。东盟中心地位基于其日益增长的领导作用，并通过这一点，东盟连接了多个利益相关者。因此，东盟主导的多边框架和合作平台已经形成，包括东盟地区论坛（ARF）、东盟国防部长会议（ADMM）、东盟防长

---

① Tang Siew Mun et al., "The State of Southeast Asia: 2020 Survey Report," ISEAS-Yusof Ishak Institute, January 16, 2020, accessed June 1, 2020, https://www.iseas.edu.sg/images/pdf/TheStateofSEASurveyReport_2020.pdf.

② Jiyoon Kim, Jihoon Yu and Erik French, "How COVID-19 Will Reshape Indo-Pacific Security," The Diplomat, June 24, 2020, accessed July 1, 2020, https://thediplomat.com/2020/07/how-covid-19-will-reshape-indo-pacific-security/.

扩大会（ADDM Plus）、东盟与中日韩会议（APT）和东亚峰会（EAS）。①

在疫情加剧的情况下，东盟中心地位是非常重要且必要的。为了遏制新冠病毒的传播，东盟组织了一系列集体行动，其中包括东盟协调委员会关于疫情的一次特别会议，东盟外交部长、经济部长、国防部长和东盟与中日韩三国的卫生部长发表了联合声明。此外，与欧美的合作倡议也已经启动，并于4月14日召开了关于新冠疫情的特别峰会。这些是进一步合作的起点。一些人希望这些由东盟牵头的合作可以动员美国和中国两个主要大国，缓解两国在该地区的竞争。另一方面，也有人断言情况永远不会如此。因为尽管美国和中国的援助主要集中在东南亚国家，但两国在抗击疫情方面没有合作的迹象。事实上，他们认为，大国偶尔觉得东盟有用是因为东盟没有足够的分量来阻碍或损害它们的根本利益。大国合作的可能性微乎其微。

东盟中心地位一直面临许多挑战。2012年，东盟就南海问题发表联合声明时首次出现分歧。这表明"东盟内部凝聚力"非常薄弱。有人宣称东盟中心地位在美国霸权下最为稳定。由于在该地区美国领导的"自由主义世界秩序"正在衰退，东盟中心地位的稳定受到了挑战。此外，随着中美竞争的发展，人们担心东盟国家能否保持对东盟中心地位至关重要的不选边站队立场。尽管在美国、印度和日本的"印太"话语中，东盟中心地位是关键支柱，但特朗普政府并未优先考虑以东盟为中心的多边框架。事实上，东盟中心地位是由外部参与者创造的，因此，它取决于大国是否承认东盟作为亚洲地区架构中心的正当性。尽管如此，不管有没有中心地位，东盟都将继续存在。

上述趋势表明，"印太"地区的秩序正在发生变化，而新冠疫情加剧了这一变化过程。美国在该地区的领导作用正在减少，中国在该地区的影响力正在增强。地区内中等强国的重要性有望得到加强，东盟主导的多边主义正面临挑战，在后疫情时代，其中心地位可能会减弱。

三、消弭中国与东盟合作抗疫中的不良地缘政治影响②

东盟与中国之间的合作是预防和克服传染病大流行风险的关键之一。首

---

① Simon Tay and Cheryl Tan, "ASEAN Centrality in the Regional Architecture," Singapore Institute of International Affairs, January 2015, accessed June 1, 2020, http://www.siiaonline.org/wp-content/uploads/2016/10/2015-05-Policy-Brief-ASEAN-Centrality-in-the-Regional-Architecture.pdf.

② 本部分由印度尼西亚大学国际关系系讲师阿里·阿卜杜拉·维比索诺撰写。

先，中国−东盟地区经济增长总量占世界经济增长总量的重要部分。其次，中国−东盟地区由优势和能力各不相同的国家组成。中国是该地区最强大的国家，自然会寻求在该地区的政治和经济影响力占主导地位，但其他大国也一直参与这场权力和影响力的较量。比起竞争性的地缘政治环境，地区内各国的合作共存最能促进能力建设并加强地区内的相互联系。最后，非传统安全领域的合作是中国−东盟关系中的重要部分，这为在公共卫生领域开展更多实质性合作提供了非常合适的基础。然而，公共卫生安全化有可能使合作偏离公共健康议题，局限在国家安全和外交利益方面。①

本部分提出一个问题：中国与东盟的合作能够在多大程度上增强地区公共卫生系统抵御流行病风险的能力？笔者发现，自2003年非典暴发以来，东盟一直在不断建设并加强地区抵御流行病暴发的能力。另外，东盟与中国在寻求地区公共卫生合作方面存在局限性的原因是东盟与中国在应对流行病问题上的态度不同。东盟、中国以及世界卫生组织都认为，当一个主权国家应对传染病的暴发时，无论其公共卫生治理能力如何，这是应在其边界内加以控制的问题。尽管提高主权国家控制疫情的能力非常重要，但传染病问题的本质仍然是不变的。它无视国界。这意味着需要在国家主权和将公共卫生视为人类安全问题之间取得平衡。在这方面，缺乏资源来提高其公共卫生能力的国家别无选择，只能依靠多种合作机会，利用东盟作为多边工具，为与包括中国在内的地区外伙伴的合作提供有利的环境。

尽管如此，由于地理位置相近，东盟和中国的合作在预防疫情暴发方面至关重要。东盟和中国在共同营造有利于思想互动、信息交流、技术转让和医疗资源的合作环境方面发挥着重要作用。疫情地缘政治，即对战胜疫情有负面影响的地缘竞争是无法避免的，但其影响应该被尽量减轻，因为在社会各个层面都成功摆脱疫情影响之前，我们所有人都不可能安全。

（一）东盟与卫生安全威胁

若追溯东盟对流行病暴发的应对，2003年的非典疫情是起点之一。自那时以来，东盟一直在发展公共卫生合作，当时形成的合作只是围绕交换涉及控制传染病和限制人口流动的信息。另一个关注点是识别可能携带非典病毒的外

---

① Melissa G. Curley and Jonathan Herington, "The Securitisation of Avian Influenza: International Discourses and Domestic Politics in Asia," *Review of International Studies* 37, no. 1 (2011): 141-166.

国人。此外，非典疫情实际上促成了一个在线系统的建设，该系统允许当地卫生机构通过将自身与东盟疾病监测网互联，来识别患者体内是否携带非典病毒。东盟疾病监测网设立于2003年4月，目的是促进东南亚的区域合作，及时传播有关疾病暴发的信息。该网站是在美国海军第二医学研究所（NAMRU-2）的财政和技术支持下建立的，由印度尼西亚卫生部负责维护。2004年12月，东盟成立了高致病性禽流感（HPAI）特别工作组。印度尼西亚在该工作组中负责协调疫苗接种和扑杀程序；马来西亚负责起草行动计划以遏制疾病传播及加强应急准备并在该地区建立无病区；菲律宾负责提高公众对该问题的认识；新加坡负责建立一个信息共享系统；泰国负责建立监测系统以辨别疾病并确保病毒样本的快速交换和分析。[1] 2005年10月，该计划得到了加强，东盟设立了地区禽流感基金和一项为期三年的行动计划。[2]

中国-东盟抗击非典高峰会议的召开，为中国与东盟国家应对非典提供了合作保障，在这次会议上中国提供了120万美元的捐款。

2020年3月11日，世卫组织宣布新冠疫情全球大流行。在此之前，东盟曾于2020年2月14日发表了题为《关于共同应对新冠肺炎疫情的东盟主席声明》，该声明认可了世卫组织将新冠疫情列为"国际关注的突发公共卫生事件"的评估。东盟也与中国展开了协作。在2020年2月20日于老挝万象举行的中国-东盟关于新冠疫情问题特别外长会上，新冠疫情的暴发成为讨论焦点。在会议上，印度尼西亚提议在中国和东盟之间建立一条热线以交流最新信息，并加强东盟与中国应对新冠等流行病的机制。自2020年1月初新冠疫情出现以来，东盟卫生部门在区域层面启动了多种公共卫生合作机制以应对疫情。迄今为止，东盟至少有27个原有和新建立的机制在运作以控制疫情蔓延。

东盟还支持通过东盟生物离散虚拟中心（ABVC）定期报告东盟地区的新冠疫情国际传播风险评估，并通过东盟风险评估和风险通报中心通报风险情况。由马来西亚主持的东盟公共卫生应急行动中心网络，每天为各个东盟国家更新疫情动态和应对技术的最新发展情况。由菲律宾主办的东盟生物离散虚拟中心使用大数据生成针对新冠疫情的风险评估和监测报告。第一份报告

---

[1] Agri-Food & Veterinary Authority of Singapore, "ASEAN Highly Pathogenic Avian Influenza (HPAI) Taskforce," December 21, 2004, accessed June 1, 2020, https://www.nas.gov.sg/archivesonline/data/pdfdoc/AVA20041221001.pdf.

[2] Mely Caballero-Anthony, "Non-Traditional Security and Infectious Diseases in ASEAN: Going beyond the Rhetoric of Securitization to Deeper Institutionalization," *The Pacific Review* 21, no. 4 (2008): 507–525.

于2020年1月20日发布，随后每周发布三次报告。同时，由泰国牵头建立的地区公共卫生实验室网络（RPHL）允许每个东盟成员国了解实验室准备情况，得到技术和物质支持，获得实验室经验和指导。

东盟风险评估和风险通报中心（ARARC）会对与新冠疫情相关的虚假新闻和骗局进行调查甄别，并设法有效地向公众提供可靠及时的信息。除此之外，东盟的一些新倡议也推出了诸多举措。已商定并正在筹备实施的新倡议包括建立东盟公共卫生突发事件门户网站、东盟公共卫生突发事件和新发疾病中心、东盟公共卫生应急协调系统（APHECS）和东盟全面恢复框架。此外，还要建立东盟医疗用品区域储备库（RRMS）和东盟新冠疫情应急基金，以确保在紧急情况下能够提供必要的医疗设备和资金。同时，还建立了针对公共卫生突发事件的东盟标准操作程序。

2020年3月10日，东盟各国经贸部长发表了一份关于加强经济韧性以应对新冠疫情的联合声明。东盟应对疫情的策略尤其强调经济复苏的重要性。2020年4月14日，东盟与中日韩抗击新冠肺炎疫情领导人特别会议由东盟轮值主席国越南主持。会议就以下方面达成了一致：采取联合行动加强政策协调，以减轻对经济社会发展造成的负面影响；确保供应链的畅通稳定以维持该地区的贸易活动；支持划拨资金给东盟设立特别基金以应对新冠疫情。

简而言之，尽管国际上各方相互指责，但东盟在应对疫情及其影响的过程中从未试图追责。2003年的非典疫情和2020年的新冠疫情都引发了一些指责中国的言论。

东南亚地区探索应对流行病地区性方案的重中之重应当是建立疾控中心。疾控中心采用覆盖地区范围的监测机制来控制疫情，是能对传染病暴发做出快速反应的地区性架构。在这方面，东盟建立地区疾病监测机制的计划是世界疾控的重大发展。此外，东盟还应加大为成员国采购和提供个人防护用品的力度，并允许成员国申请直接补助金以助其恢复。

（二）中国在地区复苏中的作用

对东盟国家来说，一个紧迫的问题是：中国将如何在未来帮助东盟国家建立抗击流行病的能力？过去，中国通常在灾后参与东盟抗击流行病的行动，而不是在建立抗灾和预防机制的环节。这是可以理解的。虽然这本身对东盟来说没有问题，并且东盟过去曾为中国提供了平台，让中国在疫情后的复苏发挥建设性作用，但从长远来看，这对于建立地区复原能力帮助有限。

尽管地缘政治可能带来负面影响，中国仍可以塑造负责任的全球领导形象；很大程度上中国已经采取了相应行动。在东盟与中日韩合作框架内，中国同意建立东盟与中日韩重要医疗物资储备，并承诺向东盟应急基金捐款，这有助于提高东盟应对疫情及其后果的能力。2020年4月21日，为确保东盟秘书处的正常运作，中国向其捐赠了口罩、洗手液和温度计，并且承诺向其成员国提供1亿个口罩、1000万套防护装备和其他急需的医疗物资。

（三）公共卫生对策之外

要获得所有东南亚国家的信任，中国需要与该地区共同努力，用民众能够负担得起的疫苗结束疫情，并一起应对疫情造成的社会经济影响。随后中国成功遏制了疫情，这与美国特朗普政府糟糕的表现形成鲜明对比，其抗疫援助也提升了中国在地区内的形象。

每个东盟成员国都推出了刺激经济的方案以维持其经济运行，而由中国主导的亚洲基础设施投资银行（AIIB）是东盟成员国的贷款机构。截至7月27日，东盟十国已批准了约3500亿美元的刺激经济方案，相当于东盟GDP的3.74%。柬埔寨、印度尼西亚、老挝、缅甸、菲律宾和越南已向世界银行、亚洲开发银行和亚投行借款共67亿美元，以实施其提振国家经济的计划。

但是中国的善意不一定都会转化为东盟对中国的充分信任。此外，美国对中国的对抗态度日益显著，虽然一些决心反击中国强硬主张的国家非常欢迎这种对抗，但其他希望专注于重建经济和应对更紧迫的国内挑战的国家对此并不持积极态度。

归根结底，理想情况下，东盟的公共卫生复原力应该通过以东盟为中心的机制来实现，以维护东盟在该地区的主人翁身份。东盟成员国必须与合作伙伴共同努力，将东盟主导的机制转变为有利于所有东盟成员国的创新中心，使所有东盟国家都能按照自己的节奏实施政策。此外，东盟需要扩大其机制的包容性。同时，为确保创新理念和大胆改革制度的动力一直存在，东盟必须培养多层次的协调合作，同时避免在日益激烈的大国竞争中出现地区两极分化。

四、后疫情时代中国对东南亚政策趋势预测①

（一）新冠疫情前中国的东南亚政策

改革开放十多年后，在1991年，中国开启了与东盟的对话进程。1996年，中国成为东盟全面对话伙伴。从那时起到新冠疫情暴发，中国对东南亚实施了以下政策。

1. 主动提出多项倡议，参与东南亚国家的多项合作机制

21世纪初，中国经过一段时间的改革开放，初步积累了一定的资源，开始实施外向型战略。在东南亚地区，中国积极主动地推进双边合作，与区内外伙伴一同参与了多项合作机制。

第一，在2006年，广西壮族自治区政府发起"一轴两翼"倡议，对接和推进与东南亚国家在陆上、海上和湄公河次区域的合作。广西试图通过宣传这个倡议，吸引东盟国家实施这一设想，以帮助中国实施全球战略。② 2013年秋，中国国家主席习近平提出了"一带一路"倡议，旨在将中国与相关国家联系起来。同时，2013年10月，中国呼吁东盟国家携手建设"中国–东盟命运共同体"。2014年11月，中方提出构建澜湄合作机制。③

第二，近年来，中国还就未来与东盟合作的愿景与计划发表了多项声明，例如《中国–东盟战略伙伴关系2030年愿景》《落实中国–东盟面向和平与繁荣的战略伙伴关系联合宣言的行动计划（2016—2020年）》，并就"一带一路"倡议同《东盟互联互通总体规划2025》对接、智慧城市合作、媒体交流等发表联合声明。

第三，中国积极参与多种双边和多边合作机制，包括中国与东盟各成员国的合作、东盟与地区外国家的合作。双方在东盟与中日韩（10+3）合作、东亚峰会、东盟地区论坛、亚洲合作对话、亚太经合组织等合作机制下保持良好沟通。在部长级层面，中国与东盟建立了十多个部长级会议机制。

---

① 本部分由越南社会科学翰林院东南亚研究所所长阮辉煌副教授撰写。感谢越南社会科学翰林院中国研究所裴氏秋贤（Bui Thi Thu Hien）博士的修订。

② 杜新、刘伟：《刘奇葆："一轴两翼"推动和谐共赢》，2006年10月31日，http://news.sina.com.cn/c/2006-10-31/162810372245s.shtml，访问日期：2021年6月1日。

③ 《关于澜沧江–湄公河合作》，澜沧江–湄公河合作中国秘书处，2021年2月26日，http://www.lmcchina.org/2021-02-26/content_41448184.htm，访问日期：2021年6月1日。

2. 促进经济合作和文化教育交流

中国与东盟签署和协商了多项经济合作协议，特别是《全面经济合作框架协议》（2002年11月）、中国–东盟自由贸易区建设、区域全面经济伙伴关系协定谈判等，这些都使中国成为东盟最重要的经济合作伙伴。

同时，中国还与东盟十国签署了教育交流合作协议。自2010年起，中国承诺每年向东盟国家提供1万个奖学金名额，从2010年到2020年十年间共发放10万个奖学金名额。[①] 为进一步扩大中国在东南亚的文化影响力，截至2019年11月，中国已在东盟十国建立了38所孔子学院。在疫情暴发前，2019年双方人员往来已突破6000万人次大关。[②]

3. 对不同的东南亚国家实行不同的政策

尽管中国共产党和中国政府的正式文件中并没有提到对各个东南亚国家的具体政策，但我们观察到，对东南亚国家的政策是放置在中国的整体周边外交政策之中的。这意味着多年来，为了集中精力发展经济并为实现中国梦积累资源，中国在努力维护和巩固周边环境的和平稳定。[③] 同时，中国在世界各地集结力量，包括引导东盟各国支持中国。然而，由于中国同东盟各国双边关系和各国国家利益不同，中国对各个东南亚国家的吸引和引导政策也不尽相同。

苏菲安·朱索（Sufian Jusoh）统计了"一带一路"框架下的基础设施投资项目。2013—2018年，中国对东盟10个国家中的6个国家进行了投资，但项目主要集中在柬埔寨（5个项目）、印度尼西亚（5个项目）、老挝（3个项目）和马来西亚（3个项目），文莱和泰国各有1个项目。[④] 尽管这些项目分布不能完全代表中国对各东盟国家的政策优先级，但它们还是部分解释了中国与东盟各国关系的不同级别以及中国在东盟各国实施政策的难易程度。

4. 加强对南海的管控，拒绝区域外国家的介入

在许多论坛和会议上，中国都公开拒绝外部势力介入包括南海问题在内的

---

① 《中国将向东盟提供10万名奖学金名额》，中华人民共和国驻印度尼西亚大使馆，2010年8月13日，http://id.china-embassy.org/chn/whjy/Study_China/t723680.htm，访问日期：2021年6月1日。

② 《中国–东盟关系（2020年版）》，中国–东盟中心，2020年3月13日，http://www.asean-china-center.org/asean/dmzx/2020-03/4612.html，访问日期：2021年6月1日。

③ 《习近平在亚信峰会合作主旨发言（全文）》，人民网，2014年5月21日，http://world.people.com.cn/n/2014/0521/c1002-25046183.html，访问日期：2021年6月1日。

④ Sufian Jusoh, "The Impact of BRI on Trade and Investment in ASEAN," in Munir Majid and Yu Jie eds., *China's Belt and Road Initiative (BRI) and Southeast Asia* (Kuala Lumpur: CIMB ASEAN Research Institute, 2018), p.11.

区域问题。2016年3月31日，在华盛顿会见美国总统奥巴马（Barack Obama）时，习近平坚决反对破坏中国主权和安全利益的行为，[1] 实际上暗指美国以"航行和飞越自由"为借口干涉南海问题。此外，中国还要求美国在南海问题中不选边站队。

（二）后疫情时期中国对东南亚政策的走向

从2020年年初开始，新冠疫情暴发，世界、地区和各国形势都迅速发生变化，预计将变得越来越复杂和难以预测。可以确定的和未确定的因素影响着世界、地区和各国的现状。

确定的因素包括：（1）在新的世界背景下，大国之间的战略竞争、意识形态竞争、发展模式竞争和地缘政治竞争将加剧；（2）各国将重建已经形成并有效运行三十多年的全球供应链，会对全球和区域经济产生重大影响；（3）国家与市场之间的关系、国家与社会之间的关系将发生相应的调整，价值观念将发生巨大变化，国家对市场的干预力度将加大；（4）公共卫生将成为国家安全问题，并成为未来公共政策制定中的重要议题。

未确定的因素包括：（1）全球秩序向哪个方向发展？这一点必须仔细观察。在全球和地区范围内的战略竞争中，美国或中国将在哪些方面占优势？（2）新冠疫情对全球经济有何影响？是否存在系统性的全球金融危机和货币风险？疫情下世界经济能坚持多久？对生产有何影响？（3）世界上是否还会发生另一种流行病？又将如何控制？

从中国对东南亚政策实践来看，根据上述已确定的和未确定的影响地区和世界的因素，来预测中国对东南亚的长期政策趋势并非易事。因此，本文仅着眼于对中共二十大召开前中国对东南亚政策走向的预测。我们预测未来两年中国的东南亚政策将分为以下三种可能情况。

1. 第一种情况：中国继续执行与新冠疫情暴发前相同的政策

这一设想的前提是世界和地区形势以及中国的内部局势没有发生重大变化，中国继续坚持促进经济合作的政策，恢复和建设与东南亚国家之间的供应链，促进与东南亚国家的文化交流和教育合作，并继续对东南亚各国实施不同的政策，希望通过吸引单个东南亚国家来聚集有利于中国的力量，等等。此

---

[1] 《习近平会见美国总统奥巴马》，人民网，2016年4月2日，http://cpc.people.com.cn/n1/2016/0402/c64094-28245859.html，访问日期：2021年6月1日。

外，中国在此区域继续与美国竞争，防止美国和其盟国及合作伙伴介入东南亚事务。然而，在目前中美的竞争格局中，中美之间谁将在全球和地区问题上拥有决定性的话语权尚不能确定。

因为不可能肯定地预测疫情结束后一切都会恢复到以前的正常状态，所以我们认为第一种情况不太可能发生。在近年来中美关系紧张的情况下，中国在未来一到两年内应该也不会在南海采取激烈的行动。

2. 第二种情况：中国改变外交政策，在外交政策上有所松动，但在南海问题上仍然强硬

这一设想的前提是中国周边局势不稳定，美国继续加大对华经济压制，对许多在南海参与工程的中国公司实施禁运。美国会聚集许多支持其对抗中国的国家，而美国内部会继续支持其总统对中国采取强硬立场。因此，中国的硬实力和软实力将继续受到严重影响。在东南亚，东盟的南海沿海国家将继续就南海问题同中国产生摩擦，同时逐渐减少对中国的经济依赖，更倾向于与美国及其盟友在经济、国防和国家安全方面建立关系。

如果是这样的情况，为了制衡美国、减轻国内压力，中国会调整外交政策，使之更加温和。这也意味着，中国越发需要保持对东南亚的影响力，才能在该地区与美国的影响力相抗衡甚至降低美国的影响力。因此，中国一方面将推动与东南亚国家更深更广的经济合作，扩大文化影响，促进教育合作和人文交流；另一方面，中国将继续在南海问题上保持强硬态度。

这种情况更有可能发生，因为在目前美国对华采取遏制政策的局势下，未来一到两年美国因素对中国的影响仍然是巨大的。美国在"印太"地区的行动会变得越来越激烈，特别是在南海问题等安全问题上。

3. 第三种情况：中国在外交事务和南海问题上都变得更加强硬

这种情况假设，在新冠疫情之后中国将在国际上占据主导地位，对自己的地位和实力更加自信。中国将重新连接全球生产链，其国际声誉将不断提高，包括军事实力在内的综合国力将增强，在许多国际和地区事务中的发言权也将增加。而美国、日本、印度、澳大利亚和世界上其他大国将因受到疫情的严重损害，经济复苏缓慢，并陷入经济衰退。因此，美国要做出战略调整，与中国保持暂时的和平。这将使中国有更多的机会用对中国有利的方式来处理国际问题。

在这种情况下，我们认为中国会：（1）加固与周边国家特别是东南亚国家的关系，采取经济手段吸引各国，聚集对中国有利的力量，但对与中国存在政

治和安全利益冲突的国家，中国会采取经济制裁等强硬措施；（2）中国会利用自身的机会和优势，在南海主权宣示方面采取更加强硬的行动。

然而，这种情况发生的可能性比上述两种情况要小，因为在目前情况下，美国及其盟友和伙伴都会意识到中国近年来的崛起，所以无论如何都会继续开展遏制中国的战略。

总之，尽管从过去几年到现在，地区和世界形势以及各方力量关系都在发生变化，但在今后一段时间里，中国对东南亚政策仍将延续过去几代领导人所制定的路线。尽管中国目前的实力和地位比过去强得多，但中国仍面临美国及其在该地区和全世界的盟友和合作伙伴的极大限制。

这意味着，不管中国对东南亚的政策调整趋势出现上述三种情况中的哪一种，东南亚始终是中国实施竞争政策以获得影响力的重要地区。总的来说，中国仍然会在多边和双边框架内与东南亚国家建立经济关系并促进文化、教育和人文交流的合作，使该地区的国家在经济上继续依赖中国，从而使这些国家在地区问题的决策中受中国的影响。

难以预测的是，中国将如何继续执行其南海政策。我们完全同意许多预测和研究的观点，即中国要控制南海大部分地区的目标永远不会改变，但中国可能会采取软政策和（或）硬政策等不同措施来影响该议题。在上述三种情况下，无论哪一种情况发生，或者每一种情况在未来一到两年内都部分发生，不变的是中国在南海政策上总是会采取行动以获得在南海的主动权。

五、中国在菲律宾防控新冠疫情行动中的贡献[①]

2020年，残酷的新冠疫情给许多国家带来了灾难，严重威胁着人类和全球公共卫生安全。面对这一共同挑战，中国和菲律宾两国一直相互支持和帮助，体现了长期以来的深厚友谊。在中国抗疫高峰期，菲律宾政府向中国提供了宝贵的支持和援助，反过来，中国也对菲律宾的慷慨援助给予了回报。中国对菲律宾进行了援助，向菲律宾派遣医疗队，分发"友谊包"，还承诺一旦疫苗研发成功获得批准就提供给菲律宾。

2020年1月30日，菲律宾确诊了首例新型冠状病毒感染病例，感染者是一名38岁的中国女性，她确诊后在马尼拉圣拉扎罗（San Lazaro）医院接受隔

---

① 本部分由菲律宾大学迪利曼分校亚洲中心教授乔夫·桑塔利塔撰写。

离。2月1日，一名44岁的中国男子死后检查结果显示为阳性，这是菲律宾出现的首例新冠病毒死亡病例，系除中国外首次有其他国家出现死亡病例。

截至11月3日，菲律宾已确诊新冠的病例数为387,161例。在这些病例中，有348,967例康复，7318例死亡。该国新冠确诊数在东南亚排名第二，在亚洲排名第七，在世界排名第二十三。

（一）中国在控制和遏制新冠疫情方面的贡献

菲律宾一直在努力利用其现有资源控制和遏制疫情，其防控努力得到了许多国家和国际组织的援助。其中部分帮助如下。

尽管中国自身也有困难，但在疫情之中中国还是尽其所能迅速向菲律宾提供了急需的医疗用品。在菲律宾疫情暴发初期，中国驻菲律宾使馆和中国深圳市猛犸公益基金会共同向菲律宾政府捐赠了2000个核酸检测试剂盒。随后，中国政府向菲律宾捐赠了三批医疗用品，包括25.2万个核酸检测试剂盒、130台呼吸机和187万个医用外科口罩。[1]

2020年5月，中国国防部决定向菲方捐赠一批应急医疗物资，其中包括8万多件医用外科口罩、防护服和防护镜。中国为菲律宾军用飞机的飞行和运输许可申请提供了最大的便利。[2] 除了国家间的合作，非国家行为者/私营企业在疫情期间为菲律宾人提供的帮助也值得注意。

在菲中资企业捐赠了近300万件医疗物品，包括265万个医疗口罩，防护服、手套、护目镜等25万件医疗用品，以及总值近千万比索的各类生活物资和捐款。其中中国国家电网公司捐赠了大量的物资，它在2020年5月向菲律宾红十字会捐赠了50万个医疗口罩。其他向菲方捐助医疗物资的中国企业包括国家电网、中国银行、攀华集团、中国信科、中国电建、中国路桥、中国铁设、中国地质、中国建筑、中国能建、青建公司等。此外，国家电网还向菲律宾政府捐款10亿比索，中国电信参股的菲律宾DITO公司向地方政府捐赠37.5万千克大米，浙江大华公司向菲方捐赠摄像测温系统，华为公司向碧瑶市医院提供远程CT诊疗系统技术支持等。中国的跨国企业也主动向菲律宾伸出援

① "Jointly Embracing a Better Future of China-Philippines Friendship and Partnership," Chinese Embassy in the Philippines, June 9, 2020, accessed June 1, 2021, http://ph.china-embassy.gov.cn/eng/sgdt/202006/t20200609_1182902.htm.

② "PLA and AFP Join Hands in the Common Battle against COVID-19," Chinese Embassy in the Philippines, May 13, 2020, accessed June 1, 2021, http://ph.china-embassy.gov.cn/eng/sgdt/202005/t20200513_1182865.htm.

手，其中阿里巴巴马云基金会向菲律宾政府首批捐赠了10万多份试剂和50万个医用口罩，抖音（TikTok）向菲律宾总医院医学基金会捐赠了100万美元，51talk公司捐赠了525万比索抗疫物资等。[①] 8月14日，中国大使馆向菲律宾一线抗疫人员捐赠了100万比索慰问金和一些个人防护装备，对他们表达慰问和感谢。

派遣医疗队。应菲律宾政府的请求，中国政府派出抗疫医疗专家组来菲协助抗疫。专家组于4月5日抵达马尼拉，是中国政府首批派出的三支抗疫队伍之一。他们与卫生部官员、突发事件指挥系统工作人员和世界卫生组织西太平洋区域办事处官员进行了会谈，交流了经验和做法；走访了十多家一线医疗机构；举行了一系列视频讲座，向菲律宾三大岛组超过5万人普及疫情防控和个人保护知识。[②]

分发友谊包。2020年6月4日，中国驻菲大使馆与菲华商联总会（FFCCCII）合作准备了2万个装有大米和沙丁鱼罐头的"友谊包"。中国大使馆及其驻宿务、达沃总领馆和驻拉瓦格领事馆也捐赠了总价值约1750万比索的日用品。此外，还向超过50万个菲律宾家庭捐赠了307.5万千克大米。

2020年6月，中国驻菲大使馆向康卡迪亚儿童福利院捐赠包含大米和罐头食品等生活必需品的"友谊包"，还向孩子们赠送了熊猫玩偶和粽子。[③]

（二）未来在"健康丝绸之路"上的合作

1. 疫苗

菲律宾驻华大使建议菲律宾政府为来自中国的新冠病毒疫苗准备好储存设施。他说，有三到四种疫苗"现在正在中国进行试验"。一种疫苗即将完成第三阶段的试验，"到目前为止，结果相当不错"。另一种中国疫苗正在进行第三阶段的试验，并在巴西和阿拉伯进行"国际试验"。希望这些疫苗能尽快到来，

---

① "Chinese Firms Fully Support the Philippines in Its Fight against COVID-19," Chinese Embassy in the Philippines, May 8, 2020, accessed June 1, 2021, http://ph.china-embassy.gov.cn/eng/sgdt/202006/t20200623_1182844.htm.

② "Ambassador Huang Xilian and the Chinese Medical Expert Team Hold a Joint Press Conference," Chinese Embassy in the Philippines, April 17, 2020, accessed June 1, 2021, http://ph.china-embassy.gov.cn/eng/sgdt/202004/t20200420_1182826.htm.

③ "Chinese Embassy Donates 'Friendship Bags' to Manila Citizens," Chinese Embassy in the Philippines, June 4, 2020, accessed June 1, 2021, http://ph.china-embassy.gov.cn/eng/sgdt/202006/t20200604_1182897.htm.

并成为中国和菲律宾之间友谊的强大纽带。

2. 清迈倡议多边化协议/亚洲基础设施投资银行的融资和运作

据估计，亚洲的发展中经济体已经花费了1.8万亿美元来应对疫情带来的健康和经济影响。平均而言，它们的支出相当于国内生产总值的27%，如果把政府支出、减税和中央银行的举措加在一起，大约相当于亚洲发达经济体的支出。[①]

因此，有必要为各国特别是发展中经济体持续提供资金。有必要将资金规模达到2400亿美元的区域方案"清迈倡议多边化协议"付诸实施。同样重要的是，要看到亚洲基础设施投资银行在为遏制新冠疫情和未来大流行提供资金方面的重要作用。[②]

3. 在东南亚－中国工业化地区进行制药和医疗设备合作

"健康丝绸之路"也可能会为某些中资的医疗设备制造商和制药公司迁出或扩展到中国之外提供合理理由，以寻求在中国－东南亚工业地区得到更大的市场和更低的成本。随着中国－东盟东部增长区（BIMP-EAGA）合作的加强，该机制也可能会将卫生议程纳入其中。菲律宾这样中等收入的东盟国家是中国医疗公司近岸服务、搬迁或投资的理想选择，因为这些国家拥有更好的物流网络、受过良好教育的劳动力、庞大的人口/市场以及更多的国际商业联系。此外，中国可以考虑对该国的卫生服务部门（如连锁医院）进行投资。可以利用这些国家价廉质优的医疗服务，将医疗旅游宣传到中国，尤其是针对中高层消费群体。[③]

4. 加强医学机构和基因组研究中心之间的合作

展开信息共享和医务人员培训，以应对未来的大流行。数字技术和数据外交也可用于此。

在抗击新冠疫情的过程中，中国一直是慷慨的伙伴，从提供口罩和个人防

---

① Adam Triggs, "Asia Won't Beat COVID-19 without International Money," East Asia Forum, October 18, 2020, accessed June 1, 2021, https://www.eastasiaforum.org/2020/10/18/asia-wont-beat-covid-19-without-international-money.

② "Statement by the Spokesperson of the Chinese Embassy in the Philippines on Supporting AIIB's Approval of USD750-M Loan to the Philippines for COVID-19 Response," Chinese Embassy in the Philippines, June 10, 2020, accessed June 1, 2021, http://ph.china-embassy.gov.cn/eng/sgdt/202006/t20200610_1182906.htm.

③ Ngeow Chow-Bing, "COVID-19, Belt and Road Initiative and the Health Silk Road: Implications for Southeast Asia," Friedrich Ebert Stiftung, October 2020, accessed June 1, 2021, http://library.fes.de/pdf-files/bueros/indonesien/16537.pdf.

护装备、派遣医疗队、分发"友谊包"等多个方面向菲律宾提供了援助。除此之外，在疫情期间和在未来的卫生危机中，可以期待两国在"健康丝绸之路"上更多方面的合作，例如融资计划、数字协作、制药公司的扩张、卫生专业人员流动以及疫苗分发等。在这些方面，两国关系将永远持续。

六、抗疫期间中国对东盟国家外交[①]

新冠疫情期间，随着中国国内外形势的发展变化，中国对东盟国家的外交随之演进。本文将疫情中中国对东盟国家外交大致分为三个阶段："疫情暴发"阶段、"回馈"阶段和"新常态"阶段。作为一种突发的系统性"冲击"，新冠疫情揭示了中国与东盟建立更加紧密联系的价值和对此的持续需求。

（一）"疫情暴发"阶段

新冠疫情的突然暴发让中国措手不及。2020年1月23日武汉采取"封城"措施后，中国转向"应急响应"模式，并几乎将其所有的资源集中用于控制疫情。因此，该阶段的中国外交主要是为了创造一个支持和理解中国的国际环境。正如外交部长王毅在一次内部会议上指出的那样，外交部应该"积极主动发声……为国内疫情防控工作营造良好外部环境"。[②]

通过双边和多边渠道，中国积极与东南亚国家的政府官员和民间社会成员接触。2020年2月20日，中国-东盟关于新冠疫情问题特别外长会在老挝举行。中国试图传达的信息主要有三个方面。首先，中国有能力防止疫情蔓延扩散，疫情对中国社会经济发展的负面影响是暂时的、有限的。其次，中国一直与世界卫生组织以及东盟就疫情进行密切沟通。最后，中国呼吁国际社会团结合作抗击新冠疫情。[③]

疫情在中国暴发后，东盟秘书处和东盟国家一直对中国抗击疫情行动表示支持。东南亚各国领导人与中国领导人通电话，向中方发来信函表示支持，有

---

① 本部分由复旦大学中国与周边国家关系研究中心助理研究员温尧撰写。

② 《外交部召开应对新型冠状病毒感染肺炎疫情工作领导小组第四次会议》，中国外交部，2020年2月5日，https://www.fmprc.gov.cn/web/wjbzhd/t1740475.shtml，访问日期：2021年6月1日。

③ "Wang Yi: Foreign Ministers of China and ASEAN Agreed to Work Closely and Support Each Other to Jointly Overcome Difficulties with Strong Confidence," Ministry of Foreign Affairs of the People's Republic of China, February 20, 2020, accessed June 1, 2021, https://www.fmprc.gov.cn/mfa_eng/zxxx_662805/t1747961.shtml.

的甚至亲自访问中国。该地区的政府和民间社会成员都向中国捐赠了资金和防护装备。2月15日发表的《关于共同应对新冠肺炎疫情的东盟主席声明》表达了东盟各国"团结和衷心支持中国政府和人民……为应对新冠疫情所作出的巨大努力"。[①]

（二）"回馈"阶段

2020年3月开始，中国的新增病例数不断降低，武汉市以及湖北全省等地疫情明显好转。同时，3月11日，世界卫生组织宣布，新冠疫情已经构成大流行，对东南亚国家也产生了很大的冲击。随着国内形势的改善，中国开始有余力来回馈东南亚。

中国向东盟国家和东盟秘书处提供了"硬"援助和"软"援助。中国不仅向东南亚捐赠医疗设备和派遣医疗队，还提供了一种独特的公共物品——分享中国抗疫经验。中国和东盟国家举行了多种双边、多边的会议和研讨会来讨论中国采取的具体抗疫举措。

中国对东南亚的援助反映了中国与东盟国家在各个层面的深厚联系。中国的中央政府和省级政府都在协调提供援助。中国人民解放军也通过军方渠道，向东南亚各国军队捐赠医疗设备并分享专业知识。中国共产党各层级组织提供医疗援助并举办研讨会，通过党际交往机制分享中国的抗疫经验。中国的企业、社会组织和个人也贡献了重要力量。

此外，为了更好地共同抗击疫情，中国一直积极参与多边合作。2020年4月14日，东盟与中日韩抗击新冠肺炎疫情领导人特别会议重申了该地区的共同使命：不仅要一同抗击新冠疫情，而且要共同致力于推动疫后恢复。[②]

（三）"新常态"阶段

2020年4月中旬，随着国内疫情得到基本控制，中国的工作重点转变为在保证疫情防控的同时，恢复正常的生活和工作秩序。因此，中国对东盟国家外交的"新常态"阶段兼顾两个方面：抗击疫情和重启经济社会发展。

---

① "Chairman's Statement on ASEAN Collective Response to the Outbreak of Coronavirus Disease 2019," The ASEAN Secretariat, February 15, 2020, accessed June 1, 2021, https://asean.org/chairmans-statement-asean-collective-response-outbreak-coronavirus-disease-2019.

② "Joint Statement of the Special ASEAN Plus Three Summit on Coronavirus Disease 2019 (COVID-19)," The ASEAN Secretariat, April 14, 2020, accessed June 1, 2021, https://asean.org/joint-statement-special-asean-plus-three-summit-coronavirus-disease-2019-covid-19.

第一，由于新冠疫情仍在该地区肆虐，因此中国继续向东南亚提供地区所需的援助。从中短期来看，中国的疫苗研发团队是研制有效新冠疫苗的领先者之一，[①] 中国已向东盟国家承诺，在疫苗投入使用后优先考虑东盟国家的需求。[②] 从长远来看，中国将与东盟国家一道，努力加强和发展应对公共卫生挑战的机制。2020年9月9日，王毅在中国–东盟外长会上指出："中方愿为东盟抗疫基金提供资金支持，共同建设应急医疗物资储备库，建立中国–东盟公共卫生应急联络机制，推进'健康丝绸之路'人才培养项目，探讨设立更多合作平台。"[③]

第二，中国与东盟国家共同努力，全力推动该地区经济活动的恢复和发展。鉴于新冠疫情对人员和货物流动的限制，中国和一些东盟国家已经建立或同意建立双边"快速通道"和"绿色通道"，推进复工复产。在多边层面，通过中国–东盟和东盟与中日韩平台，东盟和中国重申了双方不仅要推动地区经济复苏，还致力于完善地区经济制度和机制的决心。值得注意的是，在2020年，《区域全面经济伙伴关系协定》得以顺利签署。[④]

尽管疫情给经济活动带来了挑战和破坏，但东盟现已成为中国最大的贸易伙伴。在2020年的前三个季度，中国与东盟的贸易增长了7.7%，占中国外贸总量的14.6%。[⑤] 这反映了中国与东盟经济关系的韧性和潜力。

本部分梳理了在新冠疫情大流行期间中国对东盟外交的三个阶段。随着国内形势的发展，中国与东盟国家的互动也随之调整演变。病毒来源问题虽然被高度政治化，具有争议性，但终究是一个科学问题。在疫情中，东盟国家及人

---

① David Cyranoski, "What China's Speedy COVID-Vaccine Deployment Means for the Pandemic," *Nature* 586 (October 2020): 343-344.

② 《王毅出席中国–东盟外长视频会》，中国外交部，2020年9月9日，http://new.fmprc.gov.cn/web/wjbzhd/t1813484.shtml，访问日期：2021年6月1日。

③ 同上。

④ "ASEAN-China Economic Ministers' Joint Statement on Combating the Coronavirus Disease (COVID-19) and Enhancing ACFTA Cooperation," The ASEAN Secretariat, May 29, 2020, accessed June 1, 2021, https://asean.org/asean-china-economic-ministers-joint-statement-combating-coronavirus-disease-covid-19-enhancing-acfta-cooperation; "Joint Statement of ASEAN and China Transport Ministers on Ensuring Smooth Transport and Logistics to Combat Covid-19 and Reactivate the Economy," The ASEAN Secretariat, July 16, 2020, accessed June 1, 2021, https://asean.org/joint-statement-asean-china-transport-ministers-ensuring-smooth-transport-logistics-combat-covid-19-reactivate-economy; "Joint Media Statement of the 23rd AEM Plus Three Consultation," The ASEAN Secretariat, August 28, 2020, accessed June 1, 2021, https://asean.org/joint-media-statement-23rd-aem-plus-three-consultation.

⑤ 杜海涛：《前三季度进出口增长0.7%》，《人民日报》2020年10月14日，第10版。

民选择不玩"指责游戏"。相反，通过中国与东盟各国的双边机制以及中国-东盟机制，中国和东盟国家都展开了密切合作。

2020年10月，印尼外交政策协会（FPCI）公布了一项关于东盟国家民众对东盟与中国关系的民意调查结果。72%的受访者对中国与东盟在抗击疫情方面的合作至少感到"有些满意"，而79%的受访者对中国支持东盟抗疫至少"有一定的信心"。① 总体积极的回应部分证明了东南亚人民对中国与东盟共同抗疫的正面态度。

新冠疫情是否会对世界产生变革性影响仍有待观察。然而，疫情已经暴露出全球、地区和国内治理中的许多深层次问题和缺陷。国际社会尚未攻克新冠，而未来联系日益紧密的世界可能还会被新的流行病所困扰。至少，这次"冲击"提醒人们，东盟和中国需要在包括但不限于抗击流行病的领域开展更深入、更广泛的合作。

七、新冠疫情、"一带一路"与"健康丝绸之路"：对东南亚的启示②

自2013年以来，推动"一带一路"建设是中国外交的主要任务之一。在习近平的领导下，"一带一路"倡议被写入《中国共产党章程》，这标志着"一带一路"将是中国的长期事业。尽管面临着西方国家的批评，但中国在追求"一带一路"愿景的过程中不会因此而退缩。2015年年初，中国卫生部门在"一带一路"倡议的人文交流部分提出要加强国际卫生合作。习近平在2016年的一次演讲中首次提到了"健康丝绸之路"（HSR）的概念。持续蔓延的新冠疫情对许多经济体产生了负面影响。因此，在未来几年，中国很有可能将"健康丝绸之路"作为"一带一路"的支柱，强调"一带一路"国家的医疗基础设施建设，并且更加重视已经彰显价值的"数字丝绸之路"建设。

（一）什么是健康丝绸之路

中国几乎所有的中央政府部门都在"一带一路"的活动中发挥了作用，国

① "ASEAN-China Survey 2020 Report," Foreign Policy Community of Indonesia, October 23, 2020, accessed June 1, 2021, https://www.fpcindonesia.org/2020/10/23/launching-of-asean-china-survey-2020.

② 本部分由马来亚大学中国研究所主任饶兆斌撰写。

际卫生合作被概念化为"一带一路"倡议中"人文交流"的一个重要方面。2015年，国家卫生计生委公布了《关于推进"一带一路"卫生交流合作三年实施方案（2015—2017）》，该文件是关于国际卫生合作的综合性政策文件，是2016年提出的"健康丝绸之路"概念的基础。

该文件提出了三个阶段的战略目标，即近期目标（2015—2017年）、中期目标（3—5年）和远期目标（5—10年），以促进"一带一路"共建国家在卫生领域的合作。该文件还列出了"一带一路"卫生合作的八个重点领域：（1）合作机制建设；（2）传染病防治，加强与大湄公河次区域国家合作是重点之一；（3）能力建设与人才培养；（4）卫生应急和紧急医疗援助；（5）传统医药；（6）卫生体制和政策；（7）卫生发展援助；（8）健康产业发展。

同时，这些思路为"健康丝绸之路"的构想提供了基础，习近平强调，卫生合作是"一带一路"建设中的重要合作议程。2017年8月，北京召开首届"一带一路"暨"健康丝绸之路"高级别研讨会。会议上，中国、世界卫生组织、联合国艾滋病规划署与其他30个国家共同签署了《北京公报》。公报明确八项合作举措，包括实施妇幼健康工程，加强中国与"一带一路"相关国家及世界卫生组织、联合国艾滋病规划署等国际组织的沟通与合作，等等。

因此，《关于推进"一带一路"卫生交流合作三年实施方案（2015—2017）》和《北京公报》成为打造"健康丝绸之路"的主要权威文件。"一带一路"倡议的灵活性和弹性同样也是"健康丝绸之路"的特征。这些文件不是固定的蓝图，"健康丝绸之路"的活动范围可以根据情况扩大。具体项目还将取决于中国与伙伴国之间的实际磋商和讨论。

1."健康中国2030"与"健康丝绸之路"

另一项与"健康丝绸之路"有关的倡议是中国政府在2016年公布的《"健康中国2030"规划纲要》。该规划纲要旨在提高中国公民的整体健康水平，涵盖了二十多项政策措施，包括加强健康教育、宣传健康生活方式、强化公共卫生设施、加强健康法制建设和国际卫生交流合作。2016年印发的《"健康中国2030"规划纲要》在"加强国际交流合作"一章中提出，中国将实施全球卫生战略，全面推进国际卫生合作。在许多方面，"健康中国2030"是对"健康丝绸之路"的补充。

2."健康丝绸之路"与中国长期的卫生外交

"健康丝绸之路"概念下的许多进展与"一带一路"的概念相似。在提出"一带一路"和"健康丝绸之路"之前，中国对非洲的卫生援助尤其值得关注。

中国参与国际卫生事业的另外两个部分是卫生安全和卫生治理。在意识到传染病传播风险增加的基础上，中国和美国合作帮助建立了非洲疾病控制中心。中国也是2001年建立的湄公河流域疾病监测网络的成员国。在卫生治理方面，中国推进了多个地区卫生论坛的发展，将其作为扩大中国影响力的主要平台，包括中国–东盟卫生合作论坛、中国–中东欧国家卫生部长论坛和中阿卫生合作论坛。在上海合作组织中，中国也积极参与推动加强各国卫生合作。有时，现有计划可以通过以"健康丝绸之路"的名义来得到扩展。例如，2015年的"中国–东盟公共卫生人才培养百人计划"（2015—2017年）最初计划为东盟培训100名公共卫生专业人员，后来扩展为"中国–东盟健康丝绸之路人才培养项目"，计划到2022年为东盟培养1000名专业卫生人员。

3．"健康丝绸之路"与医疗行业

近年来，中国企业在医疗卫生领域的对外投资显著增加。2017年，中国卫生产业对外投资达到42亿美元，而在2014年仅为1.3亿美元。[①]与此同时，中国也欢迎外国对中国卫生领域进行投资。2012—2016年，中国医疗卫生领域共获得外商投资123.5亿美元。[②]这些投资大大提升了中国高科技医疗器械制造水平和药品生产能力。这些投资可能是公司的战略行为。此外，在2015年宣布的战略性产业政策规划"中国制造2025"中，"生物医药及高性能医疗器械"被列为十大重点领域之一。

（二）新冠疫情与"健康丝绸之路"

新冠疫情的暴发暴露了各国公共卫生基础设施的严重缺陷。在疫情暴发前，中国提供了全球市场近50%的防护设备产品，[③]而对于贫穷国家抗击疫情和其他潜在疾病来说，中国继续出口这些产品的能力至关重要。

中国已经运送出口了数十亿个口罩和数百万件防护设备，虽然大部分是运

---

① 邢立萍：《"一带一路"背景下的大健康产业投资白皮书》，普华永道，2017年，https://www.pwccn.com/zh/research-and-insights/belt-and-road/publication/whitepaper-for-healthcare-industry-investment-one-belt-one-road.pdf，访问日期：2021年6月1日。

② 《2017中国医疗健康产业投资促进报告》，德勤中国，2018年，https://www2.deloitte.com/content/dam/Deloitte/cn/Documents/life-sciences-health-care/deloitte-cn-lshc-2017-china-lshc-investment-promotion-report-zh-180509.pdf，访问日期：2021年6月1日。

③ Chad Brown, "COVID-19: China's Exports of Medical Supplies Provide a Ray of Hope," Peterson Institute for International Economics, March 26, 2020, accessed June 1, 2021, https://www.piie.com/blogs/trade-and-investment-policy-watch/covid-19-chinas-exports-medical-supplies-provide-ray-hope.

往美国、意大利和日本等发达国家，[①] 但是中国也向关系友好的发展中国家派遣了医疗专家组。在开展医疗援助的早期阶段，中国安排一个资源丰富的省份负责向一个配对的国家提供医疗物资（口罩和防护装备）和卫生专家，形成了"一省助一国"的模式。这源于中国国内在抗疫初期独有的"一省救一市"模式。尽管"一省助一国"从来没有作为一项正式政策提出，但中国中央政府具有特别的能力，可以调动省级资源和专家。虽然人们可以将这些活动视为"健康丝绸之路"的一部分，但"健康丝绸之路"是一种更广泛、长期的探索。一些西方国家批评中国利用医疗援助作为向世界传播中国抗疫叙事的手段。因此，中国更有兴趣与发展中国家探讨"健康丝绸之路"的理念。6月19日[②]，中国与27个国家外长[③] 举行视频会议，发表了《"一带一路"国际合作高级别视频会议联合声明》。该声明呼吁建设"健康丝绸之路"，并表示各国相互支持对方抗击疫情的努力。

在新冠疫情期间，"健康丝绸之路"很可能通过以下几种方式在中国外交和对外经济政策中发挥作用：（1）通过2018年成立的中国国家国际发展合作署来完善中国对外援助制度；（2）用中国在地区和全球卫生治理中的参与情况来说明"健康丝绸之路"如何为改善人类健康状况作出贡献；（3）加强"一带一路"中公共卫生基础设施的重要性；（4）扩大其在全球医疗供应链中的作用并加大投资。

（三）"健康丝绸之路"与东盟的前景

在新冠疫情期间，许多东南亚国家接受了中国提供的医疗援助，包括基本防护装备和医疗专家小组。它们确实认为这种援助是全面、有益和及时的。然而，"健康丝绸之路"是一个长期计划，其影响可能超越卫生层面。

1. 政治/地区层面

在中国和东南亚之间，"健康丝绸之路"将更多地在双边基础上推行。与"一带一路"倡议一样，大部分项目都是通过双边谈判展开的。各国政府可以选择利用中国的"健康丝绸之路"来建立本国公共卫生体系，提高系统的恢复

[①] Chad Brown, "China Should Export More Medical Gear to Battle COVID-19," Peterson Institute for International Economics, May 5, 2020, accessed June 1, 2021, https://www.piie.com/blogs/trade-and-investment-policy-watch/china-should-export-more-medical-gear-battle-covid-19.

[②] 应为6月18日晚，原文此处有误。——编者注

[③] "27个国家外长"应为"25个国家的外长或部长级官员及世界卫生组织总干事谭德塞、联合国副秘书长兼联合国开发计划署署长施泰纳"，原文此处有误。——编者注

力和效率，并解决其薄弱环节；而对中国来说，"健康丝绸之路"可以帮助推广其医疗设备和医疗标准。在智库层面，中国官方智库将积极与东南亚国家智库合作，积极致力于"健康丝绸之路"的建设。在多边层面，中国-东盟卫生合作论坛已是制度化的机制。疫情期间，2020年2月20日，中国-东盟关于新冠疫情问题特别外长会在老挝举行。4月15日[①]，在东盟与中日韩抗击新冠肺炎疫情领导人特别会议上，李克强总理提议在10+3的层面开展卫生合作，并支持东盟设立抗击疫情特别基金。在次区域层面，新冠疫情后，中国可能会重新优先发展澜沧江-湄公河合作机制（LMC），将卫生议程纳入其中。此外，由于新冠疫情的暴发，在未来的中国-东盟东部增长区合作议程中，卫生合作很可能会是其中重要部分。"健康丝绸之路"将大大提高中国在东南亚的声望和领导地位。

2. 经济层面

东南亚是中国医疗设备制造业进行近岸投资的理想地区。东南亚最不发达的国家（缅甸、老挝和柬埔寨）实际上很适合接受中国卫生产业的投资，因为它们可以借此提高当地基本医疗设备的制造能力。中等收入的东盟国家（马来西亚、泰国、印度尼西亚和菲律宾）有更好的物流网络、受过良好教育的劳动力、庞大的人口/市场和更广的国际商业联系，所以它们也非常适合接受来自中国医疗设备生产公司的近岸投资。最后，作为东盟唯一的高收入国家，新加坡将扮演不同的角色。在新加坡与"健康丝绸之路"的合作中，高科技和服务业将更加突出。这将是一个双向的过程，不仅中国的医疗公司在新加坡投资，新加坡的医疗公司也将在中国投资，并将新加坡出色的专业管理知识带给中国，以服务中国医疗行业的高端消费者。

"健康丝绸之路"是一个广阔的构想，没有固定的蓝图。尽管如此，它将成为中国未来几年推动共建"一带一路"、公共外交和对外交往的重要方面。尤其在东南亚，在重要性已经凸显的"数字丝绸之路"之外，"一带一路"的健康/生物技术部分也将变得重要。中国希望与东南亚国家建立更加牢固的关系。

东南亚地区内有贫穷的和中等收入的经济体，也有发达的经济体，这种混合也使中国能够通过"健康丝绸之路"的不同方面全面参与该地区的相关事务。较贫穷国家可以利用"健康丝绸之路"，在公共卫生基础设施建设和基本能力

①　应为4月14日，原文此处有误。——编者注

培训方面接受更多援助。科学交流与合作也可以使双方的卫生专业人员和科学家受益。数字化和医疗的融合也使得医疗系统更加高效，并将有助于中国推广其数字、健康和生物技术的标准。虽然要坚定维护国家利益，但如果合作条件谈判得当，项目管理得当，东南亚国家没有理由不能从与中国的"健康丝绸之路"合作中获益。

八、中国－东盟公共卫生合作：进展与前景[①]

东南亚地区战争、疾病和贫困肆虐的日子尚未过去多久，然而今天，该地区已经以其稳定的经济发展闻名，并成为世界经济增长的引擎之一。尽管如此，东南亚国家的医疗资源分布和医疗能力仍然不均衡。虽然像新加坡和文莱这样的富裕国家拥有健全、现代化的医疗体系，其医疗体系能持续覆盖全部人口，但柬埔寨和老挝这样的贫穷国家，如果没有外部援助，很难向大多数公民提供他们急需的医疗项目。

中国的崛起为东南亚地区带来了新的机遇，中国作为该地区北方的邻国开始实施旨在增强经济影响力和树立全球领导地位的项目。在此过程中，我们看到了中国在改善公众形象方面采取了更多措施，尤其是在东南亚这个中国企业重要的投资地区。提供奖学金给优秀的东南亚留学生、建立孔子学院以宣传中国语言和文化等行动，都是中国公共外交的一部分。

（一）中国的医疗外交

医疗外交是中国公共外交战略的重要组成部分。21世纪以来，中国的医疗外交在东南亚尤为活跃，"一带一路"倡议提出后，医疗外交再次成为国家关注的焦点。本部分旨在探讨这一话题，并就中国的医疗外交提出以下问题：什么是医疗外交？医疗外交的主要组成部分是什么？中国为什么要在东南亚扩大医疗外交？医疗外交进展如何，结果如何？

我们认为，医疗外交是中国和许多国家开展公共外交的形式之一，目的是在缺乏必要医疗资源和基础设施，无法满足公民需求的国家，与当地政治精英和普通民众建立友好关系。除捐赠药品、医疗器械和改善当地医疗基础设施

---

① 本部分由新加坡南洋理工大学拉惹勒南国际关系学院副教授李明江与新加坡南洋理工大学拉惹勒南国际关系学院博士生杨紫撰写。

外，中国还积极向海外派遣训练有素的医务人员，这是医疗外交的独特媒介。目前，中国的医疗队主要驻扎在医疗能力有限的东南亚贫困国家。

总之，能否获得中国的医疗援助在很大程度上取决于双边关系的水平以及东道国对中国援助的接受程度。到目前为止，中国的医疗外交包括短期和长期的医疗队驻扎、当地医疗能力建设、药品和设备捐赠、向研究者提供奖学金以学习中国的公共卫生体系以及救灾任务中的医疗服务。

在东南亚，中国医疗队可以视为通常在特定地区开展工作的长期医疗队，医疗队会提供免费咨询并培训当地医生护士操作中国捐赠的设备。中方负责提供岗前培训、工资及相关费用，东道国负责为医疗队提供医疗设施、药品、医疗设备、住房和安全保障。话虽如此，当中国医疗队在缺乏医疗资源的国家工作时，许多情况下他们会自带药品和设备。除了长期驻扎的团队，还有短期的医疗队，比如"光明行"医疗专家组，他们在一个月的短期驻扎中为当地居民治疗白内障，提供视力检查服务并捐赠验光设备。"光明行"这样的短期项目只需少量的时间和资金投入，就能获得巨大的美誉。2018年"爱心行"项目启动，目标是为周边东南亚国家的患者（尤其是学龄儿童）提供免费体检和心脏手术。

中国卫健委制定了公共卫生合作战略。实际执行工作交由具体的省政府负责，这些省政府会调动公共卫生资源来完成这项任务。与东南亚国家有陆地边界的省份，比如云南和广西，在这种交往中尤其活跃。公立和私立医院会组织人员进行长期和短期驻扎。资金来自政府和与政府有关的基金会。

除了民间主体，中国人民解放军也在对东南亚的援助中扮演重要角色。"和平列车"是中国人民解放军于2017年发起的一项倡议，旨在向老挝提供医疗援助。同样，"和平方舟"号是中国人民解放军海军的援助项目，在该项目中由解放军医生为太平洋和环太平洋地区国家提供免费咨询，并为其捐赠药品和设备。除东南亚大陆国家外，"和平方舟"号医院船于2017年访问了东帝汶，当地也驻扎有中国医疗队。

东盟与中国分别是亚洲最大的多国集团和亚洲最大的经济体，两者在许多方面有着密切的工作关系。作为拥有共同利益的实体，东盟与中国之间的合作对全球发展趋势具有重要影响。随着中国的发展，东盟在诸多合作领域日益与中国接近。本部分将聚焦于中国-东盟在公共卫生领域的合作，即两者之间存在着怎样的合作机制，它们迄今如何运作以及未来的伙伴关系有哪些机会。

（二）在抗击新冠疫情中的合作

中国领导人在与大湄公河次区域有关国家接触时承诺，将向这些国家的公民提供免费医疗服务，加强医疗专业人员之间的合作并建设新的医疗设施，来加强公共卫生合作。[①] 近年来，中国已向柬埔寨、老挝、缅甸和东帝汶兑现了承诺，这些国家对改善公共卫生基础设施有强烈的需求，并对中国的援助持欢迎态度。

自疫情暴发以来，中国与东盟除建立官方信息交流渠道外，还在东盟与中日韩抗击新冠肺炎疫情领导人特别会议、中国–东盟卫生部长会议等众多多边论坛上保持联系。

合作抗击新冠疫情成为中国在东南亚开展医疗外交的里程碑。新冠疫情发生后，中国政府和民间力量将其医疗外交举措扩大到更多东盟国家。在2020年中国对欧洲疫情中心意大利提供援助后，紧接着在3月中旬，中国对东盟国家展开援助。疫情中的医疗援助并不是单向的。2020年早些时候，在中国疫情暴发的高峰期，东盟国家向中国捐赠了价值数百万美元的医疗设备。

迄今为止，中国政府已向泰国、柬埔寨、马来西亚、印度尼西亚、缅甸、越南、菲律宾和老挝提供了援助。中国提供的援助大部分为口罩、手套、医疗设备和核酸检测试剂等医疗用品。[②] 以菲律宾为例，中国于3月21日向马尼拉运送了约10万套检测试剂盒、10万个医用外科口罩、1万个N95口罩和1万套个人防护装备。[③] 马云基金会和阿里巴巴基金会等私人团体向4个国家捐赠了200万个口罩、15万份检测试剂、2万套防护装备和2万个防护面罩。[④] 浙

[①] 《李克强在澜沧江–湄公河合作第二次领导人会议上的讲话（全文）》，新华社，2018年1月11日，http://www.xinhuanet.com/world/2018-01/11/c_1122240871.htm，访问日期：2021年6月1日。

[②] "COVID-19: China Medical Supplies for Cambodia Arrive," Khmer Times, March 18, 2020, accessed June 1, 2021, https://www.khmertimeskh.com/703027/covid-19-china-medical-supplies-for-cambodia-arrive; "China Aids Laos Anti-Epidemic Supplies," Xinhua, April 28, 2020, accessed June 1, 2021, http://www.xinhuanet.com/english/2020-04/28/c_139015445.htm.

[③] "China Donates Medical Supplies to Philippines to Combat Covid-19," The Star, March 21, 2020, accessed June 1, 2021, https://www.thestar.com.my/news/regional/2020/03/21/china-donates-medical-supplies-to-philippines-to-combat-covid-19.

[④] Jitsiree Thongnoi, "Coronavirus: Alibaba, Jack Ma Donate Masks, Test Kits to Indonesia, Malaysia, Philippines and Thailand," South China Morning Post, March 20, 2020, accessed June 1, 2021, https://www.scmp.com/news/asia/southeast-asia/article/3076106/coronavirus-alibaba-jack-ma-donate-masks-test-kits.

江恒逸集团作为在文莱经营石油化工产业的中国企业，也向文莱捐赠了医疗设备。①

除个人防护用品外，中国政府还向柬埔寨、老挝、缅甸、菲律宾和马来西亚等国派出医疗队，以协助当地政府抗疫。另外，中国政府承诺将协调向泰国出口抗疫药物。②

在4月14日东盟与中日韩抗击新冠肺炎疫情领导人特别会议上，中国国务院总理李克强承诺通过赠款援助和商业渠道向东盟国家提供更多援助，其中包括"1亿个口罩、1000万套防护服和其他急需的医疗用品"。③

虽然中国之前声明其援助意在回馈疫情暴发初期东盟对中国的援助，当时东盟各国政府、企业和民间社会组织向中国运送了大量医疗物资，但另一个因素无疑是中国希望在国家形象方面被视为一个仁爱的大国。

尽管新冠疫情期间中国对东南亚国家的医疗外交才刚刚开始，但我们需要注意，当前的众多举措是建立在疫情暴发之前的经验上的。在过去的几年中，中国的医疗外交主要集中在4个东南亚国家：柬埔寨、老挝、缅甸和东帝汶。中国的医学专家已经在东盟国家工作了相当长的时间，这种宝贵的接触经验带来了经久的裨益。

研究发现，近十年来，中国与东盟在公共卫生领域双边和多边层面上的合作都在稳步发展。东盟与中国建立了多种公共卫生合作机制，包括信息交流平台、疾病监测网络和部长级对话等。此外，中国在与东盟合作伙伴的交往中也

---

① "Brunei Receives Medical Donation from China-Brunei Joint Venture's Parent Company," Xinhua, March 22, 2020, accessed June 1, 2021, http://www.china.org.cn/world/Off_the_Wire/2020-03/22/content_75843702.htm.

② "China's Medical Expert Team Arrives in Philippines to Help Fight COVID-19," Xinhua, April 5, 2020, accessed June 1, 2021, http://www.xinhuanet.com/english/asiapacific/2020-04/05/c_138949480. htm; "Chinese Medical Team Arrives in Kuala Lumpur," The Star, April 19, 2020, accessed June 1, 2021, https://www.thestar.com.my/news/nation/2020/04/19/chinese-medical-team-arrives-in-kuala-lumpur; "Chinese Medical Team Leaves after Helping Myanmar Battle COVID-19," The Star, April 22, 2020, accessed June 1, 2021, https://www.thestar.com.my/news/regional/2020/04/22/chinese-medical-team-leaves-after-helping-myanmar-battle-covid-19; "China Sends Medical Aid to Malaysia," New Straits Times, March 19, 2020, accessed June 1, 2021, https://www.nst.com.my/news/nation/2020/03/576042/china-sends-medical-aid-malaysia; Teeranai Charuvastra, "China Pledges to Send Anti-Coronavirus Supplies to Thailand," Khaosod English, March 19, 2020, accessed June 1, 2021, https://www.khaosodenglish.com/politics/2020/03/19/china-pledges-to-send-anti-coronavirus-supplies-to-thailand/.

③ "China Calls on ASEAN Plus Three Countries to Work for Early Victory against COVID-19 in East Asia," Xinhua, April 15, 2020, accessed June 1, 2021, http://www.xinhuanet.com/english/2020-04/15/c_138976326.htm.

把医疗外交放在优先位置，中国医疗队也开始经常赴东盟国家提供服务，目的是与当地民众和政府精英建立友好关系。

东盟和中国正在进行密切合作以应对过去和现在的流行病，包括应对新型冠状病毒疫情。然而，这份报告也指出了中国－东盟合作机制运作遇到的障碍。

总之，本文提出了三点政策建议。首先，出于应对全球流行病高风险的需要，亚洲国家，如东盟与中日韩，应建立一个永久的、积极的应对机制，协调流行病的跨国应对措施。其次，东盟和中国需要共同设计未来对传染病的应急预案。必须在东盟和中国共同承担地区责任的情况下测试各种预案模式的应对情况。最后，东盟有必要投入更多的资源来对接中国针对特定东盟国家开展的医疗外交。中国将医疗外交视为与东盟国家互动的重要工具，与其他本地区相关国家相比，东盟一些国家与中国在公共卫生领域的合作更为紧密。尽管东盟国家对中国的公共卫生援助表示欢迎，但有关此类举措的知识应进一步整理和细分。随着新冠疫情危机的持续，中国已将医疗外交作为外交政策的重点之一。因此，建立一个追踪中国在东南亚开展医疗外交和其他公共外交行为的数据库将有利于东盟与中国的合作。

九、中国－东盟关系如何度过新冠疫情危机？ ①

2020年2月中旬到3月中旬，当中国处于封锁状态时，新冠疫情已经扰乱了许多产品和服务的全球供应链，特别是食品、药品和个人防护装备（PPE）的供应链。紧随其后的是需求冲击，亚洲、欧洲和非洲其他地区的封锁导致全球经济衰退。3月底，中国解除了封锁状态，随之而来的是经济活动的恢复，这使国际贸易逐步好转，世界其他地区的供应短缺情况也有所缓解。一个例子是在2020年6月的第3周，东南亚、欧洲和北美的海上贸易有所复苏。然而，无数的破产、裁员和收入损失所带来的长期后果表明，如果新一波疫情得到遏制并且在2021年成功开始大规模的疫苗接种，经济增长最早也要到2022年甚至2023年才能恢复。

一些人批评全球价值链过度扩展，进而呼吁即使不在世界范围内，也至少在地区层面重新布置价值链上的部分活动，将其迁移到供给更加易于管理、更

---

① 本部分由文莱大学亚洲研究所副教授布鲁诺·杰丁撰写。

为稳定的地方。[①] 对于地理位置邻近的偏好再次被激发，将世界推往更加地区化的方向，这被认为是过度全球化的一种替代方案。但是在欧洲，欧盟实际上未能在危机中发挥重要作用，这种表现可能与对于地区化的偏好趋势相冲突。因为欧盟的政治一体化程度很高，所以我们希望欧盟能够在卫生、防护与医疗设备供应以及欧洲人口流动控制等方面实施共同政策。但非常令人失望的是，现实中欧盟并没有做到。

但是，在亚洲，疫情可能会加强像东盟这样的地区制度的作用。东盟是在达成共识的条件下，以自愿合作为基础的民族国家联盟。对于像东盟这样的地区性组织来说，民族国家很自然地起着主导作用，而东盟采取的任何其他措施似乎都是一种额外收获。自1980年以来，东盟已经建立了卫生安全合作的基本平台以抗击当时的流行病，比如非典、H1N1流感和中东呼吸综合征（MERS）等。随着2015年东盟共同体的建立，这个平台在东盟社会文化共同体（ASCC）的框架下得到进一步拓展。这些合作计划在新冠疫情暴发后的前5个月中并未取得很好的效果，因为各国优先考虑采取国家紧急行动来控制国家一级的传染病。但在接下来的几个月里，它们可能会在卫生安全协调与合作机制方面发挥作用，以最大程度地降低中断成本，并为经济复苏做好准备。在这方面，东盟向其成员国提出了一系列不具约束力的建议，以帮助维持其经济活动和全球价值链的运作。但是，由于东盟与亚太和世界其他地区的一体化程度很高，这些建议在更广泛的层面上更具现实意义。这就解释了为什么东盟增加了与10+6（包括东盟十国和中国、日本、韩国、印度、澳大利亚、新西兰）成员国的双边会议，例如2月和中国，5月和美国[②]，6月和澳大利亚，并在11月的第三十七届东盟峰会期间与所有相关国家举行双边会议。

在不同的合作伙伴中，中国扮演着独特的角色。东盟和中国之间的年旅客流量超过6500万人次，在泰国等旅游业至关重要的国家，来自中国的游客是迄今为止最多的。中国学生对于亚太地区许多大学的财务可持续性也至关重要。

---

① Witada Anukoonwattaka and Mia Mikic, "Beyond the COVID-19 Pandemic: Coping with the 'New Normal' in Supply Chains," UNESCAP Policy Brief, August 4, 2020, accessed June 1, 2021, https://www.unescap.org/sites/default/d8files/knowledge-products/Policy_brief_supply_chain.pdf.

② 美国不是10+6成员国，原文此处有误。——编者注

中国还是东盟最大的贸易伙伴，领先于欧盟、美国和日本。[①] 东盟也是中国的第二大贸易伙伴。虽然在全球价值链中，传统上中国是东南亚生产的零部件的总装国，但是双方最终产品的贸易也在不断增长。在东盟外国直接投资方面，欧盟、美国和日本仍然比中国更多。然而，在"一带一路"倡议的推动下，中国的投资正在增长，中国已为该地区的交通和能源基础设施提供了数十亿美元的投资和贷款。[②]

此外，东盟峰会上新的大型区域贸易协定——《区域全面经济伙伴关系协定》——的签署，对中国来说似乎是一大成功，协定的签署将使更多的亚洲经济关系重新汇聚于该地区之内。[③] 在这种情况下，疫情可能会进一步加强中国对东南亚价值链的影响。这方面有两个影响因素。

第一个因素是疫情本身。对于像印度尼西亚和菲律宾这样受到病毒肆虐影响的东南亚国家，疫苗被视为困境中的唯一出路。由于人们（特别是穷人）需要工作，保护措施不易实施，封锁很难长期维持，而中国在生产新冠疫苗方面处于领先地位，目前正在进行第三阶段临床试验的10种候选疫苗中的4种由中国生产，其中3种不需要在极低温下冷藏，这使得它们更容易在发展中国家使用。印尼已经签署了一项协议，将试用来自中国的疫苗并在当地生产。中国具有大规模生产疫苗的能力，承诺将中国制造的疫苗列为全球公共产品，并会优先考虑供给发展中国家。中国决定加入由世界卫生组织支持的新冠疫苗实施计划（COVAX），该计划旨在在各国之间平均分配疫苗。这与美国政府的"美国优先"政策形成鲜明对比，后者优先向美国公民提供辉瑞（Pfizer）和莫德纳（Moderna）疫苗。[④] 疫苗合作使中国在东南亚具有巨大优势。在东南亚，除了印尼，中国已承诺疫苗会优先供应柬埔寨、老挝、马来西亚、缅甸、菲律宾、

---

① "Economic Impact of COVID-19 Outbreak on ASEAN," The ASEAN Secretariat, April 2020, accessed June 1, 2021, https://asean.org/book/1st-asean-policy-brief-economic-impact-of-covid-19-outbreak-on-asean.

② Bruno Jetin, "'One Belt-One Road Initiative' and ASEAN Connectivity: Synergy Issues and Potentialities," In B. R. Deepak, ed., *China's Global Rebalancing and the New Silk Road* (Singapore: Springer, 2018), pp. 139-150.

③ Kentaro Iwamoto, "Five RCEP Takeaways: Asia Cements Grip as Free Trade Torchbearer," Nikkei Asia, November 16, 2020, accessed June 1, 2021, https://asia.nikkei.com/Politics/International-relations/Five-RCEP-takeaways-Asia-cements-grip-as-free-trade-torchbearer.

④ CK Tan and Erwida Maulia, "Red Pill? Behind China's COVID-19 Vaccine Diplomacy," Nikkei Asia, November 4, 2020, accessed June 1, 2021, https://asia.nikkei.com/Spotlight/The-Big-Story/Red-Pill-Behind-China-s-COVID-19-vaccine-diplomacy.

泰国和越南。中国疫苗向东南亚的供应推动了供应链的区域化。该地区的其他大国，例如日本或韩国，没有能力提供替代方案。

第二个因素是中国与东盟成员国之间日益增长的互联互通。从海运看尤其如此，按运量计算，海运占全球贸易的80%以上。海上运输是将东盟与中国彼此联系起来的全球价值链的关键。为了了解过去十年来该地区海上运输强度的变化情况，我们汇编了贸发会议的数据，这些数据衡量了双边班轮运输连通性指数（LSBCI）。① 该指数表示一对国家融入全球班轮运输网络的水平。② 我们比较了2006年、2010年、2019年中国与东盟和日本与东盟的双边连通性，还列举了除东盟以外的其他主要贸易伙伴进行比较。

我们研究后发现中国与东盟各国的双边连通性程度都有所提高。与越南的增长幅度极高，这很可能反映出许多公司从中国迁往越南的情况。这些公司从中国向越南进口资源和零部件，并在越南生产最终产品。在东盟以外的国家中，中国只有与日本的连通性下降了。

我们也研究了日本与东盟及与东盟以外主要贸易伙伴双边连通性的近期演变情况，发现日本与中国的情况截然不同。在东盟内部，日本与印度尼西亚、新加坡、泰国和越南的海上双边连通性有所下降，而与其他大多数国家则是停滞不前，只与缅甸有较少量地增加。在东盟以外的国家中，日本仅与印度的连通性有所增加，而与其他主要贸易伙伴如中国、韩国和美国却有所减少或停滞，尽管其原始水平较高。

二者充满反差的走势清楚地表明，在新冠疫情暴发之前，中国与东盟的连通性已经显著加强。这种紧密的双边海上连通反映了中国在亚洲价值链区域化方面的主导地位日益增强。上述因素说明，疫情将可能加强这种主导地位。

在新冠疫情暴发前，全球价值链在亚洲的区域化已经开始。2008—2009年经济大萧条对全球经济增长与贸易的长期负面影响、经济民族主义的兴起以及多边贸易自由主义向贸易保护主义的转变，已经导致了相对的逆全球化。美国和中国的贸易冲突以及关于美国经济要同中国"脱钩"的辩论，也是逆全球

---

① Marco Faguzza and Jan Hoffman, "Bilateral Liner Shipping Connectivity since 2006," Policy Issues in International Trade and Commodities Research Study Series, no. 72, UNCTAD, 2016, accessed June 1, 2021, https://unctad.org/system/files/official-document/itcdtab74_en.pdf.

② 这一指数由计算五个标准化部分的平均值得来。因此，这一指数的取值范围为0到1。数据获取于2020年11月15日。数据和方法细节可见：https://unctadstat.unctad.org/wds/TableViewer/tableView.aspx?ReportId=96618。

化的表现。① 这些因素已经促使全球价值链产生了区域化的趋势，而疫情将加速这个趋势的发展。区域价值链更容易管理，因为它可以依赖各类制度以及贸易和投资协定。它似乎更具有弹性，也更加强健，可以更好地避免价值链的中断。一些人认为自然灾害或流行病等冲击可能会影响诸如东亚和东南亚的整个地区。在这种情况下，使该地区以外的供应商分布的地点更加多样化，可能是将中断风险降至最低的最佳方式，所以这部分人并不赞同前面的观点。如果亚洲受到像2011年日本海啸引发的核灾难那样的地区性冲击，可能价值链分布地点更多样时情况会更好。然而，如果受到像新冠疫情这样的全球冲击，地区可能是恢复进程的最佳起点。这并不妨碍该地区与世界其他地区保持联系。亚洲内部日益增长的互联互通可以与日益增长的跨地区互联互通相结合。

① John Lee, "Decoupling the US Economy from China after COVID-19," Hudson Institute, May 7, 2020, https://www.hudson.org/research/16009-decoupling-the-us-economy-from-china-after-covid-19.

新冠疫情以来印度对华外交新态势[*]

杨 路

【内容提要】新冠疫情全球大流行以来，印度对华政策出现较大的调整。在经贸领域，印度发起并深化与中国"脱钩"的进程；在军事领域，印度实施对抗性的边境政策和谋划针对性的军事改革；在软实力领域，印度主动同中国展开竞争。经过近一年的实践，莫迪政府在经贸领域和软实力领域的对华竞争政策未能达到预期结果，在军事领域的对华施压前景亦不容乐观。面对印度对华政策新态势，中国首先须做好中印双边关系长期处于低谷期的政策准备；其次，中国应划出明确的政策红线，将中印关系置于可控范围之内；最后，中国须坚持互信建设，着眼双边关系的长期发展。

【关键词】新冠疫情；经贸脱钩；军事对抗；软实力竞争

【作者简介】杨路，中共中央党校（国家行政学院）国际战略研究院讲师。

近年来中印两国逐渐走出洞朗对峙事件的阴霾，在两国领导人的引领下，双边关系呈现出稳中向好的状态。尤其在2019年10月中印领导人金奈非正式会晤之后，中印关系持续回暖。然而2020年年初新冠疫情暴发后印度政府迅速调整了对华政策，采取一系列竞争性和敌对性举措，致使中印关系急剧恶化，严重影响了我国边疆地区的稳定。基于此，本文拟对印度政府2020年年初以来的外交新态势进行剖析。对华外交是印度对外战略的重要组成部分，其逻辑从属于印度整体的对外战略，故而本文将首先探讨新冠疫情暴发后印度对

---

　* 作者感谢《中国周边外交研究》集刊匿名审稿专家提出的建设性修改意见。文中疏漏之责由作者自负。

外战略的新变化，其次着重分析印度针对中国采取的投机主义色彩浓厚的新政策，最后探讨印度新政策的实施效果并提出中方的应对策略。

一、新冠疫情与印度对外战略的调整

2020年年初新冠疫情的暴发及全球性大流行打乱了国际社会既有的运行状态，诱发了政治失稳、经济停滞、社会撕裂等一系列问题。在百年未有之大变局的时代背景下，新冠疫情使得国际局势的不稳定性和不确定性明显增强。就体系和大国层面而言，新冠疫情暴发以来的国际关系呈现三大趋势。

其一，全球地缘政治经济重心加速向东转移。百年未有之大变局之下，全球政治经济重心正由西方向东方转移，而新冠疫情期间东西方差异化的表现使这一进程加速发展。以中国为代表的东亚地区最早向世卫组织报告了新冠疫情，由于各国政府普遍采取了较为严格的防疫措施，东亚和东南亚地区的疫情整体上处于可控的状态。因而尽管域内国家因前期停工停产而遭遇经济滑坡，但是远优于世界其他地区的防疫效果使这些国家较早开启了经济复苏的进程。在此背景下，主要国家进一步加大了对该地区的关注和资源投放。

其二，大国关系持续加速调整。新冠疫情的催化下，美国利己主义行为加剧，其与欧洲传统盟友的关系更加疏离；欧盟对于战略自主的追求更加强烈；俄罗斯与美欧的关系持续恶化，中俄关系进一步巩固；在中国与美关系恶化的同时，中欧和中俄关系皆取得新的成果。新冠疫情暴发之前，中美关系因愈发加码的贸易摩擦和科技战跌入低谷，而新冠疫情暴发之后中美竞争扩大到意识形态和政治制度领域。美国在中国疫情暴发之时做出袖手旁观的姿态，并从意识形态的角度出发对中方科学严谨有效的防疫措施进行批判。[①] 新冠疫情在美国全面暴发后，特朗普政府将中国诬陷为新冠疫情的"罪魁祸首"，并将其与中国的政治制度和意识形态相挂钩。面对无端指责和抹黑，中国政府予以坚决的回击，双方展开持久的外交和舆论战，双边关系一度恶化到互相关闭领事馆的程度。

其三，主要西方国家因抗疫不力而遭受严重损失，全球疫情治理出现领导力赤字。以美国为代表的西方发达国家在国内新冠疫情暴发后并未采取切实有

---

① Michael Levenson, "Scale of China's Wuhan Shutdown Is Believed to Be without Precedent," New York Times, January 22, 2020, accessed June 1, 2021, https://www.nytimes.com/2020/01/22/world/asia/coronavirus-quarantines-history.html.

效的防控措施，反而标榜"自由"和"人权"的价值观念，致使疫情全面失控，感染和死亡病例位居世界前列，成为全球疫情重灾区。[①] 除了糟糕的防控举措外，一些欧洲国家相互截留防疫物资，自私且短视的行为使欧洲国家的国际形象一落千丈。究其深层次原因，欧洲发达国家普遍存在的产业空心化问题难辞其咎。在疫情的打击之下，2020年欧美国家国民经济遭遇重创：欧元区经济负增长6.8%，而美国经济负增长3.3%。[②] 欧美国家在自顾不暇之余，蓄意歪曲疫情事实，炮制虚假舆论质疑中国和世界卫生组织等国际社会成员为防止疫情扩散所作出的努力和贡献，致使新冠疫情全球治理出现较大的领导力赤字。

新冠疫情作为近百年来最为严重的全球公共卫生事件，对世界各国造成诸多负面影响。尽管如此，每个国家遭受影响的程度是有区别的。莫迪政府一直以建成"有声有色大国"为施政目标，竭力成为国际社会中的"领导型大国"。然而自2018年以来疲软的国内经济和进展缓慢的"印度制造"令其与雄心勃勃的"5万亿美元经济体"目标渐行渐远，其大国梦亦折损一大支柱，但新冠疫情引发的国际关系新变化在客观上为印度带来了一定的发展机遇。

首先，地缘政治经济重心向东亚和东南亚地区的进一步集聚为印度深耕周边创造了良好的发展条件。莫迪政府的对外经略中，东亚和东南亚占据着重要的位置。2014年出台"东向行动"政策以来，莫迪政府加强了同日本、越南、马来西亚、泰国等域内国家的交流与合作，并开始在南海问题上表达立场，谋求在该地区发挥更大的影响力。[③] 疫情初期的形势为印度进一步扩大影响力提供了机会窗口，原因有二：一是东向邻国疫情相对平稳，开展双边合作预期稳定；二是彼时中国正面临国内疫情防控压力和西方一些人借防疫发起新一轮对华舆论攻势的双重考验，使印度看到借机提升影响力的可能。

其次，中美关系的恶化为印度借美抑华创造机遇。尽管中印领导人武汉非正式会晤之后印度对华政策逐渐友好，但客观而言，中印在地区和全球议题上的合作基础已经弱化，双边关系的竞争性逐渐凸显。[④] 2019年莫迪政府连任之后，组建了以多瓦尔（Ajit Doval）、苏杰生（S. Jaishankar）和拉瓦特（Bipin

---

① 《世卫组织新冠疫情数据》，世界卫生组织，https://covid19.who.int，访问日期：2021年6月1日。

② 《国际货币基金组织国别信息》，国际货币基金组织，https://www.imf.org/en/Countries，访问日期：2021年6月1日。

③ 张根海：《"印太"视阈下印度"东向行动"政策及对南海安全的影响》，《南亚研究季刊》2020年第2期，第19—21页。

④ 林民旺：《中印战略合作基础的弱化与重构》，《外交评论》2019年第1期，第33—39页。

Rawat）等对华强硬派或亲美派为核心成员的外交和军事团队，对华态度不言自明。美国在新冠疫情期间对华采取了全方位敌对措施，并对印度频频抛出深化防务合作的"橄榄枝"，二者在遏制中国发展上的利益更为契合。

最后，法德等西方国家遭遇重创使印度谋求更大的国际影响力成为可能。崛起是一国相较于他国的高速发展，本质上是相对概念。换言之，当其他主要经济体加速下滑时，印度即使保持缓慢增长也能够实现加速崛起。就全球疫情暴发后的4个月来看，印度并未像诸多西方发达经济体那样陷入医疗挤兑、社会失序以及死亡率高企的困扰，社会恢复正常秩序的前景良好。2008年金融危机的类似经历使印度政府对于从危机中脱颖而出，进而发挥更大的全球影响力充满乐观情绪。

基于全球形势的急剧变化，一向具有投机性思维的莫迪政府迅速调整了对外战略的着力点，从硬实力和软实力两个方面同时发力，试图抓住新冠疫情带来的诸多机遇，加快升级"印度制造"，增强国防能力，提升国际声誉，以加速实现"领导型大国"的目标。

硬实力是一国国际地位的根本保证，莫迪政府主抓经济和军事两大板块，旨在为"有声有色大国"建设提供坚实的物质基础。在经济领域，莫迪政府试图利用全球产业链调整的时机，加速完善国内产业链建设，减少产业对外依存度。新冠疫情在各国的分散暴发和不定期反复导致全球供应链严重受损，国际贸易迅速萎缩，一些工业落后的国家一度面临基本生活物资短缺的窘境。在此期间，印度国内产业结构不合理、发展不均衡、产品附加值低以及核心科技缺乏等缺陷被充分暴露。作为志在成为世界工厂的国家，莫迪政府希望通过严格的疫情防控举措树立良好的国际形象，以便早日打开国门吸引跨国企业转投印度，借此丰富国内产业链体系，提升印度制造的水平，同时降低对其他国家的贸易依赖，保障国家经济安全。

在军事安全领域，莫迪政府以国防现代化为主线，从国内和国外两个维度强化国防能力。国内维度包含军力建设和制度建设两个层面。一是加速建设和巩固边防，具体表现为推进边境地区的军用基础设施建设，提升边境部队的军事部署能力和应急反应能力。二是推动军队组织形态的变革，强调军种协同指挥作战能力建设。2020年1月莫迪政府任命比平·拉瓦特为印度首位国防参谋长，结束了自独立以来三军分立的历史。2020年2月，拉瓦特宣布印军将在2022年前完成联合战区制度改革，将现有18个军区整合为5个战区。国外维度主要体现为印度加速锁定同美国的"准军事同盟"关系，深度参与美国主导下的美日印澳"四边机制",谋求在"印太"地区发挥更大的影响力。[①]

软实力是印度政府疫情期间新的着力方向,主要涵盖价值观外交和疫苗外交两个方面。一是以西方国家为主要"公关"对象的价值观外交。大国地位的取得既需要强大的综合国力作为支撑,又需要既有国际体系主导国家的承认。疫情期间,印度政府切换了国家身份叙事,以"西南向国家"自居,着重强调印度世界上最大"民主国家"的身份,以此拉近与西方世界的关系,提升印度在西方主导国际舆论场中的形象。[②] 二是更侧重于面向发展中国家的疫苗援助外交。随着疫情使多数国家陷入失控状态,新冠疫苗成为世界各国战胜疫情的救命稻草,也被一些国家视为彰显软实力的重要工具。[③] 印度试图利用在全球疫苗生产链中的优势地位,扮演国际公共物品提供者的角色,以塑造"领导型大国"的形象。

二、印度对华政策调整内容

印度对外战略与印度对华政策是纲与目的关系。对外战略确定了印度对外行动的主要内容和主要目标,而印度的国别政策则体现为主要目标指引下的具体探索。因而,国别政策需同战略目标保持逻辑互洽。从这个意义上而言,印度对华政策的着力点、政策目标和路径亦须同印度对外战略的相应方面保持一致,须随着对外战略的变化而进行调整。

作为印度对外战略调整的重要组成部分,印度对华政策调整同样立足于硬实力和软实力两条主线,在实现路径上突出竞争和对抗手段,从经贸、军事和外交三大领域主动对华出击,试图延缓中国和平发展的进程。诸多不友好的政策举措从根本上损害了中印关系持续向稳的态势,增加了"印太"地区地缘政治不稳定趋势。

(一)经贸脱钩

在经贸领域,为了减少对中国的外贸依赖度,印度发起并深化与中国脱钩的进程。自2020年4月起,印度出台一系列脱钩政策。

---

① 林民旺:《莫迪执政以来印度外交的三次转变》,《世界知识》2020年第21期,第21页。
② 林民旺:《新冠肺炎疫情下印度的大国外交战略》,《当代世界》2020年第9期,第34页。
③ "The Era of Vaccine Diplomacy Is Here," The New York Times, February 28, 2021, accessed June 1, 2021, https://www.nytimes.com/2021/02/28/opinion/covid-vaccine-global.html.

其一，限制中国企业在印投资。2020年4月17日，印度工业和国内贸易促进部发文要求所有印度陆地接壤国的对印投资必须经过政府审批方可实施，该政策近乎关闭了中国企业对印度投资的大门，针对中国的意图十分明显。①

其二，游说跨国企业离华入印。印度政府主动联系1000余家美国企业，提出多项优惠政策以游说这些企业将海外分支迁往印度。为此，印度政府甚至承诺将权衡修改劳动法的特别要求，并考虑推迟对数字交易进行征税。②据印媒披露，印度政府计划整合全国各地共约46万英亩工业园区专门用于安置从中国转移到印度的企业和相关产业，并为其提供优厚的投资条件，以提升印度制造的水平。③

其三，打击在印中国企业。在中印关系因边界问题恶化后，印度电子信息技术部以国家安全为理由分别于2020年6月、7月、9月和11月四次宣布禁用中国应用，共涉及267款应用程序，使相关中国企业的印度业务遭到重创。2021年1月，印度电子信息技术部以数据安全和隐私问题为由，宣布将在当年6月永久禁止59款中国应用程序，持续加码打压中国在印高科技企业。

其四，参与建立排华产业链。新冠疫情暴发后，美国先后提出"经济繁荣网络计划"和"清洁网络计划"，以减少在全球供应链上对中国的依赖。印度政府很快应和美国的呼吁，借机提升印度在全球供应链中的地位。在印度的支持下，供应链议题成为美日印澳"四边机制"的重要内容，各方围绕该议题试图构建新的"印太"地缘经济战略框架。在2021年3月"四边机制"峰会上，各国宣称要在新冠疫苗生产、关键科技、基建投资、海洋安全以及气候变化等方面开展合作，其中新冠疫苗生产将成为四边产业链合作率先启动的项目。④按照规划，美日印澳各国分别负责研发、资金、生产和运输，形成独立的闭环供应链。

① "India's FDI Plan Slashes Chinese Investment Confidence: Insiders," Global Times, May 25, 2020, accessed June 1, 2021, https://www.globaltimes.cn/content/1189379.shtml.

② 林民旺：《中国周边安全新形势与中国的应对策略》，《太平洋学报》2019年第9期，第46页。

③ Shruti Srivastava, "India Offers Land Twice Luxembourg's Size to Firms Leaving China," The Economic Times, May 5, 2020, accessed June 1, 2021, https://economictimes.indiatimes.com/ news/ economy/policy/india-offers-land-twice-luxembourgs-size-to-firms-leaving-china/articleshow/75534412. cms.

④ Ministry of External Affairs, Government of India, "First Quad Leaders' Virtual Summit," March 9, 2021.

（二）军事对抗

在军事安全领域，印度对华军事政策对抗性显著升级。在具体军事行动上，印方在边境地区实施具有侵略性的基础设施修筑行动，最终酿成了流血事件。2020年4月，印军开始在加勒万河谷地区抵边修筑道路、桥梁等基础设施，并在5月越线进入中国领土构工设障，蓄意挑起事端，试图单方面改变边境管控现状。6月15日，印军违背6月6日中印军长级会谈的共识，跨越实控线对中方交涉官兵发动攻击，引发双方20余人死亡。尔后中印两军部署大量部队在前线多个地点形成军事对峙，其间印军更是违反协定对中国边防部队巡逻人员鸣枪威胁，打破中印边境四十五年来没有枪声的纪录。加勒万河谷冲突事件是中印两国自1975年以后首次爆发的流血冲突，该事件使得逐步企稳的中印关系跌入低谷。

在军事组织形态上，印军拟设立北部战区专门应对来自中国的"威胁"。根据印媒2020年10月披露的改革方案，印军拟设立五个战区，其中北部战区负责中国方向。[①] 关于设置联合战区的公开建议最早可以追溯到2001年的《部长小组报告》，然而由于各种原因，该建议一直未能落实。目前印度唯一的联合司令部位于远离本土的安达曼海域，由陆海空三军共同构成。自2001年建立以来，该司令部一直保持极为精简的规模，在印度的整体军事部署中处于较为边缘的地位，所得经验并未在全军推广。

印度一直未能推动战区制改革的原因是多层面的：军种层面，在既有体制下陆海空参谋长手握管理权和指挥权，实际上充当总司令的角色，自然不愿意在管指分离的战区制改革中失去军事指挥权；国防部官僚亦不主张战区制改革，他们担心改革后军方的政治影响力进一步加强，进而影响国防部文官的权威。基于以上阻力，莫迪政府突然宣布在2022年之前完成复杂的战区制改革令外界颇感惊讶。此举不仅表明了其实现军队现代化的决心，还释放出印度政府已将中国视为现实"军事威胁"的信号。

在军事策略上，印度完成了从独自对抗到借助外力对中国共同进行军事施压的转变。莫迪政府2014年执政以来，一直以"战略自主"作为对外行动的出发点和重要追求，不愿做大国间博弈的平衡性力量。随着近年来中美关系的

---

① "India to Get 5 Military Theatre Commands, One Each for China and Pak," Hindustan Times, October 27, 2020, accessed June 1, 2021, https://www.hindustantimes.com/india-news/india-to-get-5-military-theatre-commands-one-each-for-china-and-pak/story-UzFJNollsvpj3tcUetWVNM.html.

恶化，莫迪政府悄然修改了战略自主的内涵，加速与美国建立起紧密的防务关系。[①] 加勒万河谷冲突事件之后不久，印海军同美国"尼米兹"号航母打击群在靠近马六甲海峡的安达曼海域举行联合海军演习，旨在提高双方协同作战能力，战略宣示信号十分明显。2020年10月，印美两国防长签署《地理空间合作基本交流与合作协议》，该协议将使印美能够共享彼此空间地理情报，提升印度导弹以及无人机等武器的精确度。加上2016年两国签署的《后勤交流备忘录协定》和2018年签署的《通信、兼容与安全协议》，美印间三个基础性防务合作文件业已完成，两国建立起准盟友级别的军事关系。

除了加强和美国的军事关系外，印度深度融入"四边机制"，试图在"印太"地区对中国形成威慑。根据美国国家安全顾问于2021年1月解密的《美国"印太战略"框架》，美国政府将中国列为其在"印太"地区的首要挑战，而印度则是美版"印太"框架的基石。[②] 基于此，美印联合以及"四边机制"的指向性不言自明。2020年11月，在印度的认可下，澳大利亚海军重返"马拉巴尔"海军演习，美日印澳四方军事合作初具雏形。2021年3月"四边机制"峰会发布的联合声明虽未直接提及中国，但处处可见针对中国的影子。在四边安全对话逐渐迈向机制化的背景下，印度在借助外力对抗中国的道路上越走越远。

（三）软实力竞争

过去中印的竞争主要集中在硬实力层面，而自新冠疫情暴发以来，印度开始在意识形态和对外援助等软实力领域同中国展开较量，试图在软实力领域对冲中国的影响力。意识形态领域主要体现为部分前印度官员对中国疫情表现以及政治制度进行抹黑与攻击，同时强调印度"民主国家身份的优越性"。[③] 一些政府官员将疫情同政治制度联系起来，对中国展开意识形态上的无端批评。[④]

---

① 李莉：《从不结盟到"多向结盟"——印度对外战略的对冲性研究》，《世界经济与政治》2020年 第12期， 第79—87页；P. S. Raghavan, "The Making of India's Foreign Policy: From Non-Alignment to Multi-Alignment," *Indian Foreign Affairs Journal* 12, no.4 (2017): 326-341。

② Rory Medcalf, "Trump's Top-Secret Indo-Pacific Strategy Is Now Declassified," National Interest, January 17, 2021, accessed June 1, 2021, https://nationalinterest.org/blog/reboot/trump%E2%80%99s-top-secret-indo-pacific-strategy-now-declassified-176543.

③ 林民旺：《新冠肺炎疫情下印度的大国外交战略》，《当代世界》2020年第9期，第34页。

④ "Former Foreign Vijay Gokhale, Says Democracy Is India's Asset to Counter China," Hindustan Times, March, 2020, accessed June 1, 2021, https://www. hindustantimes.com/cities/former-foreign-secy-says-democracy-is-theasset-to-counter-china-s-influence/story-Gi2hymfJY1g1WUhjniqCgI. htm.

与此同时，印度政府将自己描绘成"民主国家抗疫的代表"。莫迪政府挑起意识形态竞争的背后主要有两种考量：一是应和以美国为首的部分西方国家对中国政治制度和意识形态的污名化行动，容易获得美国等西方国家的舆论支持；二是就国家身份而言，无论是发展中大国还是人口大国，印度总是处于中国的光环之下。西式"民主国家"的身份可使印度与中国的身份相区别，便于凸显印度的特性。同经贸与军事领域的竞争不同的是，印度对中国的意识形态竞争主要集中在第二轨道，即通过前政府官员以私人立场来表达。这种迂回和隐蔽性说明印度对华意识形态攻击更多的是一种落井下石的投机性策略，同时也增大了中方回击的难度。

疫苗国际合作是印度对华软实力竞争的又一新领域。中国领导人早在2020年5月便宣布，"中国新冠疫苗研发完成并投入使用后，将作为全球公共产品，为实现疫苗在发展中国家的可及性和可担负性作出中国贡献"，体现出大国的使命和担当。[①] 新冠疫苗研制成功后，中国迅速开启了对外援助的工作，赢得了国际社会的广泛好评。印度也利用其世界最大疫苗生产国之一的产能优势，主动向世界各国提供疫苗等物资，希望借此赢得国际社会的赞誉。

印度和西方媒体从政治斗争的角度出发，将疫苗合作政治化，制造"中印疫苗外交之争"。2021年2月，印度主要政治人物多次在社交媒体宣扬印度在疫苗接种和对外疫苗援助中创下的多项"全球第一"，而其国内主流媒体通过"捧印抑华"的方式配合政府宣传，营造出其在软实力竞争中超越中国的氛围。印度媒体与政府素来关系紧密，其在重大涉外问题上的表态往往可被视为政府立场。西方媒体在所谓的疫苗外交竞争中推波助澜，渲染中印在国际疫苗供应领域的对立。印度之所以在国内疫情形势紧张、对疫苗需求极为迫切的情况下依然大手笔向外提供新冠疫苗，主要基于两点考量：一是修补印度后期疫情防控失败的负面形象，进而塑造疫情防控成功者的形象；二是稀释中国对外疫苗援助和出口的国际影响力，进而达到在软实力领域遏制中国的目的。

三、印度对华政策调整成效与中国应对策略

以2020年4月17日印度政府发布规定限制中国企业投资为标志，莫迪政

---

① 《习近平在第73届世界卫生大会视频会议开幕式上致辞》，《人民日报》2020年5月19日，第1版。

府对华政策调整已经持续一年。过去一年间，各领域的对华政策调整相继落地实施，其成效和影响也初步显现。下文将对印度对华政策调整的成效进行梳理，以检验其结果与目标是否一致。

（一）政策调整成效

1. 经贸政策

莫迪政府对华经贸"脱钩"政策在一定程度上反映了其焦虑的心态，就"脱钩"政策实施效果而言，其非但未按照印度政府设想的方向前进，甚至朝着相反的方向发展。

首先，2020年中印双边贸易并未因"脱钩"政策而出现明显下滑。根据印度商务部的数据，2020年中印贸易额达到777亿美元，中国超越美国成为印度第一大贸易伙伴。其中印度从中国进口总额高达587亿美元，对华逆差近400亿美元。从贸易角度而言，印度摆脱对中国产品依赖的目标难以在短期内实现。①

其次，印度并未实现吸引大量跨国公司弃华入印的目标。中国政府采取有效措施迅速控制新冠疫情在全国的扩散，有序实现复工复产，并未遭遇印度所期待的外资撤离潮。2020年中国超过美国成为全球第一大投资目的地，2021年1—4月中国实际使用外资3970.7亿元人民币，较疫情暴发前的2019年同期增长30.1%。② 而印度政府对疫情管控不力，全国各地陷入持续多轮的封锁，难以恢复日常生产经营活动。尤其是2021年4月以来疫情大暴发后，自我标榜为"世界药房"的印度政府无力为民众提供基本的防疫医疗保障，可预见短期之内其对海外资本的吸引力将大打折扣。

最后，美日印澳四边的产业链整合尚未起步，发展前景面临诸多变数。从技术层面分析，日澳两国在经贸上对华依赖严重，印度相对薄弱的产业链基础无法在短期内满足美日澳三国的需求。与此同时，供应链建设不仅是政府行为，更是企业行为。转移和重建生产链成本不菲，各国跨国公司出于经济利益的考量未必会响应政府的动员。从战略层面分析，结合2021年4月印度深陷疫

---

① 《贸易数据》，印度商务部，https://tradestat.commerce.gov.in/eidb/default.asp，访问日期：2021年5月20日。

② 《2021年1—4月全国吸收外资3970.7亿元，同比增长38.6%》，中国商务部，2021年5月13日，http://www.mofcom.gov.cn/article/ae/sjjd/202105/20210503060935.shtml，访问日期：2021年5月20日。

情困扰之后美日澳等国较为冷淡的回应，不难发现安全议题才是"四边机制"的主要支柱，美日澳对产业链合作的兴趣与印度相去甚远。

总体而言，印度经贸领域政策效果与政策目标相去甚远。迄今为止，印度政府未能有效提升印度制造的水平和影响力，未能割裂同中国的经贸关系，也未能有效地搭建美日印澳四边产业链合作机制。

2. 军事政策

军事对抗是新冠疫情暴发以来中印关系遭遇的挫折之一。在某种程度上，2020年6月以来印度在经贸领域对中国的不友好政策与军事问题有关。经过短暂的调整，印度对华安全政策完成转型，中国作为"安全威胁"在印度由军方意象传播到其他领域。① 2021年以来中印边境地区的局势出现一定的缓和，双方在第9轮军长级会谈后开启了班公湖南北岸的脱离接触进程，在很长一段时间里仍为实现所有对峙点脱离接触而努力沟通。在双方完成所有对峙点脱离接触之前，很难断言中印边境将重获宁静。2021年3月，印国防部长在人民院国防事务委员会表示，印度正加速修建和翻新靠近中印边境的公路、直升机坪和哨所，以提升边境地区的响应能力。印度国防参谋长拉瓦特甚至放言将在三四年内赶上中国在中印边境地区的基础设施水平。② 长期看来，印度将在边境地区持续施加军事压力，中印边境地区仍然存在冲突的风险。就目前而言，印度侵略性的边境政策并未收获太多正面成果。其一，流血事件给莫迪政府造成巨大的国内舆论压力，不仅降低了外交操作的灵活性，还使其背负了长期对峙带来的沉重经济负担。其二，就军事博弈结果而言，近期执行的解决方案大体沿用了中方坚持的分阶段脱离接触的主张，印军所主张的一次性恢复到2020年4月之前状态的方案并未实现。

目前印度政府仍未公开出台联合战区制改革的实施方案，但据多家媒体披露，海军司令部和防空司令部将会在2021年宣告成立。③ 联系过去印度政府低效缓慢的改革历史，许多学者对印度的战区制改革前景持消极看法，普遍认为

---

① 杨思灵、徐理群:《印度地区安全知觉中的中国意象——基于2002—2003年度至2018—2019年度印度国防报告的分析》,《南亚研究》2020年第1期，第25—30页。

② "India Will Match Chinese Border Infrastructure in 3 to 4 Years: Rawat," The Times of India, March 27, 2021, accessed June 1, 2021, https://m.timesofindia.com/india/india-will-match-chinese-border-infrastructure-in-3-to-4-years-rawat/articleshow/81717178.cms.

③ Rahul Singh, "First Joint Commands to Be Launched by May," Hindustan Times, February 17, 2021, https://www.hindustantimes.com/india-news/first-joint-commands-to-be-launched-by-may-101613500932277.html.

印度无法在2022年之前实现五大战区的部署。① 然而，联系莫迪政府上台以来的军事改革措施以及战区制改革草案设计，印军仍有相当的可能性在莫迪第二任期内完成战区制改革目标。首先，早在本轮战区制改革以前，莫迪政府已经先后对印陆军后勤部门和指挥部门进行了改革，解决了陆军指挥部门和后勤部门机构臃肿，以及陆军司令部军官扎堆的弊病。② 由此可见，莫迪政府的军事改革具有较强的策略性，战区制改革并非水中浮萍。其次，就改革草案进行分析，印度较好地平衡了军方内部的利益：北方司令部、西方司令部和半岛司令部本质上仍是陆军主导的战区，占据五分之三的比重，大体与当下陆军在印军预算的比重相当；海军司令部将由海军主导，因而海军并未损失过多的自主权；防空司令部统合了印度军方过去散布在各军种中的空中力量，实际上使得现有空军的实力得以增强，自然获得空军的首肯。最后，政治领导人的改革意愿较强。莫迪多次在国家安全会议中强调推动军队制度改革，提高军种联合作战能力的紧迫性。尤其在2021年3月举行的联合司令会议中，莫迪将建立战区司令部作为发言的重点议题。③ 因此，战区制改革作为印军对华安全战略调整的重要组成部分，一直处于持续实质性推进的过程中，该举措的实施将会增大中国在中印边境地区的军事压力。

3. 软实力竞争政策

以2021年4月初印度新冠病例激增为界，印度政府对华软实力竞争政策的成效大体可划分为两个时期。在此之前，印度依靠整体较为平稳的防疫表现和2021年年初大批的对外疫苗援助，赢得了西方世界的广泛赞誉，莫迪亦借此树立了全球抗疫领导者的形象。2021年2月和3月，印度对外疫苗援助和出口的国家数量和疫苗总剂量一度超过中国。客观而言，在新冠疫情大规模暴发前，印度政府部分地实现了软实力竞争的目标。

自2021年4月初起，印度的新冠感染人数呈现爆发式增长，连续十多日刷

---

① 胡博峰、郭媛丹:《印度计划2022年前建立五大战区，专家：深表怀疑》,《环球时报》2020年10月29日，第8版; S. B. Ashana, "Indian Model of Theatre Commands: The Road Ahead!" Indian Defence Review 35, no.2-3 (2020), accessed June 1, 2021, http://www.indiandefencereview.com/news/indian-model-of-theatre-commands-the-road-ahead。

② "Government Approves Mega Reform in Indian Army: Sources," The Economic Times, March 8, 2019, accessed June 1, 2021, https://economictimes.indiatimes.com/news/defence/government-approves-mega-reform-in-indian-army-sources /articleshow/68309644.cms.

③ Rajat Pandit, "PM Modi Stresses Indigenisation of National Security System at Commanders' Meet," The Times of India, March 7, 2021, accessed June 1, 2021, http://timesofindia.indiatimes.com/articleshow/81368346.cms?utm_source=contentofinterest&utm_medium=text&utm_campaign=cppst.

新单日确诊病例和单日死亡病例的历史纪录。全国多地医院的床位、氧气、疫苗和药品等医疗资源陷入紧缺状态，大批新冠患者因得不到及时的医治而失去生命。在此情况下，莫迪政府依靠亲西方的价值观外交和疫苗外交积攒起来的正面形象烟消云散，并成为国内和国际舆论的众矢之的。国际医学界权威杂志《柳叶刀》刊文直言莫迪总理应为印度此轮疫情暴发负责。《经济学人》《时代周刊》等具有代表性的西方媒体发文剖析印度疫情失控的过程，将矛头指向莫迪和印人党政府，对其政治前途做出悲观的预测。[①]印度国内数十万网民在社交媒体上发起"莫迪辞职"运动，要求印人党政府和莫迪本人下台。莫迪政府在疫情期间鼓吹的"印式民主"被贴上民粹主义、选票至上等负面标签。

此外，印度疫情的暴发对全球疫苗供应产生负面影响。莫迪政府雄心勃勃的疫苗援助外交使印度承担着沉重的出口压力。国内疫情大暴发后，印度政府于2021年4月下旬宣布暂停疫苗出口。作为全球最主要的疫苗生产国，印度政府的决定对国际疫苗供应链产生重大影响，许多发展中国家的疫苗接种计划被迫推迟，这也对印度的国际声誉产生负面影响。

与之形成鲜明对比的是，中国始终走在科学防控、全民抗疫的正确道路上，抗疫成就得到越来越多的认可和尊重。一方面，中国有效地控制住国内疫情，实现了疫情防控常态化下的全面复工复产，经济与社会重返健康发展轨道，为世界经济作出巨大贡献。另一方面，中国坚持履行大国责任，为世界其他国家提供慷慨的医疗援助。截至2021年5月14日，中国已经向全球80多个国家捐赠了中国疫苗，向50多个国家出口了中国疫苗，提供疫苗总量已经超1亿剂。[②]

因此，就现阶段而言，印度的软实力外交遭到前所未有的失败。失败的原因不仅在于其苦心经营的抗疫成功形象和慷慨援助他国形象的倒塌，更在于印人党政府形象的崩坏。

---

① "India's COVID-19 Emergency," *The Lancet* 397, no.10286 (May 8, 2021): 1683; "Paper Tiger: India's National Government Looks Increasingly Hapless," The Economist, May 8, 2021, accessed June 1, 2021, https://www.economist.com/asia/2021/05/08/indias-national-government-looks-increasingly-hapless; Naina Bajekal, "India's COVID-19 Crisis Is Spiraling Out of Control. It Didn't Have to Be This Way," Time Magazine, April 28, 2021, accessed June 1, 2021, https://time.com/5964796/india-covid-19-failure.

② 《国务院联防联控机制新闻发布会》，中国政府网，2021年5月14日，http://www.gov.cn/xinwen/gwylfkjz157/index.htm，访问日期：2021年6月1日。

（二）中国的应对策略

尽管莫迪政府对华一系列新举措并未取得预期的效果，但是其目前并没有更改或者放弃当前政策取向的打算，同时一些领域的举措仍在发展和强化。在经贸领域，2021年5月印度通信部将华为和中兴从参与5G（第五代移动通信技术）实验的企业清单中剔除，前者在2020年依旧被允许参加5G实验。这一政策表明印度政府对中国企业的限制并未放松。在安全领域，印度的对抗行动仍在持续。2021年4月印度陆军申请采购350辆轻型坦克以应对高海拔作战。在中印边境对峙仍未彻底解决之际，此举针对中国的意图十分明显。在软实力竞争领域，印度不甘失败，刻意回避中国政府和中国企业的善意与善举。在印度国内疫情陷入困境的时刻，中国国家主席习近平向印度总理莫迪致以慰问，主动表达了提供力所能及帮助的意愿，而印度政府并未以对等的方式进行回应。[①] 对于中国企业牺牲假期、扩大生产线以尽快向印度交付制氧机、呼吸机等医疗器械的善举，个别印度媒体歪曲事实，对中国产品质量和定价进行抹黑，制造反华舆论。[②]

综上所述，莫迪政府自新冠疫情暴发以来对华政策的调整涉及中印关系的主要领域，影响到两国交往的方方面面。面对仍在持续加码的印度对华政策新态势，我们应当树立清醒的认识，客观研判印度的战略动态，主动塑造两国关系，具体可以从以下三个方面加以应对。

第一，中国须做好中印关系长期处于低谷期的政策准备。印度政府的对华政策兼具战略性与投机性，因此不宜过度强调外部环境的影响力，认为形势一旦有利于中国，印度便会迅速调整政策对华示好。自2014年上台以来，莫迪政府对华敌意行为整体呈上升态势，加上印人党在印度国内政治中愈发稳固的地位，其对华政策很有可能会持续较长的时间。为此须抛弃中印关系可能回到过去的期待，在外交、军事、贸易、舆论等各个领域做好全面应对方案，充分评估印度敌对举措对我国边疆安全和经济安全的影响。

第二，中国须在坚持有节制地回应印方敌对行为的同时，划清政策红线，将两国关系置于可控范围之内。自新冠疫情暴发以来，中国对印度的行为进

---

① 《王毅同印度外长苏杰生通电话》，新华社，2021年4月30日。

② Geeta Mohan, "Exclusive: After Hiking Prices, China Now Sending Sub-Standard Oxygen Concentrators to India," India Today, May 14, 2021, accessed June 1, 2021, https://www.indiatoday.in/india/story/china-sub-standard-oxygen-concentrators-india-covid-equipment-1802360-2021-05-14.

行有理有节的回应。具体而言，中国主要对印度军事行为采取针锋相对的反制措施，而对印度在其他领域的挑衅性举措，中国政府主要通过外交等部门发声予以反击。在一定程度上，中国有节制的应对策略是中印关系仍处在可控区间内的重要原因。随着印度和美国、日本、澳大利亚双边和多边关系的加深，印度将来可能会主动或被动地同三国协调对华政策，从而进一步扩大对华竞争领域，甚至突破中国政府的底线。为此，中方应划出明确的政策红线，并使印方明了越过红线将承受的反制措施，避免两国关系滑入不可控的境地。

第三，中国须着眼双边关系的长期发展，坚持互信建设。客观而言，不稳定的中印关系有损中国的国家利益。互信是稳定的前提，在双方互信基础因军事对峙而严重受损的情况下，两国政府可以从多边外交、人文交流等敏感性相对较低的合作领域入手，逐步修复和重建彼此信任感。实际上，即使是对中国抱有敌视态度的印度精英，也认识到同中国断绝所有联系，尤其是商贸往来是不理性的，不符合印度利益。[①] 当前双方可以借边境问题降温的契机，逐步恢复各领域的对话，开启重建互信的步伐。

中印两国共享1700多千米的边境线，是搬不走的邻居。当前中印关系已经成为亚太地区乃至全球最重要的双边关系之一，庞大的人口规模、巨大的经济体量和广泛的代表性意味着两国关系的走向将对地区和世界格局产生重大而深远的影响。新冠疫情暴发以来印度对中国采取的经贸"脱钩"、军事对抗和软实力竞争等一系列强硬措施，不仅侵害了中国的合法权益，也伤害了印度的国家利益。更为严重的是，印度当前政策的延续将为中印两国带来更大的对抗风险。在国际格局因新冠疫情而陷入加速调整的关键时刻，到底是选择加剧对抗走向双输，还是选择包容性路径，相向而行，齐心协力，进而使两国尽早走出对抗的阴霾，这将是未来印度政治家们需要深思慎行的问题。

---

① Ananth Krishnan, "India's China Policy Needs New Thinking, Say Experts," The Hindu, April 13, 2021, accessed June 1, 2021, https://www.thehindu.com/news/international/indias-china-policy-needs-new-thinking-say-experts/article34308123.ece.

The New Trend of India's China Policy since the COVID-19 Pandemic

YANG Lu

Abstract　Since the COVID-19 pandemic, India's China policy has undergone major adjustments. In the field of economy and trade, India initiated and deepened the process of decoupling with China. In the field of security, India implemented a confrontational border policy and planned military reforms. In the field of soft power, India competed with China in political ideology and vaccine aid. After nearly a year of practice, the competitive foreign policy of the Modi government in the field of economy and trade and soft power has failed to achieve the expected results, and the prospect of its policy in the military field is also not optimistic. Facing the new trend of India's China policy, China should first make policy preparations for a long-term low ebb bilateral relationship. Secondly, draw a clear bottom-line to keep the Sino-Indian relations within a controllable range. Thirdly, persist in mutual trust building and focus on the long-term development of the bilateral relations.

Keywords　COVID-19 Pandemic; Economic Decoupling; Military Confrontation; Soft Power Competition

Author　Yang Lu, Lecturer of Institute for International Strategic Studies, Party School of the Central Committee of CPC (National Academy of Governance).

周边国情研究

新环境下俄罗斯北极政策的再转型展望：
目标、路径与挑战*

徐　博　　陈立赢

【内容提要】2022年2月发生的乌克兰危机所产生的外溢效应对北极地区与北极事务造成了一定影响。为应对新出现的诸多挑战，俄罗斯正在进行其北极政策的"再转型"。这一转型的最终目标则是打造以俄罗斯为主导的"全球北极"。本文认为俄罗斯北极政策再转型的目标与路径涉及俄罗斯的北极安全、北极地区社会经济发展以及北极外交与合作三个方面。同时俄罗斯国内条件的制约、美西方国家的制裁与掣肘等问题也将使俄罗斯北极政策的再转型面临诸多挑战。对俄罗斯北极政策再转型的深入研究也有助于中国进一步加深对北极未来发展趋势的了解，加强与俄罗斯的北极合作，进而深入参与北极治理与北极事务。

【关键词】俄罗斯；北极；外交政策；北极合作

【作者简介】徐博，吉林大学东北亚研究院国际政治研究所教授，吉林大学俄罗斯研究所副所长；陈立赢，吉林大学东北亚学院硕士研究生。

一、引言

随着全球气候变暖、冰川融化等问题的加剧，北极治理日益成为国际政治

---

* 作者感谢《中国周边外交研究》集刊匿名审稿专家提出的建设性修改意见。文中疏漏之责由作者自负。

领域的重要问题。俄罗斯作为北极地区面积最大的国家，十分重视自身的北极利益。近年来，中俄两国就共建"冰上丝绸之路"达成了一系列协议。[①] 因此，北极地区局势的变化和俄罗斯北极政策的演变也必然影响中国的国家利益。

2022年2月发生的乌克兰危机是冷战后俄罗斯对外战略的重要转折点。此次危机导致西方国家对俄罗斯制裁加剧、俄罗斯与西方战略对抗升级等后果。此次危机也对北极地区的局势产生影响。乌克兰危机发生后北极国家瑞典与芬兰两国寻求加入北约并得到相应支持，美国参议院2022年8月3日通过了有关批准芬兰和瑞典加入北约的议定书的决议。[②] 美国发布的新版《北极地区国家战略》（National Strategy for the Arctic Region）指出北极地区目前存在着诸多竞争，并将俄罗斯在北极地区所开展的诸如部署军事力量、建设基础设施等活动视为"威胁"，同时还认为乌克兰危机"加强了我们与北极伙伴间的团结"。[③] 俄罗斯与西方国家均多次在北极地区开展军事演习，俄罗斯空天军加强了在北极地区附近海域的巡逻，[④] 美国特种部队也在北极地区进行远程导弹试射。[⑤] 由此可见，北极正在成为俄罗斯和西方国家对抗的前沿地带。美国新版《北极地区国家战略》还"直接将俄罗斯与中国列为未来几年北极现状的两个主要竞争对手和潜在挑战者"。[⑥] 可以想见，在未来的一段时间内，北极作为俄罗斯与西方国家对抗前沿地带的地位将不会改变，甚至会进一步强化。此外，受到乌克兰危机的影响，北极地区最重要的治理机制——北极理事会自

---

① 岳鹏：《共建"冰上丝绸之路"中的俄方诉求及内在挑战分析》，《东北亚论坛》2020年第2期，第38页。

② 《美国参议院批准芬兰和瑞典加入北约》，俄罗斯卫星通讯社，2022年8月4日，https://sputniknews.cn/20220804/1042870686.html。

③ The White House, "National Strategy for the Arctic Region," Washington, October, 2022, p5.

④ 《俄国防部：俄军两架图–95MS战略轰炸机在太平洋、白令海和鄂霍次克海上空进行巡逻》，俄罗斯卫星通讯社，2022年10月19日，sputniknews.cn/20221019/1044837913.html。

⑤ 《五角大楼在北极进行"挑衅性"演练》，俄罗斯卫星通讯社，2022年11月11日，sputniknews.cn/20221111/1045408495.html。

⑥ "The Arctic Institute Reacts to the New U.S. National Strategy for the Arctic," Arctic Institute, October 17, 2022, https://www.thearcticinstitute.org/the-arctic-institute-reacts-new-us-national-strategy-arctic.

2022年3月初便陷入停摆。^①北极理事会中的西方国家成员正在试图构建没有俄罗斯参与的北极合作机制，^②而这也将对北极地区国际治理的格局产生深远的影响。

　　纵观冷战结束后俄罗斯北极政策的发展历史可以发现，俄罗斯对于北极地区的重视程度不断提高。其政策发展经历了数个演变阶段，本文根据俄罗斯所发布的各类北极政策与战略的内容、广度与深度将俄罗斯北极战略的发展划分为"零散化""体系化"与"全面化"三个阶段。自1992年起，俄罗斯开始实施《北方海航道航行规则》，^①这是俄罗斯北极政策形成的最初阶段；在2001年时俄罗斯颁布了《俄罗斯联邦北极国家政策的基本原则》，指出了俄罗斯在这一时期有关与其他北极国家的关系、对北极资源的开采等问题的相关政策与原则等，^④但是这一时期俄罗斯并未形成一个完整的北极战略规划，因此这一时期俄罗斯的北极战略仍然是处于"零散化"的较为初级的阶段。2008年俄罗斯出台了第一部关于北极地区的全面综合规划《2020年前俄罗斯联邦北极地区国家政策原则及远景规划》，2013年又通过了《2020年前俄罗斯联邦北极地区发展和国家安全保障战略》，对俄罗斯在北极地区的主权权利、资源能源利益、领土和军事安全以及北极经济社会发展等重要内容做出了相应的规定。^⑤通过以上两部战略规划的出台，俄罗斯的北极政策完成了由冷战结束初期的"零散化"到"体系化"的第一次转型。尽管在2014年俄罗斯与西方因为克里米亚入俄问题而关系恶化，但双方在北极地区的基本合作仍然得以保留。2014年的第一次乌克兰危机显然未对大国北极合作造成严重的冲击。在

---

① 2022年3月3日，加拿大、丹麦、芬兰、冰岛、挪威、瑞典和美国发布联合声明，称："我们的代表将不会前往俄罗斯参加北极理事会的会议。此外，我们各国暂时停止参加理事会及其附属机构的所有会议，以待考虑必要的方式，使我们能够在目前情况下继续理事会的重要工作。" 参见 "Joint Statement on Arctic Council Cooperation Following Russia's Invasion of Ukraine," state.gov/joint-statement-on-arctic-council-cooperation-following-russias-invasion-of-ukraine，2022年3月23日。截至2022年11月12日，北极理事会官网主页仍然显示：The Arctic Council is pausing all official meetings of the Council and its subsidiary bodies until further notice. 参见 https://www.arctic-council.org.

② 《北极理事会将恢复无俄方参与项目的工作》，俄罗斯卫星通讯社，2022年6月9日，sputniknews.cn/20220609/1041838467.html。

① 徐广淼：《苏联北方海航道开发历史探析》，《俄罗斯研究》2018年第4期，第49页。

④ 黄凤志、冯亚茹：《俄罗斯的北极政策探析》，《吉林大学社会科学学报》2021年第5期，第134页。

⑤ 郭培清、曹圆：《俄罗斯联邦北极政策的基本原则分析》，《中国海洋大学学报（社会科学版）》2016年第2期，第8页。

这一基础上，2020年俄罗斯的北极战略又发展到了一个新的阶段。[①] 在这一年俄罗斯政府接连出台了《2035年前俄罗斯联邦北极国家基本政策原则》与《2035年前俄罗斯联邦北极地区发展和保障国家安全战略》，从而形成了更为全面的"北极2035战略"，而在新版的"基本政策原则"中，俄罗斯"对国家主权、领土完整和地区安全的重视程度明显提高"，同时也"更加重视该地区居民的生活质量和福祉"。[②] 因此可以认为俄罗斯的北极战略从此完成了从"体系化"到"全面化"的第二次转型。此次转型之后俄罗斯将全面加强在北极地区的安全存在，将推动北极地区开发开放作为其政策的主要目标。

然而2022年年初发生的乌克兰危机导致了重大的世界局势变化。在这一背景下，俄罗斯被迫对其北极政策进行新的调整以应对相应的世界局势变化并满足其国家利益需要，并由此开始俄罗斯北极政策在实现以国内北极为主导方向的"全面化"转型的基础上，开始向"全球化"即"建设全球北极"的"再转型"。俄罗斯北极政策"再转型"的目标是打造一个以俄罗斯为主导的"全球北极"，即以北极为基础来扩大受到美欧挤压的伙伴关系空间。同时在此次转型中，普京政府力图进一步提升北极地区在国家战略中的地位与重要性。其一方面仍然坚持要从北极地区"收获巨大经济收益"，而另一方面则同时要"提升俄罗斯保卫北极边疆的战备水平，将北极地区打造为俄罗斯实施威慑战略的基地。"[③] 此次俄罗斯北极政策的转型必将对未来很长一段时期内北极地区的地缘政治、经济态势产生影响。

二、俄罗斯北极政策再转型的目标

冷战结束以来俄罗斯两次北极政策的转型都是从其国内发展态势以及国际局势的变动出发而进行的调整。此次乌克兰危机所引发的俄罗斯北极政策的再转型也具备这一特征。但同时，面对冷战结束以来最为剧烈的地缘政治和大国关系的变动，俄罗斯此次北极政策的再转型也具备其独特性，即在乌克兰危机及北极地区大国关系渐趋对立的背景下，俄罗斯力图将"面向本国的北极

---

① 赵隆：《试析俄罗斯"北极2035"战略体系》，《现代国际关系》2020年第7期，第44页。

② 万楚蛟：《当代俄罗斯北极战略：开发合作与安全博弈》，《俄罗斯东欧中亚研究》2022年第2期，第113页。

③ Указ Президента Российской Федерации от 31.07.2022 № 512 «Об утверждении Морской доктрины Российской Федерации», http://publication.pravo.gov.ru/Document/View/000120220731000 1?ysclid=lagcr06ai9849988257.

政策"部分转为"面向全球的北极政策",其目标也将从"打造俄罗斯的北极"转向"打造俄罗斯主导的全球北极"。俄罗斯北极政策的再转型则将致力于在乌克兰危机引发国际秩序变化的背景下实现确保俄罗斯的国家安全、推动北极地区社会经济发展以及拓展面向非西方的北极合作三个方面的目标。

(一) 安全目标

俄罗斯北极政策再转型的核心目标仍然是确保俄罗斯的国家安全。这主要是源于俄罗斯的安全环境正在随着乌克兰危机的延续发生剧烈变化。无论是2020战略体系还是2035战略体系,两个体系中的战略文件的文本中都强调维护国家安全是俄罗斯北极政策的基础。在再转型的过程中,俄罗斯北极政策依然会保留前两个战略体系对于其国家安全的极端重视态度。

首先,乌克兰危机发生后,俄罗斯面临着更大的区域安全压力。早在乌克兰危机发生前,俄罗斯和北约就已经在北极出现了安全矛盾。在俄罗斯看来,"美国和后来的北约……将北极视为军事和经济扩张的领域以及实现其大国野心的舞台"。[1] 而在乌克兰危机发生后,北约与俄罗斯的对立也延伸到了北极地区,北约与欧盟的领导人明确反对俄罗斯的北极政策。例如,北约声称北京和莫斯科在北极地区的合作是一个"挑战",[2] 并且在2022年6月29日的马德里峰会上,北约通过的战略文件将俄罗斯描述为"对欧洲–大西洋地区和平与稳定的最大和最直接威胁"。[3] 北约和欧盟越来越将注意力投放到北极,并多次强调要应对在北极地区的"俄罗斯威胁"。在未来俄罗斯北极政策再转型的过程中,俄罗斯也必将进一步强化其北极安全政策,通过进一步加强先进武器的部署来确保俄罗斯北极地区的安全,同时确保北极地区以外的整体国家安全。[4]

其次,瑞典与芬兰积极寻求加入北约,使得北约在"东扩"的同时进一步"北扩"。若瑞典与芬兰顺利加入北约,俄罗斯在北极地区所面临的安全挑

---

① Igor A. Arzhanov, "Russia, NATO and the Arctic: Rivalry, Security, Possible Scenarios of Geopolitical Competition," *Vestnik RUDN International Relations* 21, no.4 (December 2021): 759.

② 参见 "Beijing Slams 'Dangerous' NATO Claims," RT, https://www.rt.com/news/561910-beijing-slams-nato-arctic-russia,2022年8月31日。

③ 《北方舰队启动巴伦支–北极大型海军演习》,极地与海洋门户,2022年8月25日,http://www.polaroceanportal.com/article/4328。

④ Андрей Губин, Военный аспекты позиции России в Арктике, https://russiancouncil.ru/analytics-and-comments/analytics/voennye-aspekty-pozitsii-rossii-v-arktike。

战与安全风险也将急剧增加。一方面，一旦瑞典和芬兰"入约"成功，8个北极国家中除俄罗斯外均将成为北约成员国，一旦俄罗斯与北极邻国发生领土争端，俄罗斯在北极地区以及北极理事会将陷入被北约国家"围剿"的严峻局面；另一方面，随着瑞典与芬兰加入北约，北约势力将在北极地区进一步直抵俄罗斯北方经济的中心，以美国为首的北极国家将彻底完成在北极地区对俄罗斯的"抵近钳制"，从而加强在北极地区对俄罗斯的威慑与遏制。[①] 而为了突破北约对俄罗斯的"钳制"，俄罗斯除提升自己的军事水平与在北极地区加强军事部署外，也必须进一步在北极地区开展与其他近北极国家以及俄罗斯的传统友好国家的防务合作，以应对可能来自北极地区的北约国家的威胁。

最后，美国目前仍在积极推进北极地区的军事设施建设以及军事力量部署，这些军事力量均将直接威胁到俄罗斯北极领土乃至北极地区外的其他领土。在乌克兰危机发生后，北美航空防务司令部和美国北方司令部均强调需要可靠的能力，"在包括北极在内的整个作战和责任地区遏制战略竞争对手的行动"。[②] 面对美国等国在北极地区实施的战略挤压，俄罗斯则在北极地区展开了军事演习加以应对。[③] 可以说，目前俄美关系的进一步对立使得北极对于俄罗斯威慑美国的战略意义大为增加，俄罗斯需要加强其在北极地区的军事部署，增加其在北极地区的军事活动来对美国施行更加有效和可信的战略威慑。

（二）经济目标

俄罗斯北极政策再转型的另一个目标是寻找在西方加紧制裁的背景下进一步推动北极地区社会经济发展的有效路径。长期以来，俄罗斯在北极地区的经济技术合作伙伴多为西方国家。来自美欧等国的先进能源开采技术是俄罗斯维持地区经济发展的重要支柱。然而，在2022年乌克兰危机发生后，以美国为首的西方国家同样加紧了对俄罗斯能源行业的制裁。这些制裁促使西方企业与资金大批撤离，对俄罗斯的进出口贸易与国际结算等工作的开展造成了巨大的冲击。这些冲击必然对俄罗斯北极地区的社会经济发展目标造成不良影响。其中比较典型的影响就是俄罗斯与其他西方国家或亲西方国家间的北极合作由于

---

① 肖洋：《威慑与防御：北约对俄罗斯"抵近钳制"的北极拐点》，《和平与发展》2021年第4期，第48页。

② 《〈美国防务新闻〉：北极与美国国土防御》，极地与海洋门户，2022年8月18日，http://www.polaroceanportal.com/article/4317。

③ 《俄北方舰队在切柳斯金角进行登陆兵登陆演习》，俄罗斯卫星通讯社，2022年9月22日，sputniknews.cn/20220922/1044170737.html。

俄罗斯资金不足、其他国家的撤资而难以为继。韩国大宇造船和海洋工程公司也取消了俄罗斯现代商船队集团公司几年前订购的三艘液化天然气运输船中的第二艘，原因则是该公司因为国际制裁未能在指定日期前支付期中付款。^① 而当前俄罗斯北极政策再转型的目标是改善西方制裁而导致的北极开发项目难以开展的恶劣局面，故而俄罗斯提出要加强其国内循环的进一步发展，在这一过程中北极航道连通俄罗斯东西方交通的意义明显增加，北极航道对于俄罗斯经济发展的意义也由国际航道而转变为国际国内意义兼具。

此外，以中国为代表的非西方国家也已经具备与俄罗斯深入开展北极合作的实力与意愿。以美国为首的西方世界将继续视俄罗斯为主要的战略敌人，并继续对俄罗斯开展制裁与打压。因此未来俄罗斯在北极地区的社会经济发展与开发中进一步引入中国、印度等传统友好国家以及诸如东盟国家的技术、人员与资金就显得尤为重要，吸引这些亚太地区的国家直接向俄罗斯北极地区投资或是派驻技术人员与相关企业以进一步推动其北极开发的进程将是俄罗斯未来北极开发政策的重要方向。同时，也不排除俄罗斯在未来与日韩乃至其他西方国家部分重新开启北极开发等相关合作的可能性，如日本三井物产公司与三菱商事公司便保留了在"萨哈林2号"项目中的股份。^② 因此未来俄罗斯在其北极经济方面的政策仍将会持续、稳定地"向东转"，以保证其北极开发工作的稳定性与连续性，进而由其主导由亚太地区国家参与的北极开发工作，以实现其打造"全球北极"的北极战略目标。同时，西方对俄罗斯的能源制裁又使俄罗斯需要寻找新的能源供给中心以促进其能源战略的"东转"，而北极地区蕴藏的丰富的油气资源是俄罗斯"能源东转"的保障，"截至2019年，俄属北极的油气勘探总面积超过900万平方千米，共发现268个油气田，已探明原油储量368亿桶（50.4亿吨），天然气和天然气液2651亿桶（363.2亿吨）油当量。预测俄北极待发现油气储量为石油400亿桶（54.8亿吨），天然气和天然气液1954亿桶（267.7亿吨）"。^③ 在未来，这些丰富的能源供给既能为俄罗斯打造"全球北极"提供相应的动力，同时也是俄罗斯维护能源安全、打造北极发展战略的坚实保障，因此，在西方制裁持续的背景下，北极地区对于俄罗斯能源

---

① 参见《大宇造船厂取消建造俄罗斯"北极-2"液化天然气项目的运输船》，2022年7月14日，http://www.polaroceanportal.com/article/4267。

② 参见《俄远东和北极发展部长：日本公司选择能源主权，保留"萨哈林2号"项目股份》，俄罗斯卫星通讯社，2022年9月1日，sputniknews.cn/20220901/1043571789.html。

③ 许勤华、王思羽：《俄属北极地区油气资源与中俄油气合作》，《俄罗斯东欧中亚研究》2019年第4期，第113页。

安全的意义也在显著增加。

（三）外交目标

俄罗斯北极政策再转型的外交政策目标是维持俄罗斯的北极大国地位。在西方普遍排挤俄罗斯参与国际治理的情况下，俄罗斯需要扩大其伙伴关系网络以维护大国身份。而在北极地区，俄罗斯也将继续推进国家合作视为其北极地区大国地位的支撑。故而其北极合作的路径与机制将会进一步调整。

首先，北极理事会的停摆极大地威胁俄罗斯在北极事务中的地位与作用。2022年乌克兰危机发生前俄罗斯正任职北极理事会的当值主席国，俄罗斯能够通过这一身份推进自身的北极政策与北极议程。如俄罗斯想避免成员国之间的政治分歧导致自身作为北极国家的影响力降低，便可在本次主席国任期的优先事项中将北极居民的生活福祉与环境保护等契合各方利益的议题置于优先位置。[①] 而目前北极地区最为重要的治理机制北极理事会已经在2022年3月初陷入停摆状态，尽管2022年6月除俄罗斯外的7个北极国家曾宣称北极理事会要恢复无俄方参与的工作，[②] 但是截至2022年11月，北极理事会的官网主页上仍然显示有"北极理事会已经暂停了所有理事会及其附属机构的所有正式会议，恢复时间另行通知"的字样[③]。这表明俄罗斯作为北极理事会的当值主席国，其试图通过北极理事会推进自身议程的能力已经完全消失。因此在未来，北极地区很有可能形成新的，不包括俄罗斯在内而包括更多非北极的西方国家在内的相关治理机制；而俄罗斯方面则会做出相应的反制，从而努力塑造以俄罗斯为首的，包括中国、印度乃至诸多东盟国家等"东方"与"南方"参与的治理机制。

随着世界其他国家对北极的兴趣与关注增多，未来俄罗斯的北极合作工作将进一步"向东看"并转向更多的"非北极国家"，从而吸引其他国家建立符合自身利益的北极治理体系。正如俄罗斯金砖国家研究委员会理事会副主席奥尔基·托洛拉亚在东方经济论坛结束后所指出的那样，俄罗斯的确是在认真地"向东调转车头"，俄罗斯在认真考虑如何与缅甸、越南、蒙古国等国家发展

---

① 郭培清、杨楠：《俄罗斯任职北极理事会主席及其北极政策的调整》，《国际论坛》2022年第2期，第60页。

② 《北极理事会将恢复无俄方参与项目的工作》，俄罗斯卫星通讯社，2022年6月9日，sputniknews.cn/20220609/1041838467.html。

③ 原文为"The Arctic Council is pausing all official meetings of the Council and its subsidiary bodies until further notice"。

关系——俄罗斯开始认真"转向东方"。① 在未来，俄罗斯的北极政策将随着进一步的"东方化"而进一步"走向全球"与"面向全球"，继而完成"全球化"。俄罗斯将吸引更多的非北极国家进入北极事务与北极地区，从而加强其在北极地区的主导性与合法性，以对抗其他北极国家及在这些北极国家中可能形成的新的机制，即从机制与制度的层面来与其他北极国家开展相应的竞争。②

三、俄罗斯北极政策再转型的路径

从总体上看，2022年乌克兰危机带来了俄罗斯周边安全、经济以及外交环境的巨大变化。这决定了俄罗斯北极政策的再转型也必然是全方位的。其主要的转型路径包括制度和观念两个方面。其中观念的转型体现为俄罗斯对于北极地区安全、经济以及外交方面政策实施思路的变化，而制度转型则主要体现为俄罗斯北极地区安全、经济以及外交方面政策保障措施的转变。俄罗斯希望通过观念和制度的转型一方面维护俄罗斯在安全、经济以及外交领域的利益，另一方面以实现北极合作伙伴的"全球化"为目标，打造以俄罗斯为中心的北极伙伴关系新网络，进而服务于今后俄罗斯整体的对外战略。

（一）安全政策再转型的路径

在北极的安全政策方面，俄罗斯观念领域的转型主要在于对北极地区战略对手与战略伙伴的重新认知，主要表现为强调俄罗斯与西方国家，尤其是北约国家在北极地区所存在的地缘政治矛盾。在制度转型方面，俄罗斯计划在北极地区进一步完善相关安全保障机制并发展战略威慑能力，尤其是要加强北冰洋地区军事力量的统一协调，以应对未来可能来自西方国家的战略挤压。

俄罗斯北极政策安全观念方面的转型主要体现在俄罗斯重新提出了涉北极方面的诸多新文件、新政策。发布相关战略学说是俄罗斯实现观念转型的一个传统模式，2022年乌克兰危机发生后俄罗斯的相关动作又体现出了这种实现观念转型的传统路径。2022年8月，普京总统签署了新版俄罗斯海洋学说，其中着重突出了对北极政策的相关阐述，并将北极列为其海洋利益区的首位。在

---

① 《专家：俄罗斯开始认真长期转向东方》，俄罗斯卫星通讯社，2022年9月8日，sputniknews.cn/20220908/1043781592.html。

② 肖洋：《北极治理的国际制度竞争与权威构建》，《东北亚论坛》2022年第3期，第92—107页。

新版海洋学说中，俄罗斯明确将北约列为俄罗斯"过去、现在和将来的现实威胁"。此外，俄罗斯也将维护北方航道的安全列为俄罗斯国家安全的关键，并表示俄罗斯的优先事项是"加强俄罗斯在包括大陆架在内的北极海洋的影响力，并将北方航道建设为在全球市场具有竞争力的国家运输动脉"。[①]

制度方面的转型则主要体现在俄罗斯对北极地区的军事建设与军事部署等工作上。目前俄罗斯面临着十分巨大的安全压力，为应对这种压力，俄罗斯将进一步调整其北极地区的安全政策。除延续2035战略体系中对北极地区加强军事战备、提升北极地区军事现代化水平的内容外，俄罗斯将有可能逐步开放目前被视为"北极合作禁区"的北极军事安全领域，[②] 开展与其他非北极国家的安全合作乃至军事合作以及将这样的军事合作制度化、常态化，从而在安全层面上实现其北极政策的全球化。除在军事安全方面寻求与更多的非北极国家合作外，俄罗斯在未来还将继续加强本国的北极安全能力建设。俄罗斯的北极地区安全能力建设主要分为三个方面：一是俄罗斯正在研究在北方舰队的基础上组建北极舰队以及北极联合指挥司令部，主要用于保证北极航道和北极沿岸地区的安全，同时该舰队还将配备核动力破冰船和战斗破冰船来巩固俄罗斯在高纬度破冰领域的优势；二是进一步加强北极地区主要军事基地的建设和战备水平，进一步加强在斯瓦尔巴群岛、弗朗茨·约瑟夫群岛和新地岛的例行巡逻；三是将未来发展的先进核力量优先在北极地区部署，以实现对美国和西方国家的战略核威慑。[③]

（二）经济发展再转型的路径

2022年乌克兰危机发生后，俄罗斯本国的北极建设相关项目因美西方国家的制裁而遭到了融资不足、外资撤退等剧烈冲击。因此，俄罗斯迫切需要重新制定北极地区的经济发展和投资规划，以填补西方国家资本力量撤出带来的北极投资领域的空白。

在这样的背景下，俄罗斯在北极地区经济发展领域再转型的最显著特点就

---

① Указ президента Российской Федерации о утверждении морской доктрины Российской Федерации, http://publication.pravo.gov.ru/Document/View/0001202207310001?ysclid=l8mqb2a4ye349233829.

② 孙凯、王晨光：《国家利益视角下的中俄北极合作》，《东北亚论坛》2014年第6期，第32页。

③ Андрей Губин, Военный аспекты позиции России в Арктике, https://russiancouncil.ru/analytics-and-comments/analytics/voennye-aspekty-pozitsii-rossii-v-arktike/.

是继续加强观念领域的"东转战略",加强与亚太国家的合作。主要是拓宽、加深与中国以及东盟国家的北极合作,吸引这些国家进一步向北极合作与北极开发投入人员、资金与技术以弥补目前俄罗斯在相关领域的短板。此外,俄罗斯也提出了"向南看",与印度、中东国家开展相关领域的北极合作,正如俄远东和北极发展部长阿列克谢·切昆科夫表示的,"东南亚国家联盟成员国愿意与俄罗斯进行建设性合作"。① 而印度则由于其日渐增强的地缘政治和地缘经济影响力,被俄罗斯重视,被视为未来俄罗斯北极能源开发的新伙伴。当然,中国仍然是俄罗斯在诸多北极地区事务中最重要的合作伙伴。这一方面源于中国具备投资北极地区的能力和意愿,另一方面则是因为中国和俄罗斯在北极地区的利益并不存在根本性冲突。俄罗斯专家曾表示,中国可以积极参加北极地区金属、石油、天然气、基础设施乃至海产品的开发,中俄也可以就相关合作领域进行进一步的协调。②

而在制度层面,俄罗斯则针对北极地区的特点与问题出台新的投资体系与社会发展目标,以强化俄罗斯本国国内力量对开发北极地区的重视与兴趣。2022年8月,俄罗斯总理米舒斯京批准了《2035年前北方海路投资计划》,提出俄罗斯将进一步出台政策推动俄罗斯其他地区向北极地区的移民并吸引其他地区人口流入,而完成这项工作的主要保障还是提升北极基础建设水平、加强对北极民生的投入与建设。同时俄罗斯还将加强对有意愿、有能力开发北极地区的个人与企业进一步开放北极地区的发展准入资格与相关的制度性、政策性的保障与支持政策,以保障在新的投资体系内进入北极地区的个人与企业的相关权益。在新的投资计划中,俄罗斯将主要集中力量开发北极地区的新货运基地和码头,计划建立12个新码头用于加强北极运输能力,此外俄罗斯还计划加强北极地区的水文、气象和医疗人员保障,开发检测北极地区船舶流量的数字服务系统等。同时,在受到西方国家普遍制裁的背景下,俄罗斯仍然坚持将在未来几年再建成5艘破冰船,进一步巩固俄罗斯在北极航向上的战略优势。俄罗斯也计划除让更多的非北极国家参与进俄罗斯主导的北极开发工作中来外,使俄罗斯北极地区的社会经济发展进一步融入世界体系,将北极航道打造为能全年通航并具备重要战略价值的国际航运线路。

---

① 《俄远东和北极发展部长:所有东盟国家都愿意与俄罗斯进行建设性合作》,俄罗斯卫星通讯社,sputniknews.cn/20220902/1043597965.html,2022年9月22日。
② Андрей Губин, Военный аспекты позиции России в Арктике, https://russiancouncil.ru/analytics-and-comments/analytics/voennye-aspekty-pozitsii-rossii-v-arktike/.

（三）对外合作再转型的路径

除了上述安全层面的政策再转型与社会经济层面的政策再转型外，在对外合作方面俄罗斯同样将进行再转型。尤其是在目前西方国家对俄罗斯加紧制裁、北极理事会陷入停摆状态、俄罗斯难以通过北极理事会有效推进其北极议程的前提下，俄罗斯必将对其现有的北极对外合作的观念与制度进行调整，以突破现有北极治理机制对俄罗斯的限制。

在观念转型方面，出于对大国身份的重视以及对主导北极地区事务的关注，俄罗斯将进一步开拓其北极合作的视野与合作对象，俄罗斯将提出构建"全球北极"，并主张更多北极地区以外的非北极国家参与北极合作，从而吸引更多非北极国家与非西方国家参与北极事务。但同时俄罗斯也并不会放弃与西方国家的接触与交流，在条件允许的情况下俄罗斯仍将有限度地与西方国家恢复部分北极合作，从而打造一个既广泛包括非北极国家又能将西方国家囊括进来的"全球北极"。同时，俄罗斯对北极国际治理的态度较之前可能会更为缓和，并对"全球治理"持有更为包容、开放的态度。但是这样的"全球治理"则同样必将带有强烈的"俄罗斯色彩"，俄罗斯仍将追求在北极事务中的首要地位与主导地位。

另外，目前北极治理机制与相关制度业已停摆，俄罗斯将着力打造以其为主导并有利于其北极发展的北极合作平台。北极理事会的停摆一方面使俄罗斯难以通过其主席国的身份来实现其北极战略目标，但同时北极理事会的停摆也为俄罗斯在乌克兰危机后建立相关的新北极合作机制提供了相应的机遇。俄罗斯目前已经有学者提出应当以金砖国家为基础，打造新的"全球南方国家合作平台"，以此来推动北极合作的"非西方化"和"国际化"。同时，俄罗斯在2022年乌克兰危机开始后也将上海合作组织视为维护其国际影响力的平台。因此，俄罗斯有关北极地区的合作倡议也可以成为上海合作组织框架内部的一个新议题。在原有国际活动空间大为缩减，西方国家抛开俄罗斯建立新北极对话机制日益可能的今天，俄罗斯将充分利用现有的国际合作平台，将北极合作作为一个重要的发展方向来吸引友好国家的关注，并以此打造一个可以在经济合作领域替代北极理事会的多边对话平台。

四、俄罗斯北极政策再转型的挑战

随着2022年乌克兰危机的持续，俄罗斯北极政策的再转型同样面临着诸多挑战。由于此次俄罗斯北极政策的再转型具有全方位性，所以其所面临的安全、经济以及外交挑战也是全面而复杂的。

（一）安全政策转型面临的挑战

在安全层面，俄罗斯北极政策的再转型主要面临以下三个方面的挑战：来自芬兰、瑞典以及其他北约国家的军事压力，俄罗斯自身军事技术的短板所导致的北极地区军事部署的困难，以及俄美双方军事领域走向失控所增强的北极地区的不稳定性。

首先，芬兰与瑞典寻求加入北约若获得成功，那么俄罗斯在北极地区的防线将被极大压缩并面临着前所未有的压力。目前诸多北约国家已经积极开展在北极地区的军事行动，北极地区进一步军事化、对抗化的风险不断升高。未来北极地区必然成为俄罗斯与北约国家对抗的地带之一，芬兰与瑞典加入北约则只能进一步加深北极地区的军事化程度，加强北极地区的对抗性质。同时，这一问题也将加剧俄罗斯北极航线西部终端的不稳定，给俄罗斯的西北方向增加战略压力，从而使得北极航线的稳定性和价值面临较大挑战。

其次，目前俄罗斯的军事技术受到以美国为首的西方国家的制裁，难以进口高水平的军事装备以及高水平军事装备的重要零部件。尽管其自身也已开展了相应的军事技术与军事管理体制的改革并开始推行进口替代政策，但这一过程尚需一段时间来完成。因此在短期内俄罗斯升级改造现有装备以及开发、列装新装备的能力有所欠缺。尽管目前俄罗斯与中国、印度等国开展了诸多安全合作与军事演习等相关活动，但是其与这些国家开展的军事安全合作与军事技术合作在短时间内也无法形成在北极地区的有效战斗力与威慑力，而非北极国家对北极没有国家主权要求，与俄罗斯在北极地区开展军事安全相关合作的意愿也不高。因此俄罗斯在北极地区的军事安全强化在短期内也将遇到一定的困难。

最后，俄美两国近年在军事领域的对抗与角力逐步走向失控，目前双方的军控条约除《新削减战略武器条约》外均已失效，双方的常规武器军控与核武器平衡正在被打破。目前美国和俄罗斯都在加强各自对北极地区的安全制度建设以及军事武器力量的部署，这在加剧双方对抗的同时也加强了北极地区的对抗性。这一问题的延续将进一步加剧北极地区的安全困境。由于俄罗斯西部战略方向将长期面临北约的陆上压力以及与乌克兰的对抗，所以其在北极地区所能投入的强化力量也将受到较大限制。

（二）经济政策转型面临的挑战

首先，因受到西方国家制裁，俄罗斯在北极地区的融资状况与技术开发等方面出现了较大的困难。一方面，西方企业大范围撤资、撤技，使得许多以前运行良好的北极开发合作工作难以为继。比如在能源的开发与出口方面，尽管亚洲对能源有巨大需求，俄罗斯也有意愿将能源出口"转向亚洲"，但是为将天然气出口转向亚洲，必须对运输基础设施进行大量投资。另一方面，除了融资，俄罗斯的北极开发还需要获得相关技术，而向西方国家获取关键技术的路径也随着西方国家的制裁而被逐渐堵死。[①]

其次，俄罗斯国内部分人对与中国开展广泛而深入的北极合作仍然心存戒备。尽管亚洲地区有许多国家都有参与北极事务并与俄罗斯开展北极合作的意愿，但是真正对北极地区有持续、广泛、深入的投资能力的国家主要是中国。但由于俄罗斯国内部分人对中国存在戒心与防范，俄罗斯并不愿意中国全面介入北极地区。"长期以来，俄罗斯支持巩固北极国家的地区利益，谨慎对待扩大北极地区'朋友圈'的问题"，[②]同时俄罗斯国内也存在着不愿将北极进一步开放给区域外国家的政治精英，如"一些俄罗斯的官员坚持认为，中国的崛起最终将成为俄罗斯的'威胁'"。俄罗斯国内这部分人的态度将一定程度上阻碍俄罗斯与其他国家在北极地区非传统安全问题上的合作工作的开展。[③]

最后，北极地区恶劣的自然环境、稀少的人口、相对落后的基础设施建设以及由此带来的长期经济发展缓慢的现状在短时间内无法改变，北极地区无法在短期内为俄罗斯的发展提供所需要的经济增长支持，而俄罗斯在短期内也无法迅速将北极地区发展成一个经济发展势头良好的地区。在北极地区的开发具有一定风险与困难的条件下，俄罗斯国内的力量，尤其是个人、企业对北极开

[①] 《专家：俄罗斯石油出口转向亚洲需要几年时间 天然气时间将更长》，俄罗斯卫星通讯社，2022年6月21日，sputniknews.cn/20220621/1042048419.html。

[②] 初冬梅：《俄罗斯北极政策："创新探索的边疆"与"国家利益的前沿"》，《当代世界》2019年第12期，第73页。

[③] 贺鉴、王雪：《中俄海洋安全合作论析》，《国际安全研究》2019年第2期，第33页。

发的热情仍然是有限的。在未来，俄罗斯若试图打造"全球北极"，其势必要先将"俄罗斯北极"打造成一个经济发展势头良好、基础设施完善的地区，这样才能够进一步吸引其他国家参与与俄罗斯的北极开发合作以及参与俄罗斯主导的各项北极事务。因此，俄罗斯自身北极地区的经济发展情况在未来也将是俄罗斯打造"全球北极"的一项巨大挑战。

（三）外交政策转型面临的挑战

首先，尽管北极理事会在这次乌克兰危机后陷入停摆状态，显示出了一些该机制的脆弱性，但是该机制仍是目前为止最为成熟、有效的北极治理机制，为北极各国与诸多非北极国家参与北极治理提供了有效的参与平台与框架。俄罗斯作为2021—2023年度的主席国，在制定任职北极理事会主席国优先事项时，试图将自身的北极政策与其他国家相关利益相结合，推进既符合自身利益又不会损害其他国家利益的相关议程，如"将人民福祉、环境安全议题置于更优先的位置以提升自身影响力"，等等。[1] 但是目前北极理事会已陷入停摆状态，这导致俄罗斯无法再通过这一途径加强其在北极地区的影响力与话语权，削弱与限制了目前俄罗斯在北极的行动能力。而俄罗斯自身又是十分重视北极理事会这一机制与框架的，并希望能够通过北极理事会强化其在北极事务中的主导权，若北极理事会长期停摆，俄罗斯将失去一个重要的平台，这将是俄罗斯在打造"全球北极"的过程中所面临的最大的外交层面的挑战。

其次，尽管未来俄罗斯有可能建立吸纳更多非北极国家作为正式成员国的北极区域治理机制，但是这样的机制也将面临着诸多挑战。一方面，诸多非北极国家对北极的利益诉求不尽相同。例如，东北亚国家与中东国家对北极的利益诉求有较大的差距，而东北亚国家内部中日韩三国对北极的利益诉求也并不一致。这些国家在北极治理问题上将同时存在不同的行为逻辑，进而会产生相应的矛盾。这些矛盾将会在新机制建立的过程中不断凸显。因此俄罗斯"全球北极"的战略目标的实现有一定难度，建立新的北极治理机制与治理体系的成本过高也将是俄罗斯建立"全球北极"过程中的一大挑战，而这样的成本将是俄罗斯难以承受的。

最后，尽管目前俄罗斯与美国以及北约对抗加剧，俄罗斯仍然不想放弃与

---

① 郭培清：《俄罗斯任职北极理事会主席及其北极政策的调整》，《国际论坛》2022年第2期，第61页。

西方的沟通与交流。俄罗斯仍然将北极视为桥梁和纽带，希望通过北极问题重建与西方的基本合作，并不希望与西方国家的关系在北极地区完全走向破裂。然而西方国家对俄罗斯的态度则是将其视为最大的"威胁与挑战"并逐步加深与俄罗斯的对抗程度。双方对彼此间与对北极地区不同的态度将是俄罗斯与西方重返合作的最大阻力。在未来，若芬兰和瑞典成功加入北约，北约继续扩张，俄罗斯为维护其在北极地区以及整个国家的国家安全与国家利益，仍将加强在北极地区的军事部署与军事力量，双方将有可能在北极地区陷入安全困境。这将是俄罗斯在未来打造以其为主导的"全球北极"，加强其在北极的主导权的巨大阻力。

五、结论

2022年的乌克兰危机对北极地区造成了一定的冲击。在这样的国际政治格局与北极局势的变动下，俄罗斯作为最大的"北极国家"，已经在根据正在变动的国际态势调整其已有的北极政策，如发布新版海洋学说，进一步将北极政策的着力点"转向东方"，等等。同时，俄罗斯也将进一步将其已"全面化"的、主要面向国内的北极政策打造为"全球化"的、面向全球的北极政策，也就是进行本文所说的"北极政策的再转型"。俄罗斯北极政策的调整即"再转型"的目标便是打造一个以俄罗斯为主导的"全球北极"，进而维持其北极大国、全球大国的地位与身份，对抗西方对俄罗斯的"极限施压"。

俄罗斯自1991年以来已经完成了两次北极政策的转型，即1991—2013年北极政策从"零散化"到"体系化"的第一次转型，以及2013—2020年从"体系化"到"全面化"的第二次转型。而2022年乌克兰危机将使俄罗斯在延续前两次北极政策转型的基础上进一步调整其北极政策，从而实现第三次转型，即从"全面化"向"全球化"的转型。

俄罗斯北极政策再转型的目标分别为确保国家安全、推进北极地区经济发展与维持俄罗斯的北极大国地位。2022年乌克兰危机发生后，俄罗斯在北极地区面临着来自北约国家的巨大压力。瑞典、芬兰积极寻求加入北约，美国积极推进在北极地区的军事设施建设与力量部署，这些使得俄罗斯北极政策转型的最核心目标成为确保俄罗斯的国家安全。西方国家对俄罗斯加大制裁导致俄罗斯在北极地区的开发与合作出现融资困难，诸多"近北极"国家有能力也有意愿参与北极合作与开发，俄罗斯北极地区蕴藏着丰富的能源储备，这些问题与条件使俄罗斯力图推进俄罗斯北极地区的社会经济发展。目前北极理事会的停摆威胁着俄罗斯在北极事务中的地位与作用，而许多非北极国家希望与俄罗斯开展北极合作，故而俄罗斯将进一步"向东看"以吸引更多国家参与北极治理与北极事务，从而维持其北极大国的身份与地位。

在未来，俄罗斯将通过观念与制度两个方面来推进其安全、经济与外交政策三个层次的北极政策"再转型"，以打造以其为主导的"全球北极"。但俄罗斯北极政策的"再转型"同样面临着诸多现实的挑战。在安全方面，主要的挑战有瑞典与芬兰积极加入北约所带来的俄罗斯北极地区防线的压缩、因受到制裁而难以提升的军事装备与军事技术以及逐步加剧的俄美军事博弈。在经济层面则主要面临开发与融资出现较大困难、俄罗斯国内对与中国开展大范围的北极合作仍心存疑虑、北极地区长期经济发展缓慢的现状难以在短期内得到改变的挑战。而在外交方面俄罗斯所面临的挑战则有北极理事会停摆所导致的俄罗斯在北极地区的话语权下降、建立新的北极机制所带来的难以承受的高昂成本以及俄罗斯与西方国家之间观念上的矛盾与冲突。

纵观俄罗斯北极政策发展的历史以及其所面临的现实挑战，俄罗斯北极政策转型的未来将主要由以下几个问题决定：一是北极理事会在未来能否恢复运作，以及如果能恢复运作，之后的北极理事会是否能够进一步形成具有可操作性的对话框架；二是随着中俄关系的持续发展，中俄能否在共建"冰上丝绸之路"上取得具有突破性的成果；三是未来俄美在北极地区日益加剧的军事安全博弈，尤其是战略威慑是否会造成地区局势动荡。

Re-Transformation of Russia's Arctic Policy in the New Environment: Goals, Paths and Challenges

XU Bo and CHEN Liying

Abstract　The spillover effects of the outbreak of Ukraine crisis in February 2022 have had a huge impact on the Arctic region and Arctic affairs. In response to the new challenges, Russia is "retransforming" its Arctic policy. The ultimate goal of this retransformation is to create a Russian-led "Global Arctic". This paper argues that the goals and paths of Russia's Arctic policy retransformation will involve Russia's Arctic security, Arctic socioeconomic development, and Arctic diplomacy and cooperation. At the same time, Russia's domestic conditions and the sanctions and constraints of the U.S. and western countries will also make the retransformation face many challenges. An in-depth study of Russia's Arctic policy will also help China deepen its understanding of the future trend of the Arctic, strengthen its Arctic cooperation with Russia, and then participate in Arctic governance and Arctic affairs.

Keywords　Russia; Arctic; Foreign Policy; Arctic Cooperation

Authors　Xu Bo, Professor of Institute of International Politics, Northeast Asian Studies College, Jilin University, and Deputy Director of Institute of Russian Studies, Jilin University; Chen Liying, postgraduate student of Northeast Asian Studies College, Jilin University.

蒙古国转型三十年：
人民党的政治改革与探索[*]

祁治业　黄佟拉嘎

【内容提要】以1992年2月蒙古人民共和国改称蒙古国为标志，该国全面开启了从一党制转向多党制、从计划经济转向市场经济、从社会主义转向民主社会主义的转型之路。蒙古国转型三十年来，人民党经历了政治上的自我革新、向议会党身份的转变和适应、党内的分裂与派系斗争，以及重新整合后重回权力顶峰。2021年人民党在庆祝建党百年之际，再次实现了总统、议长、总理的"三权统揽"，该党也在党主席的领导下迎来"中兴之治"。历史证明，当人民党"三权统揽"时，蒙古国经济发展较快。

【关键词】蒙古国转型三十年；蒙古国政党政治；蒙古人民党；民主改革

【基金项目】2022年国家社科基金西部项目"周边外交视域下蒙古国转型发展三十年研究"（项目编号：22XGJ001）

【作者简介】祁治业，兰州大学马克思主义学院马克思主义国际关系专业博士研究生；黄佟拉嘎，蒙古国国立大学国际关系专业博士研究生。

　　1992年2月12日，蒙古人民共和国将国号改为蒙古国，^①正式开启了议会制转型之路，2022年是蒙古国转型三十周年。人民党是蒙古国名副其实的百年大党，人民党的执政理念经历了从"社会主义"转向"民主社会主义"的艰

---

　　* 作者感谢《中国周边外交研究》集刊匿名审稿专家提出的建设性修改意见。文中疏漏之责由作者自负。
　　① 蒙古国在1992年2月前全称为蒙古人民共和国，从1992年2月12日起改名为蒙古国。

难探索。总体上看，人民党的自我转变可划分为四个阶段：政治上的自我革新阶段（1990—1996年）、议会党身份的转变阶段（1996—2010年）、内部分裂与派系斗争阶段（2010—2020年）、重新整合与中兴之治阶段（2020年至今）。

一、人民党政治上的自我革新

蒙古人民党（Mongolian People's Party，MPP）于1921年3月1—3日召开第一次代表大会正式建党，在1924年8月4—31日召开的人民党三大上更名为蒙古人民革命党（Mongolian People's Revolutionary Party，MPRP）。[1] 在蒙古人民共和国时期（1924年11月26日—1992年2月12日）蒙古人民革命党为执政党。2010年11月人民党召开二十六大，将党名从人民革命党改回人民党，故本文中统称为人民党。

（一）人民党主导的政治改革

20世纪80年代末，受东欧剧变影响，1989年11月至1990年3月，蒙古出现了多个主张"民主改革"的反对派。为适应国内"民主化浪潮"的新形势、回应民众日益高涨的改革呼声，1990年3月12—14日人民党召开十九届八中全会，以总书记姜巴·巴特蒙赫（Jamby Batmonkh）为首的原中央政治局和书记处成员集体辞职，选举61岁的党内改革派代表人物贡布扎布·奥其尔巴特（Gombojavy Ochirbat）接任总书记，并组成了新一届党的领导班子，原中央政治局和书记处成员无一人留任。紧接着在3月21—23日，第十一届大人民呼拉尔第八次会议在乌兰巴托举行，大会通过了宪法修正案，[2] 取消了宪法中规定的人民党领导一切的条款并且保障人民的结社自由。同时在这次大会上，对政府总理和国家元首都进行了改选：原部长会议主席（总理）杜马·索德诺姆（Duma Sodnom）辞职，由沙拉布·贡嘎道尔吉（Sharaby Gungaadorj，前副总理）接任；原大人民呼拉尔主席团主席（国家元首）姜巴·巴特蒙赫辞职，由彭萨勒玛·奥其尔巴特（Punsalma Ochirbat，前对外经济联络和供应部长）接任。[3]

---

[1] 参见蒙古人民党官网，http://mpp.mn/history。

[2] 康宁：《蒙古人民共和国政局的重大变化》，《国际展望》1990年第16期，第28页。

[3] William R. Heaton, "Mongolia in 1990: Upheaval, Reform, But No Revolution Yet," *Asian Survey* 31, no.1 (January, 1991): 51.

1990年4月10—13日人民党召开特别代表大会，做出了自我革新和社会发展道路改革的重要决定。[①] 此次大会修改了党纲和党章，决定将政治局改为主席团，总书记改称为主席，原总书记贡布扎布·奥其尔巴特当选为党中央主席。[②] 5月10日，大人民呼拉尔（国家最高权力机关）通过了《政党法》和宪法补充法案，从法律上正式确立了多党制；还确认新设总统一职，总统为国家元首（国家最高领导人），总统与大人民呼拉尔、国家小呼拉尔（大人民呼拉尔的常设机构）三方形成新的国家体制的领导核心；并且决定由选民对各党派投信任票，再根据各党所得信任票的多少分配小呼拉尔的席位。[③] 7月29日，该国举行了历史上第一次由多党参加的议会（大人民呼拉尔）自由选举，人民党以压倒性胜利保持了执政党地位。最终在国家小呼拉尔（State Baga Hural）中，人民党获33席，民主党获13席，社会民主党获4席，民族进步党获3席，其中小呼拉尔主席、副主席和秘书长是直接从大人民呼拉尔中选出来的，不占小呼拉尔50个委员席位的名额。[④]

1990年9月3—11日，在第十二届大人民呼拉尔第一次会议上，时任大人民呼拉尔主席团主席、48岁的彭萨勒玛·奥其尔巴特当选第一任总统（继续担任国家元首），人民党的达希·宾巴苏伦（Dashi Byambasuren）出任政府总理，人民党的姜巴·贡布扎布（Jamby Gombojav）当选为大人民呼拉尔主席（议长）；社会民主党的拉德那苏木贝尔勒·贡其格道尔吉（Radnaasumberel Gonchigdorj）当选为副总统兼国家小呼拉尔主席。当时竞选副总统职位的还有前副总理沙拉布·贡嘎道尔吉（人民党）和民主联盟领袖桑加苏伦·卓里格（Sanjaasuren Zorig），但最终拉德那苏木贝尔勒·贡其格道尔吉胜出。

1991年2月25—28日，人民党在成立七十周年之际召开二十大。此时人民党内部已经严重分裂。在大会开幕前，时任党主席贡布扎布·奥其尔巴特曾谴责党内的派系主义。会议决定当时已62岁的贡布扎布·奥其尔巴特卸任党主席，由45岁的布德拉格查·达希云登（Budragcha Dash-Yondon）接任。[⑤] 人民党二十大上仍强调党的性质是坚持社会主义思想的人民民主党，新任党主席

---

① 参见蒙古人民党官网，http://mpp.mn/history。

② 晨星：《蒙古党政主要领导人简介》，《世界经济与政治》1991年第5期，第75页。

③ 孙承平、李佳好：《蒙古人民革命党大选获胜》，《瞭望周刊》1990年第34期，第40页。

④ "The State Baga Hural (1990-1992)," Parliament, https://www.parliament.mn/en/nn/7884.

⑤ William R. Heaton, "Mongolia in 1991: The Uneasy Transition," *Asian Survey* 32, no.1 (January, 1992): 51.

达希云登对访蒙的中国代表团① 表示人民党不会偏离社会主义的政治路线。

1992年1月13日，第十二届大人民呼拉尔（议会）第二次会议通过了新版《蒙古国宪法》。按照蒙古国的说法，这是该国历史上第四部宪法，前三部都是社会主义时期的宪法（1924年版、1940年版、1960年版）。新宪法规定：实行设有总统的议会制，总统选举实行全国直选，总统是国家元首和国家武装力量最高统帅；大人民呼拉尔改称"国家大呼拉尔"，是国家最高权力机关，行使立法权，为一院制议会，由76名委员（议员）组成；总统和议会的任期均为四年；自宪法生效之日起（1992年2月12日），国名由"蒙古人民共和国"改为"蒙古国"。② 在国家领导人权力序列中，国家大呼拉尔主席（议长）的位次排在总统之后但在政府首脑（总理）之前。③

（二）人民党保住了执政地位

1992年6月28日，蒙古国举行了新宪法生效后的第一次议会选举。人民党获得议会76个席位中的70席，"民主联盟"（由民主党、民族进步党和绿党组成的竞选联盟）获4席，社会民主党获1席，独立候选人获1席。④ 人民党以绝对优势获胜并有权单独组建新一届内阁。在7月20日至8月22日举行的国家大呼拉尔第一次会议上，那楚克·巴嘎班迪（Nachag Bagabandy）当选国家大呼拉尔主席（议长），59岁的彭查格·扎斯莱⑤ 出任总理。

1993年2月15日议会通过了《总统选举法》（1993年3月1日生效），并根据该法于1993年6月6日举行了新宪法生效后的首次总统大选。按照规定，总统选举先由在议会中拥有席位的政党提名，然后通过全国直接选举产生。总统在国家安全、外交政策、司法等方面发挥重要作用，总统对议会的重大决策（通过的法律或决议等），对议会任命总理和内阁部长都拥有否决权（但议会仍可推翻总统的这些否决，前提是要有三分之二议员同意）。由此可见，此时

---

① 内蒙古自治区时任党委书记王群作为中共代表应邀出席了蒙古人民党二十大。

② "МОНГОЛ УЛСЫН ҮНДСЭН ХУУЛЬ"（《蒙古国宪法》），January 13, 1992, https://legalinfo.mn/mn/detail?lawId=367.

③ 因为按照《蒙古国总统法》："在总统缺席（辞职、死亡、罢免）时由国家大呼拉尔主席代理总统职权。"参见："МОНГОЛ УЛСЫН ЕРӨНХИЙЛӨГЧИЙН ТУХАЙ"（蒙古国总统法），June 5, 1993, https://legalinfo.mn/mn/claw/338/1611541235350591.

④ "The 1992-1996 State Great Hural," Parliament, https://www.parliament.mn/en/nn/7871/.

⑤ 彭查格·扎斯莱（Puntsag Jasrai）曾担任国家计划委员会所属价格委员会主席以及部长会议第一副主席（第一副总理）。

的总统是拥有实权的，可以与议会多数党进行权力制衡，不过这也为日后总统
与执政党之间的权力斗争埋下了隐患。

在此次总统大选中，执政党人民党提名洛敦·图德布，[1] 而反对党民族民
主党和社会民主党决定联手[2] 提名时任总统彭萨勒玛·奥其尔巴特[3] 参选。当
时，51 岁的奥其尔巴特总统被称为"新宪法之父"和"改革进程的守护者"。
最终，奥其尔巴特以 57.8% 的得票率战胜图德布（38.7%）赢得大选，成功获
得连任。[4] 实际上，造成人民党在此次总统选举中失利的原因更多是其党内成
员不团结和纪律涣散，而非反对派力量有多么强大和团结统一。正如后来一位
人民党领导人坦率地承认的，该党约 30% 的党员将票投给了彭萨勒玛·奥其
尔巴特。1993 年 6 月 18 日，彭萨勒玛·奥其尔巴特宣誓就任蒙古国总统，他
也被视为该国首位"民选总统"。

总体上看，1990—1996 年是蒙古人民党主导国家政治和经济改革的初期
探索阶段。1990—1992 年是蒙古国"民主化转型"的过渡期，此时的人民党
在坚持走社会主义道路方面仍未动摇，但是在"民主党派"的推动和施压下放
弃了一党执政，实行了多党制。执政党人民党顺应了当时的国内外形势，从党
内改革入手，对党和政府的领导班子都进行了更换，并且吸收了"民主党派"
成员进入议会，从而实现了和平变革，避免了流血冲突。新型政治框架仍以修
订后的"社会主义宪法"为基础。1992 年新版宪法的颁布实施成为蒙古国历
史上的分水岭，标志着该国开始步入"蒙古国"时代。随后人民党在二十一大
上正式放弃马克思列宁主义的指导思想，自此转向民主社会主义的探索。这一
系列突破性的改革举措成为此后三十年蒙古国政局动荡不稳、党派内斗不断、
政府更迭频繁的根源所在。

---

① 洛敦·图德布（Lodon Tudeb）：人民党党报《真理报》（Unen）总编，是一位纯书生型的
候选人。

② 由于《蒙古国宪法》和《总统选举法》等相关法律规定，总统候选人的最低年龄为 45 岁，
而民族民主党（MNDP）和社会民主（MSDP）等党派领导人普遍比较年轻，达不到 45 岁的条件。
实际上 45 岁的年龄限制，也可以看作人民党和彭萨勒玛·奥其尔巴特总统在主导修宪和制定《总
统选举法》的过程中为其他党派设置的门槛，该规定明显更有利于老牌政党和资深政客。

③ 彭萨勒玛·奥其尔巴特在担任总统期间，于 1991 年 9 月宣布退出人民党，加入了社会民
主党。此时 1992 年版新宪法还未出台，并没有"就任总统时必须退党"的规定。

④ Tsedendambyn Batbayar, "Mongolia in 1993: A Fragile Democracy," *Asian Survey* 34, no.1
(January 1994): 42.

二、人民党身份的转变

（一）人民党首次失去执政权

在1996年6月30日举行的议会选举中，民主联盟[①]获得议会76个席位中的50席，人民党获25席，传统统一党[②]获得1席。[③]民主联盟以绝对优势赢得大选并且有权单独组阁，使人民党自1921年以来第一次丧失执政权，这也是民主党派首次上台执政。民族民主党首次成为议会中的第一大党（占34席），社会民主党位列第三（占13席），这些变化让各方都始料未及。从1924年起已连续执政七十二年的人民党屈居第二，首次成为反对党，该党也不得不从执政党转变为议会党并适应这种新的身份角色。

1993年总统大选和1996年议会选举连续失利后，人民党于1996年7月召开二十一届八中全会，以党主席布德拉格查·达希云登为首的党中央领导层集体辞职，党内少壮派骨干那木巴尔·恩赫巴亚尔[④]当选总书记，与那楚克·巴嘎班迪（刚刚卸任议长）一道承担起了重振人民党的重任。[⑤]1997年2月21—24日人民党召开二十二大，巴嘎班迪当选为党主席，他在党内外深孚众望且拥有长期从政经验，恩赫巴亚尔则继续担任总书记并主持中央委员会的工作。

---

① 民主联盟（Democratic Union Coalition）成立于1995年3月，是民族民主党、社会民主党、绿党和宗教民主这4个反对党为了参加1996年的议会选举而结成的竞选联盟，由该联盟中最大的党民族民主党主席额勒贝格道尔吉担任联盟主席。注意，此"民主联盟"不同于1992年议会选举中的"民主联盟"。

② 传统统一党（Монголын уламжлалын нэгдсэн нам）成立于1993年12月5日，由独立党（Монголын Тусгаар Тогтнолын намууд）、农牧民联合党（Монголын малчид тариаланчдын нэгдсэн нам）、私营业主联合党（Монголын Хувийн Өмчтөний нам）合并而成，属于民族保守党。该党在1996年的议会选举中获得1席，奥其尔巴特·达什巴勒巴尔（Ochirbat Dashbalbar）当选为国会议员。

③ "The Second State Great Hural election (1996-2000)," Parliament, http://parliament.mn/en/n/pdjy.

④ 那木巴尔·恩赫巴亚尔（Nambar Enkhbayar）年轻时曾在苏联和英国留学，精通俄语和英语，在从政前是蒙古有名的翻译家和作家，在该国文化界享有盛誉。他于1992年刚步入仕途时就担任蒙古国文化部长，致力于保护和弘扬蒙古民族文化遗产。另外，他也是一位虔诚的佛教徒，对佛学也颇有研究。他在文化部长任内，曾大力推动佛教在蒙古国的传播，并力主将蒙古国建成佛教文化国。1993年他推动政府在蒙古国佛教中心甘丹寺铸造了观音菩萨铜像，因此被蒙古国政府授予"北极星"勋章。

⑤ 刘娜、毕波：《蒙古国的政治强人——新任总统那·恩赫巴亚尔》，《当代世界》2005年第7期，第43页。

本次大会重新修订了党章和党纲，正式放弃了"中道思想"，确立了"民主社会主义思想"（蒙语 apдчилсан социалист）为党的指导思想。[1] 这也意味着，人民党转变为一个具有民主社会主义理念的中左翼政党，开始朝西方社会党的方向转型。另外，汲取在1993年总统大选中，有人民党成员投票给竞争对手彭萨勒玛·奥其尔巴特的教训，新党章中明确规定"党员在大选中必须选举本党候选人"，特别加强了党内纪律。但是此后不久，一些在人民党内较有影响力的资深人士宣布退党，理由是该党进一步偏离了共产主义（列宁主义）的根和魂。[2]

在1997年5月18日举行的总统大选中，共有3名候选人：民主联盟推举的彭萨勒玛·奥其尔巴特（时任总统）、人民党推举的那楚克·巴嘎班迪（前议长）、传统统一党推举的姜巴·贡布扎布（前议长）。最终，巴嘎班迪以60.81%的得票率战胜其主要竞争对手奥其尔巴特（29.81%），当选为蒙古国第二任总统，这也是人民党的胜利。

1997年6月20日，巴嘎班迪就任总统。根据宪法，总统不得兼任其他与总统职责无关的职务，如有其他职务的，自宣誓就职之日起解除。[3] 而且，担任总统就必须脱离原来的政党，以保证总统不会成为某一党派的利益代言人。因此巴嘎班迪卸任人民党主席和国会议员职务。1997年6月，那木巴尔·恩赫巴亚尔接任人民党主席，并且填补了巴嘎班迪空缺出来的议会席位，同时担任人民党议会党团主席。[4] 如此一来，人民党便保住了在议会的25个席位，再联合传统统一党的1个席位，仍能对民主联盟的政策和立法提案进行有效制衡。

实际上，民主联盟自执政以来，也因权力分配不均出现了内部矛盾。民族民主党恃大欺小，占据政府绝大多数重要部门的岗位，引起了社会民主党的不满。于是，部分社会民主党成员与人民党协商准备联手推翻政府。因此，在1997年10月议会召开秋季例会的第一天，人民党就提出了一项动议要求解散现任政府，由此引发了议会和民主联盟内部的激烈辩论。与早期"不出席议会

---

① 参见蒙古人民党官网，http://mpp.mn/history.

② Tom Ginsburg, "Mongolia in 1997: Deepening Democracy," *Asian Survey* 38, no.1 (Janurary, 1998): 64.

③ "МОНГОЛ УЛСЫН ЕРӨНХИЙЛӨГЧИЙН ТУХАЙ"（蒙古国总统法），June 5, 1993, https://legalinfo.mn/mn/claw/338/1611541235350591.

④ 蒙古国议会法规定：一个党派（或党派联盟）在议会中拥有8个席位时就可以成立议会党小组，党小组组长（也称党团主席）从小组成员中选出。参见：https://legalinfo.mn/mn/detail/15441.

大会以示抵制"的做法相比,现在选择利用议会规则来抵制民主联盟的策略,说明人民党作为反对党已经调整心态,适应了向议会党角色的转变。但是,巴嘎班迪总统在这场有关解散政府的辩论中选择支持政府、反对人民党的动议,称"现在更换政府还为时过早"。[1] 巴嘎班迪被认为是蒙古国"稳健改革派"领导人,他主张奉行"稳妥、循序渐进的改革路线"。[2]

1996年7月至2000年6月,人民党通过议会斗争手段迫使民主联盟在这四年任期中更换了4届政府。而在人民党发起的这一系列倒阁风波中,人民党出身的总统巴嘎班迪也发挥了特殊作用,增加了人民党与民主联盟在议会分庭抗礼的筹码。为了限制总统的权力,1999年12月24日,在议会中拥有席位的3个党——民族民主党、社会民主党和人民党,联合通过了"宪法修正案",对1992年版宪法进行了第一次增补修改。[3] 本次修宪目的就是权力大集中,将国家的权力集中到议会,议会的权力集中到多数党(执政党),执政党的权力集中到党魁手中。[4] 此前一直就有"由执政党的领袖出任总理的惯例",此次修宪后,总理拥有了更大的权力,成为实权人物,而总统则被架空成了"虚职"。但是在1999年12月31日,这项宪法修正案被巴嘎班迪总统否决。[5]

(二)人民党再次夺回执政权

2000年7月2日蒙古国举行四年一度的议会大选,人民党赢得72席,民

---

① Tom Ginsburg, "Mongolia in 1997: Deepening Democracy," *Asian Survey* 38, no.1 (Janurary, 1998): 65.

② 任戚:《蒙古国新总统巴嘎班迪》,《现代国际关系》1997年第7期,第44页。

③ 将生效日期规定在下一轮议会选举之后,这应该是民主联盟对人民党的妥协。

④ 巴音吉日嘎拉:《蒙古国修改宪法的原因及结局分析》,《东北亚论坛》2001年第2期,第70页。

⑤ Lhamsuren Munkh-Erdene, "The Transformation of Mongolia's Political System: From Semi-Parliamentary to Parliamentary?" *Asian Survey* 50, no.2 (March/April, 2010): 326.

族民主党获 1 席，祖国–民主新社会主义党① 获 1 席，公民意志–绿党② 获 1 席，独立候选人获 1 席。③ 人民党以绝对优势获胜，重新掌权。民主联盟遭遇惨败，随后联盟解散。2000 年 12 月，民族民主党、社会民主党、复兴党、宗教民主党、民主党合并为新的民主党。④

2000 年 7 月，人民党总书记勒哈木苏伦·额奈比希（Lhamsurem Enebish）⑤当选为新一届国家大呼拉尔主席，人民党主席那木巴尔·恩赫巴亚尔出任新一届政府总理。此时，人民党重新掌控了总统、政府（总理）和议会（议长），再次集国家权力于一身。蒙古国民众在经历了四年的动荡之后，对民主联盟（主要是民族民主党和社会民主党）大失所望，认为只会开空头支票的新党靠不住，于是权力的钟摆又回到了人民党这边，人民党得以再次赢得单独组阁的机会。人民党在下野后的短短四年内就能以如此优异的成绩东山再起，与恩赫巴亚尔的领导分不开。同时，由于人民党一统天下，他也得以顺利完成四年的总理任期。

2001 年 4 月底，巴嘎班迪总统最终批准了宪法修正案，其中规定国家大呼拉尔委员（议员）可以同时担任内阁成员（总理或政府部长），⑥ 并且减少了总统在阻止议会提名总理方面的权力。⑦ 这次宪法修正案是在 2001 年春季由人民

---

① 民主新社会主义党（Mongolian Democratic New Socialist Party），于 1998 年 12 月 22 日注册成立，由额日勒集团（Erel Group）老板、矿主巴达尔奇·额尔登巴特（Badarchi Erdenebat）创建，党员近 7 万人。因大部分该集团员工就是该党成员，所以该党通常也被称为"额日勒党"（Erel Party）。2000 年 4 月，民主新社会主义党更名为祖国–民主新社会主义党（Эх орон-Монголын Ардчилсан шинэ социалист нам），仍由巴达尔奇·额尔登巴特任党主席，2005 年 1 月 20 日又更名为祖国党（Эх орон нам）。该党在 2004—2008 年的议会中拥有 4 个席位。

② 公民意志–绿党（Civil Will-Green Party）是由公民意志党和绿党合并而成的。在 2000 年 7 月的蒙古国议会大选中，公民意志党（Civil Will Party）和绿党（Mongolian Green Party）结成联盟赢得 1 个席位。公民意志党在 2012 年 1 月 28 日举行的第八次全国代表大会上，正式更名为公民意志–绿党（Civil Will-Green Party，CWGP）。

③ "The Third State Great Hural Election (2000-2004)," Parliament, https://www.parliament.mn/en/nn/9425.

④ 2000 年 12 月 6 日，民族民主党、社会民主党、复兴党、宗教民主党、民主党这 5 个在野党合并成为新的民主党（Democratic Party）。当时合并后党员人数超过 10 万，成为蒙古国第一大党。

⑤ 1997 年 6 月巴嘎班迪就任总统后，党主席由时任总书记那木巴尔·恩赫巴亚尔接任，总书记由勒哈木苏伦·额奈比希接任。2001 年 2 月 28 日至 3 月 2 日，人民党召开二十三大，恩赫巴亚尔和额奈比希继续连任。但是 2001 年 9 月 29 日，额奈比希因中风突然去世，享年 54 岁。

⑥ 国家大呼拉尔委员同时担任内阁成员，在蒙古国被称为"双层蒙古袍"。

⑦ 在 1996—2000 年民主联盟执政期间，巴嘎班迪曾动用总统的否决权 11 次拒绝了民主联盟提名的总理候选人，导致僵局。

党在议会上主导通过的，宪法法院① 没有再提出反对意见。而1999年12月由民主联盟主导通过的宪法修正案，曾在2000年11月被宪法法院判定"违反宪法和程序不合规"，② 这一裁定当时也得到巴嘎班迪总统的支持。这两次宪法修正案内容几乎一样，人民党发起的这次修宪之所以能获得总统的批准，主要原因在于巴嘎班迪出身人民党且该党支持巴嘎班迪谋求连任。

在2001年5月20日举行的总统大选中，时任总统那楚克·巴嘎班迪成功获得连任。在此次大选中，巴嘎班迪赢得了58%的选票，民主党候选人拉德那苏木贝尔勒·贡其格道尔吉③ 获得36.5%的选票，第三位竞争者公民意志-绿党的达什尼亚姆（Luvsandamby Dashnyam）获得了3.5%的选票。④ 总统选举的胜利更加提升了人民党在蒙古国的政治主导地位，这也反映出，民主党执政四年后，在重获民众信心方面再次遭遇失败。

2004年8月那木巴尔·恩赫巴亚尔在结束四年的总理任期时，蒙古国已摆脱了政治与经济转型时期的危机，走上了良性发展道路。不俗的政绩为他赢得了良好的政治声望，蒙古国内不少民调机构经常以"蒙古国最杰出的政治家"为题搞社会调查，他几乎每次都名列第一。⑤

（三）人民党两次分享执政权

在2004年6月27日举行的议会选举中，拥有执政优势和不俗政绩的人民

① 宪法法院（Constitutional Court）是独立的，负责监督议会立法的合法性和政府成员的活动。

② Sheldon R. Severinghaus, "Mongolia in 2000: The Pendulum Swings Again," *Asian Survey* 41, no.1 (January/February 2001): 65.

③ 前议长拉德那苏木贝尔勒·贡其格道尔吉（前社会民主党）击败了前总理门德赛汗·恩赫赛汗（前民族民主党），赢得了民主党总统候选人提名。

④ Christopher M. Finch, "Mongolia in 2001: Political Consolidation and Continued Economic Reform," *Asian Survey* 42, no.1 (Janurary, 2002): 40.

⑤ 刘娜、毕波：《蒙古国的政治强人——新任总统那·恩赫巴亚尔》，《当代世界》2005年第7期，第44页。

党意外遭受重挫,最终仅赢得76个议会席位中的37席,祖国–民主联盟① 获35席,共和党获1席,剩下的3个席位由独立候选人获得。② 人民党和祖国–民主联盟在议会中的席位相当,都没有单独组阁的资格(必须达到39席)。最终人民党决定与祖国–民主联盟组建联合政府,③ 这在1990年以来的历届政府中尚属首次。

2004年8月13日,人民党主席那木巴尔·恩赫巴亚尔当选为国家大呼拉尔主席(议长)。祖国–民主联盟议会党团主席桑加苏伦·奥云当选为国家大呼拉尔副主席,成为该国首位议长级女性政客。8月20日民主党的查希亚·额勒贝格道尔吉当选为总理,④ 这是他第二次出任政府总理,10名人民党成员在额勒贝格道尔吉组建的内阁中担任政府部长。

在2005年5月22日举行的总统大选中,人民党主席那木巴尔·恩赫巴亚尔(时任议长)当选为蒙古国第三任总统。恩赫巴亚尔可谓是该国民主化转型以来少有的政治强人,也是首位遍历总理、议长、总统三大宝座的蒙古国政客,迄今为止这一纪录再无人打破。按照惯例,恩赫巴亚尔当选总统后辞去人民党主席一职。2005年6月15—19日人民党召开二十四大,选出了新的党主席米耶贡布·恩赫包勒德(Miyeegomby Enkhbold)和总书记桑吉·巴亚尔(Sanjaa Bayar)。恩赫包勒德犹如一匹政坛黑马,他在党内的崛起得到了恩赫

---

① 祖国–民主联盟最初由民主党和民主新社会主义党在2003年5月2日联合组建,之后公民意志–共和党在2004年2月加入,三党决定以祖国–民主联盟的名义联手参加2004年6月的议会选举,时任民主党主席门德赛汗·恩赫赛汗当选为联盟主席。公民意志–共和党(Civil Will-Republican Party,CW-RP)于2002年2月22日成立,由公民意志党与共和党(Republican Party)合并而成;合并后的党主席为时任国会议员桑加苏伦·奥云(原公民意志党主席),第一副主席是巴扎尔萨德·扎尔嘎勒赛汗(Bazarsad Jargalsaikhan,原共和党主席),党员总数超过7.5万。但是2003年12月公民意志–共和党再次分裂,共和党脱离出去决定独立参加议会选举。共和党由巴扎尔萨德·扎尔嘎勒赛汗任党主席,是一个较小的政党,但在2004年6月的议会选举中赢得76个席位中的1席。

② "The Fourth State Great Hural Election (2004-2008)," Parliament, https://www.parliament.mn/en/nn/9424/.

③ 双方协定由两派轮流执政,两年一换:前两年(2004—2006年)由人民党的代表出任议长、祖国–民主联盟的代表出任总理;后两年(2006—2008年)由人民党任命总理、祖国–民主联盟任命议长。

④ 2004年8月20日国家大呼拉尔举行会议,一致通过由查希亚·额勒贝格道尔吉任新一届政府总理,但是组阁又花了一个月时间,直到9月28日由18人组成的新一届内阁才正式就职。

巴亚尔的提携。①

根据2004年人民党与祖国–民主联盟达成的权力分享协议，人民党在2006年接过执政权。② 2006年1月11日，人民党因不满额勒贝格道尔吉政府在解决贫困和反腐问题上碌碌无为，决定该党10名内阁成员集体辞职，最终导致额勒贝格道尔吉下台。2006年1月25日，人民党主席米耶贡布·恩赫包勒德出任新一届政府总理。2007年10月22—28日人民党召开二十五大，在此次大会上再次修改了党纲和党章，并且在党章中明确规定由党主席兼任政府总理，原人民党总书记桑吉·巴亚尔当选为党主席，米耶贡布·恩赫包勒德未能连任。根据新党章，巴亚尔应接任总理，恩赫包勒德于2007年11月8日辞去总理职务，他的这一届政府也宣告解散。随后巴亚尔牵头重组内阁，他将赢得2008年议会大选作为首要目标，并承诺"如议会选举失利，将率党的领导层集体辞职"。③ 此时人民党在议会中占有39个席位，已经成为议会多数党。

2008年6月29日，蒙古国再次举行议会选举。7月1日，选举结果尚未正式公布，但初步投票结果显示执政党人民党已在议会76个席位中赢得46席，以微弱优势获胜。对此，主要反对党民主党拒绝承认失败，指责人民党在选举中舞弊。民主党和公民运动党等反对党鼓动支持者们举行了示威活动，示威活动最终演变成一场骚乱。

在最终公布的选举结果中，人民党获得76个议席中的45席，民主党获28席，公民意志–共和党获1席，绿党获1席，独立候选人获1席。④ 2008年8月28日新一届议会宣誓就职，9月1日人民党中央委员会委员达木丁·登贝尔勒（Damdin Demberel）当选为议长。9月11日议会选举人民党主席桑吉·巴亚尔为新一届政府总理，这也是他第二次出任总理。本来按照规定，人民党获得议会多数席位，可以单独组阁，但是在民主党极力抗争的情况下，人民党邀请反对党共同组建联合政府。民主党在新一届政府14名内阁成员中获得了6个职位

---

① 米耶贡布·恩赫包勒德曾参与组建了人民党第一个党内派别，该派别为1997年那木巴尔·恩赫巴亚尔登上党主席的宝座立下过汗马功劳，备受恩赫巴亚尔的垂青，因此他从此仕途坦荡。2005年5月恩赫巴亚尔当选为总统后，在其支持下41岁的恩赫包勒德在同年6月举行的二十四大上当选为党主席。

② Nyamosor Tuya, "Mongolia in 2005: Sharing Power, Dealing with Corruption," *Asian Survey* 46, no.1 (Janurary, 2006): 80.

③ 李建军：《蒙古夏日之乱折射转型之惑》，《当代世界》2008年第8期，第27页。

④ "The Fifth State Great Hural Election (2008-2012)," Parliament, https://www.parliament.mn/en/nn/9423/.

（人民党8个），由诺罗布·阿勒坦呼亚格出任第一副总理。^① 这是自1992年以来，赢得议会选举的政党首次主动放弃单独组阁机会，邀请反对党组建联合政府，也是人民党与民主党第二次联合执政。不过，由于人民党占议会多数席位，实际上联合政府的主导权仍在人民党手中。

在2009年5月24日举行的总统大选中，在民主党的协调下，在议会中拥有席位的公民意志-共和党放弃提名权，支持民主党候选人额勒贝格道尔吉，最终他以51.24%得票率胜出，以微弱优势领先人民党候选人那木巴尔·恩赫巴亚尔（47.44%），成为蒙古国第四任总统。恩赫巴亚尔连任失败，此后他在党内也受到冷落。

2009年10月26日，病重的桑吉·巴亚尔辞去了总理职务。^② 10月29日，时任外交部长苏赫巴托尔·巴特包勒德^③ 接任总理。2010年4月8日，巴特包勒德在人民党党代会上当选为党主席，^④ 乌赫那·呼日勒苏赫（Khurelsukh Ukhnaa）当选为人民党总书记。

总体上看，1996—2010年是民主党和人民党这新旧两股势力激烈碰撞的艰难磨合期。在这十四年中经历了4届议会选举（1996年、2000年、2004年、2008年）和4届总统选举（1997年、2001年、2005年、2009年），也创造了4个首次：民主党首次上台执政（1996年）、人民党首次"三权统揽"（2000年）、两党首次联合执政（2004年）、首次因选举引发骚乱（2008年）。在1996—2000年民主党首次上台执政阶段，其执政能力不足却热衷于内部权斗，导致频繁的政府更迭，动荡的政局也拖累了蒙古国经济发展。随即人民党利用民主党内部分裂的机会在2000年成功扳回一局，并自1992年以来首次重回"三权统揽"的权力顶峰。在2000—2004年人民党近乎"一党执政"，也给蒙古国带来稳定的经济发展。但是人民党在统揽全局四年之后放松了警惕，民主党在2004年重返赛道与人民党并驾齐驱；但两党首次联合执政后不久，民主党又

---

① Uradyn E. Bulag, "Mongolia in 2008: From Mongolia to Mine-golia," *Asian Survey* 49, no.1 (Janurary, 2009): 131.

② 据称当时蒙古国总理桑吉·巴亚尔患丙型肝炎，这是该国中年人群中的一种常见病。

③ 苏赫巴托尔·巴特包勒德（Sukhbaatar Batbold）是蒙古国富豪之一，他在1992年创立了蒙古阿尔泰控股集团（Altai Holding），该集团是由10家公司组成的大型企业集团，是蒙古国第一家在国外销售羊绒的私营企业，起步于羊绒产业，后来逐渐扩展到实体零售、电子商务、酒店、电信和娱乐业。

④ 桑吉·巴亚尔因健康原因辞去人民党主席职务，并提议由苏赫巴托尔·巴特包勒德接替党主席一职。

开始内斗，以致祖国－民主联盟先从内部垮掉，再次让人民党占了上风，实现了一党独大。不过，这一系列的政治斗争和磨炼也让民主党从众多小党不断分化组合成为统一的民主党并且变得越来越强大，斗争策略也日趋成熟。同时，人民党也在执政权的失而复得和得而复失中，逐渐走向派系斗争和分裂，这也是日后人民党衰落和民主党再次崛起的根源。

三、人民党内部分裂与斗争

（一）人民党路线之争与分裂

2010年11月4—8日，人民党召开二十六大，会上通过了修改党名和党章、选举新的中央委员会、制定未来二十年发展目标等重要决议，苏赫巴托尔·巴特包勒德继续担任党主席。11月5日晚，出席二十六大的801名代表以99%的压倒性多数通过决议，决定将党名由人民革命党改回1921年建党之初的名称人民党。对此，前总统、前党主席那木巴尔·恩赫巴亚尔等6人投了反对票。修改党名导致一部分党员不满，他们认为删除党名中的"革命"一词，使党失去了它原本的身份属性。于是2011年1月，这些心怀不满的党员决定脱离人民党另起炉灶，于当年6月注册了新的蒙古人民革命党（Монгол Ардын Хувьсгалт Нам，英语缩写MPRP），并选举前总统恩赫巴亚尔担任党主席，很快该党就成为蒙古国第三大党。此后，人民革命党和人民党并存了十年。虽然两党都自称"中左翼"政党并且都以西方社会党为发展模式，但恩赫巴亚尔领导的人民革命党主张"应该增加总统的权力，由民选总统领导政府（即实行总统制）"，[①] 而人民党则拥护"议会制"，这也可以理解为人民党内部不同派系的"正统"之争、路线之争和发展理念之争。

2012年1月，民主党宣布退出与人民党组成的联合政府，集中精力以反对党的身份筹备议会大选，把民众对政府的不满留给了执政的人民党。之后，民主党又在全国开展反腐败宣传和斗争，把矛头主要对准人民党，迫使人民党逮捕了一些本党的贪腐高官。由于蒙古国腐败现象颇为严重，民主党侧重打反贪牌也使人民党丢分不少。[②]

---

① "Н. Энхбаяр: Манай намын алсын хараа бол Шинэ дээд Үндсэн хууль"（《恩赫巴亚尔：我们党的愿景是"新宪法"》），MPRP, December 18, 2018, http://maxh.mn/н-энхбаяр-манай-намын-алсын-хараа-бол.

② 吴鹏：《蒙古国政局的嬗变与发展趋势》，《当代世界》2013年第1期，第53页。

而就在2012年议会大选之前，2012年4月人民革命党主席那木巴尔·恩赫巴亚尔对媒体公布了2008年骚乱事件的秘密文件，打击了民主党的公众形象。4月13日恩赫巴亚尔被蒙古国反腐败局以涉嫌贪污罪为由逮捕。[①] 恩赫巴亚尔从5月4日开始绝食，在绝食11天后于5月14日获得保释。人民革命党认为恩赫巴亚尔遭受了政治迫害，他的支持者、人民党的特日毕希达格瓦等3名议员宣布退出人民党，加入了人民革命党。本来2010年恩赫巴亚尔带走一部分人民党党员重新成立人民革命党时，就分流了一部分人民党的支持票，这次又有人民党议员脱党后加入人民革命党，再次带走了一部分支持票。这无疑降低了人民党的民众支持率，议会选举情势开始对民主党更有利。2012年8月2日乌兰巴托市苏赫巴托区法院宣判，恩赫巴亚尔因70亿蒙图（Tugrik，图格里克）腐败案被判有期徒刑四年。虽然恩赫巴亚尔经过绝食抗争和国内外知名人士[②] 的奔走相助，最终获得了保外就医的机会，但他的政治生涯也因此中断。

在2012年6月28日的议会选举中，民主党获得了76个议席中的34席，人民党获26席，正义联盟[③] 获11席，公民意志-绿党获2席，独立候选人获3席。[④] 按照规定，民主党虽然未能达到单独组阁的多数席位（39席），但它以微弱多数的优势获得了组阁主导权。最后，民主党和公民意志-绿党（占75%的内阁职位）、正义联盟（占25%的内阁职位）组成联合政府，人民党又沦为在野党。

2012年7月24日，由民主党主导的议会举行第一次会议，在人民党议员集体缺席的情况下，[⑤] 选举民主党议员赞达呼·恩赫包勒德（Zandaakhuu Enkhbold）为新一任议长。同日人民党举行第六次代表会议，苏赫巴托尔·巴特包勒德（时任总理）辞去人民党主席一职，以承担议会选举失利的责任，由

---

① 对于恩赫巴亚尔的被捕，蒙古国民众基本上有两种反应。以中老年人为主的部分民众认为，这是恩赫巴亚尔的政治对手为了阻止其参加当年的议会选举，乃至下一年的总统选举而采取的政治阴谋；以年轻人为主的部分民众认为，这是政府为了惩处腐败而采取的断然措施，表明了政府反腐败的决心，是个好的开头。

② 联合国秘书长潘基文和美国副国务卿威廉·伯恩斯分别打电话给蒙古国总统额勒贝格道尔吉和蒙古国外交部长赞丹沙塔尔，对恩赫巴亚尔的健康状态表示关注。

③ 正义联盟（Justice Coalition）由新成立的人民革命党和民族新党（New National Party）组成。

④ "The Sixth State Great Hural Election (2012-2016)," Parliament, https://www.parliament.mn/en/nn/9422.

⑤ 议会第二大党人民党的议会党团全体议员没有参加当天的会议，原因是民主党的新议长提名没有与人民党正式协商。

乌勒吉赛汗·恩赫图布辛（Ulziisaikhan Enkhtuvshin）接任党主席。巴特包勒德在会议上表示，人民党的分裂是造成该党在6月的选举中失利的主要原因。他说，人民党前主席恩赫巴亚尔分裂了人民党，大大削弱了该党实力，其成立的新政党又沿用了人民党曾用过的党名人民革命党，干扰了选民视线。[1]

在2013年6月26日举行的总统大选中，额勒贝格道尔吉成功获得连任。[2]至此，民主党继1996年之后再次实现了总统、议长和总理"三权统揽"，这也是该党自1990年"民主化转型"以来的第二次崛起。

2013年10月27—29日人民党召开二十七大，乌勒吉赛汗·恩赫图布辛辞去党主席，[3]米耶贡布·恩赫包勒德（时任副议长）再次当选人民党主席，他曾在2005年6月至2007年10月担任党主席。人民党在二十七大时有23万多名党员，为蒙古国第一大党。

在2016年6月29日举行的议会选举中，人民党获得76席中的65席，民主党获得9席，人民革命党获1席，独立候选人获1席。[4]人民党以压倒性优势赢得选举，获得了单独组阁的权力。2016年7月5日，人民党主席米耶贡布·恩赫包勒德当选为新一届议长，紧接着7月8日，扎尔格勒图勒嘎·额尔登巴特（Jargaltulga Erdenebat）当选为总理。人民党通过这次选举强势回归，开始着手稳定经济并恢复增长。

在2017年6月26日至7月7日的总统大选中，共有3位候选人：民主党候选人哈勒特马·巴特图勒嘎、人民党主席米耶贡布·恩赫包勒德和人民革命党副主席赛音呼·钢巴特尔（Sainkhuu Ganbaatar）。经过两轮激烈的竞争和投票后，最终巴特图勒嘎以微弱优势赢得大选，成为该国第5任总统。

（二）人民党内部的斗争

尽管人民党内部并没有像民主党那种公开的派系，但党内团团伙伙并非完全不存在，只不过权力斗争更加微妙。在2016年议会选举胜利后出任总理的扎尔格勒图勒嘎·额尔登巴特，实际上就是时任议长兼人民党主席米耶贡

---

① 《蒙古国总理巴特包勒德辞去蒙古人民党主席职务》，搜狐网，2012年7月25日，http://news.sohu.com/20120725/n349020805.shtml。

② 额勒贝格道尔吉以50.23%的微弱优势，战胜人民党候选人博·巴特额尔德尼（41.97%）和人民革命党候选人纳·乌德巴拉（6.57%，女）。本次总统大选中，首次有女性候选人参选。

③ 乌勒吉赛汗·恩赫图布辛后来担任蒙古国副总理，2020年出任蒙古国驻俄罗斯大使。

④ "The Seventh State Great Hural Election (2016-2020)," Parliament, https://www.parliament.mn/en/nn/13841/.

布·恩赫包勒德派系的，代表着势力强大的城市派利益，因为米耶贡布·恩赫包勒德曾长期担任乌兰巴托市长。米耶贡布·恩赫包勒德曾在2006年1月至2007年11月期间担任总理，在2017年7月的总统大选中他准备问鼎总统宝座。

但是米耶贡布·恩赫包勒德最终落败，这也成为引发人民党内部不满的导火索。

2017年8月23日，以呼日勒苏赫为首的30名人民党议员联名提交的解除扎尔格勒图勒嘎·额尔登巴特的总理职务并解散内阁的提案获得通过。随后议会选举呼日勒苏赫接任总理，组建新一届政府。2017年11月20—23日人民党召开二十八大，呼日勒苏赫又以63.1%的支持率接替米耶贡布·恩赫包勒德担任党主席。此时呼日勒苏赫拥有了对内阁和人民党的控制权，恩赫包勒德派成员占有议会的一半。

2018年10月，政府官员腐败问题因中小企业发展基金腐败案① 遭受舆论批评，人民党政府的两名部长因涉腐辞职，并且党内因腐败指控而陷入严重分裂。时任议长米耶贡布·恩赫包勒德试图罢免总理乌赫那·呼日勒苏赫，11月19日以恩赫包勒德为首的27名人民党议员向议会提议解散政府并且弹劾呼日勒苏赫，理由是他也涉及中小企业发展基金腐败案。但在30日的议会投票中，与会的73名议员中有33人支持罢免，另有40人反对，呼日勒苏赫获得54.8%的支持率，得以留任总理。

从2018年11月开始，蒙古国民众在国家宫前的中央广场上持续举行针对两党及政府官员腐败的集会。议长米耶贡布·恩赫包勒德否认参与腐败活动并拒绝辞职，之后多名议员开始抵制议会的活动，坚持要求议长辞职，导致议会多次无法正常开会。这促使总统巴特图勒嘎于2019年1月4日向议会提交了一项专门针对议会全体会议程序法的修正案，修正案于1月18日在议会全会投票通过，从1月25日起生效。② 该修正案规定，只要议会中多数议员投票赞成就可以罢免议长。随后，呼日勒苏赫又联名39名议员向议会提议罢免恩赫包勒德的议长职务，理由是他涉嫌在2016年议会选举中卖官筹资，1月29日议会投票罢免了恩赫包勒德。2月1日，呼日勒苏赫政府办公厅主任贡布扎布·赞

---

① 据蒙古国新闻网站Ikon.mn和Zarig.mn等媒体披露，有多名国会议员、内阁成员及政府高官帮助关联企业从"中小企业发展基金"（Small and Medium Enterprises Development Fund）中获得低息贷款并延长还款期。该基金成立于2000年，是由国家预算资助的29个专项基金之一，专门用于帮助全国中小企业的发展。

② "Law Amended to Legalize Dismissal of Speaker by Majority of MPs," Montsame, Janurary 18, 2019, accessed November 29, 2022, https://www.montsame.mn/en/read/177712.

登沙塔尔（Gombojav Zandanshatar）接替议长一职，无疑他来自呼日勒苏赫阵营。

呼日勒苏赫赢得人民党内部的派系斗争，他也进一步巩固了自己在党内的地位和权威。呼日勒苏赫政治经验丰富，是一个比较有魄力的领导人。他在担任总理期间，重视民生和改革，重视国内的粮食供应、住宅保障、能源和石油供应、基础设施建设、信息和通信技术的发展、金融改革和促进社会公平正义等，吸引了一些支持率。

四、人民党重新整合与中兴之治

（一）人民党实现中央集权

在2020年6月24日举行的议会选举中，执政党人民党以获得议会76个席位中62席的压倒性优势成功连任。民主党获得11席，我们的联盟[①] 获1席，正确人选民联盟[②] 获1席，独立候选人获得1席。7月8日，议会任命人民党主席呼日勒苏赫为总理并组建新一届政府，这是他第二次出任总理一职。

此时人民党由于掌控了议会多数席位，能确保稳定执政到2024年。而另一边，民主党又陷入内斗之中，在议会中也无力与人民党势力抗衡。接下来的总统大选，人民党志在必得。为此，人民党主导议会对一些关键法律进行了修订，使得权力更加集中到执政党手中。

2020年12月24日议会通过了《总统选举法》，新法规定："已经被起诉的、正在服刑的或被法院判定犯腐败罪的人员，不得提名为总统候选人。"[③] 这一规定相当于把此前在反腐运动中扳倒的那些政界大佬都挡在了总统大选的门外。12月31日，议会又通过了《反腐败法》修正案，并规定该修正案于2021年1月1日起生效。该修正案是由人民党政府发起的，最大的改变之处在于对国家反腐败局局长和副局长的提名权。之前的法律规定："局长和副局长都由总统

---

① 我们的联盟（Our Coalition）：由传统统一党、人民革命党和公民意志–绿党组成，当选的议员为人民革命党副主席赛音呼·钢巴特尔。

② 正确人选民联盟（Right Person Electorate Coalition，RPEC），是2020年成立的政治联盟，由民族劳动党（National Labor Party）、社会民主党（Mongolian Social Democratic Party）和正义党（Justice Party）联合而成，以"支持正确的人"（Supporting the Right People）为竞选口号，当选的议员为民族劳动党主席陶格米德·道尔吉汗德（Togmid Dorjkhand）。

③ "Law on Presidential Elections Adopted," Montsame, December 28, 2020, accessed December 29, 2022, https://www.montsame.mn/en/read/248238.

提名，议会任命，任期均为六年。"《反腐败法》修正案将其改为："局长由总理提名，副局长由局长提名，并且都要经过议会听证通过后任命，正副局长任期仍为六年。"① 这种变化明显是取消了总统对反腐问题的主导权，而将这一权力转移到了总理手中。

另外，2021年1月15日议会又通过了《法院法》修正案，该修正案最初由人民党政府于2020年4月提交。新规定为："由议长负责组建一个11人的工作小组（成员由来自不同司法机构的代表组成），小组组长由1名国会议员担任，然后再由该工作组公开透明地选拔司法总委员会和司法纪律委员会② 的成员，最后经议会大会通过任命。"③ 这样等于是将司法系统最高领导层的任命权集中到了议长手中，也就是执政党手中。

对于这些弱化总统权力的举措，时任总统巴特图勒嘎曾动用总统的否决权进行了抗争，比如否决了"国家反腐败局局长由总理提名"，坚持仍由总统提名，但最终在2021年1月28日，议会又推翻了他的否决权。④ 可见巴特图勒嘎在这一轮权力斗争中落入下风，因为议会由人民党控制，政府内阁也由人民党组建，总统权力明显受到执政党的制约。实际上自1992年以来，总统的权力就在与执政党的博弈中不断被压缩，而人民党在这一轮执政周期内，也抓紧机会进一步弱化总统职权，提升总理（执政党党首）和议长（由执政党提名）手中的实权，强化议会内阁制。

人民党在成功连任之后实施的这一系列修法行动，都源于它在上一届议会中修改《宪法》所做的铺垫。2019年11月14日议会通过了《宪法》修正案，⑤ 规定该修正案自2020年5月25日开始生效。宪法第39条第1款最新规定："除总理可以同时兼任国会议员外，另外允许4名内阁成员（政府部长）兼任国会

---

① "Law on Anti-Corruption Amended," Montsame, December 31, 2020, accessed December 29, 2022, https://www.montsame.mn/en/read/248530.

② 蒙古国司法总委员会（General Council of Courts）也称"法院总理事会"，是原有机构；司法纪律委员会（Judicial Disciplinary Committee）是这次修订《法院法》时新设的机构，目的是监督法官的不当行为并追究相关责任，以及决定法官的免职和撤换问题。

③ "Parliament Overrides President's Vetoes on Laws on Anti-Corruption and Courts," Montsame, January 28, 2021, accessed December 29, 2022, https://www.montsame.mn/en/read/251724.

④ Ibid.

⑤ 这是对1992年版宪法进行的第二次修订，此次宪法修正案是2019年6月6日由以议员丹增·伦代姜灿（Danzan Lundeejantsan）为首的63名议员联名提交的。2000年《宪法》曾修订过一次，但此次修订被批评为"越修越差"的一次修订。此后，2008—2019年7次成立了制定宪法修正案的工作组，工作组于2011、2012和2015年向议会提交了修正案，但从未正式提上议程。伦代姜灿是议会元老级人物，连续担任议员三十年，曾担任过议长和副议长职务。

议员。"换句话说，最多只能有5名议员在内阁任职（也称为"双层蒙古袍"）。总理有权任命和罢免其内阁成员，在总理辞职时，内阁也应集体辞职。这次修宪最大的变化是规定了仅允许总统担任一届，任期六年；之所以取消连任并且将任期从四年延长至六年，理由是"此前允许连任，以致总统一职变得过度政治化，总统甚至会为了个人利益而在议会和政府中制造障碍。因此，新规定是为了防止总统为谋求连任和某些政党、派系结成狭隘的利益联盟"。① 从中也可以看出，人民党通过一系列措施，逐步加强了总理权力，弱化了总统权力。这样做的目的主要是汲取过去三十年"民主化转型"的教训，保证政府顺利运行，减少因党派内讧导致的政治动荡和经济衰退。

不过2021年总统大选的临近也让总统巴特图勒嘎与总理呼日勒苏赫之间的权力斗争初现端倪。2021年1月19日，一名在乌兰巴托妇产医院住院的产妇（前一天才分娩）确诊感染新冠后，被防疫部门当晚转至国家传染病研究中心的过程中照顾不当，防疫部门让产妇穿着病号服和拖鞋，怀抱婴儿自己从妇产医院门口走向救护车，这一幕被人抓拍后上传到社交媒体上，引起网民不满，最终导致部分民众于1月20日在国家宫前广场上聚集抗议，要求罢免相关官员。② 迫于舆论压力，蒙古国副总理兼国家紧急情况委员会主席索德巴特尔（Yangu Sodbaatar）和卫生部长蒙赫赛汗（Togtmol Munkhsaikhan）当日宣布辞职。1月21日总理呼日勒苏赫决定辞职，③ 按照宪法规定，整个内阁也将下台。同日，议会批准了内阁辞职。但呼日勒苏赫指出："民众的和平抗议活动因卷入政治因素而逐渐扩大，总统却在背后煽动并资助这次抗议活动。因此，为了避免总统与政府之间发生不必要的冲突，甚至有可能导致内乱，才做出了辞职的决定。"④ 巴特图勒嘎否认了这一指责。由此可见，总统大选虽未开始，但已经硝烟弥漫。

2021年1月22日，人民党中央委员会召开会议，推举政府办公厅主任兼议员罗布桑那木斯来·奥云额尔登（Luvsannamsrai Oyun-Erdene）为新一任总

---

① "Amendment to the Constitution or Revised Social Contract," Montsame, May 29, 2020, accessed December 29, 2022, https://www.montsame.mn/en/read/227041.

② "Deputy PM, Health Minister Announce to Resign Following Peaceful Protest," Montsame, January 29, 2021, accessed December 29, 2022, https://www.montsame.mn/en/read/250603.

③ 蒙古国第31任总理呼日勒苏赫及其领导的政府于2020年7月8日上任，到辞职时仅执政半年时间。他也成为自1992年版宪法颁布以来，蒙古国政府历史上首位自愿请辞的总理。

④ "Prime Minister Decides to Resign amid Public Protest Over COVID-19 Patient's Treatment," Montsame, January 21, 2021, https://www.montsame.mn/en/read/250936.

理。1月27日，议会任命奥云额尔登为蒙古国第32任总理。1月29日，由16名内阁成员组成的新一届政府宣誓就职。奥云额尔登表示将继续遵循上届政府的施政纲领，从而保持政策的稳定性和连续性。

2021年3月1日，在人民党建党一百周年之际，人民革命党主席那木巴尔·恩赫巴亚尔、人民党主席乌赫那·呼日勒苏赫、议长贡布扎布·赞登沙塔尔、总理罗布桑那木斯来·奥云额尔登等政要共同出席了人民党建党百年庆祝活动。4月29日，人民革命党与人民党宣布合并为人民党，恩赫巴亚尔表示"没有彼此，双方都不完整，将全力支持人民党的总统候选人"。在总统大选之前实现的两党合并，大大增强了人民党的实力，使其成为蒙古国名副其实的百年大党。这也意味着持续了十年（2011—2021年）的路线之争终于告一段落。1992年以来唯一遍历总理、议长、总统的政治强人那木巴尔·恩赫巴亚尔最终认可了时任人民党主席呼日勒苏赫的"中兴之治"。紧接着5月2日，人民党内部一致推举呼日勒苏赫为总统候选人，这既是意料之中也是众望所归。

在2021年6月9日举行的最新一届总统大选中，人民党主席呼日勒苏赫以67.8%的支持率赢得大选，成为该国历史上第6位总统，并于6月25日宣誓就职。正确人选民联盟候选人丹嘎苏伦·恩赫巴特（Dangaasuren Enkhbat）获得20.3%的选票，民主党候选人索德诺木宗堆·额尔登（Sodnomzundui Erdene）获得6%的选票。人民党在此次大选中获胜，可谓是对建党百年最好的礼物，并且集总统、总理、议长之权力于一身，再现一党执政的昔日辉煌。

按照最新修订的宪法，此后总统任期为六年且不得连任，呼日勒苏赫将执政到2027年6月，他也成为该国首位任期六年的总统。2021年9月7日，呼日勒苏赫总统主动向宪法法院提交申请书，他表示，过去三十年里，往届总统都拥有两项权力：任免法官并追究法官责任和任免国家反腐败局局长。但是从他开始，总统将正式放弃干涉司法的权力。[①]

至此，执政党人民党不仅控制议会多数席位，占据政府大部分重要岗位，同时掌握了立法权和行政权，终于再次实现"三权统揽"，确保了未来政令统一、步调一致。而且通过一系列修法行动，进一步弱化了总统职能，使之向礼仪型元首转型（不过仍掌握军权）。这也就扫清了长期以来总统与议会、总理

---

① "President Relinquishes His Power to Appoint Judges and Head of IAAC," Montsame, September 7, 2021, accessed December 29, 2022, https://www.montsame.mn/en/read/274307.

之间进行权力竞争的隐患，有望结束多年来因总统与总理出身不同政党而互相掣肘的权斗之苦。对于人民党来说，呼日勒苏赫在党内培养了一批年轻人，并且人民党在他的扶持和监督下顺利实现了权力交接，从此他可以将党的事业和未来放心地托付给下一代领袖。这或许是作为"中兴之主"更为重视的事情。

（二）人民党迎来"中兴之治"

值得一提的是，现任总理兼人民党主席奥云额尔登作为呼日勒苏赫的左膀右臂，在仕途上得到呼日勒苏赫的提携。2021年1月呼日勒苏赫辞去总理一职后，将他的助手（时任政府办公厅主任）奥云额尔登推荐为总理。在政府集体辞职、新冠疫情反弹之际临危受命，可见奥云额尔登深得党主席呼日勒苏赫的信任和器重，他也不负众望。呼日勒苏赫在当选为总统后，又提名奥云额尔登（时任政府总理）为代理党主席，这就为他在党内接班铺平了道路。

在2021年6月25日呼日勒苏赫宣誓就职当天，人民党中央委员会召开网络会议，奥云额尔登当选为第12任党主席。他表示，将着力提升民众对人民党的信任，努力为党和国家的发展创造更多机会，消除腐败和官僚主义。① 同年12月6—8日人民党召开三十大，奥云额尔登以99.72%的支持率连任党主席，他继续提名达·阿木尔巴雅斯嘎兰（Dashzegve Amarbayasgalan）担任人民党总书记。此次大会还通过了新党纲，人民党明确向社会民主党转型，并且承诺将尊重人权、正义和团结。党主席奥云额尔登介绍了开启新百年征程的"新复兴政策"（New Revival Policy），该政策包括六个方面：口岸复兴、能源复兴、工业复兴、城乡复兴、绿色发展复兴和国家治理效率复兴。2021年12月31日，蒙古国议会通过了这项"新复兴政策"，以期摆脱新冠疫情对经济的拖累。此外，2020年5月13日议会通过由奥云额尔登② 组织起草的（呼日勒苏

---

① "МАН-ын даргаар Л.Оюун-Эрдэнэ сонгогдов"（奥云额尔登当选为人民党主席），Ikon, June 25, 2021, https://ikon.mn/n/29dz.

② 2019年4月30日，时任蒙古国总理呼日勒苏赫指示政府办公厅主任（也称内阁秘书长）奥云额尔登成立工作组，评估蒙古国过去三十年的发展成就并制定到2050年的国家中长期发展规划。经过8个月的努力，2020年1月3日奥云额尔登将蒙古国《2050年发展愿景》规划草案提交给呼日勒苏赫，有1500多人参与了该文件的起草工作，包括专家学者、13个政府部门的国务秘书、一些机构的负责人，以及来自大学和民间社会组织的代表等。

赫政府时期制定的）蒙古国《2050年发展愿景》政策文件，[①] 可以看出人民党对未来带领蒙古国进一步深化改革和发展的信心与雄心。

蒙古国自1992年全面转型以来，坚持实施长、中、短期发展计划，出台过相关政策文件517个，但政策落实不充分，持续性较差。因此，执政党人民党在起草《2050年发展愿景》的过程中，审查了过去三十年实施的所有项目和计划，在总结错误、教训和成就的基础上，制定了下一个三十年与国际接轨的中长远发展规划。奥云额尔登曾表示："除了我们的两个邻国（中俄）外，世界上还有11个国家也已确定2050年的发展目标，我们也必须这样做。"[②] 奥云额尔登将在额尔登特矿业公司国有化和落实《2050年发展愿景》方面发挥重要作用。他认为过去三十年的私有化和放松管制失败了，私人特权利益超越了国家利益。

蒙古国"呼奥组合"（呼日勒苏赫和奥云额尔登）的互相支持，堪比俄罗斯当年的"普梅组合"（普京和梅德韦杰夫），展现了呼日勒苏赫高超的政治智慧，也为人民党未来的稳定发展奠定了基础。而且从奥云额尔登和呼日勒苏赫的从政经历上看，他们的履历中也有一些相似的轨迹。例如，都曾担任过蒙古民主社会青年联盟主席、人民党总书记、人民党主席、总理等职务。[③] 从这方面可以看出，奥云额尔登在仕途上一直紧随呼日勒苏赫的步伐。可以说，在人民党建党百年之际，奥云额尔登的顺利接班，标志着该党内部领导人的新老更替。他也成为蒙古国历史上首位80后总理（出生于1980年），属于政坛少壮派的代表。

截至2022年11月，人民党共有党员28.36万人（其中首都6.92万人，各省总计21.44万人），在议会中拥有61个席位。总理奥云额尔登与总统呼勒苏

---

①　这是一份国家长期发展规划，总结过去三十年，展望未来三十年，制定了九个方面（包括国家共享价值观、人的发展、生活质量与中产阶级、经济、国家治理、绿色发展、和平与安全、区域与本国发展、乌兰巴托与卫星城市）50个具体目标，将分三个阶段实施：2020—2030年、2031—2040年和2041—2050年。该规划预计到2030年，蒙古国人口将达到400万，2040年将达到460万，2050年将达到540万，计划到2030年将人均GDP提高到12,000美元，2050年提高到38,000美元以上。届时，该国也将从消费国转变为制造国、出口国。

②　"Vision-2050 Policy Document Presented to Political Parties," Montsame, February 13, 2020, accessed December 29, 2022, www.montsame.mn/en/read/215928.

③　奥云额尔登历任乌兰巴托市巴彦朱日赫区社会发展局局长（2009年），人民党中央委员会办公厅主任（2009—2011年），蒙古民主社会青年联盟主席（2011—2014年），人民党书记（2011—2012年），代理总书记（2012年），国会议员（2016—2024年）等职务。详见：http://www.parliament.mn/en/cv/231。

赫、议长赞登沙塔尔均配合默契，赞登沙塔尔和奥云额尔登都是从昔日呼日勒苏赫政府办公厅主任的位置上升任现职的，这也意味着总统、议长和总理"三巨头"都属于同一个阵营并且以呼日勒苏赫为核心。

2022年8月25日，人民党主导议会正式取消了宪法中对"双层蒙古袍"的人数限制，① 以便人民党任命更多本党议员担任内阁部长。紧接着8月29日，总理奥云额尔登重新改组了内阁并获得议会审议通过。他当初在2021年1月27日接任总理时，接手的是前一任总理呼日勒苏赫（现总统）在2021年1月21日辞职后留下的大部分班底。这次改组，他换掉了一批"老人"，换上一些"亲信"。以奥云额尔登为总理的新一届内阁人数扩大至22人，政府部门由4个综合大部和12个专业部门组成。

从这次内阁改组的结果看，奥云额尔登新任命了10名部长，除人民党总书记阿木尔巴雅斯嘎兰担任政府办公厅主任外（他不是国会议员），其余新任命的9位部长均是国会议员，拥有"双层蒙古袍"身份，再加上奥云额尔登本人也是国会议员，因此，在本届政府中"双层蒙古袍"数量为14人，占国家大呼拉尔议席总数的18.4%。这些"自己人"占据政府重要岗位将是总理的坚强后盾，也有利于人民党出台的"新复兴计划""口岸复兴政策"等施政纲领的落实。

实际上这次内阁改组，也是总理与总统、议长商量的结果，总理得到了另两位大佬的支持。现在拥有"双层蒙古袍"身份的14名议员覆盖了以下选区：乌兰巴托、首都青格尔泰区、首都宋给纳海尔汗区、首都巴彦格勒区、首都汗乌拉区、首都巴嘎诺尔区、首都巴彦杭盖区、首都纳来哈区、达尔汗省、肯特省、东方省、库苏古尔省、乌布苏省、科布多省，这些地区都是蒙古国人口集中的选票区。人民党想要赢得2024年的议会选举，才能持续长期执政，因此人民党主席兼总理奥云额尔登将现任议员尽可能多地安排在政府部门，以努力共同做出亮眼的成绩来，赢得选民的信任和支持。

总体而言，2019—2022年，呼日勒苏赫在从总理到总统的身份转变过程中，在与前总统巴特图勒嘎在议会立法方面的权力斗争中充分展露了其政治手腕和强势作风。他通过修订《宪法》《总统选举法》《反腐败法》《法院法》等，取消了总统提名任命国家反腐败局局长和最高法院院长等司法系统高层领导的

---

① 蒙古国宪法第39条第1款规定：仅允许总理和另外4名内阁成员（政府部长）同时兼任国会议员。2022年8月15日，宪法法院裁定该规定违宪。因此，2022年8月25日蒙古国议会通过宪法修正案确认该规定无效。

权力，并将该项权力转移到总理手中，并且成功阻断了巴特图勒嘎参加2021年总统大选谋求连任的机会。呼日勒苏赫于2021年1月底通过主动辞职、以退为进参加总统大选，并最终成为蒙古国第6任总统，也体现出他对权力的运筹帷幄。他领导下的蒙古人民党在庆祝建党一百周年的2021年，不仅赢得总统大选，统揽三权，实现了政令统一，而且内部革新也迎来一些新气象，蒙古国的80后逐步走上政治舞台，年轻一代开始接班。现在蒙古国未来发展的蓝图——《新复兴政策》和《2050年发展愿景》已经绘就。呼日勒苏赫的接班人、现任人民党主席兼总理奥云额尔登有志于带领蒙古国实现后疫情时期的经济复苏，并为未来新一轮经济腾飞奠定坚实的基础。

五、结论

综上所述，1990—2022年，蒙古国共举行了9次议会选举和9次总统选举（见表1），它们共同构成了该国政治转型的全景图。总结起来，有以下特点。

（一）蒙古国总理权力得到强化

除了蒙古国政治改革初期在1990年7月举行的第一次由多党参加的议会选举外，从1992年开始蒙古国政治转型才算步入正轨，将四年一度的议会选举制度固定下来。议会共有76名议员，议长从国会议员中选出，在国家领导人序列中排名第二。总统、议长、总理同为国家安全委员会（国安委）的成员。在议会选举中获胜的政党或政党联盟可以提名总理，由议会对提名人员进行投票表决后任命，总理负责提名内阁成员（即各部部长）。

表1 1990—2022年蒙古国政局情况

国家元首		政府内阁		
总统	任期	执政党	任期	总理
奥其尔巴特	1990年9月—1993年6月 1993年6月—1997年6月	人民党	1990年9月—1992年7月	宾巴苏伦
			1992年7月—1996年7月	扎斯莱
巴嘎班迪	1997年6月—2001年6月 2001年6月—2005年6月	民主党	1996年7月—1998年4月	恩赫赛汗
			1998年4月—1998年12月	额勒贝格道尔吉
			1998年12月—1999年7月	纳兰查茨拉勒特
			1999年7月—2000年7月	阿玛尔扎尔嘎勒
		人民党	2000年7月—2004年8月	恩赫巴亚尔
恩赫巴亚尔	2005年6月—2009年6月	民主党	2004年8月—2006年1月	额勒贝格道尔吉
		人民党	2006年1月—2007年11月	恩赫包勒德
			2007年11月—2008年9月	巴亚尔
		人民党	2008年9月—2009年10月	
额勒贝格道尔吉	2009年6月—2013年7月 2013年7月—2017年7月		2009年10月—2012年8月	巴特包勒德
		民主党	2012年8月—2014年11月	阿勒坦呼亚格
			2014年11月—2016年7月	赛汗比勒格
		人民党	2016年7月—2017年10月	额尔登巴特
巴特图勒嘎	2017年7月—2021年6月		2017年10月—2020年7月	呼日勒苏赫
			2020年7月—2021年1月	
呼日勒苏赫	2021年6月至今		2021年1月至今	奥云额尔登

资料来源：作者自制。

1992—2022年，蒙古国共举行了8次议会选举。人民党获胜5次（1992年、2000年、2008年、2016年和2020年），其中有4次是压倒性的胜利，分别为：1992年获得70席，2000年获72席，2016年获65席，2020年获62席。这4次大胜，都为人民党主导修宪提供了机会。因为根据1992版宪法规定，修改宪法需要至少获得议会中四分之三议员（即57席）的支持。民主党获胜2次（1996年、2012年），另有1次两者势均力敌组建了联合政府（2004年）。2021年以来，由于民主党严重分裂，人民党借机再次推动修宪。

1992年至今，蒙古国经历了15任总理，但截至2022年11月，仅有两任顺利完成了4年任期（1992—1996年和2000—2004年），而且这两任总理也都来自人民党。如果仔细考察蒙古国政府更迭的具体情况，有8任总理是由于政党间权斗或者党内派系斗争提前下台的，其中人民党3任，民主党5任，而人民党和民主党组建的联合政府往往也更容易因政治斗争而倒台。

1992年至今蒙古国修改过4次宪法（1999年、2000年、2019年、2022年），到目前为止，国家权力逐渐集中到了议会，议会的权力集中到了议会多数党（执政党）手中，执政党权力集中到了总理手中，整体上变得更加倾向"议会内阁制"，实际上也就是"赢者通吃"。

（二）蒙古国总统权力逐渐弱化

目前蒙古国总统主要职责是担任国家元首、武装部队总司令和国家安全委员会主席，他可以否决议会通过的所有（或部分）法律，当然议会也能以多数票推翻他的否决。有一个独特之处是，总统在就职时必须脱离原来所属的政党并辞去所有职务，成为一名无党派人士，以便团结各政党。

1990—2021年蒙古国共经历了5任总统，但是举行了8次总统选举。[①] 他们的任期最多两届，每届任期四年。只有第1任总统奥其尔巴特、第2任巴嘎班迪和第4任额勒贝格道尔吉这3位获得连任机会，除奥其尔巴特在政治改革的过渡时期只担任了七年总统外，巴嘎班迪和额勒贝格道尔吉都担任了八年总统，第3任总统恩赫巴亚尔和第5任总统巴特图勒嘎都只担任了一届总统。他们有个共同点就是，在担任总统期间，都不同程度地与议会多数党（执政党）和政府（总理）进行过权力博弈。

正是基于前面三十一年的政治斗争，人民党才总结出了政治转型的经验和深刻教训，于是通过修订宪法及相关法律，最终实现了总统、议长和总理的权力分配改革。所以，从2021年6月第6任总统呼日勒苏赫开始，总统任期改为六年，且只能担任一届，而且以前竞选总统的最低年龄是45岁，从2021年开始改为50岁，总统也不再插手司法系统领导层的任免，其目的是彻底让总统一职摆脱权力斗争的枷锁，让国家元首更加纯粹化，更能体现团结精神。这或许是开了一个好头，值得期待也有待继续观察。

（三）蒙古国"民主政治"的弊端

蒙古国的政治转型始于1990年，而且从一开始就是由一些年轻的"民运"

---

① 实际上，自1992年版宪法实施以来，从1993年到2021年的8次总统大选中，人民党和民主党派推荐的候选人各赢得4次胜利，也算是平分秋色。

领导人发起并推动的，他们中的大多数人都是亲西方的，思想西化的，并且他们在政治上升期都得到了西方国家或非政府组织机构在经济、教育、政治斗争经验等方面的大力支持和赞助。然而，这些"民主派"领导人同时也是一群缺乏领导经验的政治狂热分子。他们对西方模式和政治体制充满不切实际的幻想，以为"民主万能"，轻信蒙古国只要走西方资本主义道路就能解决本国所有问题。他们渴望推翻现有制度，但却没有准备好进行系统性的改革。

过往的历史经验揭示了一个残酷的现实，蒙古国所谓的民主，不过是寡头政治和利益集团为了分享战果所达成的短暂共识。这其中充满了派系斗争和无休止的内讧。尤其是民主党，它的领导层往往更倾向于党内竞争，而不是与竞争对手人民党之间进行竞争。从一开始，民主党就是由不同的反对党、有影响力的工商界人士组成的政治联盟，该党始终缺乏明确的执政理念，因而缺乏凝聚力。他们暂时的团结只不过是为了共同反对人民党，而一旦取得执政权，民主党内部的派系权斗就开始泛滥。这种松散的联盟在取得选举胜利后，往往很快就会为了争权夺利而掀起党派内斗，这也是多党联盟最大的痼疾，"因利而聚，因利而散"，缺乏大局观和集体意识。这或许正是蒙古国的"民主之殇"。

（四）政治选举对其经济的影响

通过考察蒙古国政治选举与经济发展的关系，可以发现一个有意思的规律：除去全球金融危机（2008—2009年）和新冠疫情（2020—2022年）等特殊情况的影响，在人民党执政期间（1992—1996年、2000—2004年、2006—2008年、2008—2012年、2016—2020年）则经济保持稳定增长（见图1），民主党执政期间（1996—2000年、2004—2006年、2012—2016年）则经济增速下滑（见图2）。当人民党和民主党政治斗争激烈时，必然导致政局不稳且拖累经济发展。而当人民党"三权统揽"时（2000年7月—2004年8月、2006年1月—2009年6月、2021年6月至今），因为政局相对稳定，往往经济发展较快（见图1）。民主党"三权统揽"时（1996年7月—1997年6月、2012年8月—2016年7月），严重内斗导致政府更迭、外交政策变化，致使经济开始下滑（见图1）。也就是说，蒙古国要想经济又快又好发展，必须保持政治稳定和对外政策的可持续性与可预期性。

单位：亿美元

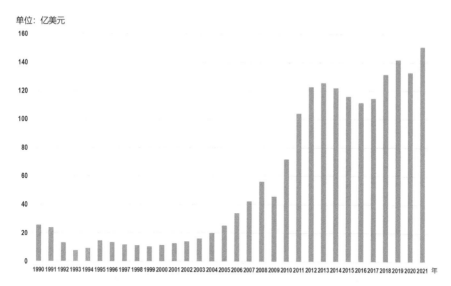

图1　1990—2021年蒙古国GDP总量走势

资料来源：世界银行网站，https://data.worldbank.org/indicator/NY.GDP.MKTP.KD?end=2021&locations=MN&start=1990&view=chart，统计指标为现价美元（current US$），数据截止时间为2022年9月16日，本图由作者自制。

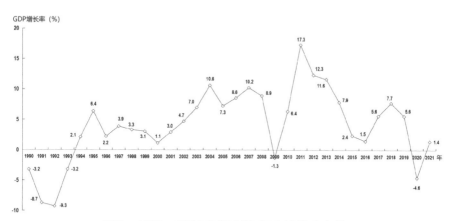

图2　1990—2021年蒙古国GDP增长率走势

资料来源：世界银行网站，https://data.worldbank.org/indicator/NY.GDP.MKTP.KD.ZG?locations=MN，数据截止时间为2022年9月16日，本图由作者自制。

　　总而言之，通过全面回顾1990—2022年蒙古国政治改革的整个历程，我们可以发现这样一个事实：该国政客和民众时常挂在嘴边且引以为傲的所谓

"民主化转型",是政党之间激烈的政治博弈和党派内部权力斗争的历史。这一切似乎并不如最初预期和想象的那么光鲜和美好。最后,作为中国的邻邦,该国的一切变化都值得我们持续关注和研究。

Mongolia's 30 Years Transition: The Political Reform and Evolution of Mongolian People's Party

QI Zhiye and HUANG Tonglaga

Abstract   On 12 February 1992, the Mongolian People's Republic was renamed Mongolia, marking the beginning of the transition from one-party system to multi-party system, from planned economy to market economy, and from socialism to democratic socialism. During the past 30 years, the Mongolian People's Party (MPP) has experienced political self-reform, transforming to a parliamentary party, internal division and factional struggles, and regaining power after re-integration. In 2021, when MPP celebrated its centennial, it once again took control of the "three major positions" (President, Parliament Speaker and Prime Minister), and the Party also entering a new era of rejuvenation under the new leadership. History has proved that when MPP was in power, Mongolia enjoys faster economy development.

Keywords   Mongolia's 30 Years Transition; Mongolia's Party Politics; MPP; Democratic Reform

Authors   Qi Zhiye, Ph.D. Candidate of Marxism School of Lanzhou University; Huang Tonglaga, Ph.D. Candidate of National University of Mongolia.

Funding   This research was supported by the 2022 National Social Science Fund Western Region Project "Study of Mongolia's 30 Years Transition through the lens of Neighborhood Diplomacy" (Project No. 22XGJ001).

阿富汗"帝国陷阱"效应析论[*]

杜哲元

【内容提要】通过深入分析近代以来英国、苏联和美国武力进入阿富汗的历史，可以发现，相对于"帝国坟墓"，"帝国陷阱"这一概念能够更为准确客观地反映阿富汗在大国政治中最突出的效应。阿富汗"帝国陷阱"效应的形成过程往往要经过这三个阶段："帝国"受到诱惑进入、"帝国"损失增加与"帝国"被迫撤离。这三个阶段又有五个方面的特点。中国在推进周边外交与构建周边命运共同体的过程中，不可能不面对和应对阿富汗这样一个特殊而重要的邻国。中国应在明确阿富汗对中国的实际价值与中国对阿富汗的实际需求的基础上，对于阿富汗重建以外交协调为主，有限的经济参与为辅，避免直接安全介入。

【关键词】阿富汗问题；大国政治；"帝国坟墓"；"帝国陷阱"；中国周边外交

【作者简介】杜哲元，中国政法大学政治与公共管理学院副教授，法学博士。

一、引言

在众多观察者看来，2021年8月美军从阿富汗的仓皇撤离意味着美国二十年阿富汗战争的失败，由此阿富汗是"帝国坟墓"的观点似乎再次得到验证。同时，这一观点也得以进一步传播，更多的观察者将它视为阿富汗大国政治的

* 作者感谢《中国周边外交研究》集刊匿名审稿专家提出的建设性修改意见。文中疏漏之责由作者自负。

历史铁律和宿命。然而，阿富汗真的是"帝国坟墓"吗？"帝国坟墓"足以客观准确地概括阿富汗在大国政治中的最突出的效应吗？一方面，作为国际政治中一个经常出现的带有一定特殊性和规律性的问题，它有着较大的学术研究意义；另一方面，阿富汗作为一个与中国接壤的邻国，它对中国西部周边安全局势有着相当大的影响，加强对该问题的研究亦有重要的现实意义。因此，有必要对阿富汗的大国政治效应进行深入细致和认真扎实的学术剖析，而不是浮于表象或流于成见就妄下结论。本文所要回答的主要问题是：阿富汗在大国政治中最突出的效应是什么？它的形成过程和特点是什么？本文将主要通过历史分析法，在分析1838—1842年第一次英阿战争、1878—1881年第二次英阿战争、1979—1989年苏阿战争和2001—2021年美国阿富汗战争的基础上，回答本文的主要问题。

二、"帝国坟墓"还是"帝国陷阱"？

本文认为从学术的客观性和严谨性上讲，将阿富汗视为"帝国陷阱"要比"帝国坟墓"更为恰当。"帝国陷阱"这一概念能够更为准确客观地反映阿富汗在大国政治中最突出的效应，而"帝国坟墓"这一带有文学夸张性的概念虽然有着较强的话语传播力和穿透力，但并不能准确客观地反映阿富汗在大国政治中的实际效应，甚至会对现实政治产生误导性，误导国际社会对阿富汗的理解和认识，进而误导其他国家对阿富汗的政策，给阿富汗以及本国的利益带来不利影响。

（一）阿富汗不是"帝国坟墓"

在"帝国坟墓"这一概念中，所谓帝国是指世界一流强国，它们不仅国力强大，而且有着巨大的国际权势，对国际体系的权力结构有着重大影响，还奉行扩张性对外政策，积极谋求世界霸权；而"坟墓"一词则指死亡和毁灭，"帝国坟墓"可以理解为"帝国必死之地"。这死亡和毁灭有三层含义，通过对这三层含义的分析，可以发现将阿富汗称为"帝国坟墓"并不客观准确。

第一层含义是指"帝国"在阿富汗遭遇了极为惨重的损失，其损失之惨重犹如死亡和毁灭一样令"帝国"难以承受。英国、苏联和美国在武力进入阿富汗后确实损失惨重，比如英国在第一次英阿战争中就耗费了1500万英镑，损失了大约4万条人命（军人和非军人的总数），[1] 在第二次英阿战争中，英国至少也损失数千名士兵；苏联在近十年的阿富汗战争中耗费了600亿卢布，损失了大约1.4万名士兵；[2] 美国在近二十年的阿富汗战争中则耗费了2万亿美元，损失了2400余名士兵。[3] 这些损失不可谓不惨重，但是它们的惨重性应该相对来看。一方面，相对而言阿富汗的损失更为惨重。苏联入侵阿富汗导致阿富汗约100万人伤亡，[4] 美国的阿富汗战争则导致阿富汗死亡人数超17.6万人，其中平民超过4.6万。[5] 可见阿富汗损失之惨重远远超过了这些武力进入阿富汗的"帝国"。从这一点来看，阿富汗被称为"阿富汗人的坟墓"或许更为客观准确，而"帝国坟墓"这一概念则多少有站在强权政治的角度为帝国扩张哀叹鸣屈之嫌，没有顾及阿富汗民众更为惨重的损失。另一方面，"帝国"为了保证其安全或扩大其权势，不可避免地会参与对外战争，尤其是那些体系性大战，在这个过程中它们同样会遭遇惨重的损失，而这些损失要远远大于它们在阿富汗的损失。比如近代英国和俄国曾多次参与欧洲大陆的战争，从拿破仑战争到两次世界大战，英国和俄国无论是付出的生命，还是耗费的财富，都远远大于两次英阿战争和苏阿战争，但不曾有人将欧洲大陆称为英国和俄国的"帝国坟墓"。再比如美国在二战期间与日本在太平洋上进行旷日持久的激战，美国在太平洋战争中损失的士兵人数远远高于阿富汗战争，但不曾有人将太平洋称为美国的"帝国坟墓"。因此，从这层含义来看，阿富汗还算不上"帝国坟墓"。

就第二层含义而言，它是指"帝国"在阿富汗遭遇了完全而彻底的失败，不仅是军事上的失败，更是指它未能在阿富汗实现其最基本的政治和战略目标。然而，这一点与历史事实并不相符。两次英阿战争中，英国不仅快速取得了第一阶段的军事胜利，而且在中间遭遇挫败后，又能很快地实施军事报复。从政治和战略目标的实现情况上看，第一次英阿战争结束后，多斯特·穆罕默

---

[1]　威廉·达尔林普尔：《王的归程——阿富汗战记（1839—1842）》，何畅炜、李飚译，社会科学文献出版社，2019，第529页。

[2]　刘纪未：《当代俄罗斯对阿富汗战争的评价浅析》，《西伯利亚研究》2016年第1期，第70页。

[3]　"Remarks by President Biden on the End of the War in Afghanistan," The White House, August 31, 2021, accessed September 13, 2022, https://www.whitehouse.gov/?s=Remarks+by+President+Biden+on+the+End+of+the+War+in+Afghanistan.

[4]　钱雪梅：《阿富汗的大国政治》，中国社会科学出版社，2017，第3页。

[5]　《"9·11"恐袭事件21年后美国更乱了》，光明网，https://m.gmw.cn/2022-09/11/content_1303136426.htm，访问日期：2022年9月14日。

德统治下的阿富汗与英国建立起比较稳定的关系，阿富汗既没有加强与俄国的战略联系，更没有在印度民族大起义爆发时对英国趁火打劫，可以说英国在这次英阿战争中实现了其最基本的政治和战略目标。第二次英阿战争结束后，阿卜杜·拉赫曼统治下的阿富汗不仅接受了《甘达马克条约》中的大部分条款以及"杜兰线"，而且也没有加强与俄国的联系，没有使阿富汗成为俄国进军英属印度的通道，可以说英国在这次战争中也实现了其最基本的政治和战略目标。对于苏阿战争的结果，有相当多的俄罗斯人认为苏联取得了胜利，无论是军事上，还是政治和战略目标上，尤其是后一个方面，至少纳吉布拉亲苏政权是在苏联解体之后才垮台的。正如俄罗斯总统普京所指出的："不是俄罗斯（即苏联）输了阿富汗战争，俄罗斯（即苏联）总的来说很顺利地撤出了自己的部队——很大的数量，而且在喀布尔留下了一个政府，一个亲苏的政府。"[1] 2009年2月，俄罗斯国家杜马在《关于阿富汗战争老兵的报告》中也提出："苏联出兵阿富汗并不是毫无意义的，它避免了在我们国家南部出现新的战争，打击了这一地区猖獗的国际恐怖主义和毒品贸易。"[2] 对于美国的阿富汗战争而言，近二十年的时间内，美军在阿富汗基本上没有遭遇军事上的严重失败，而2020年2月签订的美塔和平协议也满足了美国最基本的政治和战略目标——塔利班承诺防止任何团体或个人利用阿富汗国土危害美国及其盟国的安全，尽管这一点还存在着不确定性，但至少在美军撤离的一年内，恐怖主义势力确实并没有再通过阿富汗对美国发动袭击。由此来看，"帝国"并没有在阿富汗遭遇完全而彻底的失败，它们或多或少地还是实现了自己的基本目标。从这层含义上看，将阿富汗称为"帝国坟墓"过于夸张。

就第三层含义而言，是指"帝国"由于武力进入阿富汗而导致其国家走向不可逆转的衰落，其世界一流强国的实力和地位因为阿富汗战争而终结。但这一点同样与历史事实不符。英国虽然在两次阿富汗战争中损失较大，但这并未冲击英国在国际体系权力结构中的地位，实际上从19世纪40年代直到19世纪末，正是英国如日中天的时候，而英国真正走向衰落是在两次世界大战之后，认为1838—1842年和1878—1881年的两次英阿战争导致了一百年后或一个甲子之后英国的衰落和帝国的解体，这种因果逻辑联系是无法建立起来的。而且

---

① 《普京文集（2002—2008）》编委会：《普京文集（2002—2008）》，中国社会科学出版社，2008，第470页。

② 刘纪末：《当代俄罗斯对阿富汗战争的评价浅析》，《西伯利亚研究》2016年第1期，第71页。

在地区权力结构上，两次英阿战争也没有导致英国在亚洲权势的衰落。第一次英阿战争结束后不久，英国就征服了信德和旁遮普这两块富庶而重要的区域，几乎一统印度次大陆。第二次英阿战争结束后不久，英国就发动了第三次英缅战争，征服了缅甸全境，它在亚洲的权势可谓是臻于极盛。苏联在1989年从阿富汗撤军，两年后苏联解体，但这并不能证明是阿富汗战争导致了苏联的衰落和解体。苏联的衰落和解体是诸多内外因素共同作用所导致的，近十年的阿富汗战争只是导致苏联衰落和解体诸多外因中的一个，而且也只是一个次要因素，它在经济上对苏联解体的影响甚至不及20世纪80年代石油价格的暴跌，它在政治上对苏联解体的影响甚至不及波罗的海三国的独立。虽然近年来"美国衰落论"较为盛行，但这一观点在学术界还存在着较大的争论，不少学者并不认为美国真正在走向衰落，[①] 而即便美国真的走向衰落，近二十年的阿富汗战争也难言是其主要原因。这是因为，一方面，美国的衰落更多的是相对衰落，主要表现在它的经济增速不及体系内的第二大经济体，阿富汗战争显然不是导致这一现象出现的原因。而且美国与其他大的经济体相比，它的经济状况并不逊色。[②] 另一方面，美国国内政治经济政策上的问题是导致美国衰落的主要原因，而阿富汗战争并不是美国国内政治经济政策出现问题的主要原因。因此，将"帝国"的衰落归因于它的阿富汗战争是偏颇和片面的。世界一流强国在扩张权势的过程中，不可避免地会遭遇各种各样的挫败，在阿富汗一时一地的挫败并不足以扭转它的国运，使之由盛而衰。

综合上述分析来看，阿富汗大国政治中最突出的效应不是"帝国坟墓"，将阿富汗称为"帝国坟墓"并不够客观准确。

（二）作为"帝国陷阱"的阿富汗

阿富汗在大国政治中更像"帝国陷阱"。这是因为，首先对于大国而言，它具有一定的诱惑性，这主要体现在它重要的地缘战略位置上。阿富汗有"亚洲之心"[③] 和"亚洲十字路口"[④] 之称，位于中亚、南亚、西亚和东亚的联结部

---

① 王缉思：《美国内政外交演变的表现与动因——王缉思教授专访》，《当代美国评论》2022年第1期，第2—4页。

② 王缉思：《美国内政外交演变的表现与动因——王缉思教授专访》，《当代美国评论》2022年第1期，第2—3页。

③ 钱雪梅：《阿富汗的大国政治》，第3页。

④ A. 利亚霍夫斯基：《阿富汗战争的悲剧》，刘宪平译，社会科学文献出版社，2004，第1页。

上，通过阿富汗既可以对这四大区域发挥影响，又可以兼收这四大区域相互联系而产生的利益。同时，它还位于亚洲腹地和印度洋的结合部上，近代以来，陆权强国可以以它为跳板进入"世界海权的中心"印度洋，[①] 海权强国则可以通过它迫近亚欧大陆的心脏腹地。阿富汗的地缘枢纽地位对于那些意欲问鼎世界霸权的"帝国"而言，既有可能是其安全形势中最薄弱的环节，也有可能是其权势的倍增器。无论是为了进一步巩固自身的安全，还是为了进一步扩大自己的权势，阿富汗往往会令那些"帝国"垂涎欲滴，夜不能寐，从而谋求控制阿富汗，使其服务于自己的安全和战略利益。然而，阿富汗的这种地缘枢纽性更多的只是理论和地图上的，若要将其变为现实则困难重重。

其次，"陷阱"一词在一定程度上能体现出"帝国"在阿富汗问题上的战略决策失误。"陷阱"是客观存在的，但"陷阱"是否会损害"帝国"的利益，则取决于"帝国"的战略决策。这些"帝国"未能辨识出阿富汗作为"陷阱"的特性和效应，对于武力进入阿富汗的潜在成本和风险缺乏全面而深入的认识，所以它们才会主观上选择进入阿富汗"陷阱"之中。英国发动两次英阿战争在很大程度上是由于它对阿富汗的两位君主（多斯特·穆罕默德和谢尔·阿里）以及阿富汗的内部政治形势和传统缺乏了解，轻易地认为他们真的要"背英联俄"。苏联发动侵阿战争在一定程度上是由它对阿富汗领导人哈菲佐拉·阿明的猜疑加剧导致的，但这种猜疑缺乏充分的事实依据。美国坚持发动阿富汗战争，推翻塔利班政权，则在一定程度上是由于它对普什图人"庇护客人"[②] 的文化传统缺乏了解和尊重，并以"绝对安全"的迷思去看待和应对恐怖主义问题。"帝国"之所以在阿富汗问题上频频出现战略决策失误，其一，是因为它们在阿富汗问题上情报和知识相对匮乏；其二，是因为帝国的傲慢自负；其三，是因为它们夸大和误判了潜在威胁的严重性。在错误的战略认知和判断的误导下，"帝国"选择了进入阿富汗"陷阱"。

再次，对于武力进入阿富汗的"帝国"而言，它总会遭受到各种形式和程度不一的损失。一方面，不同于"坟墓"所意指的那种致命性的损失，"陷阱"中损失的严重性相对较小，这种损失既不足以严重削弱"帝国"的国力，又不足以动摇它们在全球和地区权力结构中的地位。另一方面，尽管损失相对较小，但这种损失仍是超出了"帝国"的心理预期，使其认为在阿富汗的军事行

---

① 张文木：《印度与印度洋——基于中国地缘政治视角》，中国社会科学出版社，2015，第217页。

② 钱雪梅：《普什图社会的政治生活》，中国社会科学出版社，2019，第99—101页。

动损失大于收益，从而不愿意继续承受这种损失。

最后，"帝国"并不能很轻易地就从阿富汗"陷阱"中跳出来，在时间上往往拖延较久。在近代以来的四次"帝国"武力进入阿富汗的历史中，第二次英阿战争的时间持续最短，从1878年11月持续到1881年4月，近两年半的时间。而与同时期的英国发动的其他对外战争相比，比如祖鲁战争持续了不到半年时间，第一次布尔战争则持续了不到三个月，第二次英阿战争的持续时间则长得多。第一次英阿战争从1838年10月持续到1842年10月，更长达四年之久。苏阿战争从1979年12月持续到了1989年2月，近十年之久，其时间远超1956年和1968年苏联对匈牙利和捷克斯洛伐克的军事行动。美国的阿富汗战争在这四者中持续时间最长，从2001年10月持续到2021年8月，近二十年之久，可谓是美国历史上最漫长的对外战争。[①]而更能说明这种拖延性的在于，这些"帝国"从准备撤出阿富汗，到它们真正撤离阿富汗也耗时较长。第一次英阿战争中，反对此次战争的保守党于1841年9月上台，英国即决意从阿富汗撤军，但直到一年后，英国才真正实现从阿富汗撤军；第二次英阿战争中，反对此次战争的自由党于1880年4月上台，英国即决意从阿富汗撤军，但直到一年后，英国才真正实现从阿富汗撤军；在苏阿战争中，1985年10月，苏共中央政治局就决定尽快从阿富汗撤军，[②]但直到三年多后，苏联才真正实现从阿富汗撤军，有学者将这个过程称之为"漫长的告别"[③]；在美国的阿富汗战争中，奥巴马总统于2011年6月正式提出从阿富汗撤军的时间表，但直到十年多之后，美国才真正得以从阿富汗撤军。由此可见，虽然不像"坟墓"那样走不出来，但是"帝国"几乎不可能从阿富汗"陷阱"中轻松顺利地一跃而出，这个出来的过程耗费了"帝国"大量的时间与资源。

从这四点分析来看，本文认为将近代以来阿富汗在大国政治中最突出的效应概括为"帝国陷阱"更为客观准确。

---

①　"Remarks by President Biden on the End of the War in Afghanistan," The White House, August 31, 2021, accessed September 13, 2022, https://www.whitehouse.gov/?s=Remarks+by+President+Biden+on+the+End+of+the+War+in+Afghanistan.

②　A.利亚霍夫斯基：《阿富汗战争的悲剧》，第274—275页。

③　Artemy M. Kalinovsky, *A Long Goodbye: The Soviet Withdrawal from Afghanistan* (Cambridge and London: Harvard University Press, 2011).

三、阿富汗"帝国陷阱"的形成与特点

（一）阿富汗"帝国陷阱"效应形成的三个阶段

阿富汗"帝国陷阱"效应的形成过程往往要经过这三个阶段：（1）"帝国"受到诱惑进入。阿富汗重要而特殊的安全价值使"帝国"试图加大对它的影响和控制，这为"帝国"武力进入阿富汗"陷阱"提供了基础。阿富汗内政中的某些方面外溢到它的外交方面，而它的对外战略决策出现重大失误，将使它对于"帝国"的安全价值的紧迫性和重要性大幅提升，同时，也使它对于"帝国"的威望价值大幅提升，这将直接导致"帝国"决定武力进入阿富汗"陷阱"。（2）"帝国"损失增加。"帝国"武力进入阿富汗"陷阱"后，将出现阿富汗对于"帝国"经济价值与安全价值的严重失衡的现象，"帝国"在阿富汗经济耗费巨大，经济上得不偿失。随着"帝国"在阿富汗军事行动的长期化，阿富汗对于"帝国"的安全价值、威望价值与经济价值均会急剧下降。"帝国"不仅在经济上损失严重，在安全和威望上也损失严重，由此"帝国"开始准备离开阿富汗"陷阱"。（3）"帝国"被迫撤离。"帝国"通过政治方式与阿富汗某个强大的政治人物或组织达成协议，在满足部分或基本的安全和威望诉求后，真正撤离阿富汗"陷阱"。

（二）阿富汗"帝国陷阱"效应的五个特点

这三个阶段又有五个特点。

第一，"帝国"被诱惑进入和陷入阿富汗"陷阱"的因素主要在安全和威望这两个方面，"帝国"基本上都是为了维护和巩固自身安全与国际威望而选择武力进入阿富汗。但它们对自身安全和国际威望都存在着一定的迷思，即过度夸大因阿富汗而产生的威胁的严重性，并过度夸大国际威望受损而产生的多米诺骨牌效应。

英国发动两次英阿战争的直接原因是阿富汗国王接待了俄国使者，1838年多斯特·穆罕默德在喀布尔接待了俄国使者维特克维奇上尉，1878年谢尔·阿里又在喀布尔接待了斯托列托夫少将率领的俄国使团，并与之签订了同盟条约。阿富汗这两次外交行动刺激了英国在帝国安全上最敏感的神经。英国认为，英属印度的安全决定了英帝国的安全和繁荣，英属印度的陆上安全则取决于它西北边境的安全，而阿富汗对于英属印度西北边境的安全至关重要。拿破仑战争结束后，英国与俄国开始相互视彼此为最大的威胁，英国时刻都担心俄国会通过阿富汗威胁和破坏英属印度的安全。为了使阿富汗能够远离俄国而服从于英国的安全和战略利益，以防止俄国通过阿富汗威胁和破坏英属印度的安全，英国两次决意出兵阿富汗。但事实上，俄国在这两个时期根本无力通过阿富汗威胁和破坏英属印度的安全。1838年俄国不仅尚未平定哈萨克草原，而且与阿富汗之间还远隔着河中三汗国。1878年俄国的属地虽然开始与阿富汗接壤，但它刚刚与奥斯曼土耳其帝国结束鏖战，惨胜使它师老财竭，不可能再分兵与另一个世界一流强国作战。俄国对阿富汗的外交行动更多的是一种战略佯动，以牵制和分散英国的精力与资源。但英国却在阿富汗问题上明显夸大了俄国威胁的严重性，而这种严重性只是英国主观臆想出来的。

此外，在这个过程中，维护所谓英国的国际威望也成为刺激英国决定动武的一项重要因素。多斯特·穆罕默德盛情接待了维特克维奇而驱逐了英国使者亚历山大·伯恩斯，这被英国视为奇耻大辱。谢尔·阿里以盛大的仪式迎接俄国使团而拒绝英国派遣使团进入阿富汗，这也被英国视为是奇耻大辱。1878年英印总督李顿就认为俄国使团被阿富汗接受，英国使团也必须要被接受，否则将会使英国的荣誉受损，并传达出英国软弱的信号。[①] 而且英国还过分夸大了在阿富汗威望受损所产生的连锁反应，认为英国在印度次大陆和亚洲的权势很大程度上是建立在它的威望之上。如果英国在阿富汗的威望不能重新树立起来，那么它在亚洲的威望和权势将趋于崩塌。这一点显然与事实不符，历史事实表明，一国的威望不是由该国在某个特定时刻采取的特定行动的成败来决定的。相反，它是一个国家的品质和行动、功业和败绩、历史记忆和意愿的综合反映。一些国家由于拥有巨大的权力，且它的权力地位得到了其他强国的承认，那么它们即使遭受了失败或放弃了显赫的地位，也不会蒙受威望上的损失。一国在特定条件下的威望变化，就像该威望所反映出的权力一样，必须在一国总体权力和威望的大背景中才能看得清楚。[②]

1979年苏联决定出兵阿富汗主要也是因为安全方面的因素，即担心阿富汗会倒向美国，从而便于美国威胁苏联南部边疆的安全。比如克格勃主席安德罗波夫和国防部长乌斯基诺夫就认为，美国中央情报局在建立包括苏联南部加

---

① Alexander Morrison, "Beyond the 'Great Game': The Russian Origins of the Second Anglo-Afghan War," *Modern Asian Studies* 51, no.3 (2017): 713.

② Hans J. Morgenthau, *Politics Among Nations: The Struggle for Power and Peace*, Sixth edition (New York: Alfred A. Knopf, 1985), p.97.

盟共和国在内的"新奥斯曼大帝国"方面又加大了力度,如果苏联失去南部地区的可靠防空体系,一旦美国在阿富汗部署导弹,受到威胁的将是苏联的一些极其重要的目标。[①] 但后来事实证明,苏联关于阿明有意倒向美国的判断是错误的,苏联误判阿富汗的形势,而夸大了美国利用阿富汗威胁苏联安全的严重性和紧迫性。另外,苏联决定出兵阿富汗与苏联决策层认为它在阿富汗的威望受损有较大的关系。阿富汗人民民主党"人民派"总书记塔拉基较为亲苏,在被阿明刺杀前,他曾到访苏联,与勃列日涅夫等苏联主要领导人会谈,在会谈中,勃列日涅夫不仅许诺给予塔拉基支持和援助,[②] 而且保证在塔拉基回国之时,阿明将不复存在。[③] 在塔拉基返回阿富汗后,勃列日涅夫还亲自来函试图调解二人的矛盾。但随后不久,阿明就刺杀了塔拉基,成为阿富汗的最高领导人。阿明的行为使苏联决策层倍感愤怒和羞辱,他们认为阿明的行为严重损害了苏联的威望,以至于勃列日涅夫提出:阿明是个什么样的渣滓啊!用枕头闷死了和自己一道参加革命的同志!是谁领导了阿富汗革命?别的国家会怎么说呢?难道还能相信勃列日涅夫的话吗?如果他许诺的支持和保护只停留在口头上……[④] 勃列日涅夫的这一表态促使苏联最终决定出兵阿富汗。很显然,勃列日涅夫出现了误判,苏联出兵阿富汗不但没能维护苏联在阿富汗的威望,反而在全球范围内严重损害了苏联的威望。

2001年美国决定出兵阿富汗,同样也主要是因为安全方面的因素。美国认为以阿富汗为大本营的"基地"组织严重破坏和威胁了美国的安全,美国必须出兵阿富汗以对其犁庭扫穴。"9·11"事件爆发后,美国拒绝塔利班的建议,选择推翻塔利班,则在一定程度上是威望因素所导致的。"基地"组织的恐怖袭击使美国威望严重受损,为了维护其威望,美国不仅不接受塔利班有条件地交出本·拉登的提议,而且对与"基地"组织有密切关系的塔利班提出其难以实现的要求,[⑤] 而这又引发了塔利班与美国的全面对立。但事实上美国过分夸大了国际恐怖主义的威胁,它把国家安全战略重心放在反恐方面,正如傅立民所言,所谓的全球反恐战争是一个错误的命题。恐怖主义是一种战争的工具,并不是你可以反对的东西,它不是一种意识形态,不是一个国家,它是一

---

① A.利亚霍夫斯基:《阿富汗战争的悲剧》,第104页。
② A.利亚霍夫斯基:《阿富汗战争的悲剧》,第111页。
③ A.利亚霍夫斯基:《阿富汗战争的悲剧》,第82页。
④ A.利亚霍夫斯基:《阿富汗战争的悲剧》,第111页。
⑤ 钱雪梅:《美国与阿富汗塔利班的关系》,《中国国际战略评论2020(上)》,第146页。

种手段，一种暴力的手段，你确实无法有效地反对一种手段。[①] 而随着塔利班逐渐恢复起来，美国又继续夸大塔利班的威胁，为了迫使塔利班屈服，它不仅反复增兵阿富汗，还要在阿富汗推行"国家建设"。[②] 如果美国能破除自己的威望迷思，以真诚对话的姿态对待塔利班，或许美国的阿富汗战争将会是另一种情形。

第二，"帝国"武力进入阿富汗"陷阱"，与阿富汗自身的内外政策有较大的关系。阿富汗内政中的某些方面外溢到了它的外交上，以及它对外战略决策上的失误，是招致"帝国"入侵的一个重要原因。阿富汗虽然相对弱小，但它的对外战略却不乏冒险性。

英国发动第一次英阿战争与阿富汗内部的王位之争有着密切的关系。多斯特·穆罕默德取代了原来杜兰尼王朝的舒贾·沙阿，成为阿富汗国王，迫使后者流亡英属印度。但后者却深得英印政府的欢心，因此英印政府对多斯特·穆罕默德相当猜疑和排斥，准备在时机成熟的条件下帮助舒贾·沙阿复位。尽管多斯特·穆罕默德试图争取英印政府的信任，但效果不佳。而这时俄国使者恰好到达喀布尔，或许是为了向英国施压，或许是为了增加自己与英印政府打交道时的分量，多斯特·穆罕默德采取了"联俄制英"的战略，结好俄国使者，驱逐英国使者。这是阿富汗对外战略中的严重失误。英国发动第二次英阿战争也与阿富汗的王位继承问题有着密切关系。多斯特·穆罕默德去世后，他的诸多王子为争夺王位而进行战争，谢尔·阿里曾多次向英印政府寻求支持和援助，英印政府并没有予以积极回应，这使得谢尔·阿里对英国大为不满。在其王位巩固之后，他又寻求英国承认他指定的继承人的合法性，并试图使英国对他将来能顺利继承王位做出保证。但英国拒绝了谢尔·阿里的要求，谢尔·阿里对英国的不满进一步加深，双方的关系进一步趋于冷淡。而俄国此时又向阿富汗派遣使团，谢尔·阿里竟同样采取"联俄制英"的战略，与俄国签订带有军事同盟性质的条约，[③] 并且几乎断绝了与英国的外交往来。多斯特·穆罕默德父子二人在不到半个世纪的时间里，两次采取了阿富汗版的"以夷制夷"战略，但他们的这种战略明显是错误的。他们既不清楚俄国的真实意图和实力，

①《傅立民：肇始于阿富汗战争的美国"全球反恐"，失败了》，澎湃新闻网，https://www.thepaper.cn/newsDetail_forward_13397571，访问日期：2022年9月15日。

② 赵明昊：《美国在阿富汗的"国家建设"缘何失败》，《世界经济与政治》2020年第3期，第102页。

③ M. A. 捷连季耶夫：《征服中亚史》第二卷，新疆大学外语系译，商务印书馆，1983，第535—537页。

也没能正确评估阿富汗在英俄两强对外战略中的地位。阿富汗对于俄国的重要性不仅远远低于它对于英国的重要性，而且远远低于英俄关系稳定对于俄国的重要性，俄国为了阿富汗而愿意接受的成本和风险远远低于英国，俄国不可能为了阿富汗而与英国兵戎相见。这两次战争爆发后，俄国都袖手旁观，充分表明阿富汗这两次对外战略决策的失误。这两次失误激起了英国的"俄国威胁论"，使英国开始夸大英属印度所面临的威胁的严重性，从而刺激它过度反应，选择对阿富汗发动军事入侵。

20世纪50年代阿富汗在向苏联寻求军事援助的同时，也开始派人前往苏联和一些东欧国家接受军事训练，到了60年代初期，数百名留学社会主义国家、接受军事训练的留学生开始返回阿富汗。[①] 这些留学生同时也把马克思主义带到了阿富汗。1965年信奉马克思主义的阿富汗人民民主党成立。这个政党与苏联有着密切关系，也使得阿富汗的命运与苏联深度绑定在一起。经过多次斗争，人民民主党中"人民派"的领导人阿明在1979年10月杀死该派前总书记塔拉基，独揽大权。但塔拉基深受苏联信任，而阿明却并不被苏联所信任，苏联不认为阿明能够平定其国内的动荡局势——1978年人民民主党上台后，推行的激进改革政策使阿富汗国内秩序严重恶化，宗教极端主义势力不断坐大。而且更为关键的是，苏联对阿明的对苏忠诚度备感怀疑，阿明一上台就释放与美国接近的信号，并且与美国驻阿富汗大使阿道夫·杜布斯往来密切。[②] 同时，他还试图削弱苏联对阿富汗的影响，使阿富汗像南斯拉夫和阿尔巴尼亚那样成为强硬的社会主义国家，奉行不结盟的国策。[③] 在安德罗波夫、乌斯季诺夫、外交部长葛罗米柯和苏共中央国际部长波诺马廖夫共同签署的绝密文件中，苏联就认为：在同苏联的关系中，阿明的行为越来越暴露出虚伪和两面性。阿明和他的心腹们口口声声说要在各个领域同苏联发展合作关系，实际上他们却在怂恿有悖于这种合作的行为。[④] 因此，苏联格外担心阿明会加入美国的阵营中，甚至克格勃还认为阿明有美国中央情报局的背景。[⑤] 于是在1979年12月，苏联决定出兵阿富汗，用亲苏的卡尔迈勒取代阿明。

塔利班错误的内外政策也是导致美国出兵的重要原因。就其国内政策而

---

① 塔米姆·安萨利：《无规则游戏：阿富汗屡被中断的历史》，钟鹰翔译，朱永彪审校，浙江人民出版社，2018，第184页。

② 钱雪梅：《阿富汗的大国政治》，第24页。

③ 塔米姆·安萨利：《无规则游戏：阿富汗屡被中断的历史》，第201页。

④ A.利亚霍夫斯基：《阿富汗战争的悲剧》，第95页。

⑤ A.利亚霍夫斯基：《阿富汗战争的悲剧》，第100—101页。

言，塔利班上台后在国内推行强硬的宗教极端政策，既使得美国国内相当一部分政治势力对其深恶痛绝，也使美国出兵阿富汗得到了部分情感和道义上的动力与合法性。就其对外政策而言，塔利班收容"基地"组织，并且纵容它对外实施恐怖袭击，这显然不是现代国家正常合理的对外政策。而在基地组织发动"9·11"恐怖袭击之后，它又囿于保护客人的普什图法则不愿直接交出祸首本·拉登。[①] 由此它被美国视为支持恐怖主义的政权，从而遭到军事打击。很显然，塔利班已经成为阿富汗的执政力量，但它并没有超越原来所在位置的视角，仍旧从一个族群和政治组织的相对狭隘的视角，而不是从整个国家的视角做对外战略决策。

第三，在武力进入阿富汗"陷阱"之前，"帝国"决策层内部对该"陷阱"的风险和危险都有一定的先见之明，但却仍然无法阻止它们决意进入，而且这些先见之明在后来也难以改变"帝国"在阿富汗遭受严重损失的命运。

在第一次英阿战争爆发之前，虽然英国与阿富汗交往有限，对其缺乏了解，但对于是否要远征阿富汗，英国国内决策层很多人都认为占领阿富汗不但代价高昂，会削弱英属印度在其他方向边境的防卫，还会把波斯进一步推向俄国。惠灵顿公爵就是反对者之一，他警告说，依靠武力获得的成功，总免不了政治上的窘境。[②] 第一次英阿战争结束后，英国已经对阿富汗"帝国陷阱"的特性和效应有了非常多的认识，甚至还形成了一个反对对阿富汗采取进攻性政策的"精明无为"派。[③] 该派认为：阿富汗人民勇敢、胆大且酷爱独立，阿富汗又非常适合游击战，如果英国因为其首领的错误而进攻阿富汗以实施惩罚，或是为了修改英属印度的西北边界而进攻阿富汗，那么阿富汗人民肯定会拼尽全力反抗英国；[④] 无论英国是以朋友还是敌人的身份来到阿富汗，其最后的结果都是一样的，英国人出现在阿富汗只会让阿富汗人民对他们感到恐惧和憎恶，这在宗教势力和部落首领的煽动下将进一步恶化。[⑤] 而且阿富汗的自然条

---

① 钱雪梅：《美国与阿富汗塔利班的关系》，第146页。

② 彼得·霍普柯克：《大博弈：英俄帝国中亚争霸战》，张望、岸青译，中国青年出版社，2015，第219页。

③ Evgeny Sergeev, *The Great Game 1856-1907: Russo-British Relations in Central and East Asia* (Washington, DC: Woodrow Wilson Center Press, 2013), p.125; Peter Hopkirk, *The Great Game: The Struggle for Empire in Central Asia* (New York: Kodansha America, Inc., 1992), p.318.

④ Sir Richard Temple, *Lord Lawrence* (London: Macmillan and CO., Limited, 1905), p.186.

⑤ Gerald Morgan, *Anglo-Russian Rivalry in Central Asia: 1810-1895* (Oxon: Frank CASS, 1981), p.227.

件恶劣，食物匮乏，它国内生产的食物尚不足以满足其民众的需要。如果再有大批外国军队驻扎在阿富汗的话，阿富汗境内的食物需求量将急剧上升，这势必会引起阿富汗境内食物价格的上涨，而这又将加剧阿富汗民众对外国驻军的憎恨；[1] 由于阿富汗主要是山地地形，道路崎岖艰险，从遥远的阿富汗境外转运食物成本太大，耗费甚巨，并不是一个实际可行的方案，因此即便不考虑阿富汗的民族特性，阿富汗自身的实际条件也不适于大规模的外国军队驻扎。[2] 尽管该派不仅在英印政府，而且在伦敦最高决策层都有较大的影响，但他们的观点和影响既没能阻止英国发动第二次英阿战争，也没能帮助英国避免或减轻在阿富汗遭受的严重损失。

在苏联决策层讨论是否要出兵阿富汗时，其内部出现了诸多反对意见，安德罗波夫指出：如果出兵，苏联这些年克服困难进行的诸如裁军等许多事情就会半途而废，所有不结盟国家将反对苏联。苏联会赢得什么？阿富汗和它的现政权，还有落后的经济和国际事务中微不足道的分量？苏共中央书记处书记契尔年科则提出：如果我们出兵并且攻击了阿富汗人民，我们必定会被指责侵略，那可罪责难逃。[3] 苏军总参谋长奥加尔科夫也曾劝告苏联决策层：对阿富汗不要寄希望于武力手段，阿富汗人的传统是对于自己领土上的外来人从来不予容忍，苏军可能会在阿富汗陷入军事行动而无法自拔，同时，苏联将遭到所有东方穆斯林的反对，会在全世界一败涂地。[4] 此外，苏军中的一些高层将领在讨论的最后仍在反对出兵，他们劝告苏联决策层，苏军的介入会激化作战行动，使之扩散，使叛乱活动进一步升级，而缺乏对阿富汗传统和风俗的了解，特别是对伊斯兰教以及民族和种族之间相互关系的无知，将会置苏联于非常艰难的境地。[5] 但这些反对之声并没能阻止以勃列日涅夫为首的苏联决策层决定出兵，这些富有前瞻性的告诫也没能帮助苏联避免或减轻在阿富汗遭受的严重损失。

"9·11"事件爆发后，在小布什政府决策出兵阿富汗的过程中，决策团队中的要员基本上都对阿富汗的危险性有较多的认识和共识。甚至其中的鹰派人物如副总统迪克·切尼和国防部长唐纳德·拉姆斯菲尔德都深知相关历史教

---

① Gerald Morgan, *Anglo-Russian Rivalry in Central Asia: 1810-1895*, pp.226-227.
② Gerald Morgan, *Anglo-Russian Rivalry in Central Asia: 1810-1895*, p.227.
③ A.利亚霍夫斯基：《阿富汗战争的悲剧》，第67—68页。
④ A.利亚霍夫斯基：《阿富汗战争的悲剧》，第104—105页。
⑤ A.利亚霍夫斯基：《阿富汗战争的悲剧》，第113页。

训。切尼在其回忆录中写道："当我们开始筹划在阿富汗展开军事行动时，很多人担心我们要承担难以完成的任务。苏联的遭遇已经证明阿富汗完全是帝国的坟墓。任何希望在此取胜的国家，都必须认真考虑阿富汗崎岖不平的险恶地形，还必须意识到阿富汗人是世界上最顽强、最凶狠的战士。"① 拉姆斯菲尔德则在其回忆录中直接把美国出兵阿富汗这部分的标题命名为"进入帝国坟场"，② 他在书中写道："2001年年底，美国打击塔利班政权及其基地组织'客人'的军事行动即将展开，我仔细考虑了苏联失败的教训。企图占领这个国家的外国部队有很多，苏联红军只不过是距今最近的一支，阿富汗人强韧、好战，加上深入内陆、多山的地形令最无畏的入侵者也不得不铩羽而归。"③ 而且时任美国中央战区司令的汤米·弗兰克上将也曾当面对小布什陈述出兵阿富汗的风险和危险，小布什在其回忆录中写道："在阿富汗的军事行动会很不容易。这个国家的一切都充斥着麻烦：偏远、地形崎岖，又很原始。所有阿富汗人有一个共同点，他们总会团结起来反对外国人。19世纪，他们赶走了英国人，20世纪，他们又赶走了苏联人，即使是亚历山大大帝也不能征服阿富汗。阿富汗因为这些历史赢得了一个不祥的绰号：帝国的坟墓。"④ 然而这些建立在前人教训基础上的先见之明，同样既没能阻止小布什政府出兵阿富汗，也没能帮助美国避免或减轻在阿富汗遭受的严重损失。

对于"帝国"而言，它们明知阿富汗可能会产生"陷阱"的特性和效应，但仍一批又一批地进入该"陷阱"之中，历史的教训是充分而醒目的，然而一旦轮到本国直面该"陷阱"，这些教训似乎又变得单薄而模糊。

第四，从"帝国"与阿富汗的互动角度来看，"帝国"在阿富汗受损主要是由阿富汗安全价值与经济价值的严重失衡导致的。对于"帝国"而言，阿富汗巨大的安全价值吸引着它们武力进入，但阿富汗较小的经济价值使"帝国"在阿富汗的行动耗费巨大、得不偿失。随着这种失衡的不断加剧，阿富汗对于"帝国"的安全价值和威望价值也都将严重下降，直到成为"帝国"的负担，这将导致"帝国"准备撤离阿富汗。

---

① 迪克·切尼：《我的岁月：切尼回忆录》，任东来、胡晓进译，译林出版社，2015，第279页。

② 唐纳德·拉姆斯菲尔德：《已知与未知：美前国防部长拉姆斯菲尔德回忆录》，魏骅译，华文出版社，2013，第3页。

③ 唐纳德·拉姆斯菲尔德：《已知与未知：美前国防部长拉姆斯菲尔德回忆录》，第264页。

④ 乔治·沃克·布什：《抉择时刻：乔治·沃克·布什自传》，东西网译，中信出版社，2011，第182—183页。

就阿富汗的经济价值而言，众所周知，首先，阿富汗是个山地高原之国，境内荒漠广布，可耕地极为稀少。其次，从真正勘探到的能源资源储量来看，阿富汗并不具备丰富的能源资源，①而且阿矿产资源开采和运输难度极大。最后，阿富汗农业薄弱，也几乎没有工业基础，民众普遍较为贫困，消费能力和市场潜力都相当有限。这些决定了阿富汗的经济价值非常小。尽管"帝国"武力进入阿富汗并不是为了获取阿富汗的经济价值，但它进入阿富汗之后却不得不面对这个问题，它不仅难以获得大量的财富和资源，而且难以获取必要的经济回报，用来弥补它的开支以维持它对阿富汗的占领，甚至连驻军的食物供给都是问题。再加上反对外来入侵者的起义此起彼伏，阿富汗社会的动荡不安，想要在阿富汗建立起稳定的经济秩序更是难上加难。这使得"帝国"在阿富汗的经济耗费似乎是无止境的，完全看不到有停止或获得回报的那一天。于是"帝国"开始感到它在阿富汗遭受了损失，意识到自身进入"陷阱"之中。

"帝国"武力进入阿富汗主要是因为阿富汗的安全价值和威望价值。然而，一方面，安全价值和威望价值并不是孤立的存在，它们与经济价值是一个相辅相成的整体。阿富汗对于"帝国"经济价值不断地负增长，势必会使它的安全价值和威望价值也严重下降。另一方面，"帝国"武力进入阿富汗之后，会发现它即便占领了阿富汗，也不能实现阿富汗对它的安全价值。"帝国"在阿富汗的安全威胁已不只是原来的那些，它的安全威胁还包括遍布全国的阿富汗起义者和阿富汗民众，甚至阿富汗起义者已经是"帝国"在阿富汗的直接和首要安全威胁，这样"帝国"非但无法实现阿富汗的安全价值以巩固自身的安全形势，反而使阿富汗的安全价值急剧下降，直到成为沉重的安全负担。在威望价值方面同样也是如此，"帝国"不但不能通过阿富汗维护和扩大本国的威望，反而会成为国际社会嘲笑和谴责的对象，从而为"帝国"带来沉重的威望负担。当阿富汗对于"帝国"的安全价值、威望价值和经济价值成为"帝国"的安全负担、威望负担和经济负担，而且这些负担日趋加重时，阿富汗"帝国陷阱"效应就开始出现，并不断放大，"帝国"将考虑和准备撤离阿富汗"陷阱"。

第五，"帝国"能否做到及时止损是其减轻阿富汗"陷阱"所带来损失的关键，能否从阿富汗内部找到值得信任并能够控制阿富汗局势的人物或组织，是影响"帝国"能否及时止损的一项重要原因。而能否做到这一点，除了时机

---

① 相关研究可参见杨恕、韩笑：《阿富汗矿产资源开发：历史、现状及前景》，《新疆师范大学学报（哲学社会科学版）》2012年第3期，第13—21页；杨晓刚、段俊梅、李尚林等：《阿富汗主要矿产资源及其矿业投资环境》，《世界地理研究》2014年第2期，第51—58页。

和运气因素，还取决于"帝国"的战略定力和战略胸怀。

从近代以来英国、苏联和美国武力进入阿富汗的历史来看，第二次英阿战争持续的时间最短，第一次英阿战争次之，苏阿战争再次之，美国的阿富汗战争则持续的时间最长。相对于后两者，英国在一定程度上做到了及时止损，较早地从阿富汗撤出，并且在一定程度上和一定时间内实现了它在阿富汗的基本战略诉求和目标。多斯特·穆罕默德和阿卜杜·拉赫曼这两位阿富汗国王在这个过程中起了很大的作用。多斯特·穆罕默德在第一次英阿战争中被英国流放到英属印度，1841年阿富汗反英起义爆发后，英国扶持的舒贾·沙阿在起义中遇刺身亡，英国于是决定将多斯特·穆罕默德放回阿富汗，不干涉其统一阿富汗的行动，甚至还为其提供一定的外部保障。而多斯特·穆罕默德则从两个方面回报英国——不与俄国发生战略关系，不袭扰英属印度的边界。而这正是战前英国对阿富汗的基本战略诉求和目标。1880年年初，正在阿富汗反英起义中焦头烂额的英国，突然收到阿卜杜·拉赫曼（多斯特·穆罕默德的孙子，谢尔·阿里的侄子）正从俄属中亚返回阿富汗的消息，经过与他的数次沟通，英国决定支持他成为阿富汗国王，[①]英国不仅放弃了以前肢解阿富汗的计划，甚至还调遣军队协助他平定阿富汗的地方势力。而阿卜杜·拉赫曼则以接受《甘达马克条约》中的大部分条款作为回报，而这些条款正是战前英国对阿富汗的基本战略诉求和目标。假如英国对流放中的多斯特·穆罕默德疑心重重，用固化的二元对立思维去看待他，想当然地认为他会对英国记仇和复仇。那么多斯特·穆罕默德恐怕不会重掌阿富汗大权，而英国恐怕既难以在较短的时期内从阿富汗"陷阱"中出来，也很难实现它的基本战略诉求和目标。同样，阿卜杜·拉赫曼长期生活在俄属中亚，返回阿富汗时还身着俄式军大衣，英国如果用固化的二元对立思维去看待他，很有可能会把他视为俄国的代理人而予以排斥，但英国却给予他相当大的信任和支持。英国这两次武力进入阿富汗"陷阱"基本上实现了及时止损，并且基本上实现了战前的战略诉求和目标。

与英国的例子相反，苏联和美国并未能实现及时止损。苏联固化地用对苏态度作为其选择在阿富汗扶持对象的标准，根据这个标准，它选择了亲苏的卡尔迈勒作为阿富汗领导人，但卡尔迈勒的治党治国能力严重不足。在他的领导下，人民民主党缺乏真正的团结统一，党和政府部门的政治思想和组织工作软

---

① 珀西·塞克斯：《阿富汗史》第二卷，张家麟译，潘庆舲校，商务印书馆，1972，第898—899页。

弱无力，而且阿富汗老百姓也不接受人民民主党的改革。他只能通过使用强制手段推行自己的治国方针，同时还极力使苏联军队去履行围剿讨伐职能，[①] 而接替卡尔迈勒的纳吉布拉也难堪大任，[②] 由此苏联深陷阿富汗"陷阱"近十年之久。美国则不仅以它自己设想的"自由民主"标准去选择在阿富汗的扶持对象，又试图以这个标准去改造阿富汗国内的政治秩序和政治系统，同时，还根据这个标准去妖魔化塔利班，长期把塔利班排除在阿富汗政治系统之外。而它挑选出来的阿富汗领导势力不仅贪腐严重，而且执政能力软弱，无力领导阿富汗政治经济秩序的重建。由此美国深陷阿富汗"陷阱"近二十年之久。

"帝国"能否尽快从阿富汗"陷阱"中出来，与它能否在阿富汗内部找到一个稳健而有力的领导人或组织有较大的关系，这个人或组织不是被"帝国"建构和扶植出来的，而是自主地产生和崛起于阿富汗原有的政治系统与政治秩序中。他/它与"帝国"更多的是一种合作关系，双方在有共同利益的基础上相互协商和妥协，"帝国"要接受它既不可能好处尽占，也很难实现其全部的战略诉求和目标的现实，而"帝国"如果没有坚定的战略定力和必要的战略胸怀，它将很难做到这一点。

四、阿富汗的大国政治效应与中国的政策应对

中国在推进周边外交与构建周边命运共同体的过程中，不可能不面对和应对阿富汗这样一个特殊而重要的邻国。一方面，中国不应无故囿于阿富汗是"帝国坟墓"的偏见，而对于阿富汗问题无所作为；另一方面，尽管中国不谋求扩张和霸权，但中国在参与阿富汗重建的过程中，仍需要对阿富汗"帝国陷阱"效应有充分的认识，在此基础上推行正确的对阿富汗政策。[③]

中国应明确阿富汗对中国的实际价值与中国对阿富汗的实际需求。阿富汗

① A.利亚霍夫斯基：《阿富汗战争的悲剧》，第196—201页。

② A.利亚霍夫斯基：《阿富汗战争的悲剧》，第284—285页。

③ 关于国内学术界的相关研究，可参见赵华胜：《中国与阿富汗——中国的利益、立场与观点》，《俄罗斯研究》2012年第5期，第3—19页；富育红：《对中国进一步介入阿富汗问题的思考》，《国际关系研究》2014年第5期，第81—92页；刘中民、范鹏：《中国对阿富汗重建的外交参与》，《亚非纵横》2015年第1期，第11—24页；朱永彪、武兵科：《美国撤军后的中国对阿富汗政策：动因、挑战与前景》，《南亚研究》2016年第1期，第75—90页；肖河：《从"发展外交"到深度介入："一带一路"倡议下的中国对阿富汗政策》，《南亚研究季刊》2016年第2期，第25—32页；李青燕：《阿富汗形势与中国的"一带一路"倡议》，《南亚研究季刊》2016年第3期，第9—16页。

对于中国的价值主要在安全方面，最重要的是传统安全方面的价值，其次是非传统安全方面的价值。阿富汗对中国的传统安全价值主要是阿富汗与巴基斯坦的友好协调。阿富汗与巴基斯坦保持友好协调，将会大幅改善巴基斯坦的外部安全形势，巴基斯坦外部安全形势的改善有助于改善南亚大国力量对比的失衡，从而制约印度推行激进冒险的对华政策，减轻中国西部边疆的安全压力。阿富汗对中国的非传统安全价值主要是阿富汗不允许"东伊运"等"东突"暴恐分子通过阿富汗的领土危害中国新疆的安全稳定。

当前，阿富汗的重建过程仍存在着一定的不确定性，这种不确定性甚至还有可能影响中国的安全稳定，但阿富汗问题终究只有阿富汗人才能解决，中国应支持阿富汗人民自主决定国家命运，对于阿富汗重建，中国应发挥建设性和协调性作用。从阿富汗对中国的实际价值和中国对阿富汗的实际需求出发，中国对于阿富汗重建应以外交协调为主，有限的经济参与为辅，避免直接安全介入。就外交协调而言，一方面，中国可从双边和多边层面推进阿富汗重建的国际协调，借助联合国、上海合作组织、中国－中亚机制、亚信会议和阿富汗邻国协调合作机制等形成外部共识与合力，为阿富汗重建营造有利的外部环境，防止外部大国在阿富汗过度竞争。另一方面，中国可加强与阿富汗政府在治国理政上的经验交流，适当地为阿富汗政府提供对外政策方面的有益建议和人才培训，帮助阿富汗避免因对外战略决策失误而再次引发大规模动荡。就有限的经济参与而言，目前中国对于阿富汗重建更多地应着眼于人道主义援助，多解燃眉之急，多做雪中送炭之事，力所能及地扩大对阿富汗的市场开放，对于农业、工业、能源和基础设施建设等领域的进一步经济合作，先做好前期的调查研究和规划设计，再视阿富汗的政治和安全局势走向而确定是否落实。总之，尽管阿富汗"帝国陷阱"效应不会出现在中国参与阿富汗重建的过程中，但该效应对于任何国家的再次出现都会不利于中国的安全稳定和周边命运共同体的构建，对此，中国应有所关注，并采取适当的政策措施预防阿富汗"帝国陷阱"效应的再现。

On the Effect of "Empire Trap" in Afghanistan

DU Zheyuan

Abstract　Through an analysis of the history of Britain, the Soviet Union and the United States entering Afghanistan by force in modern times, we can find that the concept of "empire trap" can more accurately and objectively reflect the most prominent effect of Afghanistan in great power politics than the "empire grave". The formation process of the "empire trap" effect in Afghanistan often goes through these three stages: attracting "empire" into, increasing "empire" loss and forcing "empire" evacuation. And these three stages have five characteristics. In the process of China advancing neighborhood diplomacy and building a community of shared future in neighbouring regions, it is impossible for China not to face and deal with such a special and important neighbor as Afghanistan. On the basis of clarifying the actual value of Afghanistan to China and China's actual demand for Afghanistan, China should mainly take diplomatic coordination in the Afghanistan issue, supplemented by limited economic participation, and avoid direct security intervention.

Keywords　Afghanistan Issue; Politics of Great Power; "Empire Grave"; "Empire Trap"; Neighborhood Diplomacy of China

Author　Du Zheyuan, associate professor of the School of Political Science and Public Administration, China University of Political Science and Law, Doctor of Judicial Science.

周边国家对华外交

2008年全球金融危机以来澳大利亚涉华认知中的变与不变[*]

孙西辉　刘雨桐

【内容提要】在中国经济快速发展的背景下，中澳联系日益紧密，双边关系发展迅速，但近年来中澳关系因澳大利亚对华政策的变化出现明显恶化趋势。理解澳大利亚对华政策需要了解其涉华认知问题，这涉及澳大利亚基于国际体系和国家实力的国家利益关切，也涉及澳大利亚国内政治、经济与社会因素。因此，结合国际体系因素与国内因素探讨2008年全球金融危机以来澳大利亚的涉华认知，有助于更好地理解其对华政策变化的逻辑。总体来看，在涉华认知方面，澳大利亚重视地区国际秩序、重视澳美同盟和重视中澳经济关系的认知没有变化；但是，澳在安全与威胁来源、对中国一些重要对外政策的认知以及中澳关系的公共认知方面发生了不同程度的变化。

【关键词】全球金融危机；涉华认知；国家利益；国际体系；国际秩序

【作者简介】孙西辉，中国社会科学院亚太与全球战略研究院副研究员，中国社会科学院大学国际关系学院副教授；刘雨桐，中国社会科学院大学国际关系学院学生。

随着中国的持续快速发展，中国与世界各国尤其是周边国家的联系日益紧密，中澳关系在21世纪初取得显著发展。然而，2016年以来，中澳关系出

---

　* 作者感谢《中国周边外交研究》集刊匿名审稿专家提出的建设性修改意见。文中疏漏之责由作者自负。

现明显恶化的趋势，这主要是澳大利亚采取恶意对华政策的结果。任何国家的决策均以维护本国利益为导向，以决策者的认知为基础，对外政策的制定亦如此。澳大利亚对华政策的根源在于其基于本国利益考量基础上的对华认知，理解澳大利亚的对华政策需要了解其对中国的认知状况。由于中国是一个综合实力和国际影响力快速上升的具有全球影响力的大国，而澳大利亚是一个国际公认的中等强国和南太平洋次区域的地区性大国，澳大利亚对中国的认知并不限于中国或中澳关系本身，还涉及国际体系和一些地区热点问题。值得注意的是，中国近几十年来一直保持快速发展的趋势，尤其是2008年全球金融危机之后中国的实力和地位出现突破性变化，这对美国及包括澳大利亚在内的中国周边国家对中国的感受和认知产生了重要影响。因此，本文拟从体系结构与国内因素相结合的角度，聚焦2008年全球金融危机以来澳大利亚的涉华认知问题，探讨其中的变化与未变之处。

一、澳大利亚涉华认知中的关注点

根据现实主义国际关系理论的逻辑，对外政策的根本目的是维护国家利益。国家利益取决于国家实力，大国间的力量分布及战略关系决定国际体系结构。国际层面的体系结构是一国对外政策的主导性因素，但是国家层面的因素对一国的对外政策也具有重要作用。鉴于决策层的相关认知是制定对外政策的基础，我们可以从国家实力、大国关系和国内政治等角度分析澳大利亚在涉华认知上的关注点。

（一）基于国家实力的国家利益关切

第一，国际体系结构取决于大国的力量对比。根据沃尔兹（Kenneth N. Waltz）的观点，国际体系结构由排列原则、单元的功能、单元间能力分配三个要素界定。在排列原则方面，国际体系的各组成部分是平等的关系，排列原则是分权的和无政府的。[①] 国际体系的无政府特性在可预见的未来都看不到变化的可能性，因而这一排列原则可视为一个常量。关于单元的功能，"作为国际政治系统单元的国家并不因功能的差异而有所不同。无政府状态要求

---

① 肯尼思·华尔兹:《国际政治理论》，信强译，上海人民出版社，2008，第94页。

系统单元间是一种同等关系，这意味着功能的同一性"。① 也就是说，各单元的功能是相同的，也不具有区分度。关于单元间能力分配，"在无政府秩序下，单元主要依据其实现类似任务的能力大小来加以区分……国家根据权力大小而占据不同的位置"。② 因此，"能力分配的变化就是系统的变化"。③ 沃尔兹还指出，国家不是，也从来不是唯一的国际行为体。但是结构是根据系统的主要行为体，而非活跃于其中的所有行为体加以定义的。④ "只有非国家行为体发展到足以与大国（而非仅仅是一些小国）相匹敌，甚至超越大国的时候，我们才需要一个否认国家中心作用的理论。"⑤ 国家能力取决于国家权势，即一国的权（authority）、势（influence）和力（strength），体现为其国际地位（international status）、国际影响力（international influence）和国家实力（national strength）。⑥ 进一步来说，一国的实力是影响力的基础，也在很大程度上决定其国际地位。因此，国际体系中的主要行为体是大国，大国实力对比决定国际体系结构。

第二，澳大利亚是中等强国和南太地区大国。笔者在此前的研究中确立了划分国家大小强弱的方法和标准，包括基础维度的人口和国土指标、实力维度的经济与军事指标、认知维度的自我感知与国际认同指标，⑦ 并在此基础上确立了界定和划分中等强国的方法与标准。⑧ 在基础维度方面，澳大利亚的人口约2617万（2022年10月），符合普通小国的人口标准，在世界和大洋洲中的排名分别是第56和第1名；国土面积为769.2万平方千米，符合普通大国的国土面积标准，在世界和大洋洲的排名分别是第6和第1名。在实力维度方面，澳大利亚的国内生产总值约1.2万亿美元（2016年），符合中等强国的标准，在世界和大洋洲的排名分别是第14和第1名；国防开支约240亿美元，符合地

① 肯尼思·华尔兹：《国际政治理论》，第99页。
② 肯尼思·华尔兹：《国际政治理论》，第103页。
③ 肯尼思·华尔兹：《国际政治理论》，第106页。
④ 肯尼思·华尔兹：《国际政治理论》，第99页。
⑤ 肯尼思·华尔兹：《国际政治理论》，第101页。
⑥ 吕虹、孙西辉：《国际经济秩序变迁的理论与现实——基于结构化概念的分析》，《太平洋学报》2019年第9期，第82页。
⑦ 孙西辉、金灿荣：《小国的"大国平衡外交"机理与马来西亚的中美"平衡外交"》，《当代亚太》2017年第2期，第4—35页。
⑧ 孙西辉：《中等强国的"大国平衡外交"——以印度尼西亚的中美"平衡外交"为例》，《印度洋经济体研究》2019年第6期，第1—30页。

区性大国的标准,在世界和大洋洲的排名分别是第13和第1名。^① 在认知维度方面,澳大利亚的自我认知是中等强国,国际社会对其定位基本上也是中等强国。从4项客观指标来看,澳大利亚符合2项大国标准、1项小国标准和1项中等国家标准。综合主客观维度的各项指标和优先次序来看,澳大利亚是全球层面的中等强国和南太(大洋洲)地区的大国。

第三,国际体系层面的澳大利亚国家利益关切。在国际关系领域,国家利益指有利于国家生存和发展的物质与精神利益,包括安全利益、政治利益、经济利益和文化利益。不同类型的国家追求国家利益层次的优先次序不尽相同,地区大国通常优先考虑国家的安全利益、经济利益和政治利益,其次是文化利益;中等国家通常优先考虑国家的安全利益和经济利益,其次是政治利益,最后是文化利益。^② 作为一个中等强国,澳大利亚的地理位置和美国的安全保护使其没有明显的外部入侵风险,其安全风险主要来自难民、气候变化、流行疫病等非传统安全领域,其国家利益的优先层面是政治利益和经济利益,其次是安全利益和文化利益。此外,任何国家都处在相互关联的国际体系中,其国家利益的确定与实现也无法脱离国际体系和国际秩序。一方面,社会体系由行为体、格局和行为规范构成,国际体系也是如此,由国际行为体、国际格局和国际规范构成。另一方面,国际秩序是国际体系的性质,指国际体系中主权国家依据国际规范采取非暴力方式处理冲突的状态,基本要素包括判断正义的主导价值观、国际规范和维护规范的制度安排。^③ 国际行为体本身和以大国间实力对比为基础的国际格局的形成与演变,不以任何国家的意愿为转移,但是国际规范、主导价值观和制度安排可以通过努力进行维护或改变。从国际体系层面角度看,澳大利亚最关注的政治层次的国家利益是西方主导的国际秩序,尤其是围绕"印太"地区热点问题的国际秩序。

---

① The US Central Intelligence Agency, "The World Factbook: Country Comparison: Population"; The US Central Intelligence Agency, "The World Factbook: Country Comparison: Area"; The World Bank, "Gross Domestic Product 2016"; "Defense Spending Budget Data through 2017," Global Firepower, accessed June 1, 2021, http://www.globalfirepower.com/defense-spending-budget.asp;孙西辉、金灿荣:《小国的"大国平衡外交"机理与马来西亚的中美"平衡外交"》,《当代亚太》2017年第2期,第4—35页。

② 孙西辉、金灿荣:《小国的"大国平衡外交"机理与马来西亚的中美"平衡外交"》,《当代亚太》2017年第2期,第4—35页。

③ 阎学通:《无序体系中的国际秩序》,《国际政治科学》2016年第1期,第1—32页。

（二）基于大国关系的国际关系关切

第一，"结构性矛盾"导致中美战略关系变化。由于中国持续快速发展，中美在亚太区域的实力和影响力对比发生重大变化。[①]这意味着，中美实力对比的变化使得亚太地区的国际体系结构发生重大变化，导致中美之间产生体系层面的"结构性矛盾"。[②]换言之，两国的实力和影响力发生根本性变化，导致国际体系结构的变化，进而产生国际体系结构方面的矛盾。尽管中国的经济实力目前尚未超越美国，但是中国正在快速缩小与美国的实力差距，以目前的发展趋势看很可能在不远的将来实现超越。因此，中美在亚太地区存在现实的"结构性矛盾"，在全球层面存在预期的"结构性矛盾"。在这种大背景下，中美战略关系发生了重大变化。21世纪初，小布什政府曾明确将中国定位为战略竞争者，但这些观点和想法因各种原因没有完全落实，中美继续维持战略合作的关系。2008年全球金融危机之后，奥巴马政府为巩固美国的领导地位开始与中国的战略竞争，但同时也强调与中国的合作，中美保持战略竞争与合作的关系。特朗普政府强调与中国的战略竞争，中美战略关系由竞合关系走向战略竞争关系。

第二，"结构性矛盾"加剧中澳关系中的矛盾。澳大利亚是南太平洋地区综合实力和地区影响力最强的国家，将南太地区视为其"后院"。21世纪以来，随着中国实力的增强，中国国际地位和国际影响力也不断提高。中国本着平等互利的出发点参与地区的基础设施建设并加强对外援助的力度，得到大多数南太岛国的欢迎和信任，地区影响力不断提升。尽管美国和日本等国在南太地区存在不同程度的军事影响力或经济影响力，但是由于价值观、政治制度和澳美同盟等因素，澳大利亚并不排斥美日的力量存在，却将中国视为其地区主导地位的挑战。因此，中国不仅与美国在全球层面和地区层面存在双重"结构性矛盾"，而且与澳大利亚在南太平洋次区域存在现实的"结构性矛盾"。在这种情况下，澳大利亚既不希望中国取代美国在亚太地区的地位，又担心中国"威胁"其在南太次区域的主导地位。冷战结束后，尤其是21世纪以来，中澳保持密切的经济联系。澳大利亚产业结构较为单一，人口有限，国内市场狭小，

[①] 孙西辉、吕虹：《亚太"双领导"与中美自贸区战略博弈》，《现代国际关系》2017年第3期，第45—52页。

[②] 吕虹、孙西辉：《"结构性矛盾"与"特朗普主义"——特朗普政府"印太战略"的双重动因》，《世界经济与政治论坛》2018年第6期，第1—26页。

严重依赖国际市场与对外贸易，正在迅速工业化、城市化、现代化的中国对澳大利亚国内经济繁荣至关重要，中国是澳大利亚最大的贸易伙伴和出口市场。同时，中澳因价值观和意识形态差异产生的政治分歧并未随着经贸联系的增强而削弱，反而在两国间"结构性矛盾"的作用下不断加剧。

第三，大国关系层面的澳大利亚国际关系关切。尽管澳大利亚是南太地区实力最强的国家，但是其综合实力无法与中国相提并论。以2016年为例，中国的GDP约为澳大利亚GDP的10倍，中国的军费开支约为澳大利亚军费开支的24倍。在这种情况下，澳大利亚认为依靠自身实力不可能抗衡中国的影响力，只能通过加强与美国、日本和印度的关系制衡中国。在政治和防务领域，澳大利亚注重加强与其他大国的双边关系，不仅强化澳美同盟，而且与美国、日本和印度分别建立了由外长和防长参加的"2+2"会谈机制。在经济领域，除了继续重视中国市场之外，澳大利亚还积极参与美国推动的"蓝点网络"（BDN），抗衡中国的"一带一路"倡议；积极参与美国提出的"经济网络繁荣计划"（EPN）和日本提出的"供应链弹性倡议"（SCRI），配合美日推动的产业转移和"印太"地区供应链重组。在安全领域，澳大利亚积极参与美日推动的"四边机制"，配合美国在南海的所谓自由航行行动。

（三）基于国内政治的对外政策侧重

第一，两党政治与对外政策。澳大利亚存在以自由党（LPA）、国家党（NPA）和工党（ALP）为主的许多政党，但是自冷战时期以来长期由自由党和工党轮流执政，是典型的两党制。成立于1891年的工党是澳大利亚历史最悠久的政党，主要代表工会组织的利益，是该国最早的"群众型政党"（mass party），即在理论上是允许工会成员加入并在制定政策、选择候选人和参与选举等方面发挥作用，以获得政权的政党。[①] 通常来说，"群众型政党"既有群众性成员基础又有明确的组织形态和党章与党纲。澳大利亚工党也以其广泛的组织网络、成员对团结和纪律的期望、对集体政治方法的承诺以及高度重视忠诚而闻名。[②] 二战结束后，特别是1949年工党下台后，澳大利亚工党开始做出一

---

① Maurice Duverger, *Political Parties: Their Organization and Activity in the Modern State* (Methuen, MA: Methuen, 1959), p.63.

② Andrew Parkin and John Warhurst, "The Labor Party: Image, History and Structure," in John Warhurst and Andrew Parkin eds., *The Machine: Labor Confronts the Future* (Sydney: Allen and Unwin, 2000), pp.24-25.

些调整，向"全方位型政党"（catch-all party）转变，即不再以某一特定阶级为阶级基础，而是广泛吸收各阶级选民，最大限度地争取选票，根据大多数选民的诉求制定政策与纲领。[①] 在对外政策方面，澳大利亚工党重视自由贸易、气候变化与环境保护等问题，注重与亚洲国家的经济联系和全球气候治理。自由党成立于1944年，前身是1931年成立的澳大利亚联合党，主要代表工商业主的利益。自由党最初由联邦政治中的激进保护主义者组成，为了对抗工党联合了一些更加保守的党团。[②] 因此，相对于工党而言，自由党更加保守，在对外政策中重视贸易但有保护主义倾向，强调国家安全和澳美同盟。

第二，党内权争与对外政策。除了政党之间为了获取执政地位进行的竞争之外，政党内部也会因各种因素发生分歧和争斗。在澳大利亚议会民主制的政治环境下，党内领袖地位易主意味着政府首脑更替，新上台的领导人通常会吸取前任的教训并结合自己的理念适当调整执政思路和内外政策。2008年全球金融危机以来，澳大利亚工党和自由党在执政期间都发生过党内争斗和领导人更替，有些情况也会导致部分政策的调整。在工党执政期间，2010年6月23日，时任澳大利亚总理和工党领袖陆克文（Kevin Rudd）的民意支持率下滑，引起党内不满。时任副总理吉拉德（Julia Gillard）借机掀起内讧，在党内投票中获得全票支持，成为首位女总理。[③] 吉拉德政府进一步强化了与中国的联系。在自由党执政期间，2015年9月14日，时任澳大利亚通信部长特恩布尔（Malcolm Turnbull）辞去职务，对时任总理阿博特（Tony Abbott）的自由党党首地位发起挑战，要求举行党内投票，最终赢得自由党党首位置和总理职位。[④] 特恩布尔政府继续维持与中国的密切经贸联系，同时进一步加强与美国的战略协调与合作。2018年8月，时任澳大利亚内政部长达顿（Peter Dutton）在一周内两次挑战特恩布尔的党首地位，在24日的党内信任投票中，特恩布尔退出竞选，但是达顿败于莫里森（Scott Morrison），后者成为新的党首和总

---

① 赵婷：《二战后澳大利亚工党从群众型政党向全方位政党的转变》，《当代世界社会主义问题》2012年第2期，第106—116页。

② "Liberal Party of Australia," Britannica, accessed June 1, 2021, https://www.britannica.com/topic/Liberal-Party-of-Australia.

③ 高珮莙：《陆克文和吉拉德的三次"交锋"》，《青年参考》2013年7月3日，第6版。

④ 《澳大利亚8年换5个总理 "亲华派"总理特恩布尔宣誓就职》，央广网，2015年9月16日，http://china.cnr.cn/qqhygbw/20150916/t20150916_519882234.shtml，访问日期：2021年6月1日。

理。① 尽管莫里森并非这次党内权争的发起者，但是他的政策立场更接近达顿的保守主义立场。莫里森政府质疑气候变化，在安全上更加依赖澳美同盟。

第三，社会舆论与对华政策。除了执政党和政府相关部门外，社会舆论也会对一国的对外政策制定和调整产生一定的影响。社会舆论反映的是社会各界的意愿和态度，在现代社会的外交决策中通常借助智库、媒体和民意等方式发挥间接影响。智库对内可以为政策专家与决策者搭建桥梁，为决策者提供政策理念，参与设置政策议程，引导民意，对外可以发挥"二轨外交"的作用。媒体可以通过聚焦某些事件推动或延缓政府采取行动，也可以在一定程度上影响对外政策的议程设定。民意也称为公众舆论，常通过智库的民意调查和媒体报道反映出来，它在各国或一国的不同时期有不同程度的影响。选举制国家通常更关注民意，因而民意会更大程度影响决策者的政策选择。② 澳大利亚在对外政策方面有影响力的智库主要包括洛伊国际政策研究所（LIIP）、澳大利亚国际事务研究所（AIIA）等，重要媒体包括电视与电台方面的达利园广播电台、TVB电视广播有限公司、默多克新闻集团、"七西传媒"和"九号"等，报纸主要有《澳大利亚人报》《澳大利亚先驱晨报》《每日电讯报》《西澳大利亚报》等。近年来，由于中澳关系日益密切，这些智库和媒体对中国和涉华问题的关注不断提升。例如，洛伊国际政策研究所自2005年以来每年发布民意调查，其中关于中国问题的内容不断增加。此外，接受英美资助的澳大利亚战略政策研究所（ASPI）多次发表毫无根据的反华言论。③ 这些社会舆论在一定程度上影响了澳大利亚人对中国的认知和澳大利亚政府对中国的政策倾向。

二、澳大利亚涉华认知的未变之处

在澳大利亚对华政策或中澳关系中，涉华问题可谓无处不在，本文不谋求阐述澳大利亚涉华认知的方方面面，而是聚焦上文关于澳大利亚的利益关切，探讨2008年全球金融危机以来澳大利亚涉华认知基本保持不变的方面。

① 沈敏：《特恩布尔遭夺党首位 澳大利亚换新总理》，新华网，2018年8月25日，http://www.xinhuanet.com/world/2018-08/25/c_129939798.htm，访问日期：2021年6月1日。
② 周琪：《美国外交决策过程》，中国社会科学出版社，2011，第300—373页。
③ 张霓：《澳媒揭澳反华智库背后利益链：英美金主长期压榨监狱劳工谋利》，海外网，2020年10月23日，https://baijiahao.baidu.com/s?id=1681324892547064368&wfr=spider&for=pc，访问日期：2021年6月1日。

（一）重视地区国际秩序的认知未变

澳大利亚是一个在地理上靠近亚洲而远离欧美的国家，但在文化渊源、政治制度和价值观念上与西方国家并无二致。因此，澳大利亚极为重视西方价值理念，支持西方主导的国际秩序，这使得澳大利亚重视"印太"地区的国际秩序的认识长期不变。

西方所谓的自由主义国际秩序，经常被描述为建立在"规则"和"规范"的基础之上。"基于规则的国际秩序"（the rules-based international order）指，"所有国家的共同承诺，即按照随着时间的推移而演变的商定规则开展活动，例如国际法、区域安全安排、贸易协定、移民议定书和文化安排"。[①] 澳大利亚总体上是一个全球层面的中等强国，实力和影响力与全球性大国不可同日而语，因而非常重视国际制度的作用，希望通过国际法和国际规则约束大国的行为，从而保障其国家利益。另外，现存的国际制度大多由西方国家主导建立，基本上反映了西方价值观并有利于维护西方的整体利益。从这一角度来看，澳大利亚作为西方的一员也希望维护"基于规则的国际秩序"。

从现实的角度看，2008年全球金融危机以来的历届澳大利亚政府都非常重视国际秩序，而且越来越强调"基于规则的国际秩序"。在陆克文政府时期，澳大利亚开始强调"基于规则的国际秩序"。陆克文表示，"在全球层面，我们致力于多边机构，特别是联合国，以及促进建立'基于规则的国际秩序'，以加强我们的安全和经济"。[②] 2009年的《国防白皮书》提出，"澳大利亚国防部必须做好准备，为世界其他地区的军事突发事件作出贡献，支持国际社会维护全球安全和'基于规则的国际秩序'的努力，在这方面我们的利益一致，而且我们有能力这样做"。[③] 在吉拉德政府时期，澳大利亚采取了更加灵活多元的表述，如"基于规则的秩序""基于规则的制度""基于规则的国际秩序""基于规则的全球秩序"。2012年的《对外政策白皮书》提出，"我们将继续支持亚

---

① United Nations Association of Australia, "The United Nations and the Rules-Based International Order," 2000, p.3.

② Kevin Rudd, "The First National Security Statement to the Australian Parliament—Address by the Prime Minister of Australia," December 4, 2008, p.8.

③ Department of Defence of Australia Government, "Defence White Paper 2009—Defending Australia in the Asia Pacific Century: Force 2030," 2009, p.56.

洲国家在'基于规则的地区和全球秩序'中发挥更大作用"。[①] 2013年的《国家安全战略》认为,"法治提供了一个框架,在这个框架中,政府平衡其保护澳大利亚、其人民和其利益的责任,同时维护我们的公民自由。这些价值观影响着我们的外交和国防政策。我们的价值观巩固了我们作为国际社会负责任成员的声誉,我们致力于建立'基于规则的全球秩序'"。[②] "作为一个拥有全球利益的中等强国,澳大利亚长期以来一直是'基于规则的国际秩序'的支持者。"[③] 第二次执政的陆克文政府将"基于规则的全球秩序"视为澳大利亚的战略利益之一。2013年的《国防白皮书》提出,"一种能够抑制侵略,有效管理战略风险和威胁的国际秩序符合澳大利亚的战略利益……联合国及其宪章是'基于规则的全球安全秩序'的核心"。[④] 阿博特政府较少使用"基于规则的国际秩序",只是因为他喜欢另外一种表述,即"良好的国际公民"(good international citizen)。[⑤] 随着南海问题的升温,特恩布尔政府进一步强调国际秩序。2016年的《国防白皮书》46次提到"基于规则的全球秩序"。该报告认为,"澳大利亚的安全和繁荣依赖于一个'稳定的、以规则为基础的全球秩序',这种秩序支持和平解决争端,促进自由和开放的贸易"。[⑥] 2017年的澳大利亚《对外政策白皮书》再次使用"基于规则的国际秩序"的表述,声称"澳大利亚将与我们的伙伴合作,应对和阻止恶意的网络活动,特别是涉及国家行为者及其代理人的网络活动。澳大利亚的反应将是适当的,遵守国内法并符合我们对'基于规则的国际秩序'的支持和我们在国际法下的义务"。[⑦] 莫里森政府同样重视国际秩序。2020年的《国防战略更新》报告强调,"澳大利亚将继续积极倡导建立'基于规则的国际秩序',以支持经济增长、安全、繁荣和我们的价值观。这包括支持《联合国海洋法公约》等法律和条约,以及有助于限制行使胁迫权力和支持集体应对恐怖主义和大规模杀伤性武器扩散等挑战的国

---

① Australia Government, "2012 Foreign Policy White Paper—Australia in the Asian Century," October 2012, p.3.

② Australia Government, "Strong and Secure: A Strategy for Australia's National Security," 2013, p.7.

③ Australia Government, "Strong and Secure: A Strategy for Australia's National Security," 2013, p.36.

④ Department of Defence of Australia Government, "Defence White Paper 2013," 2013, p.26.

⑤ Ben Scott, "But What Does 'Rules-Based Order' Mean?" Lowy Institute, November 2, 2020, https://www.lowyinstitute.org/the-interpreter/what-does-rules-based-order-mean.

⑥ Department of Defence of Australia Government, "Defence White Paper 2016," 2016, p.44.

⑦ Australia Government, "2017 Foreign Policy White Paper," 2017, p.75.

际机构"。①

（二）重视澳美同盟关系的认知未变

澳美同盟是当前美国在亚太地区的五组双边同盟之一，也是澳大利亚长期倚重的同盟关系。澳大利亚作为英国的前殖民地和自治领，在独立后曾长期与英国保持密切的同盟关系。二战结束后，美国取代英国成为世界霸主，美澳关系日益密切。从美国的角度看，随着冷战的爆发，美国逐渐调整对日政策，开始构建亚太地区的同盟体系，包括美澳同盟。从澳大利亚的角度看，澳大利亚寻求与美国结盟的最初动机是防范日本的威胁。时任澳大利亚外交部长斯宾德（Percy Spender）向美国表示，"澳大利亚直接和主要的关注点是免受未来日本对澳大利亚的本土威胁，除非能保证澳大利亚不受重新武装的日本威胁，否则澳大利亚不会在任何情况下同意与日本签订和平条约"。②1951年9月1日，美国与澳大利亚和新西兰签署《太平洋安全条约》（Pacific Security Treaty），该条约也被称为《澳新美安全条约》（ANZUS），正式建立同盟关系。美国与新西兰因核武器或核动力舰船问题产生分歧，美新同盟于1984年暂停，但是澳美同盟一直保持了下来。

在冷战时期，澳美同盟保持密切的合作关系，澳大利亚不仅参加了美国主导的东南亚条约组织（SEATO），而且追随美国参加了朝鲜战争、越南战争和海湾战争。可以说，冷战时期澳美同盟的军事性质非常突出。冷战结束后，澳美同盟关系经过短暂的"松弛"后重新调整，在"9·11"事件和美国实施"亚太再平衡"战略之后不断得到加强。20世纪90年代中期之后，两国调整了同盟关系，同盟的基本职能由"威胁主导"向"地区危机主导"转变，总体上服务于重塑美国主导的国际秩序，两国关系由"美国主导"向"责任分担"转变，军事色彩有所淡化。"9·11"事件之后，澳美同盟的军事和政治性质同时增强，反恐合作向全球范围扩展，军事协同向一体化发展，同盟的内涵向政治化发展，同盟的外延向多边化发展。③2008年全球金融危机之后，澳美同盟延续了之前的多元化发展趋势，加强了在地区安全、国际秩序和经济领域的合作。

2008年全球金融危机以来，尽管面临的国际形势发生了很大变化，但是

---

① Department of Defence of Australia Government, "Defence Strategic Update 2020," 2020, p.24.
② Sir Percy Spender, *Exercises in Diplomacy* (Sydney: Sydney University Press, 1967), p.45.
③ 李凡：《冷战后的美国和澳大利亚同盟关系》，中国社会科学出版社，2010，第56—163页。

澳大利亚政府重视澳美同盟的认知没有变化。陆克文政府将澳美同盟置于确保国家安全的核心地位。陆克文认为，"与美国的同盟关系仍然是澳大利亚国家安全利益的根本所在，无论是在全球还是在亚太地区"。① "与美国的同盟关系将是我们关键的战略伙伴关系和澳大利亚国家安全政策的核心支柱。"② 在陆克文政府看来，"我们与美国的同盟关系是我们最重要的防务关系。用日常语言说，同盟为我们提供了大量的物资、情报、研发、通信系统、技能和专业知识，这些都大大加强了国防军的实力"。③ 吉拉德政府非常看重澳美同盟，认为其作用并不限于安全领域。"澳美同盟以及美国在亚洲的强大存在将支持地区稳定，中国全面参与地区发展也将如此。"④ "澳美同盟的价值不仅仅在于防御方面。它加强了我们的繁荣和安全。美国是全球经济增长与安全不可或缺的一部分，并为今天存在的'基于规则的秩序'提供了关键的基础。"⑤ 第二次执政的陆克文政府对澳美同盟的认知延续了吉拉德政府的观点，认为澳大利亚可以通过澳美同盟获得军事能力、情报能力和依靠自己无法提升的能力。⑥ 阿博特政府不满意奥巴马政府在气候变化问题上的政策，曾寻求联合英国阻止美国的碳定价政策，但是依然看重澳美同盟，认为"如果没有与美国的同盟关系，澳大利亚就不可能保持情报能力，也不可能获得高技术防御装备，而这些装备赋予了澳大利亚国防军战斗力"。⑦ 特恩布尔政府认为，强大而密切的澳美同盟是澳大利亚安全和防务规划的核心，澳大利亚的安全依赖美国的延伸威慑和来自美国先进的技术与情报，只有美国的核武器与常规军事能力才能有效遏制对澳大利亚的核威胁。从美国获得最先进的技术和设备，并保持与美国的协作，是保障澳大利亚国防部队能力的核心。⑧ "澳美同盟是澳大利亚处理'印太'问题的核心。如果没有美国强有力的政治、经济和安全参与，该地区的权

① Kevin Rudd, "The First National Security Statement to the Australian Parliament—Address by the Prime Minister of Australia," December 4, 2008, p.8.

② Kevin Rudd, "The First National Security Statement to the Australian Parliament—Address by the Prime Minister of Australia," December 4, 2008, p.13.

③ Department of Defence of Australia Government, "Defence White Paper 2009—Defending Australia in the Asia Pacific Century: Force 2030," 2009, p.93.

④ Australia Government, "2012 Foreign Policy White Paper—Australia in the Asian Century," October 2012, p.3.

⑤ Australia Government, "Strong and Secure: A Strategy for Australia's National Security," 2013, p.56.

⑥ Department of Defence of Australia Government, "Defence White Paper 2013," 2013, p.24.

⑦ Department of Defence of Australia Government, "Defence Issues Paper 2014," 2014, p.17.

⑧ Department of Defence of Australia Government, "Defence White Paper 2016," 2016, p.121.

力转移可能会更快，澳大利亚将更难实现我们寻求的安全与稳定水平。为了支持我们在该地区的目标，政府将扩大和深化我们的同盟合作。"[1] 莫里森政府提出深化澳美同盟的路径，称"澳大利亚和美国之间的安全安排、相互协作、情报共享以及技术和工业合作对澳大利亚的国家安全至关重要。我们将继续深化澳美同盟，确保它反映我们各自防御战略中给予'印太'的优先地位"。[2]

（三）重视中澳经济关系的认知未变

21世纪以来，中国与澳大利亚的经贸关系日益密切。2000年，两国正式签署关于中国加入世界贸易组织的双边协议。2007年，中国首次成为澳大利亚最大的贸易伙伴国。2013年4月，吉拉德在访华期间宣布中澳实现货币直接兑换。2015年6月，两国签署自由贸易协定。2019年中澳双边贸易额为1589.7亿美元，增长10.9%。其中，澳大利亚对中国出口1039.0亿美元，增长18.3%，占澳大利亚出口总额的38.2%，提高4.0%；澳大利亚自中国进口550.7亿美元，下降0.8%，占澳大利亚进口总额的25.8%，提高1.4%。中国继续为澳大利亚的第一大贸易伙伴、第一大出口目的地和第一大进口来源地。澳大利亚对华贸易顺差488.3亿美元，增长51.1%。[3]

中澳经济关系快速发展的根本原因在于两国经济存在巨大互补性。一方面，中国是拥有14亿人口的大市场，拥有全球最齐全的工业门类，且长期保持快速发展的趋势。这意味着，中国不仅是一个无与伦比的各类商品的消费大市场，而且是其他任何国家都无法替代的原料和矿产进口国。另一方面，澳大利亚的自然资源丰富，农牧业发达，农牧业和采矿业是传统产业，近年来制造业和高科技产业发展迅速，服务业也成为主导产业。20世纪70年代以来，澳大利亚大力发展对外贸易，保持较快的经济增长，1991—2008年的经济增长率在发达国家中名列前茅。2008年全球金融危机之后，随着国际大宗商品价格下降，澳大利亚的经济增长速度有所放缓，但是仍高于其他西方国家。[4] 在发达国家普遍增长乏力的背景下，以中国为代表的新兴工业化国家的市场成为澳大利亚推动经济发展的最重要的外部力量，因此澳大利亚非常重视与中国的

① Australia Government, "2017 Foreign Policy White Paper," 2017, p.4.

② Department of Defence of Australia Government, "Defence Strategic Update 2020," 2020, p.26.

③ 《国别贸易报告：澳大利亚》2020年第1期，中国商务部综合司，https://countryreport. mofcom.gov.cn/record/qikan110209.asp?id=11801.

④ 《澳大利亚经济概况》，中国驻澳大利亚大使馆经济商务处，2018年10月23日，http:// au.mofcom.gov.cn/article/ztdy/201810/20181002798412.shtml.

经济联系，尤其是贸易关系。

2008年全球金融危机以来，澳大利亚政府对中澳经济关系的认知保持稳定，总体上呈积极和正向趋势。陆克文政府认为中美关系在全球和地区事务中至关重要，中国经济将成为全球和地区发展的主要驱动力。他表示，"中美关系是东亚和全球最关键的关系。对澳大利亚来说，中国、美国和日本之间的关系将影响我们的安全和经济，因为与它们中的每一个国家的关系对我们都很重要，而且它们之间关系的任何严重恶化都将对更广泛的地区产生重大影响"。① "到2030年，中国将成为该地区和全球经济活动的主要驱动力，并将在东亚以外地区产生战略影响。"② 吉拉德政府从亚洲崛起的进程看待中国经济的作用和影响。该政府认为，"在过去的二十年里，中国和印度在全球经济中的份额几乎增长了两倍，绝对经济规模增长了近6倍。到2025年，整个地区的产量将占世界的近一半"。③ "亚洲经济增长将增加水资源、粮食和能源供应的压力，对全球市场和稳定产生影响。中国、印度和其他亚洲大国日益增长的经济和政治影响力，也在改变既定的战略秩序，包括增加军费开支。"④ 第二次执政的陆克文政府也积极评价中国经济及其对澳大利亚的意义："澳大利亚欢迎中国的崛起，不仅因为它给中国人民带来了社会和经济利益，而且因为承认它给全球各国带来的利益。中国持续的经济增长对澳大利亚和其他国家的经济起到了积极的促进作用，有助于抵消欧洲的经济困难和美国相对较低的经济增长。"⑤ 阿博特政府认为澳大利亚可以平衡地处理澳美同盟关系与中澳经济关系，希望继续保持在中美之间的平衡外交。澳大利亚国防部2014年白皮书表示，"澳大利亚政府不接受一些分析人士的观点，即澳大利亚在促进澳美同盟关系与发展中澳经济关系之间面临一个艰难的战略选择。自1972年与中华人民共和国建交以来，澳大利亚所有政府都促进了这两种双边关系。虽然中美有非常密切的经济关系，但是中国不断增长的实力使得两国之间的战略关系更

---

① Kevin Rudd, "The First National Security Statement to the Australian Parliament—Address by the Prime Minister of Australia," December 4, 2008, p.10.

② Department of Defence of Australia Government, "Defence White Paper 2009—Defending Australia in the Asia Pacific Century: Force 2030," 2009, p.34.

③ Australia Government, "2012 Foreign Policy White Paper—Australia in the Asian Century," October 2012: 3.

④ Australia Government, "Strong and Secure: A Strategy for Australia's National Security," 2013, p.vii.

⑤ Department of Defence of Australia Government, "Defence White Paper 2013," 2013, p.11.

加复杂。澳大利亚将继续与这两个国家保持密切关系"。[1] 特恩布尔政府时期，中澳关系出现多方面的恶化趋势，但是该政府依然看重中国经济带来的机遇并表示，"澳大利亚欢迎中国持续的经济增长，以及这给澳大利亚和其他'印太'国家带来的机遇"。[2] "澳大利亚将加强与中国的关系，中国现在是一个主要的地缘政治角色，有能力影响几乎所有澳大利亚的国际利益。中国正迅速成为一个重要的全球投资者和一个新兴的科学、研究和创新中心。到目前为止，中国是我们最大的贸易伙伴，在2016年占我们商品出口的32%，在可预见的未来仍将如此。"[3] 莫里森政府时期，中澳关系总体恶化的趋势进一步加强，但是莫里森对中国经济与作用仍持有很高的期待。他表示，"全球机构必须为中国调整自身设置，以承认这一新地位……在取得这一地位之后，中国的贸易安排、参与应对重要的全球环境挑战，以及伙伴关系的透明度和对发展中国家的支持，都必须反映中国作为一个世界大国的新地位和责任"。[4]

三、澳大利亚涉华认知的变化之处

除了涉华认知保持不变的内容之外，澳大利亚在涉华问题上也在一些突出领域存在明显的变化。本部分沿用上文的分析思路，探讨2008年全球金融危机以来澳大利亚政府和公众涉华认知中的变化之处。

（一）关于安全与威胁来源的认知变化

安全问题是国家生存与发展的基础和前提，因而备受各国的关注。澳大利亚虽然不存在遭受入侵和军事攻击的严重安全风险，但是也高度重视国家安全问题。2008年全球金融危机以来，澳大利亚历届政府均从综合安全的角度看待其安全问题，但是由于政党及政党领导人不同的政治立场和个人特质，各届政府对其面临的安全环境的认知不尽相同。从威胁来源和应对思路的角度看，2008年全球金融危机之后澳大利亚政府对安全问题的认知发生了三次较大变化。

---

① Department of Defence of Australia Government, "Defence Issues Paper 2014," 2014, p.16.

② Department of Defence of Australia Government, "Defence White Paper 2016," 2016, p.44.

③ Australia Government, "2017 Foreign Policy White Paper," 2017, p.40.

④ Binoy Kampmark, "Scott Morrison and China," Counter Current.org, September 27, 2019, accessed June 1, 2021, https://countercurrents.org/2019/09/scott-morrison-and-china.

第一，从强调传统安全到重视非传统安全的转变，发生在陆克文政府和吉拉德政府之间。陆克文政府阐述了澳大利亚国家安全的多维度内涵，认为最大的安全威胁来自地区安全环境被与其目标不同的大国主导。陆克文表示，澳大利亚的国家安全包括：免受攻击或威胁攻击的自由；维护领土完整；维护政治主权；维护自由；维护促进澳大利亚经济繁荣的基本能力。[1] "我们将对出现由任何一个或多个不致力于共同目标的域内大国主导的安全环境感到关切。"[2] 可见，陆克文政府的国家安全观侧重传统的政治和军事安全以及区域性国际体系，这意味着必然要关注体系内大国的综合实力与战略意图的变化。吉拉德政府也从多个方面界定了澳大利亚国家安全的目标，并从三个方面解释了安全环境面临的挑战。该政府认为，澳大利亚的国家安全目标包括：确保全体民众的安全，保护和加强主权，保护资产、基础设施和制度，塑造有利的国际环境。[3] 在吉拉德政府看来，澳大利亚的安全环境正面临继续塑造"亚洲世纪"的三个方面的挑战。一是亚洲经济增长的系统性影响。二是中印等亚洲大国经济增长和国际利益扩展对既有战略秩序的影响。三是亚洲国家国防现代化能力增强和国防支出增加的挑战。[4] 这表明，吉拉德政府没有强调国家领土安全问题，对安全威胁的认知也偏重经济和全球性问题的影响，认为在美国的作用下亚洲的军事安全威胁问题并不突出。

第二，从综合应对安全威胁到强调军力和澳美同盟的转变，发生在吉拉德政府之后的两届政府。面对多元化的安全威胁，吉拉德政府曾提出了多途径应对安全挑战的支柱和路径。[5] 第二次执政的陆克文政府虽然延续了吉拉德政府对国家安全含义的认知，但是强调维护国家的战略利益需要加强国防力量和澳美同盟。陆克文政府认为，澳大利亚国防部队保卫国家和国家战略利益的能力对国家安全至关重要，需要重视提高国防部队能力的适当组合，澳美同盟以

---

① Kevin Rudd, "The First National Security Statement to the Australian Parliament—Address by the Prime Minister of Australia," December 4, 2008, p.3.

② Department of Defence of Australia Government, "Defence White Paper 2009—Defending Australia in the Asia Pacific Century: Force 2030," 2009, p.43.

③ Australia Government, "Strong and Secure: A Strategy for Australia's National Security," 2013, p.4.

④ Australia Government, "2012 Foreign Policy White Paper—Australia in the Asian Century," October 2012, pp.225-226.

⑤ Australia Government, "Strong and Secure: A Strategy for Australia's National Security," 2013, pp.33-35.

及政府与国防工业和安全界的伙伴关系都是提升国防能力的重要因素。① 随后的阿博特政府着眼于"印太"国家的实力变化看待澳大利亚的战略环境，在应对安全挑战时也强调澳大利亚国防部队和澳美同盟的作用。该政府认为，随着"印太"地区更多国家经济与军事实力的增长和寻求塑造其战略环境，澳大利亚更广泛的战略环境变得更加复杂。面对各种安全挑战，澳大利亚国防部队应发挥首要作用，但国防部队的核心任务最终由政府确定。保卫澳大利亚大陆及其近海领土始终是国防部队的最优先事项，国防部还需要继续支持预防和应对非国家威胁。澳美同盟建立在共同的价值观之上，支持"民主制"、法治和其他共同的战略利益，因此澳大利亚政府明确表示将继续加强澳美同盟。②

第三，从强调多元安全挑战到突出大国竞争和国际秩序的转变，发生在阿博特政府之后。特恩布尔政府确立了影响澳大利亚安全环境的六个关键因素，包括中美各自的角色与相互关系、"基于规则的全球秩序"面临的挑战、恐怖主义的威胁、经济增长不平衡、军事现代化、信息与网络安全威胁。③ 可见，特恩布尔政府将中美关系与国际秩序排在前两位，恐怖主义、经济、军事与网络等因素排在其后。莫里森政府沿用了特恩布尔时期的看法，并增加了新冠疫情这一因素。莫里森政府认为，深刻影响澳大利亚战略环境的因素包括：中美战略竞争，大国在推进战略偏好和施加影响力时更加自信，一些国家的强制性政策，"灰色地带"行动，全球合作的规则、规范和制度面临压力，军事现代化进程加快，新兴与破坏性技术的军事化，网络能力提升，军事误判，战略预警时间缩短，新冠疫情的影响，国家脆弱性，恐怖主义与暴力极端主义。④可见，这两届政府都强调中美之间的大国竞争因素，重视"基于规则的国际秩序"。

（二）关于中国对外政策的认知变化

作为迅速发展的大国，中国是国际体系中的重要变量，也是备受各国关注的目标。一国的实力是维护本国利益和提升国际影响力和国际地位的基础，但是实力通常不能直接反映一国的对外战略意图，了解一国的对外战略意图需要

---

① Department of Defence of Australia Government, "Defence White Paper 2013," 2013, pp.23-24.

② Department of Defence of Australia Government, "Defence Issues Paper 2014," 2014, pp.9-16.

③ Department of Defence of Australia Government, "Defence White Paper 2016," 2016, pp.39-41.

④ Department of Defence of Australia Government, "Defence Strategic Update 2020," 2020, pp.11-17.

考察其对外政策。澳大利亚政府涉华认知的一个重要方面体现在对中国一些重要对外政策的认识上。

第一，关于"一带一路"倡议的认知变化。"一带一路"倡议是中国领导人于2013年9月之后提出的，澳大利亚经历了阿博特政府、特恩布尔政府和莫里森政府。中国将"一带一路"作为一种对外政策中的倡议在国际场合推进，旨在积极发展与共建国家的经济合作伙伴关系，共同打造利益共同体、命运共同体和责任共同体，但是其他国家，尤其是包括澳大利亚在内的西方国家大多将此视为中国的一种地缘政治经济战略。总体上看，澳大利亚对"一带一路"倡议持犹豫、回避和抗拒的态度，虽然加入了亚投行，却始终没有加入"一带一路"倡议。不过，澳大利亚政府对"一带一路"倡议和亚投行的认知都有过一些变化。一是关于加入"一带一路"倡议的认知。2014—2017年，中国领导人多次邀请澳大利亚参与"一带一路"倡议，澳大利亚领导人则不予正面回应或明确拒绝。澳大利亚政府并非完全反对"一带一路"倡议，而是对该倡议的认知存在分歧和摇摆。时任贸易部长西澳博（Steve Ciobo）认为，澳大利亚在中国的新倡议中面临很多机会。① 澳大利亚前驻华大使拉比（Geoff Raby）表示，澳大利亚国防与安全界有一种观点，认为亚投行和"一带一路"这样的计划是以牺牲美国利益为代价，扩大中国影响力的一种方式。② 二是围绕加入"亚投行"的认知变化。中国提议建立亚投行之后，澳大利亚是参与相关磋商的主要国家之一，但在2014年10月即将签署协定时却拒绝加入，又在窗口期即将结束的2015年3月成为亚投行的意向创始成员国。2014年11月，澳大利亚内阁国家安全委员会会议以"战略安全"为由否决了加入亚投行的提案。原因在于，美国游说了包括澳大利亚在内的多国，劝说其不要加入亚投行。③ 在新西兰和英国相继加入亚投行之后，阿博特政府也决定加入亚投行。

第二，关于中国与南海问题的认知变化。南海问题是中国周边地区的热点问题之一，也是澳大利亚关注的政治与安全问题。2008年全球金融危机以

---

① "One Belt One Road: Australia 'Sees Merit' in China's New Silk Road Initiative," ABC, May 14, 2017, accessed June 1, 2021, https://www.abc.net.au/news/2017-05-14/ciobo-sees-merit-in-chinas-new-silk-road-initiative/8525440.

② Jamie Smyth, "Australia Rejects China Push on Silk Road Strategy," Financial Times, March 22, 2017, accessed June 1, 2021, https://www.ft.com/content/e30f3122-0eae-11e7-b030-768954394623.

③ Tobias Harris, "The US Response to the Asian Infrastructure Investment Bank," in *Asian Infrastructure Investment Bank: China as Responsible Stakeholder?* (Washington, D.C.: Sasakawa Peace Foundation USA, 2015), pp.43-53.

来，在中国快速发展和美国重返亚洲的背景下，澳大利亚对南海问题的态度经历了一个由观望到介入的转变。在这一过程中，澳大利亚对华认知变化体现在与中国相关的南海热点问题上。一是对于中国南海岛礁建设，澳大利亚的反应日益激烈，认为这种行为不利于地区稳定。时任国防部长安德鲁斯（Kevin Andrews）表示，如果北京坚持岛礁建设，该区域的其他国家将有所回应。^① 时任外交部长毕晓普（Julie Bishop）表示，澳大利亚呼吁停止所有的岛礁建设工程。^② 2016年的《国防白皮书》表示，"澳大利亚在南海问题上不选边站，但关注岛礁建设"。^③ 二是对于美国推动的"南海航行自由"活动，澳大利亚的认知由强调"航行自由"到指责中国破坏南海"航行和飞越自由"原则。2012年，吉拉德表示，南海地区对澳大利亚来说是一个使用频繁的贸易通道，澳方极度关注该地区的"航行自由"。2015年，澳大利亚表示，各国均应依据国际法遵守并保障南海地区"航行和飞越自由"的权利。^④ 三是围绕南海仲裁案，澳大利亚屡次表态支持菲律宾。2016年7月，毕晓普要求中国接受所谓裁决的结果，并警告中国如无视所谓裁决，拒绝执行，自身声誉必将受影响。^⑤

第三，关于中国在南太地区活动的认知变化。澳大利亚是南太平洋地区实力最强大的国家，也是南太岛国最大的援助国，将南太地区视为其战略"后院"。近年来，随着中国影响力的快速提升，澳大利亚对中国在南太平洋地区的活动日益敏感。一是对于中国对南太岛国援助，澳大利亚认为中国的目的是增强在南太的影响力，并采取了相应的应对措施。2018年5月，澳大利亚宣布大幅增加对太平洋地区的援助，并决定拨款840万澳元用于在图瓦卢设立高级专员公署。《澳大利亚金融评论报》称，这体现出澳对外战略的转变，堪培拉因担心中国在该地区的作用日益增强，所以希望重新在被澳大利亚视为自家

① David Wroe and Philip Wen, "South China Sea Dispute: Strong Indication Australia Will Push Back on China's Island-Building," *The Age*, June 1, 2015.

② Department of Foreign Affairs and Trade of Australian Government, "Sky News, Kuala Lumpur: Interview with David Lipson," August 6, 2015, accessed June 1, 2021, https://www.foreignminister.gov. au/minister/julie-bishop/transcript-eoe/sky-news-kuala-lumpur-interview-david-lipson.

③ Department of Defence of Australia Government, "Defence White Paper 2016," 2016, p.58.

④ Department of Defence of Australia Government, "Minister for Defence—Australia's Defence Policy and Relationship with India," September 2, 2015, accessed June 1, 2021, https://www.minister. defence.gov.au/minister/kevin-andrews/speeches/minister-defence-australias-defence-policy-and-relationship-india.

⑤ Gareth Hutchens, "South China Sea: Marise Payne Says Julie Bishop Right to Warn Beijing," *The Guardian*, July 15, 2016.

后院的太平洋地区占据主导地位。二是对于中国加大向南太岛国投资，澳大利亚视之为对其影响力的挑战。2018年11月，莫里森政府出台"强化太平洋"（Step-up to the Pacific）计划，决定向南太岛国投资30亿澳元用于基础设施建设，以抗衡中国在南太地区的影响力。① 三是对于中国帮助南太岛国应对气候变化的问题，澳大利亚也从竞争的角度看待和处理。近年来，中国主动帮助南太岛国应对气候变化的影响，澳大利亚在这方面没有太多作为。2019年8月，一贯质疑气候变化的莫里森政府表示，将提供3.4亿美元用于本地区应对气候变化问题。

（三）关于中澳关系的公共认知变化

公共认知反映的是一国民众整体的认知状况，主要表现为媒体报道和各机构民调显示的公众舆论。公共舆论并非总是能够对政策产生影响，但是它在很多情况下反映社会公众的认知，也会影响部分政客的认知或政策倾向，进而使之与政策产生一定的关联性。2017年以来，一些澳大利亚媒体不断炮制所谓中国对澳进行影响渗透的新闻，对中国政府进行无端指责，对在澳中国留学生及华侨华人进行肆无忌惮的中伤。② 还有澳大利亚学者著书以臆想的方式诋毁中国。同一时期，澳大利亚议会禁止海外留学生在联邦议员办公室实习，因为有议员担心中国留学生获得机密材料的访问权。③ 澳大利亚总理特恩布尔甚至用中文喊出："澳大利亚人民站起来（了）!"④ 尽管我们无法证实澳大利亚官方的态度是公共舆论影响的结果，但二者存在极高的一致性。鉴于个体学者或记者的观点大多只反映其本人的观点，我们选择覆盖面更广的民意调查作为公共认知的代表，并以澳大利亚洛伊国际政策研究所的民意调查为例。

第一，对经济领域涉华问题的社会认知变化。中国是澳大利亚最重要的经贸伙伴，澳大利亚民众对中国经济及中澳经济关系的认知相对积极。在世界

---

① David Wroe, "Scott Morrison Splashes Cash in the Pacific as China Fears Loom," *The Sydney Morning Herald*, November 8, 2018, accessed June 1, 2021, https://www.smh.com.au/politics/federal/scott-morrison-splashes-cash-in-the-pacific-as-china-fears-loom-20181107-p50emv.html.

② 《澳大利亚媒体，这是中国》，环球网，2017年12月7日，https://baijiahao.baidu.com/s?id=1586133706597382346&wfr=spider&for=pc，访问日期：2021年6月1日。

③ 《澳洲政府禁止中国留学生实习留学生：戏精》，海外华媒头条，2018年7月17日，https://cima.modianews.cn/oceania/aus/44572/，访问日期：2021年6月1日。

④ 《澳大利亚总理竟用中文"澳大利亚人民站起来"反对中国政治"干预"》，观察者网，2017年12月10日，https://www.guancha.cn/global-news/2017_12_10_438524.shtml，访问日期：2021年6月1日。

经济领域，2010年、2011年和2018年，均有55%受访的澳大利亚人认为中国是世界经济的领导者，同期对美国的认可比例分别为32%、29%和29%。在双边经济关系方面，2009年有63%的澳大利亚人认为中国是对澳大利亚经济最重要的国家，2013年这一比例为76%。然而，近年来，对于中国经济以及澳大利亚经济从中受益的前景，澳大利亚人的负面认知有所提升，认为中国经济将继续强劲增长且使澳大利亚受益的比例由2016年的52%下降为2020年的48%。对于中国对澳大利亚投资，多数澳大利亚人认为允许中国投资的数额过多，且持这种观点的人数比例从2015年开始大幅上升。民调结果显示，2009—2014年认为中国对澳投资过多的比例分别为50%、57%、57%、56%、57%和57%，但是2015年、2018年和2019年的这一数据分别为70%、72%和68%。[①] 这表明，在陆克文时期、吉拉德时期和特恩布尔时期，澳大利亚人对中国经济地位的认可度较高且非常稳定；吉拉德时期比陆克文时期有更多的澳大利亚人承认中国对澳大利亚的经济意义；特恩布尔时期和莫里森政府时期，澳大利亚人对来自中国的投资更加担忧。

第二，对安全领域涉华问题的社会认知变化。从客观理性的角度看，澳大利亚并不面临紧迫与明显的外部传统安全威胁。但是，在一些政客和媒体的宣传作用下，澳大利亚人对涉华安全问题仍然非常敏感。民意调查结果显示，澳大利亚民众对中国成为澳大利亚"军事威胁"的可能性的认知整体高于理性认知，且在不同时期有所波动。2010年，持可能观点的比例为46%，其中非常可能为19%，有可能为27%；2012年认为可能的比例为40%，其中非常可能为14%，有可能为26%；2014年认为可能的比例为48%，其中非常可能为19%，有可能为29%；2015年认为可能的比例为39%，其中非常可能为14%，有可能为25%；2018年认为可能的比例为45%，其中非常可能为14%，有可能为31%。关于中国是澳大利亚的经济伙伴还是"军事威胁"的认知，选择"军事威胁"的比例自2018年开始出现明显上升趋势，2015年、2017年、2018年和2020年的这一比例分别为15%、13%、12%和41%。关于中国在未来二十年可能成为澳大利亚安全威胁的原因，2011年和2018年的民意调查显示，认为中

---

① "World's Leading Economic Powers," "Most Important Economies to Australia," "China's Economic Future" and "Chinese Investment in Australia," in *Lowy Institute Poll 2020*, Lowy Institute, June 24, 2020.

美发生冲突使澳大利亚因澳美同盟卷入其中的比例分别为87%和77%。[①]

第三，对政治领域涉华问题的社会认知变化。在国际政治领域，澳大利亚重视地区国际体系和国际秩序，与之密切相关的涉华问题是中国在亚洲的国际地位和影响力。围绕这一问题，澳大利亚社会的对华认知发生了一些变化。在陆克文时期，2008年有40%的澳大利亚人对中国领导亚洲持舒适感，持不舒适感的人数比例为59%。在吉拉德时期，2012年有79%的澳大利亚民众认为中国已经是亚洲的领导者，但是对于这一事实的接受者少于不接受者，2012年持舒适感的人数比例为47%，包括6%的非常舒适和41%的有些舒适，持不舒适感的人数比例为52%，包括37%的有些不舒适和15%的非常不舒适。在双边政治关系领域，澳大利亚人关于外国对其政治影响的担忧调查显示，中美两国位居前列，但对中国的担忧高于美国。2018年，63%的受访者担心中国对澳大利亚的政治影响，58%的受访者担心美国对澳大利亚的政治影响。在新冠疫情的背景下，多数澳大利亚人对中国政府机制的认可程度出现大幅下降，68%的人选择好感度下降。[②]

四、结束语

对外政策直接影响两国间的关系，中澳关系恶化主要由澳大利亚政策变化导致。理解澳大利亚对华政策变化的关键在于了解其涉华认知状况。综合国际体系与国内因素，作为一个中等强国和南太次区域的地区大国，澳大利亚的国家利益排序是经济利益、政治利益和安全利益；从国际体系层面角度看，澳大利亚最关注的政治层次的国家利益是西方主导的国际秩序，尤其是围绕"印太"地区热点问题的国际秩序；从大国关系的角度看，澳大利亚在政治和防务领域重视澳美同盟并注重加强与日本和印度等地区性大国的合作，在经济领域重视中国市场；从国内因素的角度看，两党政治、党内权争和公众舆论也会对澳大利亚的涉华政策产生影响。总体来看，2008年全球金融危机以来，澳大利亚在重视地区国际秩序、重视澳美同盟和重视中澳经贸关系等涉华问题上的

[①] "China as a Military Threat," "China: Economic Partner or Security Threat" and "Reasons to View China as a Threat," in *Lowy Institute Poll 2020*, Lowy Institute, June 24, 2020.

[②] "China as the Leading Power in Asia," "Comfort with China Leading Asia," "Foreign Influence in Australian Politics" and "China's System of Government," in *Lowy Institute Poll 2020*, Lowy Institute, June 24, 2020.

认知基本保持不变。但是，澳在安全与威胁来源、对中国一些重要对外政策的认知以及中澳关系的公共认知发生了变化。认清这些认知因素的变与不变，有助于更好地理解澳大利亚对华政策及中澳关系变化的内在逻辑。需要指出的是，认知变化与政策调整存在一定的不同步性，包括时间上的滞后性和程度上的不完全对等性，但是这不妨碍理解政策变化的主逻辑。

Changes and Non-Changes in Australia's Perception Involving China since the Global Financial Crisis in 2008

SUN Xihui and LIU Yutong

Abstract   In the context of China's rapid economic development, relations between China and Australia have become increasingly close, and the bilateral relations have developed rapidly. However, in recent years, due to the changes of Australia's China policy, China-Australia relations have obviously deteriorated. To know better Australia's China policy, we need to understand its perception involving China, which relates to Australia's national interests concerns based on the international system and national strength, as well as its domestic political, economic and social factors. Therefore, it is helpful to better understand the logic of Australia's China policy changes by combining international system factors with domestic factors to explore Australia's perception involving China since the global financial crisis in 2008. On the whole, in terms of China-related issues, Australia's perception of attaching importance to regional international order, Australia-US alliance and China-Australia economic relations remain unchanged, while Australian official perception of security and sources of threats, some important foreign policies of China, as well as the public perception of China-Australia relations have changed to various degrees.

Keywords   Global Financial Crisis; Perception Involving China; National Interests; International System; International Order

Authors   Sun Xihui, Associate Professor of National Institute of International Strategy, Chinese Academy of Social Sciences, and Associate Professor of School of International Relations, University of Chinese Academy of Social Sciences; Liu Yutong, student of School of International Relations, University of Chinese Academy of Social Sciences.

中国边海事务

中印边界西段对峙及其对双边关系的影响*

关培凤　万　佳

【内容提要】新中国成立前，中英两国虽就中印西段边界的划界问题进行过交涉，但始终没有正式划定边界，两国基本依传统习惯线而治。20世纪50年代，印度对归属中国且长期处在中国实际管辖下的中印边界西段部分领土提出主权要求，揭开了中印边界西段争端的序幕。2020年6月，中印在边界西段对峙中发生激烈冲突，引发人员伤亡。此次对峙爆发的根源在于印度政府长期在中印边境地区实行"前进政策"，并意图借中美竞争加剧之势对中国形成某种压制。对峙一年来，中印两国在各领域的关系都受到明显冲击，但在边境地区局势趋稳和印度疫情形势的影响下，两国关系可能会从当前的低谷实现缓慢而有限的回弹。

【关键词】中印边界西段；争端；对峙；中印关系

【作者简介】关培凤，武汉大学中国边界与海洋研究院、中印边界问题研究中心教授；万佳，武汉大学中国边界与海洋研究院博士研究生。

2020年6月"加勒万河谷冲突"发生以来，中印双边关系整体大滑坡，两国民众对彼此的好感度也急剧下跌，持续一年之久的边境对峙与新冠疫情的交织，使双边关系正在经受自1988年以来最大的考验。

---

*　作者感谢《中国周边外交研究》集刊匿名审稿专家提出的建设性修改意见。文中疏漏之责由作者自负。

一、中印边界西段争端的历史脉络

中印边界西段是指新疆和西藏同印控拉达克接壤的一段边界，从喀喇昆仑山口往南，至西藏阿里地区同印控拉达克和印度的喜马偕尔邦三地接壤处为止。中印西段边界按照我方认定的传统习惯线分为两部分，以空喀山口为交界点。空喀山口以北是新疆皮山、和田两县和印控克什米尔辖下拉达克的边界，空喀山口以南是西藏日土、噶尔、札达三县和拉达克的边界。[①] 西段双方实控线与传统习惯线基本相符，仅传统习惯线中方一侧大约450平方千米的巴里加斯在1954年被印军侵占，其他基本都在我方控制之下。[②] 印度对西段领土要求有3.35万平方千米，其中占面积最大的阿克赛钦（意为"中国的白石滩"）地区面积约2.72万平方千米，新藏公路穿过该地。

（一）新中国成立前中英（印）围绕中印西段边界问题的交涉

吕一燃先生主编的《中国近代边界史》依据翔实资料，对中印边界西段新疆同拉达克和西藏阿里地区同拉达克之间的传统习惯线进行了充分的考证后确认，在英印殖民地时期，中方所主张的传统习惯线在大多数情况下被双方接受为中印西段的边界线。[③] 据此，阿克赛钦历来属于中国新疆和田管辖。1928年中国政府曾专门在赛图拉设治局负责管辖这一地区。尽管如此，仍需指出的是，英印政府在19世纪中后期以来曾在中印边界西段进行过多次划界尝试，并为此与中国政府进行过一些交涉。

1846—1847年，英国成立边界委员会，单方面划了一条从班公湖（Pangong Lake）稍微偏北的地方到司丕提河（Spiti River）的界线，把位于西藏境内的库尔那克堡划在边界线上。这就是"1846—1847年英国边界委员会线"。[④] 从班公湖到喀喇昆仑山口继续往北的地方，则因荒无人烟被看作"未知地区"，没有划出任何界线。这条边界线未得到清政府认可，是非法和无效的。

1864年，印度测绘局官员约翰森（W. H. Johnson）对中国和田与阿克赛钦

---

① 吕一燃:《中国近代边界史》，四川人民出版社，2007，第643页。
② 中国外交部:《中华人民共和国政府官员和印度政府官员关于边界问题的报告》，第1—2页。
③ 吕一燃:《中国近代边界史》，第644—654页。
④ 王宏纬:《当代中印关系述评》，中国藏学出版社，2009，第40页。

等地区进行冒险旅行，"勘察"绘制出一幅地图，擅自把阿克赛钦、羌臣摩河谷和喀喇昆仑山以北的大块地区偷偷划入英印克什米尔境内。① 该线比目前印度所主张的边界线还要往北延伸达80英里之遥。②

1897年1月1日，英国参谋总部军事情报处处长约翰·阿尔达少将（John Ardagh）向外交部印度事务部建议：为了防止俄国向印度推进，英国应当把整个阿克赛钦包括在英国边界内。阿尔达不满足于把喀喇昆仑山作为印度东北方的天然边界，主张将边界推进到"北面的斜坡下，沿着那些与山脉平行的河谷……"③ 但阿尔达的主张没有被接受，因为英国担心这么做会导致与对阿克赛钦主张主权的中国关系紧张，而这会为俄国人加速向前推进提供条件。

1899年3月，英国驻华公使窦纳乐（MacDonald）照会中国政府建议谈判这段边界问题，并且采纳英国驻喀什噶尔代表马继业（George Macartney）的方案，提出了这一段边界线的划界主张，即"马继业－窦纳乐线"。这是伦敦和印度首次正式向中国方面提出的关于印度西北部与中国边界的划界主张。该线"从喀喇昆仑山口，沿山脉顶峰向东行约半度（约100华里），然后转南到北纬35度线稍下一点，然后沿丘陵形成的线，绕着喀拉喀什河源之处，转向东北，到克孜勒吉勒尕以东之点，从此以东南方向沿拉京山脉而行，到与昆仑山脉南行的一个山鼻相会为止，该处被标识为拉达克东界，这是在东经80度偏东"。④ 根据"马继业－窦纳乐线"，整个喀拉喀什河谷和几乎阿克赛钦腹地的全部地区将划给中国，而林济塘洼地和整个羌臣摩河谷，以及更北面的奇普恰普河则划归印度。中国对这条线始终未正式表态，也未作答复。辛亥革命前，英国一直承认阿克赛钦是中国领土，但要求将这块土地划入西藏而不是新疆。因为根据1907年英俄协议，英俄双方都保证不进入西藏，将阿克赛钦划归西藏，俄国人就不得进入该地。当时中国政府对英国的照会及其建议都未予理会。⑤

辛亥革命爆发后，鉴于中国对中亚地区事务鞭长莫及，英印当局对印度边境政策的策略发生了较大变化。1912年，英印总督哈定重提阿尔达的方案，建

① 王宏纬：《当代中印关系述评》，第41页。
② 王宏纬：《当代中印关系述评》，第41页。
③ 吕昭义：《英属印度与中国西南边疆（1774—1911年）》，中国社会科学出版社，1996，第154页。
④ 王宏纬：《当代中印关系述评》，第44页。
⑤ 阿拉斯泰尔·兰姆：《中印涉藏关系史（1904—1914）：——以"麦克马洪线"问题为中心》，梁俊艳译，社会科学文献出版社，2017，第86页。

议英国要求中国承认一条把阿克赛钦划在英国领土内的边界。但该建议没有被伦敦接受。[①] 1919—1927年，英国政府和西藏地方当局曾就划定班公湖以北西藏地方同拉达克之间的边界进行地方性的谈判，但没有取得任何结果。[②] 1931年出版的《艾奇逊条约集》第12卷中明确写道："克什米尔邦的北部和东部边界尚未划定。"[③] 事实上，一直到英国退出印度，中印边界西段从未正式划定。1945年后直至新中国成立前，印度测绘局绘制的地图虽按照约翰森、阿尔达这些"前进派"提出的方案来绘制边界，但都注明西段"边界未经规定"。

（二）新中国成立后中印双方围绕西段边界问题的交锋

自1954年7月，印度官方地图开始将中印边界全线绘制为已定国界，将阿克赛钦划为印度领土。讽刺的是，当时印方却对1956年3月至1957年10月中国建成的通过阿克赛钦地区的新藏公路具体位置一无所知，这充分暴露了印度对阿克赛钦主张的荒谬。1958年10月18日，印度政府向中国政府递交备忘录，抗议中国修筑阿克赛钦公路，宣称"这条公路所横过的领土若干世纪以来就是印度拉达克地区的一部分"，"中国政府没有首先获得印度政府的准许，甚至没有通知印度政府，就通过无可争辩的印度领土建筑一条公路，这是令人惊讶和遗憾的事"。[④] 经过此次交涉，印度正式向中国提出对阿克赛钦的领土要求。

1958年11月8日印度政府给中国的一份复照中声称，"这一地区究竟是在印度还是在中国境内，是一个争执中的问题，需要另行处理"。[⑤] 这是印度唯一一次承认西段有争议的表态。1959年9月26日，尼赫鲁在给周总理的信中提出把整个阿克赛钦地区划给印度的要求，并错误地把1899年将阿克赛钦一分为二的"马继业–窦纳乐线"同印度主张混同起来，说当时的建议是"北部边界沿着昆仑山脉直到东经80度以东的一个点，然后与拉达克东部边界相接。这无可置疑地表明，阿克赛钦全部地区是处在印度境内的"。[⑥] 但这一说法与

---

① 阿拉斯泰尔·兰姆：《中印涉藏关系史（1904—1914）——以"麦克马洪线"问题为中心》，第264—270页。

② 中国外交部：《中华人民共和国政府官员和印度政府官员关于边界问题的报告》，第9页。

③ Aitchison, C. U., *A Collection of Treaties, Engagements and Sanads Relating to India and Neighbouring Countries* (Calcutta: Government of India Central Publication Branch, 1931), p. 5.

④ 王宏纬：《当代中印关系述评》，第117页。

⑤ 中国外交部：《中华人民共和国政府官员和印度政府官员关于边界问题的报告》，第10页。

⑥ 《中国和印度关于两国在中国西藏地方的关系问题，中印边界问题和其他问题往来文件汇编1950年8月—1960年4月》，中华人民共和国外交部编印，第194页。

1899年窦纳乐照会内容不符，因为1899年照会是把几乎阿克赛钦腹地的全部地区划给中国，而将林济塘洼地和整个羌臣摩河谷，以及更北面的奇普恰普河划归印度。印度要求将阿克赛钦全部划归印度，远远超出了殖民时期英国对中国的侵略要求。

从1959年年底开始，印度军队在中印边境争议地区实施全方位的"前进政策"，1960年春更是有计划有步骤地逐步蚕食了中印边界西段的奇普恰普河谷、喀拉喀什河源、加勒万河谷、班公湖和斯潘古尔湖等地区。[①] 印度方面在西段加紧向前推进的同时，不断在中国所控制的地区建立哨所和据点。1962年10月20日，印军出动10多个旅的兵力在中印边境东段、西段同时发动大规模武装进攻。[②] 当日中国军队在中印边境西段成立了"康西瓦指挥部"，阿里地区的部队由西藏军区司令员张国华指挥，其纵深地区由新疆军区负责指挥。到11月20日上午，印度军队越界在西段边界一侧设立的43个据点全部被扫除。在战场取得全面胜利的情况下，中方主动全线后撤到1959年11月7日线中方一侧，在边界西段只保留了在加勒万河谷、空喀山口和班公湖等地区的少数哨所。长期以来，加勒万河谷和班公湖地区始终处在中方实际控制下。

二、2020年中印边界西段对峙及其影响

2020年4月以来，印度边防部队单方面在中印边界西段地区抵边越线修建基础设施，中方多次就此提出严正交涉。5月6日凌晨，印度边防部队越线进入中国领土构工设障，阻拦中方边防部队正常巡逻，试图单方面改变边境管控现状。中国边防部队被迫采取措施，加强现场应对。为缓和边境地区局势，中印双方通过军事和外交渠道保持密切沟通。6月6日，两国边防部队举行首次军长级会晤，就缓和边境地区局势达成共识。但6月15日晚，印方一线边防部队公然打破双方军长级会晤达成的共识，再次越线蓄意挑衅，甚至暴力攻击中方前往现地交涉的官兵，进而引发激烈肢体冲突，造成人员伤亡。[③] 加勒万河谷事件是四十五年来中印边境地区首次出现人员伤亡的流血冲突，在两国引起

---

① 张敏秋：《中印关系研究 1947—2003》，北京大学出版社，2003，第90页。
② 张敏秋：《中印关系研究 1947—2003》，第92页。
③ 《2020年6月19日外交部发言人赵立坚主持例行记者会》，中国外交部，2020年6月19日，https://www.fmprc.gov.cn/web/fyrbt_673021/jzhsl_673025/t1790422.shtml，访问日期：2021年6月1日。

了极大的震动。冲突发生后，中印双方通过军长级会谈、中印边境事务磋商和协调工作机制会议等方式保持多渠道沟通的同时，印度边防部队又策划了8月底的抢占高地行动和9月初的边境鸣枪事件。8月31日，印军在班公湖南岸、热钦山口附近再次非法越线占控。[①] 9月7日，印军非法越线进入班公湖南岸神炮山地域，并在行动中对前出交涉的中国边防部队巡逻人员鸣枪威胁。[②] 尽管边境地区紧张局势升级，但中印双方坚持通过外交和军事渠道多方沟通，力避再次出现伤亡事件，并积极推动"脱离接触"谈判。2021年2月10日，中印两国的国防部发言人先后发布两军一线部队将于10日开始在班公湖等地区同步有计划组织脱离接触的声明。自此，中印边界紧张局势开始降温。

（一）对峙爆发的原因

边界问题是涉及国家领土主权和民族情绪的核心议题，建交七十余年来中印两国关系因为边界争端而数次起伏，中印关系的深层次发展始终难以跳出边界问题的框架。此次对峙的爆发既有突发因素也有长期根源，既有内部驱动也有外部诱因，是多种因素相互交织、彼此影响的结果。

1."前进政策"始终是指导印度处理对华边界争端的根本思想

马克斯韦尔在《印度对华战争》中写道，"尼赫鲁和他的同僚们自始至终都坚定不移地认为，无论印度在边界上干些什么事，中国都不会进行攻击。这就是前进政策的基本设想"。[③]"前进政策"是印度政府意图改变与邻国（尤其是中国）边界状况的军事蚕食与军事挑衅政策。它发轫于英国殖民印度时期的"绝对安全战略"和"科学边界"思想，20世纪50年代中后期开始真正成为印度边境部队奉为圭臬的行动准则。

1962年中印边境自卫反击战中的惨败并未让印度放弃"前进政策"，反而催生并固化了印度对中国的"威胁"认知和高度不信任感。尼赫鲁之后的每一任政府领导人几乎都继承了印度传统的安全战略，在中印边界问题上采取了

---

① 《西部战区新闻发言人就中印边境局势发表谈话》，中国国防部，2020年8月31日，http://www.mod.gov.cn/topnews/2020-08/31/content_4870432.htm，访问日期：2021年6月1日。

② 《2020年9月8日外交部发言人赵立坚主持例行记者会》，中国外交部，2020年9月8日，https://www.fmprc.gov.cn/web/fyrbt_673021/jzhsl_673025/t1813143.shtml，访问日期：2021年6月1日。

③ 内维尔·马克斯韦尔：《印度对华战争》，陆仁译，世界知识出版社，1981，第194页。

"主动侵占"和"积极蚕食"的做法。① 20世纪90年代，随着冷战结束和国际政治秩序的变化，中印关系得到了迅速发展。通过《关于在中印边境实际控制线地区保持和平与安宁的协定》等一系列旨在维护边境地区和平协定的签署，中印边境地区总体上维持了和平与稳定。但受地缘政治现实和传统战略安全思想的影响，印度政府从未放弃坚持"前进政策"的理念。在中印边界东段地区，印度近年来在不断强化对我国藏南地区各层面的实际管控，加强边境基础设施建设的同时，大规模进行政治移民并推行印度化教育。在中印边界西段地区，印度则通过抵边甚至越线架桥修路、阻碍中方边防部队正常巡逻等方式不断在边境地区挑起事端，企图改变其在中印边界西段争议地区的相对劣势，进而谋取对华优势。这正是莫迪执政以来两国边界对峙频发但却集中于西段的主要原因。

2. 印度对华外交中的"投机主义"和"冒险主义"倾向突出

2020年6月以来，中印边界问题因加勒万河谷事件而持续发酵，两国边防部队在边界西段形成多点对峙局面。相较于中国"从双边关系大局出发"的克制态度，印度政府对华外交中的"投机主义"和"冒险主义"在整个对峙期间有不断抬头的趋势。

在印度政策界和战略界看来，冷战结束后形成的世界秩序在2008年国际金融危机后发生了深刻变化，多极化是必然趋势，中美将进入较长时期的战略竞争博弈阶段，大变局下的机遇要远远多于挑战。② 在此认知之下，印度政府在对华的涉边行为中，表现出浓厚的投机主义色彩。尤其是在特朗普上台以后，美国加大了对华战略围堵与对印的拉拢力度，为印度实施其"冒险"和"投机"提供了契机。此次中印边界西段对峙正是印度政府趁中美战略竞争态势加剧和2020年春中国国内疫情尚未完全得到控制（此时印度和美国的疫情还未完全暴发）的时机，妄图在班公湖和加勒万河谷等地区对中方"趁火打劫"所致。无论是"加勒万河谷冲突"还是"抢占班公湖南岸高地行动"，都印证了其冒险主义心态。印度在此次边界对峙中采取"先发制人"的举动，是希望通过主动的冒险进攻来获得对其有利的"谈判杠杆"，以达成其在边界问题上谋利的企图。

---

① Shubhrajeet Konwer, "India-China Relations: Limited Cooperation and a Chequered Future," *The Indian Journal of Political Science* 72, no. 1 (2011): 285.

② 林民旺：《大变局下印度外交战略：目标定位与调整方向》，《当代世界》2021年第4期，第5页。

3. 双方对实控线的认知存在偏差

尽管中印两国间的边界争端旷日持久，但事实上除锡金段外，中印边界东、中、西三段均未有过合法有效的边界条约，更谈不上有任何勘界行为。两国在边境地区事实上只存在传统习惯线和实际控制线。1962年中印边境冲突前后，两国都提出了各自主张，但相距甚远的实际控制线。

战后数十年来，双方在实控线问题上始终处于"各说各话"的阶段，并在实践中形成了一条各自实际管辖所及的界线。但中印边界的各段实控线从未经双方共同核实，两国公开的地图也未清晰标明实控线的具体位置，这一状况一直持续至今。中方始终以1959年11月7日线为实际控制线，而印方则坚持1962年9月8日线为实际控制线。目前，中印边界西段的争议领土主要是20世纪60年代边界战争前印度非法在中国领土上设立，但在战争中被中国边防部队拔除的43个侵略据点所涉领土。由于对实际控制线的位置存在认知差异，双方军队的实际巡逻区域就容易出现交叉重叠，从而导致摩擦概率增加。印度固守零和思维，始终坚称印方实控线"合法合理"，近年来多次严重地越界侵扰，大大冲击了此前两国在实控线问题上达成的默契和共识。此次中印边界西段对峙的直接原因就是2020年4月印度公然越过实控线进行基础设施建设，与中方进行交涉时否认中方的实控线主张，进而污蔑中方破坏现状。印度外交部发言人在2020年9月的一次发言中公开宣称，"印度从未接受1959年实际控制线的说法，这一立场是一贯的，也是众所周知的"，并污蔑"中国试图在西段多个地区侵犯实控线，试图单方面改变（实控线）现状"。[①]

4. 中印两国基础建设能力的提升

进入21世纪以来，中印两国的经济发展速度可谓高歌猛进。经济实力的迅速提升直接带动了中印国防力量的增长，两国边境巡逻的手段和设备不断更新，边境驻军人数和活动范围也不断扩大。两国在边境地区活动的增多相应地增加了中印边防部队在争议地区"偶遇"和对峙的概率。

印度独立之后，始终把追求地区领导者和世界大国地位作为其对外战略的目标。印度对于大国地位的追求及其在南亚地区的横行无阻在一定程度上助长

---

① "Official Spokesperson's Response to Queries on the Recent Media Report Quoting a Chinese Foreign Ministry Statement Regarding China's Position on the LAC," Ministry of External Affairs, September 29, 2020, accessed June 1, 2021, https://www.mea.gov.in/response-to-queries.htm?dtl/33074/Official_Spokespersons_response_to_queries_on_the_recent_media_report_quoting_a_Chinese_Foreign_Ministry_statement_regarding_Chinas_position_on_the_LA.

了它在中印边界问题上的野心的不断膨胀。进入21世纪以来，快速发展的经济以及随之而来的军事实力和国家综合实力的增长为印度的扩张提供了有力的物质支持。但与印度比邻而居的中国发展更早，速度更快。自1978年实行改革开放以来，中国经济发展迅速，科技、国防、后勤保障等领域都取得了比印度更大的进步。中印两国经济实力的增长、军事技术的发展和边境地区基础设施建设步伐的加快，两国边境巡逻手段和设备的不断更新，提升了两军进入"主张重叠区"的能力，两国边防部队在一线巡逻时正面遭遇的频次增加，双方发生低烈度摩擦甚至小规模冲突的可能性在不断增加。

（二）对峙对当前中印关系的影响

印度外交部长苏杰生在加勒万河谷冲突后的一次采访中表示，"如果实控线地区的和平与安宁受到干扰，印中两国关系的大局自然就会有问题"。[①] 作为莫迪政府核心权力圈的成员之一，苏杰生的公开表态揭示了当前印度政府对中印边界问题的态度，也促使我们必须客观看待此次对峙带来的全方位影响。

1. 中印本就脆弱的战略互信几近瓦解

"信任"一词最早发端于社会学理论，冷战后开始被运用在国际关系领域。国家间信任一般是指一国对他国正向预期，并因此承担风险、采取合作或支持的一种心理倾向。"在国际博弈的大格局下，信任是国际合作的关键"，[②] 而国家间信任的缺乏将会导致国际环境的不安全。[③]

在中印建交的七十多年里，两国也曾有过"亲如兄弟"的可贵情谊，20世纪50年代中印在国际场合的互扶互助一直在亚非拉世界被传为美谈。50年代末，西藏问题和随之而来的中印边界争端公开化，严重削弱了中印友谊，双方的互信程度直线下降，并随着1962年战争的爆发而降至冰点。80年代末中印恢复正常交往后，两国逐渐在政治、经济和人文等领域开展全方位合作，并着意重建两国间的政治互信。中国坚持走和平发展道路，高度重视对印关系，将印度视为可以充分合作的邻国与伙伴；印度也一度将中国视为机遇和发展伙

---

① Abhijnan REJ, "China Attempts to Shift Its Boundary with India in Ladakh Again," The Diplomat, August 31, 2020, accessed June 1, 2021, https://thediplomat.com/2020/08/china-attempts-to-shift-its-boundary-with-india-in-ladakh-again.

② Fiona McGillivray and Alastair Smith, "Trust and Cooperation through Agent-Specific Punishments," *International Organization* 54, no. 4 (2000): 809-824.

③ Monica Tennberg, "Trust in International Environmental Cooperation in Northwestern Russia," *Cooperation and Conflict* 42, no. 3 (2007): 321.

伴。但印度始终未能从1962年战争失败的阴影中走出，目睹中国和平崛起进程的加快和中印发展差距的拉大，印度对中国的疑虑心理再次冒头，并随着中国在印度洋地区利益的发展而不断升级。历史与现实的交织，使中印之间的战略互信始终未回到20世纪50年代，一直处于较低水平。

近十年来中印边境地区频繁发生的严重对峙虽都得到了和平解决，但每一次对峙都不同程度地加剧了中印间的相互疑虑，对双方竭力构建的政治互信造成了伤害。加勒万河谷冲突更是在很大程度上瓦解了中印间本就脆弱的战略互信，中印持续多年的边界谈判机制也遭到质疑，相互间的不满与敌视情绪在两国社会各界普遍存在。必须指出的是，尽管2021年2月，中印国防部长先后宣布了两国在班公湖南、北岸一线部队脱离接触的消息，但时至今日，中印边界西段的对峙仍未结束，仍有一些点位未能"脱离接触"。印度陆军退役中将赛义德·阿塔·哈斯奈（Syed Ata Hasnain）在评论中印脱离接触进程时称，"当前的情况不能被视为冲突得到了解决……中印边境问题的最终解决有赖于三点，即通过核查和协商建立信任，双方不再进行言辞攻击以及在外交层面恢复全面、正式的交流"。[①] 今后，中印能否在边境地区建立行之有效的信任措施并落实到一线部队，将是两国在边界问题上的核心议题。

2. 中印经贸关系严重受挫

近年来印度对华货物贸易逆差规模维持高位，加剧了两国的贸易摩擦与利益冲突。[②] 印人党政府将经济问题政治化的习惯做法与印度国内利益集团的推波助澜，促使莫迪政府上台以后频频以各种借口对中国产品和企业进行限制。加勒万河谷冲突发生后，印度刻意夸大中国的经济和安全"威胁"，采取一系列措施在经贸领域打压中国，并积极向美、日、澳等国靠拢，意图对华进行彻底的经济"脱钩"。2020年6月23日，印度金奈港停止对所有来自中国货物的清关工作，对所有中国货物100%实施检查。6月29日，印度政府以"损害印度的主权和完整，损害国家安全和公共秩序"这条律法为由禁止59款来自中

---

① Syed Ata Hasnain, "The Decision of China and India to Disengage Should Be Seen as a First Step to Ending Hostilities," The Indian Express, February 12, 2021, accessed June 1, 2021, https://indianexpress.com/article/opinion/columns/india-china-border-standoff-ladakh-lac-7184783.

② 王蕊、潘怡辰、朱思翘：《印度对华经济脱钩的动因及影响》，《国际贸易》2020年第10期，第12页。

国的APP，其中包括今日头条、微信、UC浏览器、全能扫描王等。^①截至2020年年底，印度共发布了四轮关于我国APP的禁令，被禁手机应用程序累计超200款。2020年7月1日，印度政府表示，不再允许任何中国公司或与中国公司合资的企业参与道路建设项目。^②7月23日，印度财政部宣布修改《财务通则》，称考虑到印度防务和国家安全因素，在今后所有政府采购中，邻国竞标企业需要提前在主管当局注册，并接受安全调查。^③对峙一年期间，印度政府出台了多项诸如此类明显针对中国的经济举措。

2020年印度经济总量已超越法、意、韩等国，虽在此次疫情中受到较大打击，但其市场规模与发展潜力仍不容小觑。因而长期来看，印度市场具有成长性和可培育性，但印度政府在边境对峙期间频频出台对华经济歧视性政策，严重损害了中企利益，打击了中企对印投资的信心，而印度对华经济"脱钩"的目标和举措也将使中企丧失巨大的潜在市场，直接阻滞两国经贸合作的上扬态势，形成"政冷经冷"的不利局面。

3. 中印人文交流受阻，彼此负面认知加深

2020年是中印建交七十周年，也是两国领导人在金奈会晤后达成共识的"中印人文交流年"，双方曾商议举办70项活动进行热烈庆祝。然而，新冠疫情蔓延以及接踵而至的中印边界西段对峙不仅严重抑制了两国间人文交流的热情，也加剧了两国民众关于彼此的负面认知。

长期以来，中印两国在人文交流领域的合作与其近30亿人口的体量极不相称。人员往来方面，中印两国的双向交流人数远低于与同为邻国的日本和韩国的交流人数。中日、中韩间的人员往来人数早已突破千万大关，而中印间迟至2018年来往人数才突破100万。中印民间交流人数少、水平低，造成的客观结果就是民众相互了解不够甚至完全不了解，从而给了负面媒体舆论可乘之机。留学生教育方面，中印两国间的情况更是不容乐观。根据我国教育部发布

① Rahul Shrivastava, "TikTok, Shareit, UC Browser among 59 Chinese Apps Banned by India as Border Tensions Simmer in Ladakh," India Today, June 29, 2020, accessed June 1, 2021, https://www.indiatoday.in/india/story/centre-announces-ban-chinese-apps-privacy-issues-1695265-2020-06-29.

② "India to Ban Chinese Companies from Highway Projects, Says Gadkari," The Hindu, July 1, 2020, https://www.thehindu.com/news/national/india-to-ban-chinese-companies-from-highway-projects-says-gadkari/article31961852.ece.

③ "Amid Faceoff with China, UP Bans Bidders from 'Certain' Countries over National Security," Indian Express, September 4, 2020, accessed June 1, 2021, https://www.newindianexpress.com/nation/2020/sep/04/amid-faceoff-with-china-up-bans-bidders-from-certain-countries-over-national-security-2192494.html.

的数据，2018年印度来华留学生有23,198人，而同年我国赴印度留学生仅有不到2000人，在人数和规模上完全不成比例。[①] 除此之外，中印双方在学术领域、体育领域、医疗卫生领域和科技领域的交流与合作程度也远远不够。中印边界西段对峙发生以来，中印两国间的教育交流受到直接冲击。2020年8月3日，印度教育部表示将于本周内开会检视国内7所大学设立的孔子学院，以及54份中印高等学府签署的校际合作谅解备忘录。[②] 教育部此举是为了回应此前印度智库对其国内涉华学术机构发起的安全调查。对峙发生以来，中印人文交流活动更是饱受冲击。原定于2020年举行的建交七十周年多场人文庆祝活动除了在1月举行的"中印文化交流图片展"外，其余人文项目或停摆或延期，均未能如期进行。除此之外，印度普通民众甚至将边界对峙的民族情绪延伸到对中国文化和食物的抵制上。如有印度网民在网络上呼吁，"爱国的印度人必须发起抵制中国食品的行动。我的建议是，出售中餐的餐馆、酒店应当通通关闭"。[③]

国之交在于民相亲，民相亲在于心相通。国际局势新变化和中印关系的新格局都要求中印双方在政治和安全互动、经贸合作之外，夯实双边关系的第三根支柱——人文交流。[④] 边界对峙对中印人文交流的强力冲击无疑会对改善两国民意和相互认知、弥补"信任赤字"、重新培育战略互信造成严重的消极影响，削弱中印友好关系发展的民意基础。

三、未来中印关系的走向

习近平总书记多次指出，当今世界正处于百年未有之大变局。新冠疫情的全球蔓延显然加速了世界秩序之"变"。莫迪政府于2019年强势连任后，其对华政策有向战略竞争与对冲发展的明显趋势，再加上边界对峙和新冠疫情的交

---

① 中国教育部：《2018年来华留学统计》，2019年4月12日，http://www.moe.gov.cn/jyb_xwfb/gzdt_gzdt/s5987/201904/t20190412_377692.html。

② "India to Review Chinese Language Programmes across Universities," The Hindu, August 2, 2020, accessed June 1, 2021, https://www.thehindu.com/news/national/india-to-review-chinese-language-programmes-across-universities/article32254737.ece.

③ Sandip Roy, "Indians Have Made Chinese Food Their Own; Boycotting It Only Betrays Our Culinary Culture and Middle-Class," First Post, June 20, 2020, accessed June 1, 2021, https://www.firstpost.com/india/indians-have-made-chinese-food-their-own-boycotting-it-only-betrays-our-culinary-culture-and-middle-class-8502751.html.

④ 尹锡南：《中印人文交流研究：历史、现状与认知》，时事出版社，2015，第12页。

织，中印关系将会走向何处？从达成脱离接触协议后两国关系的现实来看，中印关系可能会从当前的低谷实现缓慢而有限的回弹，但前景仍不容乐观。

（一）中印边界西段在短期内有望保持相对稳定

从目前两国在班公湖南、北岸脱离接触的态势来看，中印有望结束近四十年来最长、最严重的边境对峙，中印边界西段在短期内有望恢复总体稳定。在长达一年的对峙中，中印两国在军事实力、战略部署和斗争意志等方面都进行了深度较量，这种较量有助于双方都更清晰准确地认识到对方的底线，客观上有助于减少误判，降低再次爆发恶性冲突的概率。与以往有所不同，中方在此次边界西段对峙中向印度政府和军方展示出了强烈的战略意志。可以说此次对峙是1962年中印边境自卫反击战以来，印度在边境地区的"前进"政策首次真正受阻。印度在此番较量中不仅没有占到便宜，反而再次领略了中国人民解放军的实力和捍卫领土主权的意志。有鉴于此，短期内印度不太可能在中印边界西段再采取破坏稳定局势的明显动作，除非中美之间的战略竞争出现不可控局面。事实表明，尽管发生了加勒万河谷冲突这样的严重事件，但中印都在竭力管控局势，双方始终没有放弃通过外交和军事多渠道沟通的和平路径充分验证了这一点。2021年2月，中印就班公湖两岸脱离接触达成协议，有效地缓解了边境紧张局势。2月24日，印度陆军参谋长纳拉瓦内在辨喜国际基金会组织的一场网络研讨会中也表示，中印两军在班公湖脱离接触是"非常好的结果"，对两国来说是双赢的局面。[①] 目前双方正积极寻求在剩余点位脱离接触，虽进展不如人意，但都表现克制，避免采取再度激化矛盾的行动。

此外，全球新冠疫情，尤其是印度疫情失控在客观上可能会对印度在边境地区再度冒险形成一定牵制。新冠疫情暴发以来，印度国内经济下行严重，2020年前三个季度的GDP都出现了负增长的情况。2021年4月以来，印度疫情形势急剧恶化，连续半个月以上单日新增病例超过30万，死亡率也居高不下。印度一度取代美国成为新冠全球确诊病例最多的国家。一方面，严重的疫情可能会制约印度在边境地区再采取过激举措。另一方面，中国从人道主义出发积极援助印度抗疫也有助于推动两国关系复苏。4月30日，习近平主席在致莫迪总理的慰问电中表示，人类是休戚与共的命运共同体，世界各国唯有团

---

① "Disengagement Win-Win Situation for Both Sides: Indian Army Chief," The Economics Times, February 25, 2021, accessed June 1, 2021, https://economictimes.indiatimes.com/news/defence/disengagement-win-win-situation-for-both-sides-army-chief/articleshow/81192694.cms.

结合作，才能最终战胜疫情。中方愿同印方加强抗疫合作，向印方提供支持和帮助。同日，国务委员兼外长王毅同印度外长苏杰生通电话，表示愿向印方提供力所能及的支持和帮助，并提出了中方愿根据印方的需求进一步支持印度抗击疫情的合作措施。[①] 接到订单的中国企业加班加点为印度生产相关医疗物资。据中国海关总署统计，自2021年4月以来，中国向印度提供了超过5000台呼吸机、21,569台制氧机、超过2148万个口罩，以及大约3800吨药品。据中国驻印度大使孙卫东介绍，2021年4月底，中方收到印度至少2.5万台制氧机订单。除了供应商加班生产外，还部署了运送医疗物资的货机，中国海关也将为相关手续提供便利。截至2021年5月1日，中国援助印度的氧气和医疗物资的数量在各国中排名第一。[②] 中国红十字会向印度捐赠的首批100台制氧机、40台呼吸机以及其他防疫物资也在5月9日运抵印度。中国红十字会还决定向印度红十字会提供100万美元的现金援助，以帮助其抗疫。[③] 中国不计前嫌积极援助印度抗疫，有可能改善此前因边境冲突而在印度恶化的国家形象，培育向好的民意基础，从而为边境地区形势的持续缓和提供条件。如果边境地区局势缓和后，印度不继续采取大的挑衅性动作，莫迪任内西段边界的局势有望保持相对稳定。但中印在边境管控中重新建立互信的可能性极低，不能排除印度在中印边境其他段或点位制造事端的可能，中方对边境形势须始终保持高度警惕。

（二）中印经贸关系可能缓慢回暖

莫迪带领的印人党政府上台以后采取了"防范与合作并举"的实用主义对华外交，在不同问题和领域进行差异化对待。在对华经济政策上，莫迪政府也沿用了这一思维。一方面，印度政府希望利用中方的资金、技术和经验加速国内经济变革的进度，尤其是推动基础设施建设，在电子、机械等领域借力中方企业从而完成"印度制造"的计划。另一方面，印度国内上下对中国在双边贸易中持续保持顺差耿耿于怀，反复要求中国采取扩大对印度商品市场准入等

---

① 《驻印度大使孙卫东接受〈环球时报〉电话采访》，中国驻印度共和国大使馆，2021年5月1日，http://in.china-embassy.org/chn/sgxw/t1873127.htm，访问日期：2021年6月1日。

② 《几句话讲透中国为什么要援助印度》，凤凰网，https://news.ifeng.com/c/869LqpwhyLd，访问日期：2021年6月1日。

③ 《中国红十字会向印度援助》，中华网，2021年5月9日，https://news.china.com/domestic/945/20210509/39555834_all.html，访问日期：2021年6月1日。

措施改变现状，其至出现"经贸问题政治化"的现象。① 中印边界西段对峙发生以来，印度在经贸领域采取了封禁中国APP、限制中企对印投资等一系列措施，并试图在产业链上与中国切割，摆脱对中国商品的依赖。但印度商工部最新贸易数据显示，2020年，中印双边贸易额达到875.9亿美元，其中印度自中国进口商品667.3亿美元，中国取代美国再度成为印度最大的贸易伙伴。这一事实表明，在中国强大的制造能力以及中印产业紧密分工合作的背景下，印度试图与中国脱钩，谋求"自力更生"的"宏愿"很难实现。莫迪政府在对峙期间的对华"经济脱钩"态势尚未对中印经贸合作构成根本伤害，中国仍是印度最大的进口贸易国，印度对中国制造业的依赖度依然较大。

尽管印度再度试图将中印边界问题的解决作为发展两国关系的前提，但在实践上，边界争端终究无法阻断中印之间广泛的经贸合作。边境对峙期间，两国间逆势上扬的贸易成交量无疑是最好的证明。随着边境形势的缓和，中印之间的经贸合作与其他领域的往来也有望逐渐恢复。英国路透社2月16日报道称，随着边境紧张局势缓和，印度准备于未来几周内批准来自中国的一些新投资提议。印度政府一官员也表示将开始批准一些对国家安全不敏感的"'绿地投资'项目。"② 随即印度政府也放出消息称设立了一个由内政部、外交部、商工部和国家转型委员会（Niti Aayog）等部门官员组成的协调委员会，负责处理受印度2020年政策影响，暂停审批的100多项中国投资项目。③ 2021年的疫情也扩大了印度对中国防疫物资的需求，有可能为中印贸易关系带来新的增长点，为未来经贸合作找到新的突破口。

然而，受制于印度对华的遏制战略和竞争思维，印度在政策层面对中国投资的限制、专门针对中国设置的贸易壁垒以及策动排除中国的供应链合作等都将会持续下去。2021年年初莫迪政府推出电力进出口新政，允许尼泊尔向印度跨境出售电力的同时，就专门限制"与印陆路接壤邻国投资的发电项目"所

---

① 王世达：《试析印度经济大滑坡及中印经贸合作前景》，《国际研究参考》2020年第4期，第24页。

② Aftab Ahmed, "Exclusive: India Set to Clear Some New Investment Proposals from China in Coming Weeks—Sources," The Reuters, February 16, 2021, accessed June 1, 2021, https://www.reuters.com/article/india-china-investment-exclusive-idUSKBN2AG1IV.

③ "Panel to Vet Chinese Investment," The Tribune, February 22, 2021, accessed June 1, 2021, https://www.tribuneindia.com/news/nation/panel-to-vet-chinese-investment-216303.

生产电力的对印出口。[①] 显然，印度不仅在其境内明显打压限制中企，还企图在其他南亚国家限制中资。除了电力项目外，印度在5G供应商的选择上也高度防范中国。2021年印度通信部门发布了一份公告，正式允许诺基亚、爱立信、三星等全球通信设备制造商参与本国的5G试验，而华为和中兴等中企则被排除在外。[②] 这些迹象表明，中印经贸关系完全恢复正常还需克服很多障碍。

（三）中印关系将较多地受中美关系影响而起伏波动

自独立以来，印度外交始终具有"理想主义"和"现实主义"并存的二元性特征。莫迪上台以来，印度对华外交始终受到其"现实主义"理念的驱动。在中美战略竞争大于合作的新态势下，印度通过渲染"民主"价值观、煽动意识形态对立、向美国为首的西方国家靠拢、借美国之势推行对华强硬外交的图谋已经昭然若揭。

印度战略界普遍认为，莫迪继承了尼赫鲁现实主义的外交遗产，延续了20世纪中叶尼赫鲁将印度打造为"有声有色的世界大国"的雄心壮志，决心将印度打造为世界领导型大国。新冠疫情发生以来，尤其是中印边界西段对峙爆发以后，印度越发受到以美国为首的西方世界的拉拢追捧。从美、印、日、澳、法举行五国联合海上演习，到美印两国陆军在印度举行代号为"准备战争"的联合军事行动，从美印日澳领导人同台的"四边机制"峰会，到美国新任国防部长高调访问新德里，从法国年度"拉贝鲁斯"军演2021年首次邀请印军参演，到英国首相约翰逊力邀莫迪总理参加伦敦七国集团峰会，凡此种种都反映出当前西方国家尤其是美、日、澳寄予印度的地缘战略厚望，给予了印度愈来愈大的"国际能见度"。相较于此前的"不结盟"，莫迪政府出现了明显的"近美"和"亲西"的转变。印度著名学者拉贾·莫汉为这种转变做了很好的注脚："如今，中国是印度面临的最大挑战，而美国正日益成为印度应对这一'威胁'的重要伙伴。印度加入四国峰会正是对这一地缘政治现实的回

---

① "India Introduces Procedure that Will Allow Nepal to Export Power to It," Kathmandu Post, February 28, 2021, accessed June 1, 2021, https://kathmandupost.com/national/2021/02/28/india-introduces-procedure-that-will-allow-nepal-to-export-power-to-it.

② Rezaul H Laskar, "Concerned at Chinese Firms Being Kept out of India's 5G Trials: China," Hindustan Times, May 5, 2021, accessed June 1, 2021, https://www.hindustantimes.com/world-news/concerned-at-chinese-firms-being-kept-out-of-india-s-5g-trials-china-101620232237070.html.

应。"① 莫迪及其外交决策团队中部分人认为，中美对抗加剧意味着印度重返大国行列的机会已经到来，而中印边界西段对峙暗示着两国结构性矛盾难以调和，印度应该当机立断，放弃在中美间"左右逢源"的想法，与美国结为盟友。这种思想在苏杰生所著《印度道路：不确定世界下的战略》一书中有鲜明的反映。他在书中第三章引用了印度古典史诗摩诃婆罗多的故事，以般度族和俱卢族这两个家族的战争来影射中美之间的战略竞争，认为在两方的竞争中，印度不能搞"平衡"之策，而应站在"道义"一边。② 这实际上是暗示在中美竞争中，印度的正确选择就是和与其"民主价值观"相同的一方即美国接近，共同遏制崛起的中国。

鉴于亲美力量在印度决策层中的影响力，印度对华关系将越来越多地受到中美关系和印美关系的影响。换言之，美国因素在印度对华决策中的影响力可能会进一步上升。对于印度而言，当下的"与美接近"至少能在短时间内实现两点外交目标。其一是获得美国及其盟友在中印边境争议中对印度的国际支持，借此对中国施加压力。其二是借"价值观外交"提高本国在西方世界的话语权，跻身大国行列，成为一个"领导国家"。

四、结　语

当今世界正处于百年未有之大变局，大变局之中充满挑战，也催生机遇。中印建交七十周年之际，两国在边界西段爆发了自20世纪90年代以来持续时间最长、烈度最大的军事对峙。此次对峙对中印关系产生了极为重要的影响，如何在边界西段实现完全脱离接触，如何切实维护好边境地区的和平与安宁，如何稳住中印发展的大格局，都考验着中印两国的智慧。作为彼此搬不走的邻居和发展道路上绕不开的伙伴，"中印两国和平相处，共同发展，集中力量办好自己的事，让两国人民过上美好生活"，就是为"世界大同"作出了应有的贡献。③

① C. Raja Mohan, "The Quad's Importance to India's Strategic Autonomy," The Indian Press, March 16, 2021, accessed June 1, 2021, https://indianexpress.com/article/opinion/columns/quad-summit-india-china-relations-brics-nations-7229861.

② Subrahmanyam Jaishankar, *The India Way: Strategies for an Uncertain World* (New York: Harper Collins, 2020), pp.45-68.

③ 《驻印度大使孙卫东在第七次中印关系对话线上开幕式上的致辞》，中国外交部，2021年4月16日，http://switzerlandemb.fmprc.gov.cn/web/dszlsjt_673036/t1869541.shtml，访问日期：2021年6月1日。

The Confrontation in the Western Section of the Sino-Indian Border and Its Impact on Bilateral Relations

GUAN Peifeng and WAN Jia

Abstract   Before the founding of the People's Republic of China, China and Britain had negotiated on the territory of the western section of the Sino-Indian border, but they never formally delimited the boundary. The two countries basically ruled their territory along the traditional customary line. In the 1950s, India made a claim on some territories of the western part of the Sino-Indian border that had been actually controlled by China for a long time, which is the beginning of the dispute over the western section of the Sino-Indian border. In June 2020, violent clashes between the frontier forces of the two countries occurred and caused casualties during their confrontation in the western boundary area. The principal cause of the confrontation is that Indian government has implemented the "Forward Policy" in the Sino-Indian border area, and intended to contain China by taking advantage of the intensified competition between China and the United States. The confrontation and clashes have great impact on the Sino-Indian relations in various fields. However, the bilateral relations might achieve a slow and limited rebound out of the current trough with the stabilizing situation in the border area and India's coronavirus crisis.

Keywords   The Western Section of the Sino-Indian Border; Dispute; Confrontation; Sino-Indian Relations;

Authors   Guan Peifeng, Professor of China Institute of Boundary and Ocean Studies, and China-India Boundary Research Center, Wuhan University; Wan Jia, doctoral candidate of China Institute of Boundary and Ocean Studies, Wuhan University.

2020年中日钓鱼岛问题再起的特点与原因*

包霞琴　宋　奥

【内容提要】 本轮钓鱼岛争端发轫于2020年5月，在新冠疫情深度影响全球秩序、中美战略博弈日趋复杂、日美两国政局变动的背景下展开，因日本主动炒作和美国暗中推动而不断升级。日本菅义伟政府并未跳出外交抗议、前沿对峙、强化能力与国际合作的传统应对框架。但是，日本对华强硬势力对菅义伟政府的"软弱"态度极为不满，要求其进一步采取解除自身能力限制、推动国内法律整备、引入域外军事力量、强化实际有效支配等更趋对抗的政策措施。本轮争端是日本整体国家安全战略变革和对华关系变动的缩影，其后续发展会对中日双边关系产生深远影响，值得高度重视。

【关键词】 钓鱼岛问题；菅义伟政府；中日关系

【作者简介】 包霞琴，复旦大学国际关系与公共事务学院教授、博士生导师；宋奥，复旦大学国际关系与公共事务学院硕士研究生。

在百年不遇的新冠疫情和中美战略博弈长期化、激烈化的双重影响下，中日关系出现了复杂化趋势。2020年，菅义伟内阁与拜登政府作为日美两国的新政权，上台伊始就互通电话，致力于通过高层密切沟通来强化日美关系。一是再次确认了强化日美同盟的共同目标，决定为"实现自由开放的印度太平洋"开展密切合作。二是高调提及钓鱼岛问题。日方寻求拜登政权更频繁、更明确的政治表态；美方投其所好，重申钓鱼岛适用《日美安保条约》第5条，

* 作者感谢《中国周边外交研究》集刊匿名审稿专家提出的建设性修改意见。文中疏漏之责由作者自负。

反对"任何单方面改变东海、南海现状的企图",矛头直指中国。三是双方就"延伸威慑"(Extended Deterrence)、日美澳印"四边机制"、朝鲜核问题、美国重回国际组织等诸多议题进行了磋商。拜登政府对特朗普外交的重大调整深刻影响着菅义伟内阁的对华政策,2017年之后中日关系重回正轨和稳定发展的步伐被打断。

新冠疫情在全球蔓延后,日本开始在钓鱼岛问题上大肆炒作,渲染东海的紧张局势。在日美"2+2"会谈和日美首脑会谈后发表的联合声明中,双方都公开对台湾问题表示"严重关切",并触及涉港、涉疆问题。这是日本自1972年中日邦交正常化之后首次在中国内政等核心问题上挑战中国,严重破坏了2017年后中日关系"从竞争走向协调"的发展方向。本文将探讨钓鱼岛问题再起的新特点及背后动因,并由此分析这一时期钓鱼岛问题对日本安全保障政策、中日双边关系的深刻影响。

一、钓鱼岛问题再起的背景与原因

2020年5月,中国海警编队在钓鱼岛海域例行巡航时,跟踪、监控一艘在我国领海范围内非法作业的日本渔船。嗣后,日方开始大肆渲染,有意制造紧张气氛,使中日双边关系再次因钓鱼岛问题重生摩擦,重起波澜。事情发生后,中国方面基本保持冷静克制,表现出以对话解决分歧的诚意。但日本却频出激进言行,如推动钓鱼岛"行政区划"更名、渲染《中华人民共和国海警法》(简称《海警法》)对区域海洋安全秩序的"威胁性"等。受此影响,该事件呈现逐步升级的态势。日本着力渲染该事件的背景大体有以下三点。

(一)中日两国的海上执法与海上军事力量的差距日益扩大

日本的海洋警备任务主要由作为警察机构的海上保安厅(简称"海保")承担。2012年钓鱼岛"国有化"事件后,中国建立海警例行巡航机制,中日双方海上执法力量在钓鱼岛周边海域维持相互对峙的基本态势。起初,日本海上保安厅的巡逻船吨位及数量、配备武器级别等处于相对优势地位,能够以较为从容的姿态来维护其对钓鱼岛的"有效支配"和"实际控制"。然而,随着我国海警能力建设踏上高速轨道,双方实力出现决定性倒转,差距逐步拉大。日本在钓鱼岛周边海域的前沿对峙中越来越力不从心。日本《海上保安厅白皮书(2019)》指出,"中国公务船势力的增强,船只的大型化、武装化",给海上保安厅应对"领海侵入"带来了巨大挑战（见图1）。[①] 日本九州大学益尾知佐子副教授认为，随着《海警法》的颁布，为确立自身对钓鱼岛的"实际控制"，中国海警局在"日本领海"内的活动规模或将进一步扩大。日本海上保安厅的负担将日趋增加，可能会因频繁出动、资源分散而疲于应对。[②]

日本各界认识到，在钓鱼岛问题上，时间并不在自己一方。如果不尽快做出改变，继续"放任"双方海洋能力不对称发展，日本对钓鱼岛的"有效支配"地位可能会被中国的"蚕食"战术（Salami Tactics）逐步改变。这不仅会导致以保持日方"施政权"为前提的《日美安保条约》第5条丧失适用性，还会使日本将中国"封锁"在"第一岛链"内的海洋安全战略趋于失败。日本大肆炒作钓鱼岛问题，不乏吸引国际眼球、引入域外势力，改变自身"独木难支"态势的考虑。

图1　中日排水量1000吨以上海上巡逻船数量对比

数据来源：《海上保安厅白皮书（2019）》。

（二）美国将日本置于"美中对抗"格局的"最前线国家"，日本开始"选边站队"

拜登政府上台后重视盟友关系。作为美国在亚太地区的最重要盟友，日本不仅受到美国方面"选边站队"的外部压力，也直接面临力量格局变动、区域秩序变迁所带来的"安全风险"。高畑昭男在为东京财团政策研究所撰写的报

---

① 海上保安厅：《海上保安レポート（海上保安白書）2019》，2019年5月，https://www.kaiho.mlit.go.jp/info/books/report2019/html/hajimeni/hajimeni19.html，访问日期：2021年6月1日。

② 西村豪太：《尖閣めぐる対立が先鋭化　日中関係が菅政権の急所に：中国》，《週刊東洋経済》2021年新春合併特大號，第68—69页。

告中提道，日美同盟是"与中国进行战略竞争"的主轴。日本会受到中国在钓鱼岛问题、台湾问题上行动的直接影响，处在对华"最前沿国家"的第一线。[①]庆应大学教授细谷雄一进一步称，如果中国认为"日本的国力正在衰退，美国的区域存在正在减弱"，便有可能推动改变"现状"，夺取对钓鱼岛的"有效支配"。[②] 在与中国存在内生性矛盾与利益冲突的情况下，日本须同美国加强合作，共同应对中国崛起给区域及世界秩序带来的"挑战"。由此，钓鱼岛问题便成为日美确定彼此战略意图的有力抓手，以及重构同盟合作关系的有效切入点。

本次钓鱼岛问题的爆发与升级，其背后存在着美国推波助澜、冀图借此将日本牢牢绑在自身战车之上的原因。2020年以来，美国相继发布《2020年度中国军力报告》等多份文件，以海军上将菲利普・戴维森（Philip S. Davidson）[③]为代表的诸多美军高层也频频通过双边及多边渠道发声，公开探讨所谓中国武力进攻钓鱼岛的可能"剧本"，有意制造恐慌气氛。日本方面，在美国政权更迭之际炒作钓鱼岛问题，一方面有助于其确定拜登政府的同盟政策，凸显日本在美国对华竞争格局中的重要地位；另一方面也有助于展示日美紧密联合的战略姿态，对中国形成"威慑"，间接抵消日中海上执法及海上执法力量差距日益扩大所带来的不利影响。可以说，本次钓鱼岛问题，是日美两国在基于同盟关系的现实利益诉求下共同推动的结果。

（三）菅义伟内阁对自民党内"鹰派"势力的控制力相对削弱

自民党内对政府在钓鱼岛问题上对华态度"软弱"、缺乏"有效应对措施"的不满由来已久。在"安倍一强"时代，安倍晋三对党内保持较强控制力，对

[①] 高畑昭男：《バイデン外交が描く「中国vs国際社会」戦略と日本》，東京財団政策研究所，2021年3月17日，https://www.tkfd.or.jp/research/detail.php?id=3715，访问日期：2021年6月1日。

[②] 細谷雄一：《2021年 歴史の分岐点：深まる分断、米中対立と緊張する台湾海峡・尖閣諸島》，2021年2月24日，東京財団政策研究所，https://www.tkfd.or.jp/research/detail.php?id=3690，访问日期：2021年6月1日。

[③] 2021年3月9日，戴维森在接受国会质询时表示："北京寻求推动其在东海的领土野心，一直利用其空军、海军和海警对'日本管辖的钓鱼岛'施压，测试日本和美国的决心，并加剧东北亚局势……（中国）同时采取军事和行政措施追求其'缺乏国际立场'的东海主张，在广泛努力中稳步、渐进地改变区域现状，使之对自身有利。"参见 Testimony by Admiral Philip S. Davidson, USN, Commander U.S. Indo-Pacific Command, "U.S. Indo-Pacific Command Posture," March 9, 2021, https://www.andrewerickson.com/2021/03/testimony-by-admiral-philip-s-davidson-usn-commander-u-s-indo-pacific-command-u-s-indo-pacific-command-posture。

华"鹰派"在钓鱼岛问题上言行上较为克制，少许杂音也无法对政策产生实质影响。然而，菅义伟内阁上台后，局面开始相对失控。一方面，由于政绩不显，政治支持率持续走低，[①] 菅义伟对党内的控制力显著下降，这为对华"鹰派"在钓鱼岛问题上的活跃表现创造了空间。另一方面，菅义伟内阁系接替辞任的安倍内阁的临时政权，2021年内，日本将进行一次新的大选。就钓鱼岛问题有意迎合选民心理发表强硬论调，展现"捍卫领土"的姿态，无疑有利于对华"鹰派"在即将到来的选举中博取更高关注度。东洋大学教授药师寺克行撰文指出，菅义伟内阁在压制党内"鹰派"对华强硬论上颇显失败，反而呈现迎合其声音并使之反映在政府政策上的错误趋势。这是致使钓鱼岛问题再度激化、党内对华攻讦日渐尖锐、中日关系趋于紧张的重要原因。[②] 日本共同社记者冈田充也认为，由于政权缺乏向心力，菅义伟内阁无法压制党内右翼势力在钓鱼岛问题上的挑衅性言行。其结果是，本趋稳定的钓鱼岛局势重新紧张，本已回暖的日中关系也因此再度恶化。[③]

《海警法》于2021年2月实施后，短短3个月内，自民党外交部会、国防部会等便就钓鱼岛问题召开十多次联合会议。[④] 自民党内对华"鹰派"不仅向政府表示不满、施加压力，还提交了诸如"强化钓鱼岛有效支配的政策提言"（2020年9月）、"为守护钓鱼岛而进行法律整备等有关措施的提言"（2021年3月）、"坚决捍卫包括钓鱼岛在内的我国领土、领海、领空的紧急提言"（2021年4月）等政策建议书。对华"鹰派"尖锐、激进、错误的言行举措，给菅义伟政府带来了巨大压力，也成为此次钓鱼岛问题不断升级的重要驱动力。

---

① 民调显示，菅义伟内阁支持率已从上台时的51.2%，一路下滑至3月的35.0%。参见《不支持理由「指導力ない」最多　菅内閣、半年で変化―世論調査分析》，時事通信社，2021年3月14日，https://www.jiji.com/jc/article?k=2021031300425&g=pol，访问日期：2021年6月1日。

② 薬師寺克行：《対中批判が噴出、自民党で何が起きているのか》，《東洋経済》，2021年3月4日，https://toyokeizai.net/articles/-/414492，访问日期：2021年6月1日。

③ 岡田充：《海警法で「尖閣奪われる」は曲解「ダブスタ」で中国をみる曇った目》，2021年2月15日，21世紀中国総研，http://www.21ccs.jp/ryougan_okada/ryougan_125.html，访问日期：2021年6月1日。

④ 截至5月10日，自民党内相继于2月5日、2月9日、2月12日、2月13日、2月16日、2月20日、2月24日、2月26日、3月10日、3月26日、4月6日、4月9日、4月28日召开会议，讨论钓鱼岛问题与《海警法》问题。资料来源于自民党外交部会会长、参议员佐藤正久官方网站：https://ameblo.jp/satomasahisa/entrylist.html，访问日期：2021年6月1日。

二、钓鱼岛问题再起的表现与特点

目前日本应对钓鱼岛问题的体制为：在"平时"状态下，由海上保安厅和国境离岛警备队等警察机构，在警察权权限内进行现场应对；当出现海上保安厅无法应对的事态时，可根据《自卫队法》，经内阁决议下达"海上警备行动命令"或"治安出动命令"，但自卫队的行动与武器使用权限仍限定在警察权范围之内。当认定存在"武力攻击事态"，一般的警察力量无法维持治安，存在"特殊必要性"时，可由内阁决议发布"防卫出动命令"，由自卫队以最低、必要限度的军事力量进行应对。目前，海上保安厅仍是日本处理钓鱼岛问题最主要的机构，尚未有过就钓鱼岛问题出动自卫队的先例。但是，随着中日双方海上执法力量差距的扩大，以此次钓鱼岛争端为契机，日本国内对现有应对体制进行改革的呼声不绝于耳。目前把控舆论公域、具备政策影响力的，主要是主张在领土问题上积极有效应对、采取强硬措施、实际改变局势的"强硬派"。

日本"强硬派"认为，针对钓鱼岛的现有应对体制存在很大问题。面对"第二海军化"的中国海警，单凭外交抗议、前沿对峙等常规措施已不足以有效对抗，必须改变既有政策，采取内部制衡（强化自身能力）与外部制衡（加强国际合作）的双重策略。[1]目前日本的短板表现为海上保安厅能力不足，海上保安厅法定职能权限与实际需要之间存在差距，海上保安厅与海上自卫队（简称"海自"）、美国海岸警卫队及美国海军之间缺乏有效合作，等等。[2]以自民党国防部会、国土交通部会联合提交菅义伟政府的《为守护钓鱼岛而进行法律整备等有关措施的提言》为代表，"强硬派"主要提出了三方面因应措施。

首先，进行体系整备、能力建设、人员扩充与装备强化，推动海上保安厅、国境离岛警备队和自卫队的情报共享、联合训练，增强日本自身的应对能力。强硬派认为，强化自身能力是"保卫钓鱼岛"的基础和前提。能力建设不仅能够展现日本的战略意志，也能够为美国军事介入争取时间和空间。

海上保安厅方面，其2021年度预算达到历史新高，为2226亿日元。预算投入以钓鱼岛周边海域警备为核心，计划在2023年前新入列大型巡逻船4艘、

---

① 織田邦男：《尖閣を守るためにいまやるべきこと》，月刊《正論》2021年3月号，http://www.jfss.gr.jp/article/1434，访问日期：2021年6月1日。

② 自由民主党国防議員連盟：《尖閣諸島を守り抜くための法的整備等に関わる提言》，2021年3月26日，https://ameblo.jp/satomasahisa/entry-12665525572.html，访问日期：2021年6月1日。

直升机搭载型巡逻船3艘、巡逻船搭载用直升机5架，并拨付专款推动海洋监视体制强化、海洋情报搜集与基地建设。[①] 自卫队方面，强硬论者在要求政府进一步提高防卫预算、扩编自卫队规模、推动装备现代化的同时，还提出在那霸机场增建第二跑道、解除宫古岛市下地岛机场自卫队使用禁令、在与那国岛建设军用港口、在八重山群岛建设大型船坞等措施，以强化西南诸岛方向的岛屿防卫能力。[②] 此外，他们还主张强化海上保安厅与海上自卫队的联动体系，加强情报信息共享，提升联合训练频率，构建联合指挥框架，以免在紧急事态下出现混乱。[③] 从实践来看，自中国《海警法》颁布以来，日本海上自卫队与海上保安厅已相继在九州西部海域、若狭湾举行多次联合训练，训练针对对象为"侵入日本领海的他国公船或船只"，主要项目为"情报信息共享、联合追踪监视、紧急状态下对侵入船只的逼停"等，[④] 具有明显的钓鱼岛问题指向性。对于2020年冲绳县警新创设的钓鱼岛专门警队"国境离岛警备队"，强硬论者建议尽快推动其人员扩充，加快大型直升机配备，同时着力提升直升机的装甲、武器水平。

其次，进行法律整备，在推动海上保安厅职能明确化、重定武器使用基准的同时，为自卫队积极投入消除法律障碍。强硬论者认为，在《海警法》赋予中国海警船"武器使用""强制拆除他国在中国管辖海域和岛礁上的非法建筑物、构筑物"等权限的情况下，若继续依据现有法律对海上保安厅、海上自卫队行动及武器使用权限加以限制，日本将处于"被动挨打"的不利局面。为此，应尽快推动《海上保安厅法》《自卫队法》的修改，甚至新颁《领域警备法》，在充分构想各种事态应对方案的基础上，为海保与海自的行动建构法律依据。

具体而言，强硬派希望从以下四个方向进行法律整备：其一，废除《海上保安厅法》第25条中有关海上保安厅不得"被组织为军队、接受军事训练或

---

① 海上保安厅:《令和3年度海上保安厅关系予算决定概要》，2020年12月，https://www.kaiho.mlit.go.jp/soubi-yosan/nyusatsu/koukoku/201502/shiyousyo/R3yosanketteigaiyou.pdf，访问日期：2021年6月1日。

② 自由民主党国防议员联盟:《尖阁诸島を守り抜くための法的整備等に関わる提言》，2021年3月26日，https://ameblo.jp/satomasahisa/entry-12665525572.html，访问日期：2021年6月1日。

③ 太田文雄:《海自と海保の相互運用性確保を急げ》，2020年11月26日，国家基本問題研究所，https://jinf.jp/feedback/archives/32969，访问日期：2021年6月1日。

④ 参见《海上自衛隊と共同対処訓練を実施します》，海上保安庁，2021年3月3日，https://www.kaiho.mlit.go.jp/info/kouhou/r3/k210226/k210226.pdf，访问日期：2021年6月1日；《不審船に対処、海保と海自が共同訓練 若狭湾》，2021年4月7日，朝日新聞，https://www.asahi.com/articles/ASP4674G8P45PLZB004.html，访问日期：2021年6月1日。

履行军队职能"的限制，在第 2 条就海保职能的规定中新增"领海保全任务"，放宽海保船武器使用基准。其二，在《自卫队法》中新增"领域警备行动"，划定"领域"并推动自卫队的事前展开、平时警备，以推动作为海上执法力量的警察与作为防卫力量的自卫队之间的无缝合作。其三，在《海上保安厅法》《自卫队法》中新增"领空侵犯应对措施"与"航空警备行动"。强硬派认为，日本目前应对领空侵犯局限于"领空"范围内的"他国飞机侵入"，对于小型无人机在公海攻击日本船舰、他国战机在公海发射导弹攻击日本等并非"侵略"的"灰色地带事态"，现有法律缺乏应对方案。应尽快弥补现有法律的空白，并推动海保、离岛警备队与自卫队的联合。其四，推动自卫队"防卫出动命令"的高效率，简化出动程序，推动事前部署，避免陷入防卫力量未能及时出动，中国方面"先行登岛"的被动局面。①

最后，加强国际合作，引入域外势力，围绕钓鱼岛问题建构"对华包围网"。本轮钓鱼岛问题的一个突出特征是，在加强自身能力建设，争取美国安全承诺的基础上，日本还着力引入其他域外势力，联合对中国进行军事施压。目前来看，日本不仅频繁与美军、法军等在东海海域举行联合训练和联合演习，② 还争取到英国"伊丽莎白"号航母战斗群 2021 年内部署亚太、法国海军"牧月"号护卫舰访问佐世保基地并进入东海海域执行任务、澳大利亚将 P-8A 反潜巡逻机部署在嘉手纳基地并进入中国东海防空识别区活动、德国派遣军舰进入东海等。域外力量的广泛进入使得东海安全局势进一步复杂化，多边化。

除了自民党部会在政策建议中所提出的三方面内容之外，部分极端强硬分子，如以青山繁晴为代表的自民党议员、以石垣市市长中山义隆为代表的地方政治家、以东海大学教授山田吉彦为代表的学者、以产经新闻为代表的保守派媒体，还冀图推动日本政府采取更加"直接有效"的行动，展现日本对钓鱼岛的"实际控制"。他们提出的建议包括：以环境保护为由进行登岛调查；在钓鱼岛上维护或建设灯塔、气象观测站等基础设施；派遣公务人员常驻钓鱼岛；

① 自由民主党国防議員連盟：《尖閣諸島を守り抜くための法的整備等に関わる提言》，2021年 3 月 26 日，https://ameblo.jp/satomasahisa/entry-12665525572.html，访问日期：2021 年 6 月 1 日。

② 例如，2020 年 12 月 15—17 日，日本海上自卫队与美国、法国海军舰艇在冲之鸟周边海域举行对潜战特别训练；2021 年 2 月 19 日，日本海上自卫队与美国、法国海军舰艇在九州西部海域举行洋上补给训练；2021 年 5 月 11—17 日，日美法三国又于九州雾岛举行以岛屿防卫、夺岛演习、登岛作战为重点的联合军演。

派遣自卫队驻扎钓鱼岛;在钓鱼岛周边海域同美军进行联合军演;等等。① 然而,即便在强硬派内部,对此也疑虑颇多。对此类措施可能会导致紧张局势进一步升级、造成中日关系迅速恶化、招致国际舆论批评的担忧普遍存在。因此,在最终呈上的政策建议书中,上述意见未被列入。

但是,从政策建议书内容已足以看出,对华"鹰派"此次炒作钓鱼岛问题的目的在于进一步解禁日本的军事限制,提高日本的防卫能力,摆脱战后法律体系束缚,朝着"正常国家"的目标努力。正如日本国际情报局前局长孙崎享所言,本轮钓鱼岛问题愈演愈烈无非是日本冀图"为进一步加强自卫队实力寻找理由","最终将使自身'陷于不义'"。② 也正因为如此,日本国内对强硬派论调的质疑与批评之声此起彼伏。

三、菅义伟政府的应对措施及特点

对于"强硬派"所提出的系列应对措施,菅义伟政府及海上保安厅、外务省等行政官僚的态度相对较为慎重。在实践中,菅义伟政府实际采取的政策主要如下。

第一,着力通过外交渠道向中国表示抗议,但用语较为谨慎、暧昧。2021年2月3日,在第十二轮中日海洋事务高级别磋商中,外务省亚洲大洋洲局局长船越健裕就以钓鱼岛周边海域为代表的东海海洋安全保障问题向中方表示担忧,强烈要求中方在钓鱼岛问题上"自我克制",以"与国际法一致的方式"运用《海警法》。2月8日、2月15日、3月29日,日本官房长官加藤胜信三次表示,已通过外交渠道,就中国在钓鱼岛周边海域的活动提出抗议。4月5日,在中日外长电话会谈中,日本外相茂木敏充就中国海警"侵入"钓鱼岛海域、《海警法》实施等问题向中方表示关切,强烈要求中国采取具体行动。

"强硬派"批评称,菅义伟政府不仅将重心放在对中国的"口头抗议"上,还极力避免对《海警法》"违反"国际法的明确表态,没有正确传达日本的外

---

① 参见《自民党国防議連、尖閣諸島の有効支配の強化策提言書を加藤官房長官に提出》,2020年9月23日,https://ameblo.jp/satomasahisa/entry-12627078543.html,访问日期:2021年6月1日;山田吉彦《尖閣防衛に時間の猶予ない》,《別冊正論36「尖閣絶体絶命」》,2021年3月;《尖閣に公務員常駐の勉強会、自民有志が20日に初会合　議連への改組も》,2021年4月8日,産経新聞,https://www.sankei.com/politics/news/210408/plt2104080016 -n1.html,访问日期:2021年6月1日。

② 江新凤:《日本涉华问题再泛杂音》,《世界知识》2020年第15期,第32页。

交立场。菅义伟政府只是一再重复"感到遗憾、不能容忍""严重抗议"的传统话语。

第二，国际上两面出击，一方面寻求美国对日本立场的支持与理解，争取其对东海局势的更明确表态；另一方面与对《海警法》同样存在关切的东南亚等国家形成联动，共同对中国施压。《海警法》正式实施以来，日本方面就钓鱼岛问题展开的外交行动包括：2021年2月3日，日英举行外交、防务阁僚会议（"2+2"会谈），双方对东海局势表示关切，宣称共同反对任何"单方面改变东海现状并加剧紧张局势的行为"。2月17日，统合幕僚长山崎幸二与美军参谋长联席会议主席马克·米利（Mark Milley）就《海警法》交换意见，探讨进一步加强美军东海区域存在与强化日美情报合作的可能性。3月12日，日美澳印"四边机制"首脑会议发表联合声明称，各方承诺将"联合应对东海和南海基于规则的海洋秩序所面临的挑战"。3月16日，在日美"2+2"会谈《联合新闻公报》中，美国再度承诺《日美安保条约》第5条适用于钓鱼岛，承认日本对钓鱼岛享有"施政权"。在3月23日的日本波兰首脑电话会谈、3月30日的日本印度尼西亚"2+2"会谈、4月7日的日本老挝首脑电话会谈中，菅义伟也传达了日本对东海局势及《海警法》的深切担忧。4月16日，双方在《日美首脑联合声明》中明确表示"反对任何试图破坏日本对钓鱼岛管理的单方面行动"，并承诺为此进一步深化防务合作，强化威慑和反应能力。由此，日本将本为日中双边问题的钓鱼岛问题铺陈、拓展到多边层面，构建了对中国领土主张不利的国际舆论与外交环境。

第三，在现有法律框架内，探讨以"危害射击"形式使用武力的可能性。"危害射击"意指海上保安厅可根据《海上保安厅法》第20条第1款、《警察官职务执行法》第7条，在面临"凶恶犯罪"时，基于"正当防卫"或"紧急避险"原则，在最小限度内使用武力。菅义伟政府认为，这可以赋予海上保安厅在钓鱼岛海域前沿对峙时使用武器的权限。但是，日本政府内部就此政策仍有颇多质疑：其一，能否援引本国国内法，将他国公船进入钓鱼岛周边海域、"侵犯日本领海"的行为判定为"凶恶犯罪"。考虑到《联合国海洋法公约》禁止对他国公船使用武力，此举可能会违反国际法和国际惯例。其二，即便赋予海保船在紧急情况下使用武力的权限，面对装备水平、舰船吨位显著占优的中国海警船，海上保安厅可能也不具备实际制止能力。其三，承认可对他国公船进行"危害射击"，或将使美国海军在南海的"航行自由行动"面临风险。中方可能会以此为凭据，对在南海活动的美军军舰及公船进行"危害射击"。① 由此，对于是否正式确定"危害射击"在钓鱼岛问题上的可适用性，日本政府内部尚在慎重讨论。

第四，约束少数强硬派的激进言行。3月15日，官房长官加藤胜信就石垣市在钓鱼岛树立行政标识的要求表示：为维持钓鱼岛及周边海域的安定性，原则上除政府相关人员外，其他人员均不得登岛。② 通过限制登岛，菅义伟政府消除了部分强硬派所主张的"有效支配"措施的实践可能。

综合以上，恰如东京大学教授川岛真所评价的，菅义伟政府目前并未脱离日本传统的钓鱼岛政策轨道，即向中国表示外交关切、与美国及他国加强合作、强化海上保安厅能力。③ 换言之，菅义伟政府进一步升级钓鱼岛问题的决心与意志相对有限，其总体上较为慎重，在实际政策上并没有太过明显而激进的突破之举。菅义伟政府优先寻求在现有法律框架内进行有效应对，而不愿在法律整备、自卫队介入、强化有效支配等方面轻易做出尝试的原因，主要有以下四点。

首先，海上保安厅为维护自身"权力范围"，不愿修改《海上保安厅法》，在自卫队插手海洋警备事务上"松开口子"。一方面，海上保安厅将《海上保安厅法》第25条的"非军事化"规定视为自身的"精神与骄傲"。在海上保安厅内部，"自卫队是进行战争的组织，警察则是维护和平的组织"的反军事思想根深蒂固。④ 如果修改法律，使自卫队得以在"平时"状态下便参与到海上执法活动中，海上保安厅作为警察机构的独立性将受到损害。另一方面，如海上保安厅原警备救难监向田昌幸所言，修改法律可能会导致紧张局势进一步升级，使日本陷于率先出动军事力量的不利态势，导致日中陷入"力量与力量的

---

① 香田洋二：《中国海警法への日本の対応は国際法違反の恐れ～九段線より独善的》，2021年3月18日，日経ビジネス，https://business.nikkei.com/atcl/gen/19/00179/031600044/，访问日期：2021年6月1日。

② 《加藤官房長官、尖閣に行政標識設置「政府関係者以外の上陸認めず」》，SankeiBiz，2021年3月15日，https://www.sankeibiz.jp/macro/news/210315/mca2103152203029-n1.htm，访问日期：2021年6月1日。

③ Kawashima Shin, "China's Worrying New Coast Guard Law," The Diplomat, March 17, 2021, accessed June 1, 2021, https://thediplomat.com/2021/03/chinas-worrying-new-coast-guard-law/.

④ 石破茂：《独立国家、国家主権など》，2021年4月2日，http://ishiba-shigeru.cocolog-nifty.com/blog/2021/04/post-bbf9cd.html，访问日期：2021年6月1日。

对决"的恶性循环之中。① 这反而无益于钓鱼岛问题的真正解决。由是，海保始终坚持"现有权限足以有效应对"，"不需要修改法律。"②

其次，国土交通省长期由在安保政策上相对审慎、致力于中日关系平稳运行的公明党所把握。自第二任安倍内阁以来，国土交通省长官始终由联合执政党公明党派遣政治家出任，而公明党是在钓鱼岛问题上牵制自民党对华"鹰派"的重要平衡力量。公明党干事长石井启一曾于2021年1月21日表示："日中关系是最重要的双边关系之一。对于包括钓鱼岛及其周边海域在内的东海问题，应该冷静而毅然决然地应对，推动中方的积极回应，建立双边良好关系。"③ 公明党党代表山口那津男3月30日也提出："中国是日本最大的贸易伙伴国，日中有着广泛交流历史。日本应避免可能导致紧张局势高涨的行为，积极对话以消除冲突。"④ 作为海上保安厅的上级机构，公明党把控的国土交通省的态度倾向，无疑会对政府在钓鱼岛问题上的政策走势产生重要影响。

再次，在经贸合作、举办东京奥运会、应对新冠疫情、气候变化等议题上，日中之间存在广泛的合作空间。特别是在菅义伟政府将应对新冠疫情及疫情后经济恢复作为本届内阁最优先课题的背景下，同中国保持稳定关系就显得更为重要。因此，菅义伟政府不愿在钓鱼岛问题上表现得过于强硬，而更倾向于在传递日方立场的基础上尽力维持现状。日本前驻华大使宫本雄二认为，（就钓鱼岛问题）日本有必要向中国表明自身立场，但不能强加主张、采取伤害中国国民感情的举动。在"坚决捍卫主权"的同时，也应保持同中国的沟通，在不为日美安保体系带来负面影响的前提下加强经济合作。⑤

最后，日本行政官僚长期遵循"保持现状""依循惯例""少事主义"的传统。而菅义伟内阁作为短期政权，不仅缺乏迅速实现法律修改的实际能力，也

---

① 《中国海警法 日本の対応は 石破茂氏/向田昌幸氏/青山瑠妙氏》，日本经济新闻，2021年3月18日，https://www.nikkei.com/article/DGXKZO70058280X10C21A3TCS000/，访问日期：2021年6月1日。

② 铃木洋元：《尖閣含む海上保安庁の現状と課題》，2021年3月10日，https://ameblo.jp/satomasahisa/entry-12661529912.html，访问日期：2021年6月1日。

③ 《石井幹事長の衆院代表質問（要旨）》，2021年1月21日，公明党，https://www.komei.or.jp/komeinews/p141882/，访问日期：2021年6月1日。

④ 《公明·山口代表「根拠なければ」 ウイグル対中制裁に慎重姿勢》，産経新聞，2021年3月30日，https://news.yahoo.co.jp/articles/5439a1eea6231e5cb894de194d3e028d3ff405e9，访问日期：2021年6月1日。

⑤ 斉藤勝久：《米中全面対決、台湾有事はあり得るか：宮本雄二·元中国大使が読み解く「海警法」問題》，2021年4月7日，https://www.nippon.com/ja/in-depth/d00702/，访问日期：2021年6月1日。

不具备推动各省厅就钓鱼岛政策问题展开根本性变革的意愿。特别是在《海上保安厅法》和《自卫队法》修改可能会根本触及日本战后体制的情况下，菅义伟内阁与各省厅的政治态度更为谨慎。在炒作领土问题、渲染危机感以争取国民支持的同时，将钓鱼岛问题控制在适度紧张但不至滑向危机边缘的可控范围内，避免承担中日关系恶化的实际代价，某种意义上最符合"慎重论"者的实际需求。

四、日本炒作钓鱼岛问题的战略意图

新冠疫情暴发后，中日关系本得益于双边抗疫合作而踏上改善发展的轨道，却又突然"势同水火"，在钓鱼岛问题、涉港问题、台湾问题、南海问题等一系列议题上产生严重分歧。若对本次钓鱼岛问题进行追根溯源就可以发现：钓鱼岛问题的再度激化，是日本在一系列安全议题上突然转变态度、对华进行"战略围堵"的核心诱发点。考虑到日本是率先采取单方面行动致使问题升级的一方，对其行动背后的战略意图进行梳理就显得尤为必要。整体来看，日本希望实现的目标主要有三。

（一）对中国的"海洋进出"活动形成有效牵制

2020年7月发布的新版《日本防卫白皮书》中，对所谓中国借新冠疫情之机推进"以力量求改变现状"的"单方面海洋进出"问题着墨颇多，日本将此视为对本国国家安全的根本性"威胁"之一。由于近年来中国海上军事力量迅猛发展，致力于"海洋立国"的日本在面对中方活动时已处于力不从心的被动地位。在力量不对称发展的背景下，日本已不具备同时对中方在东海、台海、南海等方向突破"第一岛链"封锁的系列活动予以全方位因应的客观能力。在此背景下，日本老调重弹钓鱼岛问题，不乏牵制中国精力、化分散为整合的考虑。借此，日本不仅得以化零为整，在此中心议题上整合资源同中国相对抗，以此迫使中方在采取行动时更趋谨慎，同时也得以抛出引发国际高度关注的核心焦点，从而同其他与中国存在海洋利益分歧的国家形成"战略联动"，建构对中国的海洋势力"包围圈"，以期对中国的海洋行动形成遏制。简言之，日本冀图在单一议题上以资源整合为基础进行强硬表态和行动，从而换取或迫使中方在包含钓鱼岛问题在内的诸多海洋安全议题上立场的主动妥协退让。

（二）拉拢美国更深层次介入区域安全议题，巩固以日美同盟为主轴的安保战略

日本一贯寻求美国就钓鱼岛问题予以更加直接、更加明确的表态，采取更加实质性行动，以对中国形成更为有效的威慑。现实事态演进证明，美方立场也确如日本期望步步推进。美国曾长期保持不介入中日领土问题的中立立场，却在2012年"国有化"问题中明确承认钓鱼岛防卫适用于《日美安保条约》第5条。2020年以来的本轮新争端后，美国又进一步将干涉行为上升为计划直接在钓鱼岛周边部署联合防卫力量。2020年7月29日，驻日美军司令官凯文·施耐德（Kevin Schneider）承诺美军将以"情报、监视和侦察能力的形式"，帮助日本监控钓鱼岛附近的中方船只。① 同时，美国还计划在2021财年在太平洋部署一支专门的多领域特遣部队（Multi-Domain Task Force）及相应的高精尖武器，并把钓鱼岛作为拟部署地之一。② 可以说，主动引发围绕钓鱼岛问题同中方的高强度对抗并造成双边紧张局势升级，已经成为日本借以提高美国对区域安全议题关注程度、强化日美安全合作力度，以及以强化防卫为由争取美方支持日本进一步发展军事能力的重要切入点。

（三）为日本防卫政策整体性修改谋篇布局

日本当下正着手对本国国家安全战略进行大幅修改，而其依据便是领土问题及邻国导弹技术发展等问题对日本国家安全利益构成"严重威胁"。通过渲染领土问题营造危机紧张情绪、消解民间反对压力、换取民众对本国安保战略重大转变的理解与支持，是第二任安倍政府上台以来屡试不爽的战略措施。政权交替后，在菅义伟内阁缺乏凝聚力与控制力、"强硬派"政治家站到台前引领政策讨论的情况下，这一趋势更为明显。朝野内外的部分政治家希望以钓鱼岛问题为跳板，以"中国安全威胁"为借口，推动本国安保战略朝着有利于自

---

① Yuri Kageyama, "US Commander Affirms US Support for Japan on China Dispute," The Washington Post, July 29, 2020, accessed January 1, 2021, https://www.washingtonpost.com/world/the_americas/us-commander-affirms-us-support-for-japan -on-china-dispute/2020/07/29/3026c666-d187-11ea-826b-cc394d824e35_story.html.

② Ashley Roque, "US Army Examines Basing Multi-domain Task Force Troops on the Senkaku/Diaoyu Islands," Janes, January 13, 2020, accessed January 1, 2021, https://www.janes.com/defence-news/news-detail/us-army-examines-basing-multi-domain-task-force-troops-on-the-senkakudiaoyu-islands.

身军事能力建设的方向发展。按其逻辑，中方"日趋升级的挑衅"使得只能被动防御的海上保安厅与海上自卫队日渐疲于应对，这从法理和现实双重层面对日本的安全构成挑战。要真正彻底解决自身所面临的"安全威胁"，日本应发展包含"对敌基地攻击能力"在内的诸多主动性军事力量，在对方计划着手行动的阶段便形成有效威慑，以从根本上消除中方对日本领土的"觊觎"与"野心"。如果这一设想成真，无疑意味着日本将根本性突破"专守防卫"原则，建构起进攻性军事能力，向着"正常化"国家进一步发展。

综上，日本在钓鱼岛问题上的最新动态，是其整体国家安全战略变革和对华关系变动的缩影。日本所希望实现的战略目标已在很大程度上向前推进。目前来看，日本政治家在钓鱼岛问题上的活动正日益频繁，日益主动，日益激进；日本政府正试图以挑起争端与摩擦为由头，向着拥有常规军事能力的"正常化"国家目标进一步迈进；美国更深层次介入区域安全局势、干预中日领土问题的意愿也有所上升。对此，中方有必要做好充分预案，在保持战略定力、明确自身目标的基础上，予以适当而有效的应对。

The Characteristics and Causes of the Recurrence of the Diaoyu Islands Issue in 2020

BAO Xiaqin and SONG Ao

Abstract   A new round of dispute over the Diaoyu Islands started in May 2020. In the context of the profound influence of COVID-19 on the global order, the increasingly complex strategic game between China and the United States, and the changing political situation in Japan and the United States, it has been continuously escalated due to Japan's active speculation and the United States' push in the dark. By far, the Suga Yoshihide Administration has not jumped out of the traditional response framework defined by diplomatic protest, frontier confrontation, capacity enhancement and international cooperation. However, Japan's hardliners against China are highly unsatisfied with the "weak" attitude of the government. They require the government to take more confrontational policy measures, such as lifting its own capacity restrictions, promoting domestic legal arrangement and preparation, introducing foreign military forces, as well as strengthening actual effective control. This round of the dispute is the epitome of the change of Japan's overall national security strategy and the change of its relations with China. Its subsequent development will have a far-reaching impact on the bilateral relations between China and Japan, which deserves great attention.

Keywords   The Dispute over the Diaoyu Islands; Suga Yoshihide Government; Sino-Japan Relations

Authors   Bao Xiaqin, professor of School of International Relations and Public Affairs, Fudan University; Song Ao, postgraduate student of School of International Relations and Public Affairs, Fudan University.

南海外大陆架问题初析[*]

杨　力

【内容提要】马来西亚和越南等国提交的南海200海里外大陆架划界案引发的南海外大陆架问题，是近十多年来南海外交和法理论战的重要表现。本文简要回顾了《联合国海洋法公约》外大陆架制度创设的背景和主要内容，从该制度本身、大陆架界限委员会的实践以及南海领土海洋争端的特点等不同角度，就南海外大陆架问题涉及的主要国际法问题进行了分析，认为应从《联合国海洋法公约》的宗旨和精神出发，确保外大陆架制度在不断发展变迁的形势下得到正确的、实事求是的适用，对于涉及陆地和海洋争端的划界案，应继续遵循大陆架界限委员会通过其议事规则确立的实践，坚持不予审议的做法，以利于妥善处理南海问题和保持南海地区稳定。

【关键词】海洋法；外大陆架；大陆架界限委员会；南海

【作者简介】杨力，中国南海研究院院长助理，海洋经济研究所所长。

南海外大陆架问题，系指一些南海沿岸国提交200海里外大陆架划界案（简称"划界案"）引发的外交和法律问题。南海问题几经起伏，近一轮升温从2009年开始，自那时以来的外交博弈、军事较量和法理论战均较激烈。之所以是2009年，既有当时美国奥巴马政府推行"重返亚太"政策等战略背景，也与南海沿岸国海上活动趋于频繁相关。此外，国际海洋法律规则的演进，特别是外大陆架问题的突显，也成为触发南海诸多深层次矛盾表面化、尖锐化和

　　* 作者感谢《中国周边外交研究》集刊匿名审稿专家提出的建设性修改意见。文中疏漏之责由作者自负。

国际化的"偶发"但却重要的因素。2009年5月6日,越南与马来西亚联合提交涉及南海的200海里外大陆架划界案(简称"马越联合划界案")①及2009年5月7日越南单独提交的涉南海划界案(简称"越南划界案"),是此后南海问题持续升温的一针"催化剂"。2019年12月12日,马来西亚再次提交涉南海划界案(简称"马来西亚划界案"),又引发持续一年多的各国外交照会论战。本文尝试从国际法角度对南海外大陆架问题进行梳理和初步分析。

一、大陆架和外大陆架制度

国际法意义上的大陆架,是沿海国家的陆地领土在海平面以下的自然延伸,是国家管辖海域的组成部分。1945年9月,美国总统杜鲁门发布公告,宣称毗连美国海岸的大陆架底土和海床的自然资源属于美国,受其管辖和控制,这被视为现代大陆架制度的开端。②此举引起多个国家效仿,推动形成了关于大陆架的国际法规则。1982年《联合国海洋法公约》(简称《公约》)规定,沿海国为勘探大陆架和开发其自然资源为目的对大陆架行使专属性的主权权利,沿海国对大陆架的权利不影响上覆水域及其上空的法律地位,不得侵害或不当干扰其他国家的权利和自由,包括航行自由。③由此可见,沿海国对大陆架仅拥有国际法赋予的特定的主权权利。

在大陆架制度形成和发展过程中,大陆架宽度是一个重要问题。1958年4月《大陆架公约》规定了"200米水深"和"上覆水域深度允许对自然资源进行开发"(即"可开发性")的宽度标准,④由于该标准仅对技术发达国家有利,招致发展中国家以及内陆国家的反对。20世纪60年代末以后,随着国家管辖范围之外的国际海底区域被界定为"人类共同继承财产",国际上拓展大陆架宽度与限制大陆架扩张两种主张之间的对立变得更加尖锐。《公约》以"一揽子妥协"的方式暂时解决了这一矛盾。

---

① 本文援引的各国提交的200海里外大陆架划界案的详细情况,包括其执行摘要及附图等,如不另行注明,均来自大陆架界限委员会官方网站https://www.un.org/Depts/los/clcs_new/commission_submissions.htm,访问日期:2021年5月25日。

② Bjarni Már Magnússon, The Continental Shelf Beyond 200 Nautical Miles: Delineation, Delimitation and Dispute Settlement (Brill Nijhoff, 2015), p. 9.

③ 《公约》条款均引自《联合国海洋法公约(汉英)》,海洋出版社,1996。

④ Øystein Jensen, *The Commission on the Limits of the Continental Shelf: Law and Legitimacy* (Brill Nijhoff, 2014), p. 17.

《公约》第76条规定，沿海国的大陆架包括其领海以外依其陆地领土的全部自然延伸，扩展到大陆边外缘的海底区域的海床和底土。如果从测算领海宽度的基线量起到大陆边的外缘的距离不到200海里，则扩展到200海里的距离。第76条第4款则对大陆边从领海基线量起"超出200海里"的情形下如何确定大陆边外缘做出了技术上的规定。上述表明，沿海国理论上可主张至少200海里大陆架，而部分符合特定情形（根据"距大陆坡坡脚1%沉积厚度公式线"和"60海里距离公式线"确定的大陆边外缘超过200海里）的沿海国，可主张超出200海里的大陆架（即200海里外大陆架，简称"外大陆架"）。《公约》还限定，外大陆架无论如何不应超过350海里，或超出2500米等深线外100海里。这些规定构成了《公约》设立的外大陆架制度的基础。

外大陆架制度本质上是国际海洋法对拥有宽大陆架沿海国利益的"特殊关照"。为了在扩展国家管辖海域和保护人类共同继承财产之间达成平衡，《公约》就沿海国对外大陆架的权利施加了一定限制，即在外大陆架上开发非生物资源（一般理解为矿产资源），必须通过《公约》设立的国际海底管理局这一国际组织缴纳费用和实物，并由后者按照公平分享的标准分配给《公约》缔约国，分配时还要考虑到发展中国家，特别是其中的最不发达国家和内陆国的利益和需要。

对于特定国家而言，外大陆架外部界限可以说是该国管辖海域在当前国际法律秩序下可以延伸的最远边界。从全球范围来看，有关各国的外大陆架外部界限构成国家管辖范围海域与作为人类共同继承财产的国际海底区域的最终分界线。从这个意义上说，外大陆架外部界限的划定，不仅事关沿海国权益，也与国际社会整体利益密切相关。

二、大陆架界限委员会和外大陆架外部界限的确定

可能是由于外大陆架外部界限划定既属于有关沿海国的主权事项，又涉及各国与国际社会整体的利益分配，根据《公约》第76条第8款，有条件主张外大陆架的沿海国，并不能自行确定其外部界限，而必须将有关该界限的情报提交给《公约》设立的外大陆架界限委员会（简称"委员会"），委员会应就有关划定外部界限的事项向沿海国提出建议，沿海国在这些建议的基础上划定的界限才有确定性和拘束力。

《公约》附件二就委员会的组成、职权等做出了规定。委员会由21名地质

学、地球物理学或水文学方面的专家组成，由《公约》全体缔约国选举产生，每届任期五年，可连选连任，委员以个人身份任职。委员会的主要职能是审议沿海国提交的有关外大陆架外部界限的资料（亦即外大陆架划界案，简称"划界案"）并提出建议，也可经请求为有关沿海国编制划界案提供咨询意见。在对划界案进行实质审议时，委员会应组成7人小组委员会开展工作并将建议草案提交委员会全体会议审议批准。

从上述规定似可得出结论，委员会是由科学家组成的独立行使职权的国际机构，其主要职责是就确定沿海国的外大陆架外部界限提供具有权威性的科学意见。需要注意的是，在现行国际海洋法律制度下，外大陆架界限的确定本质上是沿海国的主权事项，委员会无权越俎代庖，只能就此提出"建议"。另外，沿海国要确定其外大陆架外部界限，则必须向委员会提交划界案，并在获得对方的建议后，方可在委员会建议的基础上[①]划定"确定性并有拘束力"的外大陆架外部界限。由于外大陆架事关有关沿海国和国际社会整体利益，委员会的重要性不言而喻。

1997年3月《公约》第七次缔约国会议选举产生第一届大陆架界限委员会，委员会正式投入运作。从2001年12月俄罗斯提出第一起划界案起，截至2021年3月，委员会共接收88起划界案，另有8起订正划界案，[②]先后就46起划界案建立了小组委员会，并就其中35起提出了建议。[③]另据委员会主席向《公约》缔约国会议主席报告，截至2020年3月31日，有71个缔约国单独或联合提交了划界案。[④]

三、南海外大陆架问题的出现及发展

南海外大陆架问题公开发端于2009年5月。当时马来西亚和越南提交的两

---

① 如何解释"在委员会建议基础上"，学术界有各种观点，参见Bjarni Már Magnússon, *The Continental Shelf Beyond 200 Nautical Miles: Delineation, Delimitation and Dispute Settlement*, pp.87-91。

② 关于订正划界案，见下文第四（二）部分。

③ 统计数据来自委员会官方网站https://www.un.org/Depts/los/clcs_new/commission_submissions.htm，访问日期：2021年5月25日。

④ 2020年4月13日大陆架界限委员会主席给第三十次缔约国会议主席的信，SPLOS/30/10，第10段。本文援引的委员会的文件，包括其议事规则等，如不另行注明，均来自委员会官方网站https://www.un.org/Depts/los/clcs_new/clcs_home.htm，访问日期：2021年5月25日。

个划界案引起中国的强烈反应，印尼和菲律宾等其他南海沿岸国随后也加入论战，各国累计提交外交照会17份。①

（一）马越联合划界案和越南划界案的提交

2009年5月6日，马越联合划界案提交，涉及的外大陆架区域位于南海南部，不仅进入中国主张管辖海域，还部分覆盖中国主张领土主权的南沙群岛区域。② 5月7日，越南划界案提交，所涉外大陆架区域位于南海中部，亦进入中国主张管辖海域，包括中国西沙群岛的200海里大陆架。

2009年5月7日，中国就两个划界案分别向联合国秘书长提交了主体内容相同的照会，表明中国对南海诸岛及其附近海域拥有无可争辩的主权，并对相关海域及其海床和底土享有主权权利和管辖权；有关划界案所涉外大陆架区域涉及中方主张管辖海域，严重侵害了中国在南海的主权、主权权利和管辖权；根据委员会议事规则附件一有关规定，③ 中国政府郑重要求委员会对有关划界案不予审理。照会还带有一张标示南海诸岛位置及南海断续线的附图。

8月4日，菲律宾就马、越的两个划界案也分别提交照会，要求委员会不予审议，理由是该划界案所涉外大陆架均与菲外大陆架存在重叠，马越联合划界案还涉及菲、马之间存在争议的北婆罗洲（马称"沙巴"）等岛屿。

越、马对中、菲两国的反对分别做出回应，辩称提交划界案是"履行《公约》缔约国义务的合法举措"。

考虑到中、菲提出的反对照会，委员会于2009年8月在第二十四届全体会议上决定暂时不对两个划界案建立小组委员会进行审议，直到该划界案按照收件先后顺序再次成为下一个审议对象时再行考虑。④ 截至目前，两个划界案仍处于推迟审议状态。

---

① 在实践中，一国针对另一国划界案的反对或评论，一般均以向联合国秘书长提交照会并请求后者予以周知的方式发表，对方国家如做出公开反应或回应，亦通过相同途径进行。委员会没有单独的常设秘书处，根据《公约》附件二第2条第5款，委员会秘书处应由（联合国）秘书长提供，因此划界案（包括执行摘要）和他国反应照会均向联合国秘书长提交并由其公布。如不另行说明，有关照会均由当事国常驻联合国代表团向联合国秘书长提交，并引自委员会官方网站https://www.un.org/Depts/los/clcs_new/commission_submissions.htm，访问日期：2021年5月25日。

② 根据中国政府的立场，中国对南沙群岛整体主张主权，而非对南沙群岛的单个岛礁或海洋地物主张主权。

③ 关于委员会议事规则附件一，见下文第四（三）部分。

④ 根据委员会议事规则第51条，划界案应按收件顺序排列和处理。

（二）印尼、菲律宾、越南就划界案与中国的交涉

在马、越提交划界案近一年后，随着南海形势逐渐升温，2010年7月8日，印尼向联合国秘书长提交照会，针对中国的照会，特别是南海断续线附图发表评论。印尼称其不是南海问题的当事国，但认为中国南海断续线（照会中称"九段线"）缺乏国际法依据。印尼还以中国反对日本凭借冲之鸟礁主张200海里专属经济区和大陆架为由，提出南海的"极小地物"也不应拥有此类管辖海域。

2011年3月，中菲围绕南沙群岛礼乐滩海域油气勘探的争端激化，菲方随之提高了与中方法理论战的调门。4月5日，菲再次向联合国秘书长提交照会，就中国2009年5月7日照会表明立场，重申菲对"卡拉延岛群"（即菲要求的南沙群岛部分岛礁的统称）的"主权和管辖权"，否定中国南海断续线的合法性和南沙岛礁主张管辖海域的效力。4月14日，中国提交回应照会，强调中国南沙群岛的范围是明确的，且中国南沙群岛拥有领海、专属经济区和大陆架。越南也于5月3日再提照会，重申越对西沙和南沙群岛（越分别称为"黄沙"和"长沙"群岛）的"主权"。

（三）围绕马来西亚划界案的外交交涉

2019年，马来西亚再次提交划界案。由于南海法理斗争形势的新发展，该划界案引发了域内外国家持续一年多的外交照会信函论战，共有11个国家先后提交25份照会或信函。

2019年12月12日，马来西亚在与越南联合提交划界案十年后，再次提出单独划界案，涉及的外大陆架位于马越联合划界案之外的南海中南部，更大程度上覆盖南沙群岛海域并涉及西沙群岛200海里大陆架范围。

中国当天即发表照会重申中国在南海的主张，指出马划界案严重侵害了中国在南海的主权、主权权利和管辖权，再次援引委员会议事规则，要求委员会对划界案不予审理。马于2020年7月29日做出回应，否定中国南海主张，中方于2020年8月7日再次照会表达立场。

菲律宾于2020年3月6日提交照会，重申2009年8月4日照会立场，包括提及北婆罗洲（马来西亚称"沙巴"）主权问题。越南于4月10日照会重申越对西沙和南沙群岛"主权"以及对《公约》所设海洋区域的"主权、主权权利和管辖权"。马于8月27日回应菲律宾，否定菲对"卡拉延岛群"的主张，强

调马从未承认菲对沙巴的主权声索，要求委员会审议其划界案。菲于10月9日再次照会反驳。

菲、越在就马划界案表明立场的同时，也将矛头对准中国。菲3月6日提交照会，援引2016年"南海仲裁案仲裁庭裁决"（简称"南海仲裁裁决"），否定南沙群岛整体及岛礁个体主张专属经济区和大陆架的权利以及中国在南海的历史性权利等主张。越3月30日提交的照会虽未明确援引"南海仲裁裁决"，但主要观点均从"裁决"内容照搬而来。

中国分别于3月23日和4月17日对菲、越做出回应。针对菲律宾指出，"南海仲裁裁决"是非法的、无效的，中国不接受任何基于该"裁决"的主张和行动；中菲已就妥善处理南海仲裁案问题达成共识，重回通过双边友好协商谈判解决海上问题的正轨。针对越南提出，中国对西沙和南沙群岛的主权得到国际社会广泛承认，越南政府也曾对此予以明确承认。中国反对越南的非法侵占以及在中国相关管辖海域的侵权行为，要求越从其侵占岛礁上撤走一切人员和设施。

印尼于2020年5月26日对中国回应马、菲、越三国的照会发表评论，重申其2010年7月8日照会的立场，强调其观点已被"南海仲裁裁决"确认。中国于6月2日回应，一方面重点批驳"南海仲裁裁决"，另一方面明确提出中国与印尼在南海不存在领土主权争议，但在南海部分海域存在海洋权益主张重叠，中方愿同印尼方通过谈判协商解决权益主张重叠问题。印尼于6月12日表示其"看不到任何国际法上的合法理由与中国进行海洋划界谈判"，不承认中国南海海洋问题当事国地位。中国于6月20日再次对印尼做出回应。

非南海沿岸国（即域外国家）的介入，是此轮外交照会论战与十年前最大的不同之处。

域外国家首先发声的是美国。2020年6月1日，美国常驻联合国代表致函联合国秘书长，针对中国2019年12月12日照会，援引"南海仲裁裁决"和《公约》，否定中国在南海的历史性权利、以南沙群岛等整体为基础的海洋主张以及南海海洋地物个体的海洋权利。由于美并不是南海领土和海洋问题当事国，美特意解释了此举必要性，即中国照会提出的要求是"不符合国际海洋法的过度海洋声索"，意在"非法干扰美及其他所有国家享有的权利和自由"，美有必要重申对这些"非法要求"的正式抗议。中国常驻联合国代表于6月9日致函联合国秘书长，就美上述信函表示，美不是监督《公约》执行的裁判，不应通过曲解《公约》来否定中国在南海的领土主权和海洋权益，敦促美方恪守在南海主权问题上不持立场的承诺，不要在南海制造事端，不要搞军事挑衅，不要挑拨离间中国与东盟国家关系。

澳大利亚于2020年7月23日发出照会，详尽否定中国的南海主张，包括质疑南海诸岛划定直线基线的依据，强调人工造陆等活动不能改变有关地物的法律性质，不接受中国关于其对西沙和南沙群岛主权被国际社会广泛承认的说法。中国于7月29日回应，指出澳"无视南海问题的基本事实"。

英国、法国、德国三个欧洲国家于2020年9月16日分别提交主体内容相同的照会，针对中国提出三国"共同立场"，强调"公海（包括南海）自由"不受阻碍的重要性，反对大陆国家远海群岛使用直线基线或群岛基线。中国于9月18日回应，反对将《公约》作为攻击他国的政治工具，指出各方应全面、正确解释《公约》，特别提到国际法上久已确认的大陆国家远海群岛（划设直线基线）的实践应得到尊重。

日本于2021年1月19日针对中国表明立场。值得注意的是，日仅选择两点表达异议，一是中国在南海划设的领海基线"不符合公约和一般国际法"，二是中国抗议日本飞机飞越美济礁上空是"限制南海飞越自由"。日没有触及其他国家均提及的南沙岛礁效力问题，并强调"南海仲裁裁决""对当事方"有拘束力，这似乎是为了照顾日自身在冲之鸟礁问题上的立场。中国于1月28日回应，反对任何国家以"航行自由"为名侵害中国主权和损害中国安全。

四、南海划界案涉及的几个国际法问题

由上述可见，南海外大陆架问题是《公约》创设的外大陆架制度与南海问题的交集，其内涵和外延十分丰富复杂。本文仅就以下几个作为外大陆架制度与南海问题交汇点的主要法律课题进行初步探讨。

（一）提交南海划界案是否系履行《公约》义务

越南和马来西亚均将提交南海划界案解释为履行《公约》义务的"合法举措"。撇开这些国家在南海是否有条件主张外大陆架的实质性问题不谈，仅从《公约》规定本身考察，上述"履行义务说"能否成立？

《公约》第76条第4款关于外大陆架的条款本质上是一个"赋权性"规定，同时也施加了"附条件的义务"，即一方面允许部分沿海国将其大陆架扩展到200海里之外，另一方面规定只有满足"大陆边从领海基线量起超过200海里"

这一特定情形的沿海国才有资格承担具体两层义务：一是实体义务，即只能按照《公约》第76条第4款至第6款的规定来划定外大陆架外部界限，二是程序性义务，即如要划定"确定性和有拘束力"的外部界限，则必须向委员会提交划界案，并在委员会建议的基础上行事。此外，根据《公约》第76条第10款，相关国家还承担一项隐含义务，即"不妨害相邻或相向国家间大陆架界限的划定问题"[①]。

基于上述，提交划界案的"履行义务说"并非绝对，因为该义务只是在特定情形下才适用，而是否满足特定情形，在事实和法律上是可以争论的。即使是符合条件的国家在履行提交划界案的义务时，也承担了不妨害其他国家权利的相对义务。

（二）提交南海划界案的时间是否存在最后期限

马、越之所以在2009年首次提交南海划界案，与《公约》规定的提交划界案的最后期限有关。《公约》附件二第4条要求，划界案应尽早提交委员会，而且无论如何应于该公约对有关国家生效后10年内提出。也就是说，某一沿海国提交划界案的最后期限，是《公约》对该国生效之日起10年内。

《公约》做出这一规定的初衷，应当是为了尽早确定有关国家外大陆架外部界限，从而相应明确国际海底区域范围，使该区域的资源开发活动更加具有法律上的确定性。[②]

《公约》于1994年11月生效，对于在此前批准《公约》的国家而言，提交划界案的最后期限应为2004年11月。但是，考虑到委员会1997年3月才选举产生，1999年5月才制定指导各国提交划界案的科学技术准则，2001年《公约》第十一次缔约国会议通过决议，宣布对于此前批准《公约》的缔约国而言，提交划界案的10年期限应从科学技术准则通过之日（亦即1999年5月13日）起算。[③] 这样一来，对包括南海沿岸国的大部分国家来说，提交划界案的最后期限即为2009年5月13日。

然而，即使存在这样的规定，2009年5月之前提交划界案对于有关沿海国来说是否为唯一选项？实践给出的答案是否定的。

---

① 详见本文第四（三）部分。

② 参见《公约》缔约国第十八次缔约国会议的报告，SPLOS/184，第90段。

③ Signe Veierud Busch, *Establishing Continental Shelf Limits Beyond 200 Nautical Miles by the Coastal State: A Right of Involvement for Other States?* (Brill Nijhoff, 2016), p. 36.

考虑到《公约》生效后的形势发展和实践，10年期限相对当初设定时的初衷已失去实际意义。理由如下。

第一，《公约》附件二第8条规定，如果沿海国不同意委员会就外大陆架外部界限所提建议，该国"应于合理期间内向委员会提出订正的或新的划界案"，但《公约》并未解释多长为"合理期间"，提交订正或新划界案的次数也无限制。

第二，为落实《公约》第76条第10款，避免划界案妨害与其他国家之间的划界，委员会于1997年9月制定的议事规则附件一第3条规定，虽有10年期限，沿海国"可以就其一部分的大陆架提出划界案"，"有关大陆架其他部分的划界案可以在以后提出"。这意味着，只要沿海国在10年期限内就其主张的外大陆架区域的一部分提交划界案，就视为已满足最后期限的要求，剩余部分的划界案可在以后任何时间提出。

第三，目前还有包括美国在内的一些国家未批准《公约》。这些国家的十年期限系从未知的批准《公约》之日起算，具有高度的不确定性。

第四，委员会处理划界案的工作量大大超出预期。[①]据统计，仅就目前已提交的划界案而言，仍有46个有待审议。从提出划界案到设立小组委员会之间的等待时间已增至约11年，预期还会延长。科学技术的进步，加上对大陆架地区更深入的了解，增加了划界案的复杂性，委员会需要更多的时间和分析。[②]

上述表明，最终确定各有关沿海国外大陆架外部界限的进程已比预期大大延长，甚至有可能进一步延长。这是当初《公约》谈判时未能预见的新问题，而十年期限对解决这个问题已不能发挥作用。

随着2009年最后期限的临近，在外大陆架调查及划界案编制上面临特殊财政和技术困难的众多发展中沿海国希望推迟期限的呼声高涨。鉴此，2008年《公约》第十八次缔约国会议协商一致通过决议，达成以下谅解：满足十年期限要求的方式可以是提交一份载有关外大陆架外部界限"指示性资料"的"初步信息"。[③]初步信息不要求有实质性内容，也不需要委员会审议，但具有

---

① 详见本文第五部分。

② 2020年4月13日大陆架界限委员会主席给第三十次缔约国会议主席的信，SPLOS/30/10，第11段。

③ 关于大陆架界限委员会工作量以及各国，特别是发展中国家履行《联合国海洋法公约》附件二第4条和SPLOS/72号文件（a）段所载决定的能力的决定，SPLOS/183，第1条。

在最后期限之前以"挂号"方式履行法定义务的作用。《公约》所规定的提交初步信息的方式不仅解决了发展中沿海国的困难，实际上也为面临争端的国家处理其外大陆架主张提供了选项，使其得以通过某种模糊方式，既满足时限、保留权利，又避免采取单方面行动引发有关问题激化。

具体到南海地区，与马、越同为南海沿岸国的中国、菲律宾、印尼和文莱在2009年5月之前或当时并未选择提交涉南海划界案。印尼和菲律宾使用了部分划界案选项。印尼于2008年6月就面向印度洋一侧的苏门答腊西北海域提交划界案，并声明将在此后提交其他海域的划界案。菲于2009年4月就其东部面向太平洋一侧的宾汉隆起海域提交划界案，并称该划界案不影响菲在今后就其他海域提交划界案的权利。[①] 中国和文莱当时则选择了提交初步信息的方式。2009年5月11日，中国提交了关于外大陆架的初步信息，指出中国在东海的大陆架自然延伸超过200海里，将在适当时候提交划界案，并保留在其他海域提交划界案的权利。[②] 文莱于次日提交了关于其外大陆架的初步信息。

（三）委员会应否审议涉及陆地或海洋问题的划界案

沿海国依据《公约》第76条划定外大陆架外部界限，与海岸相邻或相向的国家依《公约》第83条通过谈判协商或诉诸国际司法或仲裁等第三方程序划定彼此间的大陆架界限是性质不同的两个问题。委员会的职责仅与前者相关，其作为科学家组成的机构，既无受权，也缺乏法律专业知识来裁判国家之间的大陆架划界争端。为此，根据《公约》第76条第10款及附件二第9条，委员会的行动不应妨害海岸相邻或相向国家间划定界限的事项。

为落实上述规定，委员会议事规则附件一专门规范了对涉争端划界案的处理：对于提出划界案的国家而言，如果存在"海岸相向或相邻国家间的争端或其他未解决的陆地或海洋争端"，该国应将这些争端告知委员会，并尽可能向委员会保证划界案不会妨害国家间划定边界的事项；对于委员会而言，根据议事规则附件一第5条（a）项，如果已存在陆地或海洋争端，委员会不应审议和认定争端任一当事国提出的划界案，除非争端所有当事国事前表示同意。有

---

① 马、越两国的划界案也是部分划界案，但其地理位置决定其"外大陆架"主张只能在南海方向延伸。

② 中国于2012年12月14日提交了东海部分海域外大陆架划界案。

学者认为，这种同意应当以明示方式做出。①

委员会在实践中处理过多起涉陆地或海洋争端的划界案。根据具体情况，有要求提案国修改涉争端部分或达成彼此可接受的协议、对涉争端部分不予审议、暂时搁置审议有关划界案等不同处理方式。②总之，对于此类划界案，委员会均未建立小组委员会进行实质性审议，或虽建立小组委员会但对涉争端部分未予或搁置审议。

南海划界案同时涉及陆地和海洋争端。其他划界案涉及的争端主要包括：俄罗斯2001年12月提出的首例划界案涉及与日本存在主权争端的南千岛群岛（日本称"北方四岛"）；法国就新喀里多尼亚提交的划界案引起瓦努阿图反对；英国和阿根廷分别就马尔维纳斯群岛提交的划界案引发双方相互提出异议；孟加拉国就缅甸提交的划界案提出不予审议的要求；圭亚那提交的划界案招致委内瑞拉的抗议；等等。

议事规则附件一历经委员会4次全体会议讨论通过，但仍有一些国家试图推动对其做出修改。2017年《公约》缔约国第二十七次会议期间，一些代表团提出关切，认为由于第三国提出反对意见，导致某些划界案似乎被无限期推迟。有代表团建议修正委员会的议事规则，使其能够审议所有划界案。然而，另一个代表团表示，委员会因存在纠纷而推迟审议划界案的决定符合其议事规则。③2018年4月，委员会主席致信《公约》第二十八次缔约国会议主席，通报了委员会对上述关切的回应，指出委员会因存在争端而决定推迟审议划界案，符合议事规则，鼓励提交国与提出反对意见的国家联络，争取让它们撤回这些导致委员会推迟审议的反对意见。④

对于委员会议事规则附件一，特别是第5条（a）项是否符合《公约》，学术界也存在不同意见，持异议者的主要观点为：一是议事规则超出《公约》规定。《公约》第76条第10款和附件二第9条仅提及"不妨害国家之间的划界事

---

① Michael Sheng-ti Gau and Gang Tang, "The Operation of the CLCS Facing Disputes: An Examination of the Rules and Practices," *International Journal of Marine and Coastal Law* 36, no.2 (2021): 218-240.

② Michael Sheng-ti Gau and Gang Tang, "The Operation of the CLCS Facing Disputes: An Examination of the Rules and Practices," *International Journal of Marine and Coastal Law* 36, no.2 (2021): 218-240.

③ 《公约》第二十七次缔约国会议的报告，SPLOS/316，第57段。

④ 2018年4月2日大陆架界限委员会主席给第二十八次缔约国会议主席的信，SPLOS/319，第29段。

项"，并没有使用"争端"的措辞，而议事规则不仅提到相邻或相向国家间的（划界）争端，还使用了"其他未决的陆地或海洋争端"等《公约》有关条款并未提及的概念，而且没有对这一概念做出界定，对委员会行使职权施加了超出《公约》且范围不确定的限制。二是议事规则实际赋予第三国对委员会审议划界案以"轻而易举"的否决权，阻碍委员会行使职权，破坏了《公约》设立委员会的宗旨。三是《公约》及附件二"不妨害"的规定并不阻止委员会审议划界案，而仅旨在确认委员会从科学技术角度进行审议的任何结果都不影响国家之间的划界。这种审议不会影响第三国的权利。[①] 议事规则的规定偏离了这一初衷。[②]

经过初步分析，笔者认为上述三种认识并不必然成立。

第一，《公约》第76条和附件二固然未提"争端"一词，但分别使用了大陆架划界"问题"（question）和"事项"（matters relating to）两个提法，而从一般语义上来理解，"问题"和"事项"应当囊括"争端"情形。这里的"事项"在英文里使用的是复数。这进一步表明，《公约》设计者所不希望妨害的，不仅仅是大陆架划界结果这一单一事项，而应指整个大陆架划界进程中可能涉及的多个事项，包括《公约》第76条以外其他相关条款的解释或适用方面的法律争端。对于陆地争端来说，根据大陆架作为"沿海国陆地领土自然延伸"这一基本定义以及"陆地统治海洋"的国际法原则，陆地主权是大陆架权利的基础，如果存在陆地争端，则该陆地争端的解决构成大陆架划界问题解决的前提，肯定也包含在大陆架划界的"事项"之中，自然也在不应受委员会行动"妨害"之列。同理，议事规则提到的"其他海洋争端"，虽不一定包括所有海洋争端，但如理解为与大陆架划界事项有关的争端，应当符合《公约》原意。

第二，《公约》设立委员会的宗旨虽无定论，但得到公认的是，如前所述，委员会作为科学家组成的机构，既无受权，也无能力卷入国家之间的争端事项。笔者认为，委员会行使职权的根本，在于确保《公约》第76条，特别是

---

① Alex G. Oude Elferink and Constance Johnson, "Outer Limits of the Continental Shelf and 'Disputed Areas': State Practice Concerning Article 76 (10) of the LOS Convention," *International Journal of Marine and Coastal Law* 21, no 4 (2006): 467. 但该文作者同时认为，至少在两国就同一块区域提交划界案的情形下，有关划界案应不予审议。

② 上述三种意见为笔者归纳或预测，可集中参见Andrew Serdy, "The Commission on the Limits of the Continental Shelf and Its Disturbing Propensity to Legislate," *International Journal of Marine and Coastal Law* 26 (2011): 355-383。亦可见 Øystein Jensen, *The Commission on the Limits of the Continental Shelf: Law and Legitimacy* (Brill Nijhoff, 2014), pp.65-71。

第4—6款得到一贯和权威的适用，以便科学、合理地确定国家管辖海域和国际海底区域的"最后边界"。有国家曾经提到委员会工作的"严肃性、科学性和准确性"，① 应为比较精准地总结了委员会工作的本质要求。而审理涉及国家之间陆地或海洋争端的划界案，哪怕只是从科学技术方面提出建议，但在影响到争端其他当事国主张，且有关当事国明确提出反对的情形下，是不可能确定国家管辖海域和国际海底区域的"最后边界"的，也无助于达成委员会行使职权的本质要求。并且，从上文关于提交划界案"最后期限"的分析中可以看出，委员会何时得以最终完成《公约》赋予的任务在实践中已变得遥遥无期。综合考虑上述情形，议事规则附件一对委员会行使职权并不构成真正的"阻碍"。相反，从委员会当前面临的繁重工作负担出发，② 不将有限资源投入劳而无功的涉争端划界案上，反而有助于其提高工作成效和维护国际海洋秩序的稳定。

第三，委员会虽由科学家组成，但其所从事的并不仅仅是科学工作。根据《公约》附件二第3条第1款（a）项，委员会应"按照（《公约》）第76条"提出建议，其职责仍然涉及对《公约》，特别是第76条的解释和适用，这主要还是一个法律进程。③ 依笔者所见，委员会的工作本质上可定位为"运用科学技术专长来实施法律"。更为重要的是，委员会对划界案的审议不仅带有一定法律属性，而且还具有强烈的法律效果，因为《公约》第76条第8款规定的沿海国在委员会建议的基础上划定的外大陆架外部界限"应有确定性和拘束力"。虽然何为"有确定性"和"有拘束力"，目前存在不同理解，④ 这个问题也有待深入研究，但并不影响这一法律效果的客观存在。⑤ 鉴于此，委员会在处理涉及国家间争端的划界案时持特别审慎的态度，是可以理解并应当予以支持的。

---

① 参见王宗来副司长在《联合国海洋法公约》第十七次缔约国大会上的发言，http://chnun. chinamission.org.cn/chn/zgylhg/flyty/hyfsw/t349632.htm，访问日期：2021年5月25日。

② 工作负担问题已成为委员会履行职权面临的主要挑战之一。

③ Alex G. Oude Elferink, "'Openness' and Article 76 of the Law of the Sea Convention: The Process Does Not Need to Be Adjusted," *Ocean Development & International Law* 40, no.1 (2009): 46.

④ 参见Bjarni Már Magnússon, *The Continental Shelf Beyond 200 Nautical Miles: Delineation, Delimitation and Dispute Settlement*, pp.91-95。

⑤ 关于委员会工作的法律性质和法律效果，可参见黄德明、黄哲东：《大陆架界限委员会与第三方争端解决机构职务关系问题及其解决建议》，《西北民族大学学报（哲学社会科学版）》2021年第1期，第89—90页。

（四）南海划界案是否涉及委员会议事规则所指争端

南海问题同时包括沿岸国之间的岛礁领土问题和专属经济区及大陆架等海洋划界问题，这一事实似乎没有被任何国家否认。因此，南海毫无疑问存在委员会议事规则所指的海岸相向国家之间的争端以及其他陆地和海洋争端。问题在于：目前提交的南海划界案是否涉及上述争端？答案应是肯定的。

第一，提交划界案的国家本身不同程度地确认了争端的存在。马来西亚和越南在马越联合划界案执行摘要中表示，所提交的"外大陆架区域"存在未解决的争端，并向委员会保证"在可能的范围内"不会妨害相邻或相向国家间的划界事项，还称已做出努力争取其他沿岸国对划界案不予反对。尽管两国没有对"未解决的争端"做出具体解释，但划界案涉及争端的事实已得到承认。而且，从其他国家事后反应来看，两国争取他国不提出反对的外交努力亦未成功。

越南划界案执行摘要也做出了与马越联合划界案大体类似的表述，但就所涉争端使用了更加模糊的措辞，仅称，"一般认识到"其他沿岸国对越所提外大陆架区域"表示了兴趣"，但根据《公约》条款，越认为该区域不存在任何重叠或争端。上述精心斟酌的措辞反映了越对南海问题的暧昧态度。一方面，相关划界案影响第三国主张是客观事实，越不敢公然回避这一事实，另一方面，越又不愿接受第三国，特别是中国主张的合法性，试图回避"争端"的提法。但是，越的态度充其量只能构成其单方面主张，并不能否定争端的客观存在。

2019年的马来西亚划界案执行摘要对争端的描述又有了变化。马表示，其提交的外大陆架区域不存在与他国的任何陆地或海洋争端，但有"潜在的外大陆架权利基础的重叠"。马上述表态未能准确描述划界案所涉争端的全貌，或者说回避了争端的核心部分，即南沙岛礁的领土争端（马态度的这种调整，似乎受到2016年南海仲裁裁决的影响）。退一步说，即使不考虑被马回避的这些争端，"权利基础重叠"也属于委员会议事规则所指争端的范畴。

第二，如前所述，中国、菲律宾等南海问题其他当事国通过提交照会，明确表达了反对委员会审议马、越划界案的立场。中国援引了委员会议事规则附件一第5条（a）项。菲律宾虽未援引该条款，但也明确要求委员会不审议有关划界案。值得注意的是，针对马来西亚划界案，菲律宾的第一份照会并未明示反对委员会审议，只是要求委员会在"议事规则附件一的框架下考虑"菲照会。但马在回应时全面批驳了菲对"卡拉延岛群"以及沙巴的领土主张，这可能促使菲采取了更为强硬的立场，在第二份照会中明确要求委员会不审议马划界案。

需要一提的是，与其他涉争端划界案不同，针对南海划界案提交的照会超出了就划界案本身表明立场或发表评论的范畴，特别是马来西亚划界案，实际引发了一场牵涉南海争端诸多法律问题的外交照会论战。中国没有在南海提交划界案，只是针对其他国家的划界案表明立场，保留权利，确保自身主张不因这些划界案而受到影响，但却在这场外交照会论战中受到攻击。而且，不仅直接涉及争端的南海周边国家攻击中国，美国、澳大利亚、日本、英国、法国和德国等非南海沿岸国、非争端当事方也以"维护航行和飞越自由"的名义介入其中。这种"借台唱戏"的做法在法律上完全超出了委员会处理划界案的正常工作范畴，也许是当前南海地缘政治现实的反映。然而，就本节所探讨的问题而言，外交照会论战反映出来的分歧已远远超出委员会可以审议的职权范围和专业能力，相反倒是充分放大了南海陆地和海洋争端的客观存在及其复杂性，委员会在是否审议有关南海划界案的问题上更应当审慎止步。

第三，从程序上来讲，只要所涉争端的其他当事国提出引用委员会议事规则附件一第5条（a）项的照会，明示反对委员会审议划界案，委员会都应视争端为客观存在，并对划界案不予审议和认定。委员会迄今的实践几乎完全遵循这一做法。这也符合委员会议事规则附件一第1条，即对于在划定大陆架外部界限方面可能发生的争端，"各国"对争端的有关事项具有管辖权。这样规定及实践的逻辑是，委员会既然不能裁判国家之间的争端，相应地也不能就国家间争端是否成立做出类似国际司法或仲裁机构那样的认定，只能将当事国提交的照会作为判断争端是否存在的主要依据。反过来说，如果由委员会自行判断争端是否成立，则委员会实际要履行国际司法或仲裁机构的职能，这完全超出了委员会的授权及委员的职业专长，在实践中是无法操作的。

值得注意的是，有的国家或个人可能提出，虽然委员会自身不能判定争端的存在，但可以接受其他有权机关（例如国际司法或仲裁机构）的协助。具体到南海问题，由于"南海仲裁裁决"几乎全盘否定了中国对南沙群岛的领土主权以及对南海海域的管辖权主张，一些国家或个人可能援引该"裁决"，声称南海划界案所涉争端已通过"有拘束力的裁判"获得解决。但这种潜在的说法并不能成立。首先，南海仲裁案由菲律宾单方面提起，中国始终拒绝参与，并提出了自身的国际法理据。在该案管辖权和实体"裁决"先后出台后，中国也表达了对"裁决"结果不予接受的立场,并同样通过官方和民间等多种渠道阐明了其国际法理据。[①] 因此,"裁决"并没有解决中菲之间的南海争端,更不用说已解决其他的南海争端。其次,委员会的工作在实践中并不受国际司法裁判的影响。缅甸划界案即是一例。孟加拉国对缅甸划界案提出了反对,双方同时又将两国间在孟加拉湾的大陆架(包括外大陆架)划界争端诉诸国际海洋法法庭(简称"法庭")。法庭做出了判决,且为当事双方接受。即使在这种情况下,由于法庭和委员会各为独立机构,双方工作互不影响,在孟加拉国继续就审议缅甸划界案提出明示反对的情况下,委员会认为裁决并未解决两国外大陆架外部界限的划定,仍选择维持搁置该划界案的决定。[②] 对于当事双方均认可具有约束力的国际司法裁判结果委员会尚且不受其影响,难以想象其会接受一项合法性受到强烈质疑和挑战的临时仲裁庭的"裁决"结果。

五、结论和思考

1978年,在第三次《联合国海洋法》会议期间,曾经计算有33个国家可能拥有外大陆架,其中南海沿岸国只包括印尼一家,[③] 且从地理形势上看,印尼外大陆架也是在印度洋方向延伸,而不在南海。而目前提出划界案的国家实际数量已是1978年统计数字的2倍多。这表明,《公约》谈判期间对外大陆架问题的认识,不仅严重低估了各沿海国运用有关规则扩展或强化自身管辖海域主张的意愿,也未能预见到外大陆架问题会与南海问题产生交集。国际和地区政治形势的变化、一些国家海洋事业的发展以及各国海洋权益意识的上升,是外大陆架制度的运用远超预期的主要原因。而南海外大陆架问题的出现正是这一潮流的产物。

---

① 关于中国不接受"南海仲裁裁决"的国际法理据,详见2014年12月7日《中国政府关于菲律宾共和国所提南海仲裁案管辖权问题的立场文件》、2016年6月10日中国国际法学会《菲律宾所提南海仲裁案仲裁庭的裁决没有法律效力》、2016年7月12日《中华人民共和国外交部关于应菲律宾共和国请求建立的南海仲裁案仲裁庭所作裁决的声明》和2018年5月14日中国国际法学会《南海仲裁裁决之批判》等。

② Michael Sheng-ti Gau and Gang Tang, "The Operation of the CLCS Facing Disputes: An Examination of the Rules and Practices," *International Journal of Marine and Coastal Law* 36, no.2 (2021): 218-240.

③ 《公约》第十五次缔约国会议的报告,SPLOS/135,第68段。另见 Ted L. McDorman, "The Role of the Commission on the Limits of the Continental Shelf: A Technical Body in a Political World," *International Journal of Marine and Coastal Law* 17, no. 3 (2002): 323.

南海外大陆架问题的现实重要性,在于其在一系列地缘政治事件关联作用的背景下,引发了南海域内外国家围绕国际法律规则的复杂互动,为南海法理斗争提供了舞台,并可能影响南海形势今后的演变。南海外大陆架问题是十多年前导致南海法理斗争激化的触发因素之一,南海仲裁案落幕以后,"南海仲裁裁决"仍在持续发酵,反过来又将南海外大陆架问题再次顶上"风口浪尖"。南海外大陆架问题实质上已成为其他南海沿岸国抛开中国瓜分南海以及一些域外大国将南海打造为"全球公域"企图的交会点,成为这些国家试图否定中国南海主张,强化乃至"坐实""南海仲裁裁决"的政治和法律工具。接下来,南海外大陆架问题还可能围绕两大焦点展开,一是南海沿岸国是否会继续提交新的划界案,二是委员会议事规则修订问题。

南海外大陆架问题的理论重要性,在于其为研究外大陆架制度如何发展提供了经典素材。《公约》,包括外大陆架制度,是在其诞生时的历史条件下以法律形式固化世界各国海洋利益平衡分配的产物。随着人类进步和国际格局演变,各国海洋利益诉求不断变化,利益关系不断调整,原有利益平衡被相应打破,维持利益平衡的国际法律规则,包括外大陆架制度,也必须与时俱进。该制度超出预期的广泛运用,包括其与南海问题等复杂国际争端的交集,在国际法上产生了许多新问题,例如怎样理解沿海国在委员会建议基础上划定的外大陆架外部界限的"确定性"和"拘束力"问题,如何更有效落实《公约》关于外大陆架制度"不妨害"国家之间的大陆架划界问题,等等。本文尝试对其中一些问题进行了初步探讨,更多问题则有待进一步深入研究。然而,有一点可以确定,即一些问题从《公约》的条款文字里难以找到现成答案,只能从《公约》宗旨出发,通过后续实践,争取获得实事求是的解决。

笔者认为,《公约》设立外大陆架制度的初衷和实质,是在作为国家管辖海域的外大陆架与作为人类共同继承财产的国际海底区域之间进行科学合理的划分,从根本上来说关乎各国国家利益和国际社会整体利益(特别是矿产资源开发利益)的平衡分配。而南海问题的本质是南海周边国家围绕岛礁主权和海洋权益的争端,从根本上涉及国家之间的利益分配。尽管一些国家试图将南海问题转换成中国在南海的"过度海洋声索"与"航行和飞越自由"等"国际公益"之间的矛盾,但正如笔者在另外一篇文章中所述,这对矛盾在现实中只是一个伪命题。总体来讲，要正确实施并发展外大陆架制度，同时妥善处理南海外大陆架问题，可能关键在于如何将这两个问题适当脱钩，分开处理。

---

① 杨力：《中国周边海洋问题：本质、构成与应对思路》，《边界与海洋研究》2018年第6期，第48—49页。

A Preliminary Analysis on the Issue of the Outer Continental Shelf in the South China Sea

YANG Li

Abstract　The issue of the outer continental shelf in the South China Sea triggered by the 200-nautical mile continental shelf claims submitted by Malaysia, Vietnam and other countries is an important manifestation of the controversy between diplomacy and jurisprudence in the South China Sea over the past 10 years. This paper briefly reviews the background and main contents of the establishment of the Outer Continental Shelf System in *The United Nations Convention on the Law of the Sea,* and analyzes the major international law issues involving the issue of the outer continental shelf in the South China Sea, from different perspectives such as the system itself, the practice of the Commission on the Limits of the Continental Shelf and the characteristics of territorial and maritime disputes in the South China Sea. This paper also believes that we should proceed from the purpose and spirit of *The United Nations Convention on the Law of the Sea* to ensure that the Outer Continental Shelf System is correctly and realistically applied in the context of continuous development and changes, and should continue to follow the practice established by the Commission on the Limits of the Continental Shelf and adhere to the non-deliberation, so as to properly handle disputes in the South China Sea and maintain stability in the region.

Keywords　Law of the Sea; The Outer Continental Shelf; The Commission on the Limits of the Continental Shelf; South China Sea

Author　Yang Li, Assistant to the Dean of National Institute for South China Sea Studies and Director of Research Center for Maritime Economy, National Institute for South China Sea Studies.

中国在南海共同开发中的动因和政策选项*

祁怀高

【内容提要】中国积极倡议南海共同开发，既有经济动因，又有战略动因。中国的经济动因包括：对南海油气资源的需求；助推"21世纪海上丝绸之路"建设；海南全境建设自由贸易试验区；南海沿岸国建立共同市场和未来的经济一体化；等等。中国的战略动因包括：服务中国的海洋强国建设目标；为南海和平稳定发挥建设性作用；与其他南海沿岸国发展睦邻友好关系；有效降低中美在南海竞争的烈度；等等。中国在南海共同开发上的政策选项可包括以下七个方面：一是继续在南海事务中展现善意；二是努力约束各方在主张重叠海域的单边开发行为；三是从南海事务中的低敏感领域着手；四是建立共同开发相关工作机制；五是在只涉及两个争端当事国的海域优先开展共同开发；六是以求共识的方式划定共同开发区；七是把越菲作为推动共同开发的主要对象国。

【关键词】共同开发；南海；中国的动因；中国的政策选项

【基金项目】本文为国家社科基金项目"越菲南海共同开发政策的比较及中国的对策研究"（批准号：20BGJ081）阶段性成果之一。

【作者简介】祁怀高，复旦大学国际问题研究院副院长、研究员。

---

* 本文的英文版（Joint Development in the South China Sea: China's Incentives and Policy Choices）原载《当代东亚研究》（*Journal of Contemporary East Asia Studies*）2019年第2期。本文的中文版收入《中国周边外交研究》时做了修改。作者感谢武汉大学中国边界与海洋研究院周健研究员和《中国周边外交研究》集刊匿名审稿专家提出的建设性修改意见。文中疏漏之责由作者自负。

共同开发是现代国家实践中出现的一种解决海洋管辖权争议的临时安排。其含义是，有关国家搁置边界争端，在不损害各自主张有效性的情况下，转而进行合作勘探和开发，共享在声索重叠海域发现的碳氢化合物。[①] 1986年6月和1988年4月，中国领导人邓小平在会见菲律宾领导人时提出，采取共同开发的办法来搁置南沙群岛问题。[②] 但在此后三十多年的时间内，中国与南海问题当事国之间的共同开发未取得突破性进展，也未能迈出实质性步伐。在东盟国家中，一些南海问题当事国对与中国开展共同开发存在一定程度的担忧。这些南海问题当事国担心，在没有清晰界定争议海域的情况下和中国开展共同开发，可能损害它们的海洋权益主张。而美国这一域外大国为了实现其地缘政治目的，对中国倡议的"共同开发"进行污名化指责。比如，2020年7月，美国助理国务卿史达伟（David R. Stilwell）无端指责中国"寻求霸占南海油气资源"，声称中国通过部署军事力量、海上民兵和油气钻井平台"威胁"域外油气公司，增加投资风险，以达到南海沿岸国要找合作伙伴开发其沿岸的油气资源只能来跟中国合作的目的。[③] 在南海问题当事国存在担忧和域外大国美国进行污名化指责的情况下，笔者认为有必要梳理中国为何提出南海共同开发倡议，并分析中国推动共同开发的政策选项有哪些，从而化解一些南海问题当事国对共同开发的担忧，并有力回击域外大国的污名化指责。

一、中国的经济和战略动因

中国积极倡导南海共同开发，既有经济动因，又有战略动因。中国的经济动因包括：对南海油气资源的需求；助推"21世纪海上丝绸之路"建设；海南全境建设自由贸易试验区；南海沿岸国建立共同市场和未来的经济一体化；等等。中国的战略动因包括：服务中国的海洋强国建设目标；为南海和平稳定

---

① Ibrahim F. I. Shihata and William T. Onorato, "Joint Development of International Petroleum Resources in Undefined and Disputed Areas," in Gerald Blake, Martin Pratt and Clive Schofield eds., Boundaries and Energy: Problems and Prospects (London: Kluwer Law International, 1998), p.434.

② 《中国坚持通过谈判解决中国与菲律宾在南海的有关争议》，国务院新闻办公室，2016年7月13日，http://www.scio.gov.cn/37236/38180/Document/1626701/1626701.htm，访问日期：2021年5月25日。

③ David R. Stilwell, "The South China Sea, Southeast Asia's Patrimony, and Everybody's Own Backyard," U.S. Department of State, July 14, 2020, accessed May 14, 2021, https://www.state.gov/the-south-china-sea-southeast-asias-patrimony-and-everybodys-own-backyard.

发挥建设性作用；与其他南海沿岸国发展睦邻友好关系；有效降低中美在南海竞争的烈度；等等。

（一）中国的经济动因

1. 中国和其他南海沿岸国对南海油气资源的需求

2017年，中国成为全球第一大原油进口国和世界第二大石油消费国；2030年前后，中国将成为世界最大石油消费国。2030年，中国的石油消费量（年度）将达到6.9亿吨。[①] 2018年10月，中国取代日本成为世界上最大的天然气进口国。[②] 到2023年，中国将进口1710亿立方米天然气（年度）。[③] 2030年，中国的天然气消费量将达到6200亿立方米（年度）。[④] 东南亚国家有着共同开发油气资源的迫切需求。东南亚国家对石油和天然气的依赖度大幅增加，2018—2040年，预计东南亚国家的总体能源需求将增加60%。[⑤] 东南亚的石油需求将从2018年的650万桶/日（Barrels per Day）增加到2040年的900万桶/日；[⑥] 东南亚的天然气需求将从2018年的1600亿立方米增加到2040年的3000亿立方米。[⑦] 南海沿岸国对油气资源的需求是南海共同开发最重要的经济动因。

2. "21世纪海上丝绸之路"建设

南海是"21世纪海上丝绸之路"的重要源头海域。"21世纪海上丝绸之路"有三条蓝色经济通道：中国—印度洋—非洲—地中海蓝色经济通道、中国—大洋洲—南太平洋蓝色经济通道和经北冰洋连接欧洲的蓝色经济通道。[⑧] 由上可

[①] "China's Energy Demand to Peak in 2040 as Transportation Demand Grows: CNPC," Reuters, August 16, 2017, accessed May 14, 2021, https://www.reuters.com/article/us-china-cnpc-outlook/chinas-energy-demand-to-peak-in-2040-as-transportation-demand-grows-cnpc-idUSKCN1AW0DF.

[②] Jessica Jaganathan, "China Overtakes Japan as World's Top Natural Gas Importer," Reuters, November 12, 2018, accessed May 14, 2021, https://www.reuters.com/article/china-japan-lng-idUSL4N1XN3.

[③] "China's Energy Demand to Peak in 2040 as Transportation Demand Grows: CNPC," Reuters, August 16, 2017.

[④] Ibid.

[⑤] International Energy Agency, "Southeast Asia Energy Outlook 2019," Iea, October 2019, p. 10, accessed May 14, 2021, https://www.iea.org/reports/southeast-asia-energy-outlook-2019.

[⑥] International Energy Agency, "Southeast Asia Energy Outlook 2019," p. 78.

[⑦] International Energy Agency, "Southeast Asia Energy Outlook 2019," p. 81.

[⑧] 国家发展改革委、国家海洋局：《"一带一路"建设海上合作设想》，新华社，2017年6月20日，http://www.xinhuanet.com/world/2017-06/20/c_1121176743.htm，访问日期：2021年5月25日。

见，南海是"21世纪海上丝绸之路"第一条（经南海向西进入印度洋）和第二条（经南海向南进入太平洋）蓝色经济通道的必经海域。开展共同开发将有助于南海局势的和平与稳定。而一个和平与稳定的南海有助于稳步推进"21世纪海上丝绸之路"建设。

3. 海南全岛建设自由贸易试验区

海南全岛建设自由贸易试验区是中国倡导南海共同开发的重要国内经济动因。2018年4月，中共中央、国务院决定支持在海南全岛建设自由贸易试验区，探索实行符合海南发展定位的自由贸易港政策；实行高水平的贸易和投资自由化便利化政策，对外资全面实行准入前国民待遇加负面清单管理制度。① 可以预期，海南将实施更为积极的开放战略，海南对外开放的好处将辐射到南海沿岸国家。海南在建设自由贸易试验区的过程中，也将成为南海共同开发的后勤保障基地。

4. 南海沿岸国建立共同市场和经济一体化

南海沿岸国建立共同市场和经济一体化是中国倡导南海共同开发的未来经济动因。南海沿岸国可以在共同开发的基础上，先行建立油气共同市场，并将其作为未来建立南海沿岸国共同市场的第一步。油气领域的合作将产生"溢出"效应，从6个南海沿岸国"溢出"到东盟"10+1"/"10+3"合作。这一共同市场路径既契合东盟倡导的地区一体化战略目标，又有助于海南自由贸易试验区和"21世纪海上丝绸之路"建设。

（二）中国的战略动因

1. 服务中国的海洋强国建设目标

2012年11月，党的十八大报告中提出要"建设海洋强国"。② 2017年10月，党的十九大报告中提出要"加快建设海洋强国"。③ 2019年全国海洋生产总值

---

① 《中共中央 国务院关于支持海南全面深化改革开放的指导意见》，新华网，2018年4月11日，http://www.xinhuanet.com/2018-04/14/c_1122682589.htm，访问日期：2021年5月25日。

② 胡锦涛：《坚定不移沿着中国特色社会主义道路前进 为全面建成小康社会而奋斗——在中国共产党第十八次全国代表大会上的报告》（2012年11月8日），新华网，2012年11月17日，http://www.xinhuanet.com/18cpcnc/2012-11/17/c_113711665_9.htm，访问日期：2021年5月25日。

③ 习近平：《决胜全面建成小康社会 夺取新时代中国特色社会主义伟大胜利——在中国共产党第十九次全国代表大会上的报告》（2017年10月18日），新华网，2017年10月27日，http://www.xinhuanet.com//politics/19cpcnc/2017-10/27/c_1121867529.htm，访问日期：2021年5月25日。

为 89,415 亿元，海洋生产总值占国内生产总值的比重为 9.0%。① 发展海洋经济和海洋产业是中国海洋强国建设的重要组成部分。开展南海共同开发，将推动海南省的海洋渔业、油气化工、海洋生物、新能源等产业发展。从海洋经济和海洋产业角度的发展来看，开展南海共同开发将有利于中国的海洋强国建设。

2. 为南海和平稳定发挥建设性作用

中国主张通过谈判和平解决南沙群岛部分岛礁有关领土问题，反对诉诸武力，愿在条件成熟时同有关国家谈判"搁置争议，共同开发"。② 中国把共同开发作为管控争议的一种方式，为南海有关争议的最终解决创造良好氛围。③ 推动南海共同开发，将有助于缓解南海沿岸国之间因资源争端引发的冲突，进一步促进南海局势降温趋稳，让南海成为和平之海、友谊之海、合作之海。

3. 与其他南海沿岸国发展睦邻友好关系

2009—2016 年的新一轮南海问题对该时期中国–东盟关系的发展产生了消极影响。2016 年 7 月，菲律宾南海仲裁案仲裁庭公布"裁决"前后，南海局势高度紧张。东盟一些南海问题当事国认为中国在过去几年中的南海政策变得日益强硬。④ 中国视东盟国家为其重要邻国，把推动南海共同开发作为降低南海问题烈度和发展同有关争议直接当事国关系的重要措施。

4. 有效降低中美在南海竞争的烈度

近年来，中美在南海竞争的烈度日益上升。美国政府以"南海自由航行"为借口，关注"南海行为准则"的法律约束性和南海"控制权"问题。美国政府关注上述问题的实质，是把南海当成一张地缘政治的牌来打，实现其地缘政治目的。美国公司则希望能在未来的南海油气勘探开发中扮演更大的角色。如中国能与其他南海沿岸国推动共同开发，南海局势将得到缓和，美国介入南海问题的所谓理由将会减少，从而中美军事对抗的风险也会减少。

---

① 《2019 年中国海洋经济统计公报》，中国自然资源部，2020 年 5 月 9 日，http://gi.mnr.gov.cn/202005/t20200509_2511614.html，访问日期：2021 年 5 月 25 日。

② 《中国坚持通过谈判解决中国与菲律宾在南海的有关争议》，国务院新闻办公室，2016 年 7 月 13 日，http://www.scio.gov.cn/37236/38180/Document/1626701/1626701.htm，访问日期：2021 年 5 月 25 日。

③ 同上。

④ Xue Li and Cheng Zhangxi, "China's Window of Opportunity in the South China Sea," The Diplomat, July 26, 2017, accessed May 14, 2021, https://thediplomat.com/2017/07/chinas-window-of-opportunity-in-the-south-china-sea/.

二、中国在南海共同开发上的政策选项

中国在南海共同开发上的政策选项可包括以下七个方面：一是继续在南海事务中展现善意；二是努力约束各方在海洋管辖权主张重叠海域的单边开发行为；三是从南海事务中的低敏感领域着手；四是建立共同开发相关工作机制；五是在只涉及两个争端当事国的海域优先开展共同开发；六是以求共识的方式划定共同开发区；七是把越菲作为推动共同开发的主要对象国。

（一）继续在南海事务中展现善意

在南海事务中展现善意意味着愿意同争端直接当事国通过友好谈判协商来划定海洋边界或共同开发区域。近年来，中国在南海事务中已经做了大量的工作以展现其善意。比如，2016年3月，中国外长王毅建议建立一个南海沿岸国合作机制。[①] 2017年11月的中菲联合声明指出，两国"通过友好磋商谈判，以和平方式解决领土和管辖权争议"，"在南海保持自我克制"。[②] 中国的主流媒体自2017年以来也积极传播"搁置争议、共同开发"主张。中国政府也积极引导中国民众正确看待共同开发，强调共同开发并不损害中国的主权或主权权利立场。

当然，中国展现善意未来还有大量工作要做。比如，中国需要让其他沿岸国相信中国的共同开发倡议也符合它们的国家利益。中国需要在力所能及的前提下为南海沿岸国提供优质公共产品，如海上联合搜救、气象观测和预报、海上测量等，未来中国可开放美济礁作为紧急救援基地。中国未来需要和其他南海沿岸国尽力达成公正和平等的共同开发协定，这将为南海沿岸国开展共同开发提供持久的公众支持。中国需要和东盟国家一起努力，早日达成"南海行为准则"。

（二）努力约束各方在主张重叠海域的单边开发行为

在争议海域搞单边开发，不符合《联合国海洋法公约》倡导的"互相谅解

[①] 《外交部长王毅就中国外交政策和对外关系回答中外记者提问》，中国外交部，2016年3月8日，https://www.fmprc.gov.cn/web/zyxw/t1346058.shtml，访问日期：2021年5月25日。

[②] 《中华人民共和国政府和菲律宾共和国政府联合声明》，中国外交部，2017年11月16日，https://www.fmprc.gov.cn/web/zyxw/t1511205.shtml，访问日期：2021年5月25日。

和合作的精神"。而且在争议海域的勘探和开发具有政治敏感性、法律不确定性、技术挑战性和财政风险性。正如中国外长王毅谈及中菲南海共同开发时所言，"在各自海洋权益声索相重叠的海域，如果某一方采取单方面开发，另一方势必采取相应行动，这将使海上局势复杂化，甚至导致紧张升级，最后谁也开发不成"。① 可见，共同开发是南海问题当事国在争议海域合法获取资源的唯一务实之选。

2017年以来，中国与越菲等国加强合作以管控海上分歧和单边开发行为。2017年11月，中越在联合声明中同意"管控好海上分歧，不采取使局势复杂化、争议扩大化的行动，维护南海和平稳定"。② 中国也敦促越南停止单边开发行为。在中国施压下，越南在2017年7月和2018年3月两次暂停了西班牙的雷普索尔（Repsol）公司在万安滩附近油气区块的钻探活动。③ 2017年7月，中国外长王毅在与菲律宾外长卡亚塔诺共同会见记者时指出，在各自海洋权益声索相重叠的海域，单方面开发将使海上局势复杂化。④ 未来中国一方面将约束中资企业在争议海域的单边开发行为，另一方面也会加大力度阻止南海其他沿岸国的单边开发行为，从而让各方都回到共同开发上来。

（三）从南海事务中的低敏感领域着手

考虑到不是所有的南海沿岸国都做好了在主张重叠的专属经济区内开展共同开发的准备，相关沿岸国可以先从南海事务中的低敏感领域着手。低敏感领域的合作可以起到增进互信的作用，并为未来解决更困难的问题创造条件。

为了营造有利于南海共同开发的氛围，中国政府自2011年以来积极与南海其他沿岸国开展低敏感领域合作。2011年10月，中越签署的《关于指导解决海上问题基本原则协议》指出：积极推进海上低敏感领域合作，包括海洋

---

① 《中菲两国外长谈南海"共同开发"》，中国外交部，2017年7月25日，https://www.fmprc.gov.cn/web/wjbzhd/t1479986.shtml，访问日期：2021年5月25日。

② 《中越联合声明》，中国外交部，2017年11月13日，https://www.fmprc.gov.cn/web/ziliao_674904/1179_674909/t1510069.shtml，访问日期：2021年5月25日。

③ Bill Hayton, "South China Sea: Vietnam 'Scraps New Oil Project'," BBC News, March 23, 2018, accessed May 14, 2021, https://www.bbc.com/news/world-asia-43507448.

④ 《中菲两国外长谈南海"共同开发"》，中国外交部，2017年7月25日，https://www.fmprc.gov.cn/web/wjbzhd/t1479986.shtml，访问日期：2021年5月25日。

环保、海洋科研、海上搜救、减灾防灾领域的合作。[1] 中越两国建立了海上低敏感领域合作专家工作组，截至2019年11月，该专家工作组已举行13轮磋商。[2] 中菲建立了南海问题双边磋商机制（BCM），截至2019年10月已举行5次会议。BCM下设政治安全、渔业、海洋科研与环保工作组，交流的内容包括探讨在南海的海上搜救、海事安全、海洋科研与环保等海上低敏感领域开展合作。[3] 2012年3月，中印尼签订《海上合作谅解备忘录》，双方将推动以下海上低敏感领域合作：保护海洋环境和生态环境；开展海上溢油、防污染技术合作交流；海上搜救合作；海上能力建设项目；等等。[4]

未来，中国和其他南海沿岸国可积极推进海洋环境保护合作。南海沿岸国可以在控制使用农药、化肥、有毒化学品和塑料制品等方面展开合作，以减少来自陆地的海洋污染。[5] 南海沿岸国可以探讨在国际海事组织的技术支持下，建立一个地区性的合作机制，以预防船舶和航行造成的南海污染。中国可与南海其他沿岸国一起制定珊瑚礁生态保护与环境保护战略行动计划。

（四）建立共同开发相关工作机制

根据2018年11月中菲签订的《关于油气开发合作的谅解备忘录》，中菲双方将设立政府间联合指导委员会（简称"委员会"）和企业间工作组（简称"工作组"）。委员会由双方外交部担任共同主席，由双方能源部门担任共同副主席，双方相关部门参与。委员会由双方提名相同人数的成员组成。工作组由

---

[1] 《关于指导解决中华人民共和国和越南社会主义共和国海上问题基本原则协议》（2011年10月11日签订），载中华人民共和国外交部边界与海洋事务司编《中国周边海洋问题有关文件汇编》，世界知识出版社，2017，第249页。

[2] 《中越举行海上低敏感领域合作专家工作组第十三轮磋商》，中国外交部，2019年11月21日，https://www.fmprc.gov.cn/web/wjb_673085/zzjg_673183/bjhysws_674671/xgxw_674673/t1717773.shtml，访问日期：2021年5月25日。

[3] 《中国–菲律宾南海问题双边磋商机制第五次会议联合新闻稿》，中国外交部，2019年10月28日，https://www.fmprc.gov.cn/web/wjbxw_673019/t1711339.shtml，访问日期：2021年5月25日。

[4] 《中华人民共和国政府与印度尼西亚共和国政府海上合作谅解备忘录》（2012年3月24日签订），载中华人民共和国外交部边界与海洋事务司编《中国周边海洋问题有关文件汇编》，第434页。

[5] Robert Beckman, "ASEAN & the South China Sea Disputes," Workshop on "New Approaches to the South China Sea Conflicts," organized by St Antony's College and the University of Oxford China Centre, October 19-20, 2017, accessed May 14, 2021, https://www.sant.ox.ac.uk/sites/default/files/robert_beckman.pdf.

经双方授权的企业代表组成。委员会负责谈判、达成合作安排及其适用的海域，并决定需建立的工作组数量及具体位置（简称"工作区块"）。工作组负责谈判、达成适用于相关工作区块的企业间技术和商业安排。中方授权中国海洋石油集团有限公司作为中方参与企业。菲方将授权在适用本协议的工作区块内与菲律宾有服务合同的一家或多家企业，若特定工作区块无此类企业则授权菲律宾国家石油勘探公司作为菲方参与企业。①

从中菲《关于油气开发合作的谅解备忘录》文本可以看出，中菲构建了一种既有政府又有企业的"双层结构"磋商机制。2019年10月，中国-菲律宾油气开发合作政府间联合指导委员会召开了第一次会议，双方确认油气开发合作政府间联合指导委员会正式成立。②

中越在讨论北部湾湾口外海域共同开发等事务时，设立了北部湾湾口外海域工作组和海上共同开发磋商工作组。截至2019年12月，中越北部湾湾口外海域工作组已举行12轮磋商，海上共同开发磋商工作组已举行9轮磋商。这两个工作组磋商的内容包括：就中越海上划界与共同开发等问题交换意见，落实两党两国领导人达成的共识和《关于指导解决中越海上问题基本原则协议》，稳步推进北部湾湾口外海域划界谈判，并积极推进海上共同开发。③

（五）在只涉及两个当事国的海域优先开展共同开发

一般而言，两个国家之间达成共同开发协定相对更为容易一些。就南海的争议海域实际情况而言，的确有一部分争议海域只涉及两个当事国。南海西北部的部分海域的争端当事国只有中国和越南两家。中越两国政府已就积极推进北部湾湾口外海域共同开发达成了共识。在万安滩海域，未来两国也有可能开展共同开发谈判。礼乐滩附近相关海域只涉及中国和菲律宾两个当事国，中菲可通过双边协商，就该海域的共同开发达成一个彼此都能接受的规范和安排。

---

① 《中华人民共和国政府和菲律宾共和国政府关于油气开发合作的谅解备忘录》，中国外交部，2018年11月27日，http://www1.fmprc.gov.cn/wjb_673085/zzjg_673183/bjhysws_674671/bhfg_674677/201811/t20181127_7671843.shtml，访问日期：2022年11月4日。

② 《中国-菲律宾油气开发合作政府间联合指导委员会第一次会议在北京召开》，中国外交部，2019年10月29日，https://www.fmprc.gov.cn/web/wjbxw_673019/t1711665.shtml，访问日期：2021年5月25日。

③ 《中越北部湾湾口外海域工作组第十二轮磋商和海上共同开发磋商工作组第九轮磋商分别在京举行》，中国外交部，2019年12月26日，https://www.fmprc.gov.cn/web/wjdt_674879/sjxw_674887/t1728015.shtml，访问日期：2021年5月25日。

比如，菲能源部标注的石油服务合同区块中，SC55、SC58、SC59、SC72、SC75等位于中菲两国海洋管辖权主张重叠海域，中菲可积极探讨共同开发事宜；菲方标注的服务合同区块SC57、SC63靠近菲律宾一侧，中菲可积极磋商合作开发事宜。

（六）以求共识的方式划定共同开发区

一般而言，争端当事国对有关争议海域的清晰界定有助于成功达成共同开发协定。如果一方或双方对有关海域的主张不明确，就难以界定海域划界争端的具体范围，也不可能确定潜在的海上共同开发区。[①] 但在南海，尤其是在南沙群岛附近海域，争端当事国对各自主张及其依据、争端性质和涉及地域缺乏清晰的阐述。[②] 这为确定潜在的海上共同开发区带来了困难。

考虑到海上油气勘探和开采涉及大量的资金和先进的技术，对油气公司而言是一项高风险投资。因此，在争议海域成功达成共同开发将给相关油气公司带来政治上、法律上和财务上的确定性。在达成划界协议前，6个南海沿岸国可以援引《公约》第74条和第83条的相关规定："有关各国应基于谅解和合作的精神，尽一切努力作出实际性的临时安排，并在此过渡期间内，不危害或阻碍最后协议的达成。这种安排应不妨碍最后界限的划定。"[③] 南海问题当事国如就这一"不损害条款"达成共识，将给油气公司在共同开发中的大规模投资带来确定性。

（七）把越菲作为推动共同开发的主要对象国

对中国而言，越南和菲律宾是南海问题的两个主要当事国，是中国稳定南海形势的主要对象国。中国与越菲的共同开发实践如能成功启动，将发挥重要的"示范效应"，带动中国与马、文、印尼这三个南海沿岸国的共同开发。

中越两国政府已达成了在北部湾湾口外海域积极推进共同开发的共识。两国已成立中越海上共同开发磋商工作组，截至2019年12月，中越海上共同开

---

① 杨泽伟：《论海上共同开发"区块"的选择问题》，《时代法学》2014年第3期，第10页。

② Robert Beckman, "Legal Framework for Joint Development in the South China Sea," in Shicun Wu, Mark Valencia and Nong Hong eds., *UN Convention on the Law of the Sea and the South China Sea* (Farnham, UK: Ashgate, 2015), p.261.

③ 《联合国海洋法公约》，联合国，https://www.un.org/zh/documents/treaty/files/UNCLOS-1982.shtml，访问日期：2021年5月25日。

发磋商工作组已举行9轮磋商。[①]

2016年6月，杜特尔特担任菲律宾总统以来，中菲重启了南海共同开发磋商。2018年11月，中菲签署《关于油气开发合作的谅解备忘录》。2019年10月，中菲油气开发合作政府间联合指导委员会正式成立。[②] 2020年10月，杜特尔特解除了在南海区域的石油勘探禁令。[③] 中菲共同开发主要面临菲国内法和"南海仲裁案裁决"这两个"法律障碍"。菲宪法和相关法律对与外国公司签订油气勘探开发协议存在所有权和"60/40原则"规定，南海仲裁案仲裁庭于2016年7月作出的"裁决"又为中菲共同开发设置了新的"法律障碍"。

对此，共同开发可采取中越和中菲"两轨"磋商相互促进的策略。学术界和政策界需对越菲两国南海共同开发政策进行比较研究。比较越菲两国政策的三个层面，包括"政策基调""工作机制""法律法规"；也比较越菲两国政策的四个影响因素，包括"核心决策圈""民意""经济收益""美国介入"。做好认真细致的比较研究工作，将有助于中国与越菲开展有针对性的共同开发谈判，从而提出开展公关说服、利益交换、经营模式等方面的可操作性建议。

三、结　语

中国积极倡导南海共同开发，既有经济动因，又有战略动因。中国的经济动因包括：对南海油气资源的需求；推动共建"21世纪海上丝绸之路"；海南全岛建设自由贸易试验区；南海沿岸国建立共同市场和未来的经济一体化；等等。中国的战略动因包括：服务中国的海洋强国建设目标；为南海和平稳定发挥建设性作用；与其他南海沿岸国发展睦邻友好关系；有效降低中美在南海竞争的烈度；等等。

中国在南海共同开发上的政策选项可包括以下七个方面：一是继续在南海事务中展现善意；二是努力约束各方在主张重叠海域的单边开发行为；三是从

---

① 《中越北部湾湾口外海域工作组第十二轮磋商和海上共同开发磋商工作组第九轮磋商分别在京举行》，中国外交部，2019年12月26日。

② 《中国－菲律宾油气开发合作政府间联合指导委员会第一次会议在北京召开》，中国外交部，2019年10月29日，https://www.fmprc.gov.cn/web/wjbxw_673019/t1711665.shtml，访问日期：2021年5月25日。

③ Pia Ranada, "Duterte Lifts Ban on West Philippine Sea Oil Exploration," Rappler, October 15, 2020, accessed May 14, 2021, https://www.rappler.com/nation/duterte-lifts-ban-west-philippine-sea-oil-exploration.

南海事务中的低敏感领域着手；四是建立共同开发相关工作机制；五是在只涉及两个南海问题当事国的海域优先开展共同开发；六是以求共识的方式划定共同开发区；七是把越菲作为推动共同开发的主要对象国。

考虑到一国在争议海域的单边开发会带来巨大的法律和政治风险，相关国家和石油公司都有义务约束自己在争议海域的单边开发行动。考虑到这一点，共同开发是中国与海上邻国在争议海域合法获取碳氢化合物资源的唯一务实之选。

共同开发海域的选择并不影响海上边界的划定。按照《公约》第74条和第83条的规定，在达成划界协议前，"有关各国应基于谅解和合作的精神，尽一切努力作出实际性的临时安排，并在此过渡期间内，不危害或阻碍最后协议的达成。这种安排应不妨碍最后界限的划定"。从这一"不损害条款"可以看出，作为临时安排的一种类型，海上共同开发活动并不影响海上边界的划定。2016年7月13日，国务院新闻办公室发表了《中国坚持通过谈判解决中国与菲律宾在南海的有关争议》白皮书，该白皮书指出：共同开发是当事国在海洋争议最终解决前作出的一种实际性的临时安排，共同开发不妨碍最后界限的划定。[①] 2017年11月16日，《中菲联合声明》指出：有关合作（海洋油气勘探和开发等）应符合两国各自的国内法律法规和包括1982年《联合国海洋法公约》在内的国际法，不影响两国各自关于主权、主权权利和管辖权的立场。[②] 在未来的共同开发谈判中，中国可依据"不损害条款"引导国内民众对共同开发性质形成正确认知，这将有利于共同开发的顺利实施。

---

① 《中国坚持通过谈判解决中国与菲律宾在南海的有关争议》，国务院新闻办公室，2016年7月13日，http://www.scio.gov.cn/37236/38180/Document/1626701/1626701.htm，访问日期：2021年5月25日。

② 《中华人民共和国政府和菲律宾共和国政府联合声明》，中国外交部，2017年11月16日，https://www.fmprc.gov.cn/web/zyxw/t1511205.shtml，访问日期：2021年5月25日。

Joint Development in the South China Sea: China's Incentives and Policy Choices

QI Huaigao

Abstract   Since 2017, China has actively proposed a number of joint development schemes in the South China Sea (SCS) with the Philippines and Vietnam. Both economic and strategic incentives lie behind China's development of these schemes. China's economic incentives include its domestic demand for energy, the construction of a "21st-Century Maritime Silk Road", the Hainan pilot free trade zone, construction of a common market, and future economic integration among the SCS coastal States. China's strategic incentives include achieving its goal of becoming a leading maritime power, playing a constructive role in maintaining a peaceful and stable SCS, developing good relations with other coastal States, and reducing the intensity of competition between China and the United States in the SCS. China's policy choices on SCS joint development are as follows: (1) to promote good faith in the SCS; (2) to limit unilateral activities in disputed areas; (3) to focus on less sensitive areas of the SCS; (4) to reach joint development arrangements by establishing a relevant working mechanism; (5) to begin the process in areas where there are only two claimants; (6) to define sea areas for joint development by seeking consensus; and (7) to give priority to the Philippines and Vietnam as target countries of negotiation.

Keywords   Joint Development; The South China Sea (SCS); China's Incentives; China's Policy Choices

Funding   "A Comparative Study on the Joint Development Policies in the South China Sea between Vietnam and the Philippines" (No. 20BGJ081), Sponsored by the National Social Science Fund of China (2020-2022).

Author   QI Huaigao, Professor and Vice Dean of the Institute of International Studies, Fudan University.

周边国家数字经济研究

印度尼西亚佐科政府的数字经济发展探析[*]

夏方波

【内容提要】在庞大的人口基数和市场规模的支撑下，印度尼西亚数字经济近年来实现了跨越式的发展。在佐科政府的带领下，印尼数字经济在市场监管、基础设施建设以及人力资本培育等方面都取得了不小的成就，并建立了一些有印尼特色的独角兽企业和行业模式，新冠疫情也为印尼数字经济发展带来了新的机遇。但是，印尼数字经济发展仍旧面临缺乏战略规划、创新能力不足、网络安全问题突出、监管效率低下以及行业缺乏可持续性等挑战。中国与印尼在数字经济发展上各自具备比较优势，在政府治理、文化教育交流和经济发展等方面都存在非常广阔的合作空间。中印尼两国政府和人民应该共同探索数字经济合作的新焦点、新模式和新未来，不断深化两国全面战略合作伙伴关系。

【关键词】印度尼西亚；数字经济；佐科政府；中印尼合作

【作者简介】夏方波，北京外国语大学国际关系学院讲师。

东南亚作为重要的新兴市场地区，其经济发展是世界各国投资者非常关注的问题。东南亚地区的数字经济在2015年之后迅速腾飞，该地区凭借市场规模、发展潜力和地理区位优势成为中国相关资金、产业向外扩展或转移时的首

---

* 作者感谢《中国周边外交研究》集刊匿名审稿专家提出的建设性修改意见。文中疏漏之责由作者自负。

选对象。① 在东南亚各国当中，印度尼西亚是最大的经济体，同时印尼是世界第4人口大国，按购买力平价计算是世界第7大经济体，也是二十国集团成员，被认为是东盟的"天然领导者"。印度尼西亚的数字经济发展历程具有代表性，该国数字经济的爆发性增长阶段处在佐科·维多多任期之内。因此，本文尝试从印尼政府的市场角色和行为出发，探究印尼数字经济发展取得的成就与挑战，并思考中国与印尼在数字经济领域中可能的合作增长点。

一、佐科政府推动数字经济发展的举措

在2014年10月20日宣誓就任总统之后，佐科不断完善其竞选期间提出的"全球海洋支点"构想，实施"海洋强国战略"，希望通过开发印尼海洋潜力来带动国家综合发展。这一发展战略的一个显著特点是通过引进外资实现基础设施的长期规划与建设，加强岛内与岛际联系，降低物流成本。在佐科第一任期内"海洋强国战略"取得了一定成效。② 不过，佐科在追求基础设施建设之外，对数字经济有着独特偏好，他在多个公开场合都强调数字经济是印尼经济社会发展的重要推动力量。2017年4月27日在西爪哇唐格朗市（Tangerang）举行的印尼电子商务峰会上，佐科在开幕致辞中强调，"电子商务和数字产业应该为农村地区和中小企业发展赋能"。③ 而在三年之后，2020年2月27日在雅加达举办的微软数字经济峰会上，佐科将数字经济对印尼发展的意义提升到了新的高度，他指出，"印尼数字经济潜力巨大，能够促进企业的发展，提升国内市场的生产与销售能力，创造更多就业机会，改进社会福利，并减少印尼经常账户赤字"。④

---

① 数字经济指的是一种全新的经济形态，其生产要素是数字化的知识或信息，核心驱动力是数字技术，载体是现代信息网络。数字经济通过整合数字技术和实体经济，实现产业数字化和数字产业化，加速经济发展和政府治理的重构。参见李长江：《关于数字经济内涵的初步探讨》，《电子政务》2017年第9期，第84—92页。

② 薛松、许利平：《印尼"海洋强国战略"与对华海洋合作》，《国际问题研究》2016年第3期，第64—84页。

③ Masyitha Baziad, "Jokowi: Digital Economy Vision Is about Helping the Underprivileged," Digital New Asia, April 28, 2016, accessed May 23, 2021, https://www.digitalnewsasia.com/digital-economy/jokowi-digital-economy-vision-about-helping-underprivileged.

④ Antara, "Jokowi Hopes to Unleash Indonesia's Digital Economy Potential," Jakartaglobe, February 27, 2020, accessed May 23, 2021, https://jakartaglobe.id/tech/jokowi-hopes-to-unleash-indonesias-digital-economy-potential.

虽然数字经济未落在其总体战略规划的显眼位置，但是佐科始终认为印尼有成为东南亚最大数字经济体的潜力，他认为印尼实现这一目标的路线图是基础设施建设、初创公司的金融帮扶、完善数字监管、发展人力资本以及培养数字人才。[①] 在第二任期就职演讲中，佐科强调他将更加专注于推动印尼经济"从依赖资源向高附加值制造业和现代服务业转型"，"这一转型将是基于数字经济的"。[②] 这一思路亦体现在佐科的第二任期规划中，他在上任之前确定了五个进一步改革的重点领域，包括发展人力资本、提升社会保障项目的透明度和效率、加快基础设施建设、改革公务员系统以及扩大开放投资等。[③] 尽管在佐科第二任期内，数字经济依旧没有被作为一个单独的领域进行重点发展，但是佐科一直主张尝试将数字技术运用在上述五个领域的发展之中，发挥数字经济的赋能作用，而GDP年增长率7%的目标和新冠疫情的冲击更是使得数字经济成为印尼政府优先扶持的领域之一。[④]

（一）建立政府监管制度体系，促进数字产业合规化

在数字技术和市场不断扩展、迭代的情况下，政府监管往往难以跟上其发展速度，因而如何实现数字经济发展的合规化是各国政府普遍面对的难题。佐科政府时期设立一些正规机构和政府部门并授权其开展金融监管。在政府部门方面，佐科政府依托2012年建立的金融服务管理局（Otoritas Jasa Keuangan, OJK）专门监管金融企业。金融科技公司的蓬勃发展也让这一新生事物成为需要重点关注的领域。截至2020年12月，金融服务管理局共向152家印

---

① Antara, "Indonesia Can Become SE Asia's Largest Digital Economy: Jokowi," Tempo, September 28, 2016, accessed May 23, 2021, https://en.tempo.co/read/807894/indonesia-can-become-se-asias-largest-digital-economy-jokowi.

② "Naskah Lengkap Pidato Presiden Joko Widodo dalam Pelantikan Periode 2019-2024," Kompas, October 20, 2019, accessed May 23, 2021, https://nasional.kompas.com/jeo/naskah-lengkap-pidato-presiden-joko-widodo-dalam-pelantikan-periode-2019-2024.

③ 佐科政府对数字经济的重视也体现在《国家发展中期计划2015—2019年》《2020—2024年国家发展中期计划》《印度尼西亚2045年愿景》以及《2019年佐科-阿敏选举愿景和使命声明》等文件中。这些文件都强调了数字化和创新型经济在国家发展中的关键作用。

④ Arys Aditya, Claire Jiao and Grace Sihombingt, "Jokowi Backs Central Bank Mandate to Aid Indonesia's Growth," Bloomberg, April 7, 2021, accessed May 23, 2021, https://www.bloombergquint.com/markets/jokowi-supports-central-bank-mandate-to-aid-indonesia-s-growth.

尼P2P或金融科技借贷平台发放了许可证。① 此外，印度尼西亚央行（Bank Indonesia，BI）也发挥着金融监管的功能，面对金融创新的快速发展，其于2019年推出了"SPI 2025"计划，以建设印尼支付网关系统（SPI）和金融科技监管沙盒。② 在行业规范上，主要通过两大金融科技协会——印尼金融科技资本联合协会（Asosiasi Fintech Pendanaan Bersama Indonesia，AFPI）和印尼金融科技协会（Asosiasi FinTech Indonesia，AFTECH）对相关领域制定规范。这两个机构还对初创企业提供资金和政策支持，并在印尼中央银行与金融服务管理局之间扮演着调解人的角色。

在行业规范、数据安全和隐私保护方面，佐科政府不断完善相关立法，构建数字经济法律体系。佐科政府于2019年出台了关于电子交易和系统经营的第71号政府法规以取代2012年第82号法规。第71号政府法规确定了电子系统、电子代理、电子交易、电子认证和可靠性认证机构的实施，以及开展域名管理。此外，第71号法规对私人领域和公共领域电子系统运营商进行了区分，允许私人领域的数据运营商在适当情况下将数据管理、处理或存储的电子系统从印度尼西亚转移至海外。这一法规的出台有助于支持云计算产业的发展，并且让中小企业能够在日常运营中以较低的成本获得数字技术支持。③ 此外，印尼政府还出台了规范电子商务的2019年第80号法规，该法规对电子商务企业的营业执照、纳税申报、消费者权益保护、数据储存等方面做出了详细规定，适用于所有在印尼市场活动的电子商务公司，在法律层面规范了电子商务领域的经营活动。④ 2020年1月，印尼政府还将一份数据保护法草案提交给了印尼国会，虽然截至2021年年底此项法案仍在磋商和讨论中，但是其经济意义重大，将会极大地提升民众对数字经济的信任程度。⑤

在企业经营活动方面，佐科政府也力主推动简化行政手续、降低劳动雇

---

① Nadiva Aliyya Aryaputri, "State of Open Banking 2021: Indonesia," Fintech News, April 5, 2021, accessed May 23, 2021, https://fintechnews.sg/50091/openbanking/state-of-open-banking-2021-indonesia.

② Ibid.

③ "Peraturan Pemerintah Republik Indonesia Nomor 71 Tahun 2019 Tentang Penyelenggaraan Sistem dan Transaksi Elektronik," Department of Justice and Human Rights, accessed May 23, 2021, https://peraturan.go.id/common/dokumen/ln/2019/LN185-PP71.pdf.

④ Ibid.

⑤ "How is Indonesia Developing Its Digital Economy?" Oxford Business Group, accessed May 23, 2021, https://oxfordbusinessgroup.com/analysis/supportive-framework-government-and-regulators-are-taking-steps-develop-digital-economy-focus-local.

佣门槛。这一方面最为重要的措施是2020年《创造就业综合法》（UU Cipta Kerja，也称Omnibus Law）的通过。该法案的主要措施包括简化行政手续、降低工资薪酬方面对企业的限制或惩罚力度、增加工作最长时长（减少假期）、降低企业所得税、减少投资禁区（开放行业）等。佐科在解释这一法案的意义时，特别强调其对数字经济发展的推动作用："在新冠疫情期间，数字经济加速发展，《创造就业综合法》通过后借助数字技术简化了行政程序和提升了贷款可获得性，能够促进中小和初创企业的发展。"[①] 佐科政府对该法案促进印尼经济发展持很高期望，虽然国内学生和劳工组织频繁抗议、示威和起诉，但是佐科政府的态度非常坚决，这对外国投资者和印尼国内企业是利好消息，使其经营和投资环境在一定程度上得到了改善。[②]

（二）完善数字基础设施建设，挖掘数字经济潜力

印尼数字基础设施存在相对滞后的问题，根据科尔尼公司（A.T. Kearney）2019年提供的数据，印尼对数字基础设施的投资仅占GDP的1.3%，而泰国、马来西亚和新加坡分别为2.4%、4.5%和6.6%。[③] 在互联网普及率方面，2018年的数据显示，印尼仅有64%的人口使用互联网，与新加坡（84%）、文莱（94%）、马来西亚（80%）和越南（75%）相比，印尼仍然是东盟各国中互联网普及率较低的国家。[④]

尽管整体投资占GDP比例较低，但是佐科政府在建设数字基础设施方面仍旧作出了不少努力。

其一，佐科政府牵头建设基建，提供平台与服务。在2018年4月出台的《印度尼西亚制造4.0》文件中，印尼政府希望通过发展高科技出口产业、实

---

① "Jokowi's Wish to Accelerate Indonesia's Digital Economy Potential through Omnibus Law," Voi, November 18, 2020, accessed May 23, 2021, https://voi.id/en/technology/20155/jokowis-wish-to-accelerate-indonesias-digital-economy-potential-through-omnibus-law.

② 夏方波：《浅析佐科政府与印尼〈创造就业综合法〉之争》，《区域观察》2020年第3期，http://iias.tsinghua.edu.cn/wp-content/uploads/2021/01/5-qian-xi-zuo-ke-zheng-fu-yu-yin-ni-chuang-zao-jiu-ye-zong.pdf，访问日期：2021年4月1日。

③ Ariyani Yakti Widyastuti, "2019, Rudiantara: Investasi Infrastruktur Digital Lebih Besar," Tempo, March 4, 2019, accessed May 23, 2021, https://bisnis.tempo.co/read/1181523/2019-rudiantara-investasi-infrastruktur-digital-lebih-besar/full&view=ok.

④ Asosiasi Penyelenggara Jasa Internet Indonesia, "Hasil Survei Penetrasi dan Perilaku Pengguna Internet Indonesia 2018," Apjii, accessed May 23, 2021, https://www.apjii.or.id/content/read/39/410/Hasil-Survei-Penetrasi-dan-Perilaku-Pengguna-Internet-Indonesia-2018.

现经济多元化摆脱对自然资源的依赖，重点布局的领域包括3D打印、人工智能、人机界面、机器人和传感器技术，为印尼数字经济发展绘制了蓝图。① 佐科政府于2019年年底宣布其"帕拉帕环项目"（Palapa Ring）建设完成，该项目共投入15亿美元，铺设的海陆电缆长达35,000千米，为印尼全国500多个地区提供4G网络，基本贯穿印尼全境，极大地提升了印尼的宽带普及率。② 值得注意的是，在2021年的预算当中，佐科政府还将拨出30.5万亿印尼盾（约20亿美元）用于信息和通信技术（ICT）的发展，以实现公共服务的数字化转型，这标志着印尼数字基建新机遇的到来。③ 此外，工业部正在筹办一个名叫工业生态系统4.0（SINDI 4.0）的线上论坛，旨在促进政府、公司、行业参与者、研发机构和金融机构的交流与协作。④ 信息与通信部也启动了一项国家信息通信技术基础设施建设的项目，即"2020年信号自由"（Merdeka Sinyal 2020）项目，该项目将在2020年为5000个最边缘、最边远和最落后的地区（Terdepan, Terluar, Tertinggal）提供电信接入。⑤

其二，推动数字基建市场化。例如，日本电信巨头电报电话公司已经在印尼投资建设了三个数据中心，其中在2020年完工的西爪哇芝卡朗镇雅加达3号数据中心（Jakarta 3 Data Center）能够提供1.8万平方米的IT空间和45兆瓦的IT负荷。日本软银则通过Grab公司向印尼投放20亿美元用以建设基于电动汽车和大数据运算的城市交通系统。⑥ 微软也于2021年2月25日启动"赋能印尼数字经济"（Berdayakan Ekonomi Digital Indonesia）项目，其计划在印尼建立

---

① "Making Indonesia 4.0," Department of Industry, accessed May 23, 2021, https://indonesiahm 2021.id/makingindonesia40.

② Ayman Falak Medina, "Indonesia's Palapa Ring: Bringing Connectivity to the Archipelago," ASEAN Briefing, January 28, 2020, accessed May 23, 2021, https://www.aseanbriefing.com/news/ indonesias-palapa-ring-bringing-connectivity-archipelago.

③ Eisya A. Eloksari, "Govt to Roll out $2b for ICT Development in 2021, Boost Inclusion," Jakarta Post, August 14, 2020, accessed May 23, 2021, https://www.thejakartapost.com/news/2020/08/14/govt-to-roll-out-rp-30t-for-ict-development-in-2021-boost-inclusion.html.

④ "Ekosistem Industri 4.0," Department of Industry, accessed May 23, 2021, https://sindi4. kemenperin.go.id.

⑤ Shinta Maharani, Miftahul Ulum and Agus Purnomo, "Electronic Banking: Opportunities and Future Challenges of Islamic Economy in Indonesia," *International Journal on Islamic Applications in Computer Science and Technology* 8, no. 1 (2020): 1-10.

⑥ "The Infrastructure Upgrades Driving Indonesia's Digital Economy," Borneo Post, November 24, 2019, accessed May 23, 2021, https://www.theborneopost.com/2019/11/24/the-infrastructure-upgrades-driving-indonesias-digital-economy.

其首个具备世界级数据安全、隐私保护和数据存储能力的区域数据中心，为印尼市场提供云服务。在5G建设方面，佐科政府也抓紧时间布局。在特朗普政府发起针对华为的全球攻势时，佐科并没有刻意追随美国禁用华为，而是让印尼电信运营商自主选择与中国企业在5G方面开展合作。2019年11月6日，印尼最大的电信和网络运营商印尼电信（Telkom）与华为签署了关于5G联合创新计划的谅解备忘录，双方将在5G关键技术领域开展研究合作，包括但不限于5G传输、大规模多出多入技术、网络容量、5G网络切片、智能网络、软件定义网络/网络功能虚拟化等，双方还将为印尼市场提供公共云服务，并建立联合人工智能创新实验室以实现人工智能服务探索和人才培养，为印尼未来5G建设打下了坚实的基础。[①]

（三）发展人力资本，培育数字人才

人力资本不足和数字人才匮乏是最令佐科政府头疼的问题之一，原因在于印尼教育系统不完善，职业教育落后，这导致印尼劳动力素质整体水平较低，难以适应经济发展的需要，更无法满足数字经济对人才和创新的要求。不仅如此，印尼失业率居高不下（常年位于5%以上），在失业人群中中等教育背景和高等教育背景占比最高，青年人口的失业比例往往更高（15—19岁人群达25%以上），并且劳动力就业存在教育水平与技能水平、教育背景与工作需求间的双重不匹配问题。[②] 面对爆发性增长的数字经济市场，劳动力技能不足和供给短缺的现象与印尼巨大的人口基数形成了鲜明的对比。根据世界银行2020年提供的"世界人力资本指数"数据，印尼在东盟国家中的人力资本水平远远落后于新加坡、马来西亚和泰国等其他国家（见表1），极大地影响了印尼市场的吸引力和竞争力。

[①] "Telkom and Huawei Tied Agreement on 5G and Cloud Joint Innov," Huawei cloud, November 12, 2019, accessed May 23, 2021, https://www.huaweicloud.com/intl/en-us/news/20191112161435303.html.

[②] 加布里埃尔·莱勒：《印度尼西亚制造4.0：挑战、应对以及对东盟和中国的启迪》，《中国–东盟研究》2021年第1期，第3—17页。

表1 东南亚部分国家人力资本指数

指数	国家	2010年	2017年	2018年	2020年
预计受教育年数	新加坡	13.85	13.89	13.92	13.92
	菲律宾	—	12.8	12.76	12.95
	越南	11.81	12.3	12.81	12.86
	泰国	12.12	12.37	12.68	12.72
	马来西亚	12.12	12.16	12.47	12.47
	印度尼西亚	11.36	12.31	12.31	12.39
人力资本指数（0—1）	新加坡	0.85	0.88	0.89	0.88
	越南	0.66	0.67	0.69	0.69
	马来西亚	0.58	0.62	0.63	0.61
	泰国	0.58	0.60	0.62	0.61
	印度尼西亚	0.50	0.54	0.54	0.54
	菲律宾	—	0.55	0.55	0.52

资料来源："Human Capital Index," The World Bank, accessed May 23, 2021, https://datacatalog.worldbank.org/dataset/human-capital-index。

佐科政府采取多项举措以尽快提升人力资本水平。佐科政府2020—2024年的五年规划明确了人力资本的发展目标，到2024年佐科任期结束时，计划将创造性经济工作者的数量提升至2100万人，高中与大学学历人数占比计划达到52.1%。[①] 而在数字人才方面，佐科认为未来十五年内印尼只有培养900万数字人才（每年60万）才能建立起持续成长的数字生态系统，并在新冠疫情之下实现数字化转型。[②]

实现这一目标的主要方式可以分为两个方面：一方面，在人力资本的供给侧增加政府投入，由教育部推动完善职业教育体系，改进大学学科和专业设置，鼓励私营学校和教育机构发挥更大作用，尝试让教育体系能够覆盖更多群体。教育部还实施了"免费学习"计划，通过设置学分要求和完善课程体系，提供广泛的技能与知识培训。工业部制定的《印度尼西亚制造4.0》指出，印

[①] "Rencana Penbangunan Jangka Menengah National 2020-2024," Government of Indonesia, accessed May 23, 2021, http://drive.bappenas.go.id/owncloud/index.php/s/4q7Cb7FBxav3lK.

[②] "Jokowi: 9 Million 'Digital Talents' Needed in Digital Transformation," Tempo, August 3, 2020, accessed May 23, 2021, https://en.tempo.co/read/1371990/jokowi-9-million-digital-talents-needed-in-digital-transformation.

尼将大幅提升研发投入至 GDP 的 2%（200亿—300亿美元），以数字化振兴印尼制造业，明确在人工智能技术的基础上发展汽车、电子、食品饮料、服装以及化工等五大行业。[①] 印尼政府还成立了技术转让办公室，以加强技术研发的市场化并增加预期收益。另一方面，在人力资本转化上提供政府服务，佐科政府劳动部从 2018 年开始实施就业服务计划，即"三项技能训练计划"，通过搭建线上平台，在职业培训、岗位寻人、职业变更、失业保险等方面为民众提供保障性服务，以促进人力资本与职业需求的匹配。[②]

（四）经济外交引进投资和经验，助力印尼数字经济发展

佐科视经济发展为印尼政府的第一要务。[③] 因此，即使在外交领域，佐科也要求外交官员将 90% 的精力集中在经济外交工作上，力图把印尼驻外大使馆都转变为推介印尼产品和招商引资的"展馆"。[④] 需要指出的是，佐科政府很大程度上改变了苏西洛"千友零敌、动态平衡"的外交战略，转而追求通过大国平衡外交以实现国家利益最大化，其主要的外交工作焦点也转变为双边主义和经济合作，提升双边战略伙伴关系，在多边场合多关注与经济相关的国际论坛和多边组织。[⑤] 因此，佐科倾向于在外交议程中优先考虑与民众经济福利直接相关、具有巨大增长潜力的领域，这一逻辑也体现在佐科政府利用经济外交的方式拉动印尼数字经济发展的行动中。[⑥]

首先，佐科政府依托发达经济体、多边机制和战略合作伙伴等渠道拓宽印

[①] "Making Indonesia 4.0," Ministry of Industry, accessed May 23, 2021, http://www.kemenperin. go.id/down-load/18384.

[②] 加布里埃尔·莱勒：《印度尼西亚制造4.0：挑战、应对以及对东盟和中国的启迪》，《中国—东盟研究》2021年第1期，第3—17页。

[③] 基于佐科战略布局规划的转型，印尼外交部长蕾特诺（Retno Marsudi）提出了"4+1优先项"（4+1 Priority）的概念，包括提振经济外交、公民外交保护、主权与民族外交、印尼在全球与地区事务的作用、稳固的外交基础设施。Nur Yasmin, "Indonesia's Foreign Policy Priorities for the Next 5 Years," Jakartaglobe, October 29, 2019, accessed May 23, 2021, https://jakartaglobe.id/news/indonesias-foreign-policy-priorities-for-the-next-5-years.

[④] "Indonesia Intensifies Economic Diplomacy to Boost Growth," Antara, February 27, 2015, accessed May 23, 2021, http://www.antaranews.com/en/news/97922/indonesia-intensifies-economic-diplomacy-to-boost-growth.

[⑤] 薛松：《中国与印度尼西亚关系70年：互动与变迁》，《南洋问题研究》2020年第1期，第41—54页。

[⑥] Donald E. Weatherbee, *Understanding Jokowi's Foreign Policy* (ISEAS Publishing, 2016), p. 42.

尼数字经济发展空间和机遇。[1]佐科政府重视双边关系升级,2015年10月,印尼与美国将双边关系从全面伙伴提升至战略伙伴。相比于美印尼伙伴关系,中印尼全面战略伙伴关系在经贸领域更为切实和可行,佐科政府从中国获得了更多基础设施领域的投资,极大地加快了印尼基础设施的建设进程。[2]在多边机制方面,印尼重视G20、东盟、东亚峰会、亚太经合组织对推动印尼数字经济的作用。在2016年的美国-东盟峰会上,在奥巴马的主持下,佐科专门会见了微软、国际商用机器公司(IBM)和思科三家公司的首席执行官,并第一次在外交场合阐释了佐科政府对数字经济的高度重视以及印尼数字经济市场的潜力。[3]在2019年6月29日的G20峰会第二次会议上,佐科还提出建设"数字媒介加速器中心"(IDEA Hub),呼吁集团成员国的独角兽公司通过这个平台分享数字商业模式的经验,这一平台聚焦共享经济、劳动数字化和金融普惠三个领域,以实现数字技术普惠并减小各国间的数字鸿沟,佐科政府希望借此塑造以数字经济解决经济不平等的包容性发展理念。[4]简单而言,佐科围绕数字经济展开的经济外交活动不仅寻求利用国际化战略将国内潜在资源转化为投资的热点领域,而且希望在国际社会谋求数字经济的规范与理念塑造能力和话语权。

其次,大型互联网跨国公司也是佐科经济外交的重点工作对象。例如,佐科政府主动邀请世界互联网科技巨头公司帮助印尼发展数字经济,并且成效显著,强化了数字经济的发展动力和平台效应。包括脸书、阿里巴巴、谷歌、京东等在内的公司都对印尼市场进行了投资。佐科与马云及阿里巴巴的关系是其经济外交的典型案例,2017年8月印尼政府时任经济统筹部长达尔敏(Darmin Nasution)代表佐科正式邀请马云担任印尼电商顾问,为印尼数字经济发展

---

[1] Defbry Margiansyah, "Revisiting Indonesia's Economic Diplomacy in the Age of Disruption: Towards Digital Economy and Innovation Diplomacy," *Journal of ASEAN Studies* 8, no. 1 (2020): 15-39.

[2] 针对美国和印尼的战略伙伴关系,《外交学者》杂志认为为两国的战略伙伴关系相对空泛,缺少落到实处的真正行动和成果,亟须正视双方拓展合作的可能性,参见Patrick M. Cronin and Isabelle M. Burke, "Time to Take the US-Indonesia Strategic Partnership Seriously," The Diplomat, July 30, 2019, accessed May 23, 2021, https://thediplomat.com/2019/07/time-to-take-the-us-indonesia-strategic-partnership-seriously/。

[3] "President Jokowi Meets with 3 Digital Economy CEOs," Cabinet Secretariat, February 16, 2016, https://setkab.go.id/en/president-jokowi-meets-with-3-digital-economy-ceos.

[4] "G20 Summit: Indonesia Proposes 'IDEA Hub'," Cabinet Secretariat, June 28, 2019, accessed May 23, 2021, https://setkab.go.id/en/g20-summit-indonesia-proposes-idea-hub.

制定路线图。^① 在马云牵头下，阿里巴巴于2017年对印尼最大的电商平台Tokopedia进行了11亿美元的投资，并完成了对东南亚地区性电商平台Lazada Group（主要用户包括印尼等海岛国家市场）总额为20亿美元的收购。^② 不过，印尼国内运输成本过高在很大程度上阻碍了电商平台的发展，世界银行2016年的报告显示，从上海运到雅加达的一箱橘子比从雅加达运到西苏门答腊岛的巴东更便宜，而后者的距离仅为前者的六分之一，印尼的物流成本占制造业销售额的25%，而泰国和马来西亚的这一比例分别为15%和13%。^③ 阿里巴巴通过与新加坡邮政、印度邮政合作，把中国到印尼的货运时间缩短了一半以上，降低了印尼国际货运和电商平台的运输成本。^④

除此之外，佐科还邀请社交网络巨头脸书利用其数字技术帮助印尼应对恐怖主义威胁，在印尼社会传播和平和包容思想以推动去激进化。^⑤ 在市场层面，脸书联合贝宝（PayPal）向印尼最大的打车和送餐平台Gojek公司进行了战略投资，将贝宝的服务整合到Gojek之中，并让印尼用户能够直接通过Gojek访问美国商户。^⑥ 可见，受邀的互联网巨头不仅在政治与政策层面支持印尼政府工作，而且在市场层面也有动力对印尼数字经济产业投入人力、技术、资金和管理经验。

① Steven Millward, "Jack Ma Says Infrastructure Is a 'Key Challenge' to Indonesia's Ecommerce Growth," Tech in Asia, August 23, 2017, accessed May 23, 2021, https://www.techinasia.com/jack-ma-indonesia-logistics-and-ecommerce.

② Thomas Paterson, "Boosting E-commerce under Jokowi's Second Term," The Jakarta Post, June 11, 2019, accessed May 23, 2021, https://www.thejakartapost.com/academia/2019/06/11/boosting-e-commerce-under-jokowis-second-term.html.

③ "Indonesia: $400 Million Approved for Logistics Reform," The World Bank, November 2, 2016, accessed May 23, 2021, https://www.worldbank.org/en/news/press-release/2016/11/02/indonesia-400-million-approved-for-logistics-reform.

④ Tintin Dela Cruz, "How Indonesia's Digital Economy Is Responding to Infrastructure Woes," Tech in Asia, October 24, 2017, accessed May 23, 2021, https://www.techinasia.com/indonesia-digital-economy-responds-to-infrastructure-woes.

⑤ Ayomi Amindoni, "Let's Spread Peace, Jokowi Urges Facebook," The Jakarta Post, March 21, 2016, accessed May 23, 2021, https://www.thejakartapost.com/news/2016/02/18/lets-spread-peace-jokowi-urges-facebook.html.

⑥ Saheli Roy Choudhury, "Facebook, PayPal Invest in Indonesia's Ride-hailing Firm Gojek," CNBC, June 2, 2020, accessed May 23, 2021, https://www.cnbc.com/2020/06/03/facebook-invests-in-indonesia-gojek.html.

（五）运用数字技术打造数字政府，提升行政效率

佐科向来重视政府的服务功能，并将其作为印尼国家竞争力的重要方面。佐科对电子政务和数字政府持很高的期待，他认为电子政务能够提升政府行政的效率、透明度，提升民主问责的有效性，并减少腐败和增进公民对政府决策的参与程度。因此，更好地提供公共服务成为佐科在竞选和施政过程中的优先事务，佐科的发展预期是让一切政府公共服务都能通过网络获取，其电子政务提供的服务包括电子规划、电子预算、电子目录、电子采集、电子投诉等。[①]

佐科政府推行的电子政务计划中有不少较为成功的案例。例如，佐科政府建立了网上问政系统——"公民线上投诉谏言服务"（Layanan Aspirasi dan Pengaduan Online Rakyat，LAPOR，后改名为"国家公共服务系统"，即SP4N），该系统由行政和官僚改革部负责，覆盖范围包括针对100多个政府机构、48个地方政府、90个国有企业和130个大使馆等政府部门的投诉。LAPOR系统的日投诉量在600条左右，工作人员需要逐条审核，然后依照程序转送相关部门办理，其需要在3个工作日内核实投诉并在5个工作日之内进行正式回复，公民在投诉过程中可以选择匿名并且可以随时追踪事项的办理进度。[②]

此外，佐科还推出了智慧城市计划，以鼓励地方政府利用信息和通信技术来改善其治理和决策过程。正在建设智慧城市的地方政府包括雅加达、万隆、三宝垄、泗水、新埠头和望加锡等。以雅加达为例，雅加达政府专门成立了智慧城市管理处（Smart City Management Unit），该处的数据科学家通过收集和分析城市大数据为政府决策、公共服务和交通管理提供信息和建议，并向公众开放信息。雅加达政府还与私人企业共同开发了名为"克鲁"（Qlue）的系统，以汇集并处理雅加达地区的公民投诉，政府服务质量和效率因此得到有效提升。[③]

[①]　Paiman Raharjo, "Developing Administrative Reform of the Working Cabinet," *International Journal of Advanced Research* 3, no. 11 (2015): 238-245.

[②]　Yanuar Nugroho and Agung Hikmat, "An Insider's View of E-governance under Jokowi: Political Promise or Technocratic Vision? " in Edwin Jurriëns and Ross Tapsell eds., *Digital Indonesia: Connectivity and Divergence* (ISEAS Publishing, 2017), pp. 21-27.

[③]　"Mengenal Aplikasi Qlue, Karya Anak Bangsa untuk Jakarta Smart City," VOI, January 18, 2021, accessed May 23, 2021, https://voi.id/teknologi/27442/mengenal-aplikasi-qlue-karya-anak-bangsa-untuk-jakarta-smart-city.

二、印尼数字经济发展的成就

佐科政府以数字技术驱动经济发展的思路从法规监管、基础设施、人力资本、经济外交以及电子政务等方面有条不紊地发展着数字经济，展示出一张清晰的数字化转型发展路线图。在日益改善的投资环境、便利化的行政服务和巨大的市场潜力的驱动下，印尼数字经济近年来也取得了举世瞩目的成就，引领着东南亚数字经济发展的潮流，已经成为数字经济领域国际技术和资本流入的热点地区。

（一）数字经济体量位居东盟之首，发展潜力巨大

在经济规模的支撑、市场热度的上升和政府政策的推动下，印尼数字经济总体规模已经成为东南亚各国之首。谷歌、淡马锡和贝恩公司联合发布的《2020年东南亚数字经济报告》提供的数据显示（见图1），印尼在2020年的数字经济总量达到了440亿美元，约占2020年GDP总量的4.2%，相比于2015年的80亿美元，年均增长90%。印尼2020年数字经济总量在东南亚市场占比为41.9%，相比2019年提升了1%。

此外，该报告还预期印尼数字经济总量在2025年将会增长到1240亿美元，为排名第二的泰国（530亿美元）和第三的越南（520亿美元）的两倍多，预期为整个东南亚数字经济市场总额的43.11%。但是，这一数字相比2019年给出的增长至1330亿美元的预期仍然下调了90亿美元，主要原因是新冠疫情导致电商平台的物流成本增加以及人们对互联网出行和旅游等行业需求的减少。[1]

---

[1] "E-conomy SEA 2020 Report," p. 32, Google, https://economysea.withgoogle.com/.

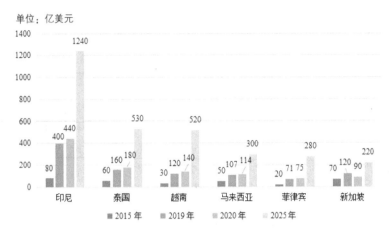

图1　东南亚各国数字经济总量

资料来源：*E-conomy SEA 2020 Report*, p. 100。

在投资方面，流入印尼市场的数字经济投资在2017—2020年的年均总量都在30亿美元之上，其中2018年与2019年印尼数字经济市场的投资单数达到349笔和355笔，总额分别为38亿美元（占东南亚数字经济总体投资的22.7%）和32亿美元（占比26.7%），即使在疫情暴发的2020年上半年印尼也实现了32亿美元（占比50.8%）的投资，投资规模和在东南亚区域所占比例的增加反映出国际资本普遍看好印尼数字经济市场，且该市场活力得到充分释放。[①]

（二）行业发展总体趋势向好，部分行业增长势头强劲

在行业发展方面，印尼数字经济市场表现不一，但是总体发展趋势不变（见图2）。以电子商务和网络媒体为例，二者保持了强劲的发展势头，分别在2020年达到了320亿美元和44亿美元的总量。同时，基于2020年的发展，对两个行业在2025年的发展预期也有所上调，预计分别可达830亿美元和100亿美元，相比2019年的预期上调了1.2%和11.1%。相比之下，线上旅行和网约车与外卖两个行业发展出现了一定波折，其在2019年的总量相比2015年分别上涨了100%和500%，但是在2020年又分别下降了70%和16.7%，并且2025

[①] 所用数据均来自E-conomy SEA 2019 Report 和 E-conomy SEA 2020 Report, "E-conomy SEA 2019 Report," Google, TEMASEK and Bain Company, accessed May 23, 2021, https://www.blog.google/documents/47/SEA_Internet_Economy_Report_2019.pdf; "E-conomy SEA 2020 Report," Google, TEMASEK and Bain Company, accessed May 23, 2021, https://economysea.withgoogle.com。

年的预期行业总量也受到较大冲击，线上旅行的预期总量（150亿美元）相比2019年给出的预期（250亿美元）下降了40%，而网约车与外卖行业的预期总量（160亿美元）相比2019年给出的预期（180亿美元）下降了11.1%，不过相比2020年仍旧存在巨大的增长空间。印尼数字经济市场的总量仍然在上升，原因在于电子商务仍然是增长的主要驱动力，同比增长54%（210亿美元至320亿美元），抵消了线上旅行同比下降70%的影响。[1]

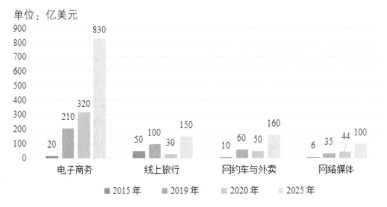

图2　印尼数字经济主要行业总量

资料来源：*E-conomy SEA 2020 Report*, p. 32。

在社交媒体使用方面，据印尼信息与通信部统计，截至2020年，印尼互联网用户数量已达到2.45亿（印尼总人口为2.72亿，城镇化率为55%），印尼运营商服务的电信用户数目已达到约3亿人。[2]Hootsuite关于2020年印尼数字经济的报告指出，印尼接入互联网的手机用户数量已达3.38亿，互联网用户达1.75亿人，总人口覆盖率为64%，而活跃的社交媒体用户达1.6亿人。印尼人均每日互联网使用时长约为8小时，社交媒体使用时长约为3.5小时，音乐和游戏时长都约为1.5小时。2020年印尼最受欢迎的社交媒体软件包括优兔（YouTube，88%的用户使用）、沃茨阿普（WhatsApp，88%）、脸书（Facebook，82%）、照片墙（Instagram，79%）、推特（Twitter，56%）等。

在互联网金融方面，印尼也呈现快速发展的态势。总体而言，印尼快速

---

① 所用数据均来自于E-conomy SEA 2019 Report和E-conomy SEA 2020 Report。

② Shinta Maharani, Miftahul Ulum and Agus Purnomo, "Electronic Banking: Opportunities and Future Challenges of Islamic Economy in Indonesia," *International Journal on Islamic Applications in Computer Science and Technology* 8, no. 1 (2020): 1-10.

成长的金融科技生态系统在很大程度上是由政府推动的，政府在P2P贷款、数字支付和开放银行等领域引入了新的规则，鼓励创新和改善金融普惠性，让不少国内和国际投资者看好印尼金融科技市场。[①] 根据瑞士贸易与投资署（Switzerland Global Enterprise，S-GE）提供的《2020年印尼金融科技报告》，截至2020年，印尼有322家金融科技公司，还有125家注册但未获许可的在线贷款机构。印尼金融科技初创企业以在线借贷领域的公司为主，在线借贷公司占所有金融科技初创企业的50%左右，第二多的是线上支付企业，有73家（占比23%），区块链和加密货币公司有26家（8%），投资/个人理财公司有24家（7%），其他还包括15家保险科技公司、9家众筹公司、7家POS服务公司等。[②] 印尼P2P业务发展尤其迅猛，仅2020年上半年的6个月时间印尼P2P贷款规模已经达到77亿美元。印尼针对在线借贷业务的监管也在逐步跟上，例如印尼金融服务管理局正在计划收紧其发放的金融科技牌照，新进入该行业将需要100万美元的核心资本（当前约为17万美元），并要求提升平台数据透明度，以防范金融风险，保障数据安全。[③]

值得注意的是，伊斯兰金融不断崛起并与金融科技日益融合。由于印尼大量互联网用户信仰伊斯兰教，且伊斯兰教法严格禁止收取"利息"（riba），其对线上支付中的钱包返现功能（可以被视作利息）以及其他数字金融技术与服务存在一定质疑。不过，伊斯兰教法学者理事会（Majelis Ulama Indonesia，MUI）对数字经济持包容态度，明确了虚拟货币在一定条件下是可以接受的，为穆斯林参与数字经济活动消除了疑虑。在此基础上，印尼科技金融公司开始寻求与伊斯兰社会组织开展合作，并为穆斯林群体提供定制服务。例如，Gojek公司尝试为印尼清真寺协会（Dewan Masjid Indonesia，DMI）旗下80多万座清真寺发起名为"天课"（Zakat）的数字化捐赠，以便利教徒履行伊斯兰教义务；另一家金融科技企业LinkAja则开发了一项名为LinkAja Sharia的金融服务，专门面向保守派穆斯林，其只接受来自伊斯兰银行的资金。不过，到目前为止，印尼伊斯兰金融科技的规模依旧不大。根据印尼伊斯兰金融科技协会

---

① "Indonesia Fintech Report and Map 2020," Fintechnews Indonesia, December 4, 2020, accessed May 23, 2021, https://fintechnews.sg/45513/indonesia/indonesia-fintech-report-and-map-2020/.

② Switzerland Global Enterprise, "Indonesia Fintech Report 2020," Jotform, 2020, accessed May 23, 2021, https://form.jotform.com/koenichr/fintech-indonesia-report-2020.

③ Khamila Mulia, "Broader Adoption, Tighter Regulations: What to Expect from the Indonesian Fintech Sector in 2021," KrASIA, December 27, 2020, accessed May 23, 2021, https://kr-asia.com/broader-adoption-tighter-regulations-what-to-expect-from-the-indonesian-fintech-sector-in-2021.

的数据，2019年伊斯兰金融科技初创企业共向市场投放了约7315万美元的伊斯兰贷款，与2018年相比增长了4倍，其增长空间巨大。[①]

（三）独角兽公司发展强劲，新冠疫情加速数字经济新兴行业发展

在数字经济的各行业细分之下，印尼已经孕育了不少独角兽企业（估值超过10亿美元的初创公司），它们引领着印尼数字经济的发展潮流，是印尼数字化转型的重要推力和支点。目前，印尼有6家得到广泛承认的独角兽企业，估值最大的是主营网约车和外卖业务的Gojek公司，它是印尼第一家估值超过100亿美元的科技公司，Gojek目前在印尼204个城市和地区开展业务，其业务还扩展到越南、新加坡、泰国等其他东南亚国家市场。估值占第二位的是电商平台巨头Tokopedia，其业务从线上零售逐渐扩展至电子支付、线上娱乐和理财产品等，Tokopedia是印尼政府颇为重视的对象，原因在于其能够对接印尼广大的中小企业和商户，Tokopedia的月度访问量已经超过1亿次，占据印尼市场流量的32.04%，其估值约为70亿美元。后四位分别是电子支付企业OVO（估值29亿美元），电商平台Bukalapak（估值25亿美元），线上旅行业务企业Traveloka（估值20亿美元），电商平台京东印尼站（估值10亿美元）。[②]

值得注意的是，2020年年初新冠疫情的全球性大流行极大地提升了人们对数字经济产品的需求，印尼市场也在此期间发生了新的变化。谷歌、淡马锡和贝恩公司联合发布的《2020年东南亚数字经济报告》重点分析了新冠疫情对东南亚各国数字经济的影响，它们认为新冠疫情催生了2个新兴领域（医疗科技、教育科技），并且增加了数字经济的需求总量。根据其提供的数据，在2020年疫情期间，印尼新增37%互联网消费者，新用户黏性为93%，将继续使用至少1项数字服务，疫情还使印尼互联网用户平均在线时长增加了1.1个小时，印尼民众的数字生活需求显著上升。[③]

疫情进一步暴露了印尼医疗卫生体系的落后。印尼自2015年7月以来开始实施覆盖全国的"保险与社会保障"计划（Badan Penyelenggara Jaminan

---

① Fanny Potkin, "'Sharia Fintech': Startups Race to Tap Indonesia Growth by Aligning with Islam," Reuters, March 3, 2020, accessed May 23, 2021, https://www.reuters.com/article/us-indonesia-digitalpayments-islam-idUSKBN20Q0IA.

② Prilita Kamalia, "Berikut Daftar Startup Unicorn Indonesia Hingga Tahun 2020," Daily Social, May 11, 2020, accessed May 23, 2021, https://dailysocial.id/post/unicorn-indonesia-2020.

③ TEMASEK and Bain Company, "E-conomy SEA 2020 Report," Google, accessed May 23, 2021, https://economysea.withgoogle.com.

Sosial，BPJS）。但是，世界卫生组织的数据显示，印尼平均千人只有1.2张医院床位和0.4名医生，在东盟国家中处在末尾。在这一情况下，佐科政府于2021年3月通过"投资正面清单"解除了对医疗保健相关行业外国投资的限制，使外国资本可以独立参与印尼的医院建设与经营、医药制造与批发、医疗设备分销与测试等领域。该清单进一步推动了印尼数字医疗的发展，根据Asia Link Business提供的数据，到2023年，印尼数字医疗收入预计将达到9.73亿美元，复合年增长率为60%，2020年电子药店占印尼医药行业的3%，行业总收入为60亿美元，预计2021年将增长10%。同时，线上医疗也迅速扩展，截至2020年3月，印尼线上医疗的访问人数已经超过6100万。[①]

三、印尼数字经济存在的问题与挑战

印尼数字经济虽然已经走上了快车道，发展潜力巨大，并且受到国际资本的青睐，但是仍然存在不少问题与挑战，亟待改善和克服，从而有效保障印尼经济的数字化转型。当下印尼数字经济主要存在缺少战略规划、基础设施与创新能力不足、网络安全问题严峻、监管效率低下以及行业缺乏可持续性等方面的问题。

第一，在政府发展战略规划当中，针对数字经济的定位和发展缺少清晰的路线布局。相反，佐科政府只是把数字经济作为其国家发展战略目标的助推器，疫情的暴发才让佐科政府意识到数字经济在印尼经济发展和转型中的重要地位，但是从已经采取的举措来看，其还是未能提出一个统领全局的数字经济发展规划。正如印尼经济统筹部副部长鲁迪・萨拉胡丁（Rudy Salahuddin）所指出的，"当下的数字经济路线图只是一个短期政策，仅仅列出事项清单，而缺乏宏伟的战略目标的设定和系统规划。因此，政府相关部门在政策执行方面存在不同看法，导致利益相关方之间对政策理解不同、目标也变得分散"。[②]缺少总体规划的后果是数字经济部分行业呈现出无序扩张、恶性竞争以及监管能力不足等特征，这不仅提高了政府监管难度和行政成本，还可能导致金融系

---

① "Indonesia Healthcare Market Goes Digital," Cekindo, accessed May 23, 2021, https://www.cekindo.com/blog/indonesia-healthcare-digital.

② Rudy Salahuddin, "Capaian Dan Kendala Pelaksanaan Perpres No.74 Tahun 2017 Peta Jalan Sistem Perdagangan Nasional Berbasis Elektronik (Road Map E-Commerce) Tahun 2017-2019," 2018, accessed May 23, 2021, https://ditjenpdt.kemendesa.go.id/index.php/download/getdata/Capaian_dan_Kendala_Road_Map_e-Commerce.pdf.

统的风险被放大，引发市场震荡。

第二，印尼数字创新能力不足，人才、基建以及制度都难以支撑数字经济的快速扩张。在 IMD 2020 年世界数字竞争力的排名中，印尼在 63 个国家中综合排名仅为第 56 位（数字知识排名第 63 位，技术排名第 54 位，发展准备排名第 48 位），在各方面都远远落后于其他国家。[1] 这体现了印尼数字经济发展存在的巨大风险，即无法拿出自己的创新技术和数据知识成果，只能依赖或复制其他国家和企业的技术和发展模式。这一短板还体现为印尼数字基础设施的相对滞后，这导致印尼物流成本非常高，并且印尼部分地区互联网接入依旧存在缺失的问题。[2] 虽然上文提及印尼互联网用户数量不断增长，佐科政府也开展了诸多 ICT 领域的建设项目，但是城市与乡村、主岛与外岛、阶层与阶层之间依旧存在相当大的数字鸿沟。硬件设施的改善即使让每位印尼民众都能接触到互联网，他们也并不一定能真正参与到数字化转型的浪潮之中，社会经济不平等、文化与宗教限制、数字知识匮乏等让低收入和社会边缘群体难以有效享受到数字经济的包容性增长成果。相反数字技术的广泛使用甚至更有利于高收入群体，会更加拉开阶层差距，这也是印尼当下数字经济发展的重要阻碍之一。[3]

第三，印尼网络空间安全问题突出，政府管控能力不足。随着数字经济的发展，印尼网络安全问题日益增长，2020 年 5 月一位名为 Whysodank 的黑客从电子商务巨头 Tokopedia 窃取了多达 9100 万用户数据并公开了 1500 万名用户的信息，这一重大数据泄露事件引发了印尼民众对 Tokopedia 的质疑和批评，也显示了当下印尼网络空间安全监管不力和法规不健全等问题。[4] 微软发布的《2019 年安全终端威胁报告》显示，印尼的恶意软件遭遇率高达 10.68%，是亚太地区最高的国家（遭遇率是东南亚地区平均水平的 2 倍），根本原因在于印尼网络空间缺少网络立法和安全维护，并且公民网络安全意识不足导致盗版软

---

[1] IMD World Competitiveness Center, "IMD World Digital Competitiveness Ranking 2020," 2020.

[2] 林梅、周漱瑜：《印尼数字经济发展及中国与印尼的数字经济投资合作》，《亚太经济》2020 年第 3 期，第 53—64 页。

[3] Ahmad Helmy Fuady, "Teknologi Digital dan Ketimpangan Ekonomi di Indonesia," *Masyarakat Indonesia* 44, no. 1 (2019): 75-88.

[4] Khamila Mulia, "What Can We Learn from Tokopedia's Alleged 91-million Data Leak?" KrASIA, May 6, 2020, accessed May 23, 2021, https://kr-asia.com/what-can-we-learn-from-tokopedias-alleged-91-million-data-leak.

件盛行，使得印尼网络空间电脑病毒、钓鱼链接、恶意软件和黑客攻击事件盛行。① 同时，政治化的网络攻击行动也频繁发生。在2019年的"五合一"选举中，印尼选民数据库就曾受到高频次的网络攻击，网络黑客操纵、修改选举信息和内容，并制造影子选民干扰选举，甚至利用社交媒体平台捏造和传播政治仇恨与假新闻操弄选情。② 恶劣的网络环境增加了数字经济运行的不确定性，个人的数据和财产安全很容易受到威胁，企业则需要投入更多资金以维护产品安全和信誉，增加了数字经济运行的整体成本。

第四，互联网金融监管效率有待提升。印尼政府对金融监管实行"双部门模式"，虽然印尼央行与金融服务管理局专门负责牌照核发与运营监管等，并且出台了一系列便利互联网金融的政策（如注册资本要求低、移除利率上限、出台金融沙盒监管等），但是二者在管理制度、手续流程等方面存在较大不同，印尼央行要求互联网金融公司必须在金融沙盒、支付网关、电子货币、电子支付等方面提交资料审核、完成系统搭建与安装，而金融服务管理局则允许互联网金融公司边申请注册边运营，在一年期限内完成注册和审计。不仅如此，注册互联网金融公司还需经过多达14个部门的行政手续审批，印尼互联网监管的效率低下可见一斑。③ 在相关监管政策日趋严格的情况下，印尼行政流程过于复杂的问题将难以在短时期得到解决，这有可能降低部分资本进入互联网金融市场的意愿，不利于印尼数字经济相关领域的发展。

第五，数字经济的行业可持续性存在隐患。虽然印尼数字经济发展相当迅速，但是仍旧存在一个巨大的问题——重技术、轻资产。这意味着印尼数字经济产业的发展更加倚重算法与平台带来的经济效益。算法与平台的红利是运营效率提升和成本有效降低，但是轻视对诸如基础设施、产品制造、产业链搭建、服务提供等资产性投入，其后果是对商户、消费者等群体控制能力不断弱化，导致风险与漏洞的产生。④ 从中国互联网企业的演变路径看，一旦印尼

---

① "Malware Encounter Rate in Indonesia Highest across Asia Pacific: Microsoft Security Endpoint Threat Report 2019," Microsoft Indonesia, June 26, 2020, accessed May 23, 2021, https://news.microsoft.com/id-id/2020/06/26/16846.

② Jessica Damiana and Fanny Potkin, "Indonesia Says Cyber Attacks Won't Disrupt Elections," Reuters, March 13, 2019, accessed May 23, 2021, https://www.reuters.com/article/us-indonesia-election-idUSKBN1QU135.

③ 《政策不一成投资印尼金融科技"痛点"》，中国贸易新闻网，2018年6月26日，http://www.ccpit.org/Contents/Channel_4126/2018/0626/1022406/content_1022406.htm，访问日期：2021年6月1日。

④ 宋颖慧：《东南亚遭遇数字经济"成长的烦恼"》，《参考消息》2019年3月3日。

数字经济的相关企业走向规模化发展，必须要将线下资源整合到一起，对自有资产进行生态化建设，例如网约车企业自主雇佣司机和购置自营车辆，电商平台打造基础设施通过物流能力稳固产品与服务质量，线上生鲜企业转型经营线下零售，等等。在技术自主性匮乏与人力资本不足的情况下，印尼数字经济需要转变过度倚重技术的发展模式，增加在资产方面的布局与投入，否则将会面临行业难以可持续发展的问题。

四、中国政府与市场的机遇

随着印尼数字经济不断发展，其广阔的市场和巨大的发展潜力逐渐成为中国企业扩展海外业务和投资的理想场所。虽然印尼社会经济环境依旧存在不少问题与挑战，但是总体而言印尼的长期发展趋势是向好的。作为中国周边人口最多的国家之一，印尼经济发展水平的提高对中国政府与企业而言都是一个机遇。

首先，在政治方面，中国政府可以数字经济合作为切入点，促进战略对接落地生根，增进两国关系和政治互信，共建人类命运共同体。"21世纪海上丝绸之路"与"全球海洋支点"构想对接为中印尼合作提供了一个稳固的平台，在两国关系升级到全面战略伙伴的背景下，中国政府与印尼政府在诸多问题上都存在广泛合作的空间。由于印尼数字经济发展依旧存在治理能力不足的问题，而中国在此方面有着丰富的经验，两国政府可在数字经济发展规划、金融监管、数字基础设施建设以及网络空间治理等方面进行深入对话，组织专家和技术人员团队前往印尼开展相关课题研究，为解决印尼数字经济发展存在的问题提供一定参考。在电子政务、数字政府与智慧城市方面，中国与印尼也存在很大的合作空间，中国政府正在运用互联网和大数据技术走向"网络强国""智慧社会"和"数字中国"，印尼也在尝试将数字技术运用到政府治理和公共服务之中，两国或可就此开展合作，提升印尼的政府能力，使其走向科学决策、精准治理和智能化服务。

其次，在文化交往和教育交流方面，两国政府可以针对数字经济设立基金和项目，为印尼培育数字人才打好"第一梯队"的基础，增加研究与技术人员交流机会，促进技术知识流动，以提升印尼数字经济的创新创造能力。由于数字经济牵涉国家经济转型问题，中国政府可以为两国企业在资金、技术与管理经验上的互通搭建桥梁，利用好"中国–东盟博览会"的平台基础，就数字经济合作和技术市场化传播进行对接。同时，由于新冠疫情的影响，印尼数字经济开始逐步渗入医疗卫生与教育行业，数字技术与医疗、教育的融合将是印尼数字经济的下一个增长点，中国在在线医疗和教育等领域处于领先地位，这或可成为中印尼文化教育交流的新焦点。

再次，在数字经济合作方面，中国企业可以抓住印尼数字经济大发展的契机，凭借优势资源进入印尼市场，推动两国数字经济与产业携手发展。一方面，两国在发展阶段上存在衔接的空间：中国企业在资本、经验和技术方面都拥有相对优势，而印尼数字经济各大行业具备巨大的发展潜力和空间，国际资本对其普遍看好，中国企业可以借助这一发展浪潮，利用自身优势挖掘进入具体行业的机会和渠道，推进企业的国际化发展，并寻找到更大的市场和盈利空间，而印尼数字经济的相关企业则可以得到资金投入、技术升级以及更加成熟的管理模式，充分发掘其发展潜力，促进数字经济市场走向成熟。另一方面，中国互联网企业的进入能够产生正外部性。阿里巴巴与京东进入印尼市场是较为成功的案例，前者选择收购印尼公司，后者则选择自主创业，但是他们在进入印尼市场之后都通过改善基础设施、按照自身特色搭建商品运输渠道，结合电子商务技术有效地降低了物流成本，搭建起一个相对成熟的"印尼＋中国"团队模式，提升了自身在印尼市场的竞争力和生存能力。可见，中国企业进入印尼数字经济市场将会产生双赢的局面，中国企业利用自身优势资源进入印尼数字经济市场，既能在印尼市场打开局面，构建起核心竞争力，又能让中国的数字经济模式走向印尼并实现本土化，对印尼基础设施建设、人才培养和企业发展模式等产生更多正面的溢出效应。

最后，中印尼在数字经济合作方面还应该充分释放经贸制度和产业链重塑等带来的红利。中国–东盟自由贸易区、《区域全面经济伙伴关系协定》等制度是中印尼开展数字经济合作的重要平台，这些制度都涉及电子商务、货物贸易、电信服务、知识产权、投资服务等数字经济关键环节的跨国合作与协调规定，两国可基于这些制度就产业合规与监管制度等开展对话，为中印尼数字经济合作减少负面限制，增添制度活力；随着新冠疫情进入后半段，其间暴露出的产业链、供应链过长过细带来成本骤增的弊病意味着产业链重塑的必然性。中印尼可就产业链与供应链的调整与重塑开展合作，提前在战略规划、投资以及人员技术流动等方面布局，将数字化转型的活力注入其中。①

---

① 许利平：《中国与东盟合作内生动力强劲》，《环球时报》2020年7月22日。

五、结语

印尼庞大的人口基数决定其具有巨大的市场潜力。在佐科政府的推动下，即使面对新冠疫情带来的严峻挑战，印尼的数字经济在市场监管、基础设施建设以及人力资本培育等方面仍然呈现出不断向好的发展势头，印尼目前已经成为东南亚数字经济体量最大的市场。由于中国和印尼分别是数字经济发展的先发和后发国家，两国政府和企业在数字经济领域拥有各自的比较优势，存在广阔的合作空间。为实现互利共赢、增进两国友谊和政治互信，两国政府和人民需要共同探索数字经济合作的新焦点、新模式和新未来，不断深化两国全面战略合作伙伴关系。

Study on the Development of Digital Economy under Jokowi's Government

XIA Fangbo

Abstract   Supported by the huge population and market scale, Indonesia's digital economy has achieved rapid development in recent years. Under the leadership of Jokowi's government, Indonesia's digital economy has made great achievements in market supervision, infrastructure construction and human capital cultivation, and established some unicorn enterprises and industry models with Indonesian characteristics. The COVID-19 epidemic has also brought new opportunities for the development of Indonesia's digital economy. However, the development of Indonesia's digital economy still faces challenges such as lack of strategic planning, insufficient innovation capacity, cyber security issues, inefficient regulation and lack of industry sustainability. China and Indonesia each have comparative advantages in the development of digital economy and enjoy broad space for cooperation in governance, cultural and educational exchanges and economic development. The governments and people of the two countries could jointly explore new focus, new model, and new space of cooperation, and continuously deepen the bilateral comprehensive strategic cooperative partnership.

Keywords   Indonesia; Digital Economy; Jokowi's Government; China-Indonesia Cooperation

Author   Xia Fangbo, assistant professor at school of International Relations and Diplomacy, Beijing foreign University.

中亚国家数字经济发展及其与中国的合作[*]

王海燕

【内容提要】数字经济发展对提升中亚国家经济现代化水平意义重大。伴随着
数字技术在全球范围内的深度应用和数字经济的加速发展，以互联网为基
础的数字经济蓬勃兴起，数字经济全球化趋势不可阻挡。中亚各国纷纷
出台数字经济发展战略，电子商务发展方兴未艾，电子政务能力不断提
升，但各国数字经济发展差距较大。中亚各国面临数字基础设施建设较为
薄弱、数字人才缺乏、网络安全和地缘政治风险增加等挑战。新冠疫情暴
发后，中亚国家数字经济发展的需求更加迫切，发展潜力巨大。中国在数
字经济和技术方面具有优势并同中亚国家存在合作基础，中国与中亚国家
在数字经济领域开展合作可助力中亚国家提升经济现代化发展水平，并促
进"一带一路"合作。中国可与中亚国家在数字基础设施建设、数字治
理、电子商务、数字人才培养等领域展开合作，因国施策，共建"数字丝
绸之路"。

【关键词】"一带一路"；中亚国家；数字经济；战略；合作

【作者简介】王海燕，华东师范大学国际关系与地区发展研究院、哈萨克斯坦
研究中心执行主任、副研究员。

　　数字经济是指以使用数字化的知识和信息作为关键生产要素、以现代信息
网络作为重要载体、以信息通信技术的有效使用作为效率提升和经济结构优

---

　　* 作者感谢《中国周边外交研究》集刊匿名审稿专家提出的建设性修改意见。文中疏漏之责
由作者自负。

化的重要推动力的一系列经济活动。① 以计算机、网络、通信为代表的现代信息技术革命催生了数字经济，数字经济的本质在于信息化。信息时代的核心竞争能力将越来越表现为一个国家和地区的数字能力、信息能力、网络能力。数字经济的主体主要包括个人、企业和政府，最能体现信息技术创新、商业模式创新以及制度创新的要求。② 其中，电子商务和电子政务都是数字经济最重要的组成部分，是促进数字经济发展的重要推动力。③ 数字经济还包括云计算和大数据的数字基础设施，也包括基于数据、算法、信用的数字金融及其他新模式、新业态。高上网率是发展数字经济的必要条件和基础。"数字丝绸之路"是数字经济发展和"一带一路"倡议的结合，是数字技术对"一带一路"倡议的支撑。它依托互联网技术，以跨境电商为基础推进数字基础设施、智能支付和物流体系建设，进而推动合作机制建立，成为"一带一路"国际合作的新引擎。④

伴随着数字技术在全球范围内的深度应用和数字经济的加速发展，以互联网为基础的数字经济蓬勃兴起，带动全球创新链、产业链和价值链加速优化整合，数字经济全球化趋势不可阻挡。⑤ 自从习近平主席在2017年举办的首届"一带一路"国际合作高峰论坛上提出共建21世纪"数字丝绸之路"以来，该倡议得到了处于丝绸之路经济带核心区的中亚国家⑥ 的积极响应。突如其来的新冠疫情正在深刻改变全球政治与经济秩序，在严重拖累经济全球化进程的同时，也对世界经济贸易格局造成了全方位影响，经济发展面临更严峻挑战。2020年7月初，世界银行中亚地区负责人布伦楚克曾表示，受新冠疫情影响，

---

① 李仪、徐金海：《数字经济的内涵、特征与未来》，中国金融新闻网，2019年1月7日，http://www. financialnews.com.cn/shanghai/201901/t20190110_152745.html，访问日期：2021年6月1日。

② 张新红：《数字经济与中国发展》，中国网信网，2016年9月29日，http://www.cac.gov.cn/2016-09/29/c_1119648649.htm，访问日期：2021年6月1日。

③ 《国家电子商务示范城市专家组组长柴跃廷：电子商务与数字经济》，艾瑞网，2018年5月25日，http://news. iresearch.cn/content/2018/05/274676.shtml，访问日期：2021年6月1日。

④ 顾阳：《"数字丝路"建设将成全球发展新引擎》，《经济日报》2019年9月9日，第3版。

⑤ 李娜：《任正非咖啡对话：数字经济的全球化趋势不可阻挡》，第一财经网，2019年11月6日，https://www. yicai.com/news/100393004.html，访问日期：2021年6月1日。

⑥ 本文所研究的中亚国家包含哈萨克斯坦、乌兹别克斯坦、吉尔吉斯斯坦、塔吉克斯坦、土库曼斯坦五国。

中亚地区贫困人口数量将增加140万—260万。[①] 数字经济正在成为中亚国家恢复经济，建设现代化经济体系，推动本国经济高质量发展的新动力和新方向。近年来，中亚国家普遍将数字经济作为本国经济增长的重要驱动力，积极开展对外合作。数字合作有可能成为中国与中亚国家共建丝绸之路，提高区域经济发展水平最具潜力的新领域。

中亚国家的数字经济发展及其对外合作还是个全新的课题。本文将分析比较中亚各国数字经济发展战略的侧重点，通过例举法分析中亚国家数字经济发展的特色与差异，研究中亚国家数字经济发展面临的挑战，并探讨中亚国家为应对挑战与中国在数字经济方面开展合作的主要领域和路径。

一、中亚国家数字经济发展战略

21世纪以来，世界进入以信息产业为主导的经济发展时期。为更好地满足本国公民日益增长的信息需求，并融入全球信息社会，中亚国家开始分阶段发展信息和通信设施建设，在越来越多的领域运用现代信息和通信技术、计算机技术，这些举措为各国数字经济的初步发展奠定了基础。近年来为提升经济现代化水平，顺应世界经济数字化发展潮流，中亚各国纷纷出台数字经济发展战略，催生数字经济全面可持续发展，各国数字经济发展战略侧重点各有不同。

哈萨克斯坦于2017年12月通过了"数字哈萨克斯坦"国家规划，[②] 2019年12月20日又出台了关于该规划的修改和补充决议。该规划实施期限为2018—2022年，其实施目的是中期内通过使用数字技术加快哈经济发展速度，提高人民的生活质量，长期目标是为哈经济走上创新发展道路创造条件，确保未来数字型经济。该规划拟实施十七项任务，包括实施工业和电力数字化，运输和物流数字化，农业数字化，发展电子商务，发展金融技术和非现金支付，国家机关内活动的数字化，智慧城市，扩大通信网络和通信技术基础设施的覆盖面，保障信息和通信技术安全，提升中等教育、技术教育、职业教育和高等教

---

① 王德禄：《新冠肺炎疫情可能导致乌兹别克斯坦新增50万贫困人口》，央视新闻网，2020年8月13日，http://m.news.cctv.com/2020/08/13/ARTIBkdfMGksNJUdrUhzhdP1200813.shtml，访问日期：2021年6月1日。

② «Об утверждении Государственной программы ‹Цифровой Казахстан›», December 12, 2017, accessed June 1, 2021, http://adilet. zan.kz/rus/docs/P1700000827.

育以及居民的数字识字率，支持建立创新发展平台，等等。拟向下列五个主要方向发展：经济部门的数字化；向数字国家过渡；实施"数字丝绸之路"；发展人力资本；建立创新型生态系统。该规划实施后的目标是使哈在全球通信技术发展中的排名从2016年175个国家中的第52位，上升到2022年的第30位，2025年的第25位，2050年的第15位。①新冠疫情带来未知的挑战，哈萨克斯坦出现了数字转型的普遍意愿。哈对其数字化战略进行更新调整。2020年10月，根据托卡耶夫总统要求，哈政府会同非政府组织、技术专家和企业代表，确定了"数字哈萨克斯坦"国家规划十个优先方向（此前为五个），包括：社会关系数字化；建立能源和产业"工业4.0"技术平台；建立农业科技平台（AgriTech）；建立电子政务技术平台（GovTech）；保障高质量信息通信技术基础设施和信息安全；打造"智慧城市"技术平台（Smart City）；开发公共安全数字化工具；发展金融科技（FinTech）和电子商务；发展人工智能；建立创新生态体系。新版规划重点聚焦改进国家机关工作、改善医疗和教育体系、开发金融科技、打造智慧城市、建设信息通信基础设施等。②

乌兹别克斯坦2018年7月公布《关于采取措施发展数字经济的总统令》；③2019年11月底提交《数字乌兹别克斯坦2030国家战略构想》草案讨论稿与实施路线图，拟在2020年10月1日之前制定并向总统办公厅提交2030年国家数字战略，确定短期、中期和长期的优先项目，以及2030年之前的数字发展目标。该草案目的包括：建立发达的数字社会，改善人民生活质量；进行没有官僚障碍和腐败的有效和开放的公共治理；提高国家经济竞争力；确保人民的安全和福祉。该草案确定乌数字发展的主要任务是：确保数字经济、电子政务、信息和通信技术以及创新技术的系统和连贯发展；提高居民的数字识字率，培养高素质的数字技术人才，为人力资源的再培训创造有利条件；推广远

---

① «Постановление Правительства Республики Казахстан от 12 декабря 2017 года № 827 Об утверждении Государственной программы ‹Цифровой Казахстан› (с изменениями и дополнениями по состоянию на 20.12.2019 г.)», accessed June 1, 2021, 20.12.2019 г., https://online.zakon.kz/DOCUMENT/?doc_id=37168057#pos=207;-36.

② «Постановление Правительства Республики Казахстан от 12 декабря 2017 года № 827 Об утверждении Государственной программы ‹Цифровой Казахстан› (с изменениями и дополнениями по состоянию на 01.10.2020 г.)», 12 декабря 2017, года, accessed June 1, 2021, https://online.zakon.kz/Document/?doc_id=37168057#pos=8;-67.

③ «Постановление Президента Республики Узбекистан О мерах по развитию цифровой экономики в Республике Узбекистан», July 3, 2018, accessed June 1, 2021, https://lex.uz/docs/3806048.

程工作方法；扩大电信基础设施和数据处理中心，为科学界提供必要的基础设施，并实施创新项目；完善有关数字经济的法律法规，建立监管沙箱，[①] 以便进行与引进新技术有关的法律试验；提高数据收集和加工的效率，通过有效的数据管理创造新的经济价值，提高居民和企业主体获得数据的机会；采用现代化的IT项目和公司融资形式；提高政府电子订单的透明度和可及性；建立风险基金和技术园区，吸引外国投资，促进面向出口的产品开发；加强数字发展领域的国际合作，积极学习和吸取国外经验，与外国大公司合作实施联合项目。乌拟从发展数字基础设施、发展数字人力资本和提高民众数字技能、建立有效的国家数字经济管理体系、建立数字创新生态系统和有效的信息安全体系五大领域发展数字经济。预期成果为到2030年提供高质量、安全、便宜和智能的高速互联网和移动通信网络，建立稳定和有竞争力的通信和电信市场，减少城乡之间的数字鸿沟。[②] 2020年，《数字乌兹别克斯坦2030》国家战略构想获得批准，该构想的一项重要任务是扩大国际合作，学习引进外国经验。[③]

土库曼斯坦总统2018年11月底批准了《土库曼斯坦2019—2025年数字经济发展构想》，将分2019年、2020—2023年、2024—2025年三个阶段实施。[④]该构想的主要目的是：在国家、企业和公民的参与下，为有效发展数字经济创造有利的体制和法律条件，并改善数字生态环境。该构想提出土数字经济的主要任务为：在全国各个经济部门采用新的，包括数字技术在内的创新技术；完成向电子文件和电子身份识别系统的过渡；建立竞争性数字经济；建立协调一致的电子工业；消除城乡之间的数字鸿沟。土经济领域数字化主要包括两个方向：一是工作流程电子化；二是确保机关、企业和其他非国有机构向数字化过

---

① 监管沙箱（Regulatory Sandbox）概念由英国政府于2015年首次提出。按照英国金融行为监管局（FCA）的定义，这是一个安全空间，在这一空间中，监管规定有所放宽，在保护消费者或投资者权益、严防风险外溢的前提下，尽可能创造一个鼓励创新的规则环境。

② «Представлен проект Концепции цифрового развития», ноября 28, 2019, accessed June 1, 2021, https://www. gazeta.uz/ru/ 2019/11/28/e-transformation/.

③ 巴赫济约尔·赛义多夫：《创新为乌中合作注入新动力》，中国投资参考澎湃号，2020年9月22日，https://www.thepaper.cn/newsDetail_forward_9294167，访问日期：2021年6月1日。

④ «Утверждена Концепция развития цифровой экономики в 2019-2025 годах», November 30, 2018, accessed June 1, 2021, https://www. tfeb.gov.tm/index.php/ru/2013-09-20-04-46-10/802-2018-11-30-10-53-29.

渡。① 主要目标是：通过数字化应用提高科学、技术和创新活动的效率；加强数字领域的国际合作，保障科学、教育和生产之间更加紧密的相互联系，为经济数字化转型提供科技和智力支持。②

吉尔吉斯斯坦2018年12月通过《2019—2023年吉尔吉斯斯坦数字化转型构想》决议，① 并于2019年2月出台实施路线图。④ 该构想明确其战略目的为：一是通过发展数字技能为居民创造新机会；二是提供高质量的数字服务，以提高国家管理体系的效率、绩效、开放度、透明度、问责制和反腐能力，通过国家和市政管理体系的数字化改革提高公民参与决策的水平；三是通过对优先经济部门进行数字化改革，加强与国际伙伴的关系，创造新的产业集群，实现经济增长。数字化转型的基础包括发展数字技能、改善规范性法律框架、发展数字基础设施和平台、发展数字化国家、发展数字经济和管理体系六个方面。⑤ 主要从三个方向实施数字化：一是商业过程和生产关系的数字化转型，将创新引入金融和银行业，提供合格的专业人员并提高国内公司的效率和竞争力，在优先经济部门发展数字基础设施和数字平台；二是利用伙伴国数字经济发展战略，即利用欧亚经济联盟2025年数字议程，把握"一带一路"倡议机遇重建"数字丝绸之路"，并支持其他有关发展区域数字基础设施的国际倡议；三是减少发展和开发数字技术的障碍。该构想愿景是加速吉尔吉斯斯坦的数字转型

① «Концепция развития цифровой экономики Туркменистана в 2019-2025 годах», accessed June 1, 2021, http:// dashoguz.live/% D0%BA%D0%BE%D0%BD%D1%86%D0%B5%D0%BF%D1%86%D0%B8%D1%8F-%D1%80%D0%B0%D0%B7%D0%B2%D0%B8%D1%82%D0%B8%D1%8F-%D1%86%D0%B8%D1%84%D1%80%D0%BE%D0%B2%D0%BE%D0%B9-%D1%8D%D0%BA%D0%BE%D0%BD%D0%BE%D0%BC%D0%B8.

② «Туркменскую науку цифровизируют для повышения ее эффективности», ноября 28, 2019, accessed June 1, 2021, https:// www. hronikatm.com/2019/11/science-digitalisation.

① «Совбез одобрил Концепцию цифровой трансформации на 2019–2023», Дек 14, 2018, accessed June 1, 2021, https:// elgezit. kg/2018/12/14/sovbez-odobril-kontseptsiyu-tsifrovoj-transformatsii-na-2019-2023-gody-2.

④ «ПРАВИТЕЛЬСТВО КЫРГЫЗСКОЙ РЕСПУБЛИКИ РАСПОРЯЖЕНИЕ», февраля15, 2019, accessed June 1, 2021, http://cbd.minjust.gov.kg/act/view/ru-ru/216896?cl=ru-ru#P.

⑤ «КОНЦЕПЦИЯ ЦИФРОВОЙ ТРАНСФОРМАЦИИ 〈ЦИФРОВОЙ КЫРГЫЗСТАН 2019-2023»», accessed June 1, 2021, https://digital.gov.kg/%D0%BA%D0%BE%D0%BD%D1%86%D0%B5%D0%BF%D1%86%D0%B8%D0% B8/%D0%BE-%D0%BA%D0%BE%D0%BD%D1%86%D0%B5%D0%BF%D1%86%D0%B8%D0%B8.

和社会经济发展。①

　　塔吉克斯坦政府于2019年1月底通过《关于塔吉克斯坦2018年社会经济发展的结果和2019年任务》决议，要求经济发展部制定数字经济构想并在社会经济部门引入数字技术；2月，根据经济发展和贸易部《关于编制塔吉克斯坦数字经济构想成立管理和技术工作组》命令，成立管理和技术工作组；② 12月30日总统批准《塔吉克斯坦数字经济构想》的No.642政府决议。该构想提出三步走分阶段实施战略，2020—2025年、2026—2030年和2031—2040年分别是第一、第二和第三阶段，且该构想必须在数字中亚–南亚项目（Digital CASA）③框架下实施。该构想的主要目的是为数字社会下的数字转型创造有利条件，向电子政务和数字政府过渡，在经济和社会领域广泛采用数字技术，从而加速经济发展并提高本国的国际竞争力，从中期到2040年提高国内生产总值和人民生活水平，为分阶段的经济转型创造条件，保障未来创建数字型经济。该构想包括以下主要方向：巩固非数字基础；发展数字基础设施；优先以可负担得起的价格为共和国内所有人提供宽带接入服务；向数字政府过渡；关键行业数字化；保障信息安全和网络安全；发展人力资本；建立创新生态系统。最终促进经济增长和人民生活水平提高。④

　　① «Три направления развития цифровой экономики Кыргызстана назвал Жээнбеков», апреля 22, 2019, accessed June 1, 2021, https://economist.kg/2019/04/22/tri-napravleniya-razvitiya-cifrovoj-ekonomiki - kyrgyzstana-nazva l- zheenbe kov/.

　　② «В Таджикистане внедряется концепция цифровой экономики», February 23, 2019, accessed June 1, 2021, https://tajikistan 24.com/v-tadzhikistane-vnedrjaetsja-koncepcija-cifrovoj-jekonomiki/.

　　③ Digital CASA项目是世界银行信息通信团队（World Bank ICT Team）与中亚、南亚国家联合开发的数字合作项目，旨在通过促进私营部门的基础设施投资，优化相关政策和监管框架，以改进中亚和部分南亚国家互联网的跨境方式，完善这些国家之间互联网的联结；参与国有吉尔吉斯斯坦、塔吉克斯坦、乌兹别克斯坦、阿富汗和巴基斯坦。项目报告《Digital Central Asia South Asia (CASA) Program》（November 1‐2, 2017）下载于https://www.unescap. org/sites/default/files/Digital%20Central% 20Asia%20 South% 20Asia%20 (CASA)%20 Program,%20World%20Bank.pdf，访问日期：2021年6月1日。

　　④ «Концепция Цифровой Экономики в Республике Таджикистан», accessed June 1, 2021, https://medt.tj/ru/strategiy-i-programmi/41-news/1426-konsepsiya-sifravoy-ekonomiki-v-respublike-tajikistan.

二、中亚各国电子商务和电子政务发展水平不断提高

（一）中亚国家电子商务发展方兴未艾

中亚国家电子商务增长迅猛。例如，哈萨克斯坦的电子商务包括商品、机票、火车票、文化活动和公共服务的销售，2013—2014年，哈萨克斯坦的电子商务产值平均增长26%，2015年以来，年均增长加速到30%；2018年哈国网购人数达到230多万，网购交易量达到2595亿坚戈（约合7.53亿美元[①]），比上年增长50%，有1700多家独立的网上商店和大约20个电子商务平台为100多万中小企业提供产品销售服务。[②]

中亚国家纷纷出台有关电子商务的政策。如哈萨克斯坦制定的《2025年前电子商务发展路线图》2019年获批准，明确三个主要发展方向为：扩大电商出口规模；吸引企业参与电商发展和基础设施建设；加强消费者权益保护并推动电商发展。[③]哈政府还为电子商务从业者制定了税收优惠政策，并通过法律形式予以保障。乌兹别克斯坦早在2015年12月就出台内阁令，通过"2016—2018年在乌发展电子商务的构想"；[④]2018年，乌出台《关于加速发展电子商务措施的乌兹别克斯坦总统决议》，并确定2018—2021年电子商务发展方案，涉及改进电子商务发展的法律、规章和管理框架，为电子商务发展创造有利环境，加强出口能力和国际电子商务合作，发展电子商务物流基础设施，发展电子商务领域的人力资源，促进和提高公众和企业界对电子商务的认识等六大领域。[⑤]

中亚国家开始注重物流平台建设。如哈萨克斯坦通过改善邮政服务，大幅

[①] 2018年美元兑坚戈平均汇率为1∶344.71，请参见Официальные обменные курсы иностранных валют в 2018 году，2019年1月3日，https://www.nationalbank.kz/cont/2018%20 р у с 14.pdf，访问日期：2021年6月1日。

[②] «Одного триллиона тенге может достигнуть объем e-commerce в Казахстане к 2025 году», Октябрь 28, 2019, accessed June 1, 2021, http://academy.kz/it-v-kazakhstane/item/7834-odnogo-trilliona-tenge-mozhet-dostignut-ob-em-e- commerce - v- kazakhstane-k-2025-godu.

[③] 《哈萨克斯坦将通过电商平台出口商品》，中国商务部，2019年9月10日，http://kz.mofcom. gov.cn/article/jmxw/201909/20190902897766.shtml，访问日期：2021年6月1日。

[④] 《乌兹别克斯坦出台多部法律大力发展电子商务》，中国商务部，2016年4月22日，http://uz. mofcom. gov.cn/article/jmxw/201604/20160401303356.shtml，访问日期：2021年6月1日。

[⑤] «Постановление Президента Республики Узбекистан О МЕРАХ ПО УСКОРЕННОМУ РАЗВИТИЮ ЭЛЕКТРОННОЙ КОММЕРЦИИ», мая 14, 2018, accessed June 1, 2021, https://lex. uz/ru/docs/ 3744601.

提升物流速度。目前，乌兹别克斯坦约有120家公司从事国际快递业务，电子商务和服务业几乎在世界各地都取得了进展。[①]吉尔吉斯斯坦总统令拟根据商品供应情况，制定农产品储存和加工设施方案，并加强吸引投资者发展吉农产品贸易和物流中心系统的工作。[②]

（二）中亚各国电子政务不断发展

中亚各国电子政务[③]发展取得显著成就。一是中亚各国的电子政务范围不断扩展，应用水平逐步提高。中亚各国电子政务已逐步扩展到各级政府行政机构、国家立法、司法机构以及一些其他公共组织。其电子政务应用包括政府各部门之间内联网的电子化与网络化办公，基于外联网的信息共享、实时通信与协同办公以及政府与社会各实体之间基于互联网的双向信息交流。尤其在国家行政机关，电子政务的运用较为普及，大大提高了各国政府的行政效率和透明度。以哈萨克斯坦为例，2016年，通过电子形式在门户网站上提供的公共服务数量约为4000万次；截至2017年7月，哈740多项服务已经电子化，83项移动服务已经完成。[④]中亚各国的政府门户网站为本国公民提供了与政府机构互动的机会。哈（http://egov.kz/cms/ru）、乌（https://www.gov.uz）和吉（http://www.gov.kg）政府门户网站与公众保持了密切的联系。但在塔、土等国，信息和通信技术基础设施不足、计算机识字率低和因特网接入有限等问题影响了其电子政务的发展。[⑤]

二是中亚各国电子政务水平不断提高。联合国关于所有成员国电子政务发

① «Что может помешать развитию в Узбекистане перспективной сферы электронной коммерции и услуг?», October 2, 2019, accessed June 1, 2021, https://uzdaily.uz/ru/post/46512.

② «Президент Кыргызской Республики Сооронбай Жээнбеков подписал Указ об объявлении 2019 года Годом развития регионов и цифровизации страны», November 1, 2019, http://gamsumo. gov.kg/ru/ press-center/news/517.

③ 电子政务是基于网络且符合互联网技术标准的，面向政府机构内部、其他政府机构、企业及社会公众的政务信息服务与政务信息处理体系，是各类行政管理活动的信息化、电子化、自动化与网络化。

④ «Постановление Правительства Республики Казахстан от 12 декабря 2017 года № 827 Об утверждении Государственной программы ‹Цифровой Казахстан› (с изменениями и дополнениями по состоянию на 20.12.2019 г.)», accessed June 19, 2020, https://online.zakon.kz/ DOCUMENT/?doc_id=37168057#pos=207;-36.

⑤ «Электронное правительство в Таджикистане: миф или реальность», February 10, 2019, accessed June 19, 2020, https://stanradar.com/ news/full/36500-elektronnoe-pravitelstvo-v-tadzhikistane-mif-ili-realnost.html.

展状况的电子政务发展指数（EGDI）报告可作为判断各国电子政务能力的一个指标。该报告从在线服务的范围和质量，通信基础设施的地区合作以及人力资源的开发三个重要方面评估各国电子政务绩效水平。2018年的报告分析了193个联合国会员，[①] 其中，2016—2018年，哈萨克斯坦作为中高收入国家，在线表现和服务得到了显著改善，从高级EGDI值上升到极高EGDI值，2018年在全球排名第39位，成为40个极高值国家之一；乌、吉全球排名分别为第81位和91位，均从中级分值上升到高级分值；塔、土全球排名分别为第131位和147位，从低分值上升到中级分值。[②] 尽管除哈萨克斯坦外，其他中亚4国在全球排名居中后位，但各国电子政务能力水平呈持续上升的积极趋势，进步较大。

（三）中亚国家数字经济发展差异较大

在中亚国家中，哈萨克斯坦数字经济起步最早，发展最快，吉尔吉斯斯坦和乌兹别克斯坦次之，塔吉克斯坦和土库曼斯坦发展最慢。

2018年是"数字哈萨克斯坦"实施的第一年，其信息和通信投资涨幅达40.3%，哈接入互联网的机构从67.7%上升到75.1%，拥有互联网资源的机构从21.7%上升到22.3%，2018年哈数字化总经济效益为5.78亿美元。截至2019年11月底，哈有250万个固定互联网用户，比上年减少1.8%；互联网用户逐渐转向移动电话，到2019年12月，哈全国有1520万个移动电话用户，比上年同期增加7.5%，[③] 约占总人口[④] 的83%。由于实行了经济数字化，预计哈每年年产出将增加2%—10%，油田产量将增加3%，生产成本将减少10%—20%，通过精确耕作农业产量将增加25%—50%。[⑤]

---

① 按照EGDI分值1.00—0.75、0.75-0.5、0.5-0.25和低于0.25分为极高、高、中、低四个等级，参见王益民：《全球电子政务发展现状与趋势——〈2018年联合国电子政务调查报告〉解读之一》，国脉电子政务网，2019年6月28日，http://www.echinagov.com/news/ 256794.htm，访问日期：2021年6月1日。

② «Рейтинг электронного правительства ООН», July 20, 2018, accessed June 1, 2021, http://www.tadviser.ru/ index.php.

③ «Рейтинг стран мира по скорости и стоимости интернета за 2019 год», декабря 19, 2019, accessed June 1, 2021, https://www. zakon.kz/4999466-reyting-stran-mira-po-skorosti-i.html.

④ 2019年年初，乌兹别克斯坦、哈萨克斯坦、塔吉克斯坦、吉尔吉斯斯坦、土库曼斯坦人口数量依次为3266万、1828万、884万、650万和513万。参见https://ru.aznations.com/ population，访问日期：2021年6月1日。

⑤ «Цифровизация экономики Республики Казахстан за 2019 год», ноября 11, 2019, accessed June 1, 2021, https://www.zakon.kz/ 4994177 -tsifrovizatsiya-ekonomiki-respubliki.html.

2018年，乌兹别克斯坦电信和信息技术服务出口额和进口额分别为1.545亿美元、4710万美元，分别占服务出口和进口总额的5.1%和2.1%。2019年，乌有2250万用户上网，约占总人口的68%；第三代和第四代移动电话用户超过1600万，约占总人口的48%；乌通信技术支持和发展支出780万美元，仅占国家总支出的1.5%，无论从短期还是长期来看，乌有效数字化的支出比例都远低于发达国家最低支出占国家总支出12%以上的比例。① 为将全国不同机构的不同信息系统和资源整合成一个单一、受保护的信息空间，乌正在与俄罗斯合作实施若干项目，涉及增值税合法化、商标以及收银机自动化等领域。②

截至2019年10月，吉尔吉斯斯坦的互联网用户数量已达到250万人，占总人口的40%，每年增长18%，约有70%的成年公民使用互联网，其中，约有200万人在社交媒体上登记。③ 互联网用户每年增长约18%。吉尔吉斯斯坦40%的人口拥有银行账户，15%的人口拥有互联网银行，5%的人在网上买卖。④

截至2019年10月1日，塔吉克斯坦的互联网用户超过298万人，约占其总人口的46%；移动通信用户为618.69万人，其中446.8万是活跃用户。⑤

到2016年，土库曼斯坦几乎所有互联网访问都是通过手机进行的，移动设备互联网接入的份额增长了32%，而互联网接入份额下降了56%。⑥ 土全国网络用户数量稳步增加，仅2017年10—12月，土网民数量就增加了1.2倍。⑦ 为推进向数字经济转型，土拟建里海创新技术中心，在其中首先建立"数字经

① «Представлен проект Концепции цифрового развития», ноября 28, 2019, accessed June 1, 2021, https://www. gazeta.uz/ru/2019/11/28/e-transformation.

② «Премьер: Развитие инфраструктуры—одно из условий роста цифровой экономики», октября 22, accessed June 1, 2021, 2019, https://www.gazeta.uz/ru/2019/10/22/challenges.

③ Мехриниса Сулайманова, «Количество интернет пользователей Кыргызстана ежегодно растет – Догоев», October 4, 2019, accessed June 1, 2021, http://kabar.kg/news/kolichestvo-internet-polzovatelei-kyrgyzstana-ezhegodno-rastet-dogoev.

④ «В Кыргызстане растет число пользователей интернета», октября 6, 2019, accessed January 1, 2021, https://sng.fm/12250-v-kyrgyzstane-rastet-chislo-polzovatelej-interneta.html.

⑤ «Количество пользователей Интернета в Таджикистане составило около 3 млн. Абонентов», ноября 20, 2019, accessed January 1, 2021, http://avesta.tj/2019/11/20/kolichestvo-polzovatelej-interneta-v-tadzhikistane-sostavilo-okolo-3-mln-abonentov.

⑥ 《中亚国家互联网使用情况分析》，中国商务部，2018年4月4日，http://kz.mofcom. gov. cn/article/scdy/ 201804/20180402728232.shtml，访问日期：2021年6月1日。

⑦ «За последние три месяца минувшего года количество интернет-пользователей в Туркменистане увеличилось в 1.2 раза», January 11, 2018, accessed January 1, 2021, http://tdh.gov. tm/news/articles.aspx&article10810&cat15.

济园区"，以确保里海国家的主要经济活动实现数字化。[①] 2018年，土投资总额达115亿美元，主要投向油气、数字经济、农业、交通和通信等国民经济重要领域。[②]

三、中亚国家数字经济发展面临的挑战

中亚国家数字经济发展面临诸多挑战：一是中亚国家数字基础设施建设滞后；二是中亚区域数字治理水平有待提高；三是中亚各国数字人才严重不足；四是投资环境复杂。由于中亚国家的数字经济刚刚起步，各国国力、推进的力度与合作伙伴的选择存在差异，中亚国家之间、行业之间、城乡之间数字鸿沟差异巨大，普遍存在实施宏伟战略和严峻现实之间的差距，实现数字化转型目标困难重重。

（一）中亚数字基础设施建设滞后

从数字基础设施的角度看，传统的互联网信息化以"电子化"的技术或设备为基础，在洲与洲之间以海底光缆作为连接手段，网络通信速度、质量和成本等是制约数字经济发展的重要因素，因此提高数字基础设施服务质量和效率的首要任务是网络带宽和网络性能的大幅提升。中亚国家数字经济发展面临数字基础设施的硬件和软件建设方面的诸多问题。

第一，中亚国家和亚欧区域网络设施等硬件基础设施建设滞后。如乌兹别克斯坦缺乏能够确保数字经济稳定运行的现代技术和基础设施，城市光纤设备质量不高，电信网络稳定性不够，难以确保数字设备连续运行，无线宽带覆盖率和传播速度很慢，边远地区难以利用网络基础设施。[③] 吉尔吉斯斯坦没有一个用于全国定向的国家地理空间数据系统，地址寄存器GRS不能正常工作，居民点地图不准确，无法在地图上提供准确地址，也无法准确计算出租车运

---

① 《土总统别尔德穆哈梅多夫提议建立创新技术中心》，中国商务部，2019年8月2日，http://tm.mofcom. gov.cn/article/ jmxw/201908/20190802893319.shtml，访问日期：2021年6月1日。

② 《土库曼斯坦正在启动数字经济发展构想实施工作》，中国商务部，2019年1月2日，http://tm.mofcom. gov.cn/article/ jmxw/ 201901/20190102823879.shtml，访问日期：2021年6月1日。

③ Абдурашидов Ж. Ф., Толибов И. Ш., «К проблеме формирования цифровой экономики в Узбекистане», *Молодой ученый*, 2019 (29), С. 42-44, accessed June 1, 2021, https://moluch.ru/archive/267/ 61740.

费。① 土库曼斯坦的互联网覆盖面较有限，刚开始实施一系列大型项目，旨在建立一个先进的通信系统，增加通信服务的数量、质量和种类，同时将宽带接入该国最偏远地区。② 中亚国家内部数字基础设施建设的滞后影响网络覆盖范围和运行速度，也影响中亚国家数字经济发展的效率。

第二，中亚国家数字金融等基础设施软件发展缓慢，影响电子商务发展。如乌兹别克斯坦移动互联网经常出现故障，互联网本身速度也很慢，银行卡现金补充困难，占垄断地位的乌兹卡（UzCard）支付系统本身不完善，70%的公民在网上购买货物仍然喜欢支付现金，而不是通过银行卡或支付系统。③ 吉尔吉斯斯坦的公共门户网站无法通过移动和银行钱包支付，限制了支付系统的使用，国家支付系统不接受不同货币的付款，也很难从国外账户转账。④ 土库曼斯坦的数字金融服务范围很有限，刚开始提供电子汇款、网上购物和购买铁路车票等服务。中亚国家数字金融发展缓慢，加上跨境电子汇兑不畅和跨境电商税收协调等问题，影响着中亚国家跨境电子商务的发展规模。

（二）中亚区域数字治理水平有待提高

在跨境数字服务和贸易方面，建立和执行国家法律法规的难度不断增加，各国政府需要政策空间来规范数字经济，以实现各种合法的公共政策目标，⑤ 数字经济的发展需要强有力的法律框架和规则体系来保护各方利益。

一是中亚各国数字经济的发展速度不同，国家间数字治理和监管水平的差距较大，需要协商，以共同发展。中亚各国数字化发展快于相关立法和规则制定，包括数字竞争、电子税收、跨境数据流、知识产权、数字贸易和数字使用政策等。中亚区域数字治理和监管水平差异较大，还缺乏明晰统一的治理规则

① «Ключевые аспекты развития электронной коммерции в Кыргызстане», февраля 4, 2019, accessed June 1, 2021, https://kaktus.media/doc/386152_kluchevye_aspekty_razvitiia_elektronnoy_kommercii_v_kyrgyzstane.html.

② «Цифровизация: интегрированная модернизация экономики Туркменистана», September 9, 2019, accessed June 1, 2021, http:// turkmenistan.gov.tm/?id=19449.

③ «Что препятствует инициативам?», марта 19, 2019, газета «Правда Востока» №53 (29016), accessed June 1, 2021, https://www.pv.uz/ru/news/rabotnikam-selskogo-hozjajstva-uzbekistana.

④ «Ключевые аспекты развития электронной коммерции в Кыргызстане», февраля 4, 2019, accessed June 1, 2021, https://kaktus.media/doc/386152_kluchevye_aspekty_razvitiia_elektronnoy_kommercii_v_ kyrgyzstane.html.

⑤ 联合国：《2019年数字经济报告》，数据观察网站，2019年9月18日，第12页，http://www.cbdio.com/image/site2/20190911/f42853157e261ee2da463e.pdf，访问日期：2021年6月1日。

和监管政策。

二是中亚区域数字规则尚未建立和统一，网络安全的隐患较大。中亚区域在立法层面缺乏信息和通信技术的基本规定和原则，立法缺乏一致性，信息和通信技术监管支离破碎。在电子商务新兴的中亚地区，立法对于建立信任至关重要，数据表明，中亚区域法律保障体系存在几组不同差异。第一组国家包括哈萨克斯坦，拥有打击网络犯罪的全面法律保障，拥有数据保护和保密法；第二组国家为乌兹别克斯坦和吉尔吉斯斯坦，在其主要立法领域中，至少有一项关于电子交易的法律草案；第三组国家为塔吉克斯坦和土库曼斯坦，其相关法律还在酝酿，消费者信心仍然很低，这限制了其电子商务的增长。[①] 吉尔吉斯斯坦没有界定电子商务类型、不同类型参与者、不同类型的平台与参与者之间的区别，数据传输、交换和储存方式以及所使用的技术类型的立法平台，市场参与者依据的是其他法规、条例和民法典的现有规定，这不足以促进其电子商务发展。[②] 此外，中亚国家网络诈骗和网络犯罪时有发生，网民面临垃圾邮件、网络病毒和网络攻击等风险，普遍存在涉及消费者隐私、个人数据保护、电子政务信息安全等多方面的网络安全担忧。这些都会影响中亚区域数字经济合作的安全和有效监管。

（三）中亚国家数字人才缺乏

中亚国家数字人才严重缺乏，更缺乏既懂技术又精通外语，能够对外畅通交流与合作的复合型人才，成为制约中亚国家对外数字合作的瓶颈。例如，"数字哈萨克斯坦"框架计划到2022年，哈公共服务的电子化率达到80%，但哈信息和通信技术专业人员的严重不足影响该框架实施。[③] 乌兹别克斯坦是中亚地区人口最多的国家，超过60%的人口是年轻人，平均年龄不超过29岁，在信息和通信技术领域，乌大约有29,000人在1400家企业工作，其创造的产

---

① «Развитие электронной коммерции в Центральной Азии - ‹Финансы›», January 25, 2016, accessed June 1, 2021, https://piv-bank.ru/ finansy/17968-razvitie-elektronnoy-kommercii-v-centralnoy-azii-finansy.html.

② «Ключевые аспекты развития электронной коммерции в Кыргызстане», февраля 4, 2019, accessed June 1, 2021, https:// kaktus.media/doc/386152_kluchevye_aspekty_razvitiia_elektronnoy_ kommercii_v_ kyrgyzstane.html.

③ Марина Попова, «‹Цифровому Казахстану› не хватает специалистов», October 1, 2019, accessed June 1, 2021, https://kursiv. kz/ news/ekonomika/2019-10/cifrovomu-kazakhstanu-ne-khvataet-specialistov.

值占 GDP 的 2.2%；2019 年，乌信息通信技术专业人员在就业人口中所占比例为 0.5%，比欧盟平均水平 3.7% 低近 7 倍。[①] 吉、塔、土三国数字人才严重不足的问题更加突出，有大量普通民众缺乏基本的网络技能，急需 "数字扫盲"。这一方面是由于中亚国家数字发展刚刚起步，各类大学培养数字人才的师资和水平有限；另一方面，数字人才更多愿意到收入更高的私营企业工作或者流失到了俄罗斯、欧美国家等。[②] 中亚国家亟须培养更多的数字专业人才，同时也需要提高本国民众的数字能力。中亚国家民众数字识字率不够高会影响中亚国家对外数字合作的广度和深度。

（四）中亚地区投资环境复杂

一是中亚地区一直存在安全问题，该地区面临恐怖主义等 "三股势力" 的挑战，尤其是恐怖主义、宗教极端势力等对地区安全的挑战。2016 年 8 月中国驻吉使馆遭汽车炸弹袭击[③] 等事件表明吉尔吉斯斯坦安全形势令人担忧。阿富汗问题对中亚邻国的安全挑战，中亚地区的毒品走私、跨国犯罪、非法贩售武器等都影响中亚地区的安全。对中亚地区安全形势的担忧会影响其他国家对中亚国家数字经济合作项目的投资。

二是中亚国家营商环境排名大都处于中后位，仍需改善。营商环境是世界银行根据吸引投资的七大指标，包括营商难度、经济竞争力、贸易和运输基础设施、通关效率、公民教育程度和主权信用评级等进行的综合排名。按照世界银行公布的 2020 年营商环境报告，哈萨克斯坦在 190 个国家中排名第 25 位，相对较高；乌、吉、塔分别排名第 69 位、第 80 位和第 106 位。[④] 同时，中亚各国存在腐败问题。全球清廉指数排名由国际反腐败非政府组织——透明国际发布，反映一国政府官员的廉洁程度和受贿状况，采用百分制，得分越高，表示腐败程度越低。80—100 之间表示比较廉洁；50—80 之间为轻微腐败；25—50

---

① Абу-Али Ниязматов, «Узбекистан и цифровая экономика: нужны реформы», апреля 10, 2019, accessed June 1, 2021, https:// regnum.ru/news/economy/2609448.html.

② «Ключевые аспекты развития электронной коммерции в Кыргызстане», февраля 4, 2019, accessed June 1, 2021, https:// kaktus.media/doc/386152_kluchevye_aspekty_razvitiia_elektronnoy_kommercii_v_kyrgyzstane.html.

③ 王琦：《中国驻吉尔吉斯斯坦机构提升安保级别应对复杂安全形势》，国际在线，2016 年 11 月 2 日，http://news.cri.cn/20161102/8f69f0a6-f779-38a7-d1af-d5a788db24ba.html，访问日期：2021 年 6 月 1 日。

④ 《哈萨克斯坦计划进入全球营商环境排名前 20 位》，中国外交部，2019 年 9 月 2 日，http://kz.mofcom.gov.cn/article/jmxw/201909/20190902900071.shtml，访问日期：2021 年 6 月 1 日。

之间腐败比较严重；0—25之间则为极端腐败。按照透明国际2019年1月发布的全球清廉指数排名，在参评的180个国家和地区中，哈、吉、塔、乌、土排名分别为第124位、132位、152位、158位和161位。[①] 这说明中亚各国都属于腐败比较严重的国家。

三是中亚有些国家近年来民族主义或地区主义抬头，[②] 在数字经济相关项目的选择和实施过程中，中亚国家会多方平衡，可能会优先选择本国企业或其他国家的企业。例如，土耳其的Tcell电信公司的唯一股东是阿迦汗经济发展基金会（AKFED），它是塔吉克斯坦最大的电信公司，也是中亚最早的3G运营商之一，第一个为塔提供3G和4G技术，目前该公司已获得塔境内第一个5G许可证，可以在塔部署和商业发射5G技术，[③] 其将在参与塔政府的电子服务、智能城市等数字经济项目中获得比中兴通讯与塔吉克电信公司合资的塔中移动公司（TK-Mobile）等其他在塔运营商更明显的竞争优势。这些可能提高外国对中亚数字项目投资的成本和不确定风险，影响中亚国家数字经济发展的竞争力。

四、中国与中亚国家数字经济合作的进展

据联合国《2019年数字经济报告》，根据定义的不同，数字经济的规模估计占世界国内生产总值的4.5%—15.5%，并呈快速增长的态势。数字经济是世界经济发展最有潜力和前景的领域，对各国经济发展的拉动作用越来越大。中国在基础设施领域、精准服务性方面具有丰富经验，数字产业、互联网金融也全球领先。在硬件方面中国的华为公司，软件方面中国的百度、阿里巴巴、腾讯（BAT）[④] 都全球领先，具备成功的经验和良好的可复制的商业模式。中亚国家正处于数字经济发展的初期阶段。中国正在利用自身优势，积极参与中

---

① 《乌在2018年度全球清廉指数排名中位列第158位》，中国商务部，2019年1月2日，http://uz.mofcom.gov.cn/article/jmxw/201901/20190102831719.shtml，访问日期：2021年6月1日。

② 王海燕、朱启迅：《"一带一路"背景下民族主义与地区主义关系的互动与重塑——以环阿尔泰山次区域合作模式为例》，《世界民族》2019年第1期，第86页。

③ «Таджикистан на пороге будущего: Tcell запустит первую в Центральной Азии сеть 5Gв Таджикистане!», June 10, 2019, accessed June 1, 2021, http://avesta.tj/2019/06/10/tadzhikistan-na-poroge-budushhego-tcell-zapustit-pervuyu-v-tsentralnoj-azii-set-5gv-tadzhikistane/.

④ 中国三大互联网公司的合称，分别为百度公司（Baidu）、阿里巴巴集团（Alibaba）、腾讯公司（Tencent）。

亚国家数字基础设施建设，在数字硬件设施、跨境电子商务和数字人才培养等领域已取得一些进展。

数字硬件设施领域，从中国上海到德国途经中亚等20多个国家的亚欧陆地光缆开通，面向中亚、西亚的乌鲁木齐区域性国际通信业务出入口局成立，中国电信、联通和移动参与建设的中国与哈、吉、塔等国家的中国–中亚光缆对接。① 这些都大幅提高了中国通往中亚乃至欧洲的数据通信能力和速度，改善了我国电信国际通信出入口的分布格局，有效提升了中国与中亚国家跨境通信网络质量与网络安全。中国电信与吉尔吉斯斯坦、塔吉克斯坦和阿富汗的合作伙伴2017年启动了"丝路光缆项目"，光缆将延伸至中亚、南亚、西亚其他国家，通过海、陆方式通达中东、非洲和欧洲，创新陆缆合作模式，解决传统跨境陆地光缆"连而不通""通而不畅"的问题，② 这将整体提升亚欧区域的网络互联互通水平，加速区域内跨境信息服务能力。中哈2019年签署的中国政府向哈捐赠超级计算机的协议③ 将促进哈数字研发水平的提高。网络建设方面，华为、中兴等企业作为乌兹别克斯坦、哈萨克斯坦等中亚国家数字经济的中介和参与者以及重要的电信设备供应商，④ 已与中亚国家开展了多项合作。从2007年起，华为积极参与哈"村村通"工程，独家提供技术设备等，解决了哈偏远地区30多万人的通信问题；在2013—2015年两年内，建成覆盖哈全境的4G网络，使哈5000人以上的农村都可使用4G网络；⑤ 浪潮威海海外服务有限公司与哈萨克斯坦国家铁路电信公司签署《哈萨克斯坦全国数据中心合作协议》。⑥ 哈萨克斯坦尽管经历两轮漫长的疫情封锁期，2020年，哈手机市场

---

① 胡仁巴：《乌鲁木齐区域性国际通信业务出入口局正式揭牌 中国–中亚光缆正式对接》，人民网，2012年5月21日，http://politics.people.com.cn/BIG5/17945846.html，访问日期：2021年6月1日。

② 《中国电信与阿富汗电信启动丝路光缆项目》，国务院国有资产监督委员会，2017年11月7日，http:// www.sasac. gov.cn/ n2588025/n2588124/c8183197/content.html，访问日期：2021年6月1日。

③ Асель Муканова, «Казахстан – Китай: новый уровень всестороннего стратегического партнерства», Сентября 12, 2019, accessed June 1, 2021, https://kazpravda.kz/articles/view/kazahstan--kitai-novii-uroven-vsestoronnego-strateg icheskogo-partnerstva.

④ 徐惠喜：《中亚国家搭上"一带一路"快车》，《经济日报》2018年6月4日，第16版。

⑤ 黄文帝：《推进经济发展 实现共同繁荣——习近平主席访问哈萨克斯坦推动中哈务实合作》，人民网，2015年5月14日，http://cpc.people.com.cn/n/2015/0514/c83083-26999118.html，访问日期：2021年6月1日。

⑥ 王晓涛：《数字丝绸之路分论坛聚焦创新驱动数字经济等领域发展》，《中国经济导报》2019年4月26日，第2版。

仍增长11%，手机出货量达470万部。①

跨境电子商务领域，中国与中亚国家合作势头迅猛。21世纪以来，中国与中亚国家已跨境互建多个电子商务平台和物流基地，新模式、新业态不断涌现，跨境、第三方电子商务合作呈快速增长的态势，跨国、跨机构、跨领域的电商布局扩展到亚欧广阔的区域。首先，政府推动电子商务合作，如2019年11月，中国商务部与乌兹别克斯坦投资和外贸部签署《关于建立投资合作工作的谅解备忘录》《关于电子商务合作的谅解备忘录》，双方商定，在做大传统贸易的同时，积极打造电子商务、矿产资源合作等新的增长点，提升便利化水平。其次，企业间合作规模不断扩大。中国大型电商企业几乎都与中亚国家开展了多领域多种模式的合作，如2018年9月哈铁快运公司与中国华为技术有限公司、伊犁百特兴商贸有限公司签署了关于共同开展跨境电商业务的战略合作协议，各方将充分利用哈铁快运公司现有的阿腾科里无水港、霍尔果斯经济特区、运输物流中心、机场、阿克套港等基础设施，开展中欧之间的跨境快递物流业务，预计年货运量可达100万吨。② 中国与中亚国家的一些企业建立了专门面向中亚市场的电子商务体系，如阿里旗下的全球速卖通很早就已进入哈萨克斯坦，现已成为当地排名第一的网上交易平台，其中服装、家居、数码产品等最受哈消费者欢迎。③ 最后，中国与中亚国家电子商务合作的模式不断创新。例如，2016年，哈国家主权财富基金Samruk-Kazyna领衔哈萨克电信、哈萨克邮政与阿里巴巴集团签了合作备忘录，阿里巴巴推动哈萨克电信旗下的支付业务与支付宝合作，推动哈邮政和菜鸟网络合作，加快在俄罗斯、中亚和东欧地区跨境电商的物流发展。④

数字人才培养领域，中国与中亚国家开展了多渠道合作。教辅设施方面，中亚国家独立以来，尤其是21世纪以来，在中亚国家的中石油、中石化、华为、中兴及其他企业越来越注意所在国的需求，对中亚五国的一些中小学或

---

① «Коронавирус не смог остановить рост рынка смартфонов в РК По итогам 2020 года он увеличился на 11%», марта 25, 2021, accessed June 1, 2021, https://profit.kz/news/61318/ Koronavirus-ne- smog-ostanovit-rost-rinka-smartfonov-v-RK.

② 《哈铁公司将与中方合作开展跨境电商业务》，中国外交部，2018年9月25日，http://kz. mofcom. gov. cn/article/jmxw/201809/20180902790323.shtml，访问日期：2021年6月1日。

③ 周良、苗壮：《哈萨克斯坦主权基金同阿里巴巴签署战略合作备忘录》，中国网，2016年5月27日，http://finance.china.com.cn/roll/20160527/3742739.shtml，访问日期：2021年6月1日。

④ 白杨：《哈萨克斯坦总统对话马云：阿里用了17年来到这里 需联手》，TechWeb，2016年5月27日，http://people.techweb.com.cn/2016-05-27/2339227.shtml，访问日期：2021年6月1日。

大学赠送或援助计算机等教辅设施，为中亚国家提升全民"数字化""智能化"能力与素质作出了一定贡献。专业人才培养方面，中国对庞大数字人才的培养有着校企合作、产教融合等多种模式和丰富的经验，并与中亚国家展开了长期合作。其中，通过上海合作组织、中国政府奖学金及其他渠道来华学习计算机、信息与通信技术、大数据、云计算、人工智能等高新技术的中亚国家留学生越来越多。在中亚国家的中国企业不断为所在国培养专门的数字人才。例如，2011 年，华为率先与哈萨克斯坦国际信息技术大学设立联合奖学金，支持当地培训通信人才，不仅为进入行业的中亚当地公司提供相关运营和技术培训，还与哈、乌高校合作培养创新人才；[①] 阿里巴巴帮助哈开展中小企业电商培训，促进当地电子商务的发展等。这些都为中亚国家的数字经济发展提供了更有效的帮助与支撑。

五、中国助力中亚国家数字经济发展的路径

中国可助力中亚国家应对数字经济发展带来的挑战，实现与中亚国家在数据信息服务、互联网业务和国际通信业务领域的互联互通，双方在数字经济领域的合作必将促进"数字丝绸之路"建设。正如哈萨克斯坦前外长阿塔姆库洛夫所说："哈萨克斯坦与中国进行经济合作的机会实际上并无上限，现代中国发展的所有新机遇也是哈萨克斯坦未来发展的新机遇。"[②] 中国可以与中亚国家在保障区域共同安全的基础上，根据中亚国家数字经济发展的不同阶段，首先从数字基础设施建设、数字治理、电子商务、数字人才培养等路径入手，因国施策，通过政策支持、国家战略对接，共同推进中亚各国数字化转型进程和现代化发展，提升亚欧数字经济发展水平，打造美好共赢的"数字丝绸之路"。

（一）共建数字基础设施，促进中国与中亚国家互联互通

一是数字基础设施硬件建设合作。我国的相关企业可利用自身优势，积极参与到中亚国家计划建设的多个互联网、物联网、光纤光缆等硬件设施项目当

---

① Вице-президент Евразийского региона компании Huawei Xoy Tao, «ИКТ-база цифровой экономики Узбекистана будет прочной», September 27, 2019, accessed June 1, 2021, http://uza.uz/ru/society/vitse-prezident-evraziyskogo-regiona -kompanii-huawei-khou-ta-27-09-2019.

② 《哈萨克斯坦外长：现代中国发展所有新机遇也是哈萨克斯坦未来发展新机遇》，环球网，2019 年 9 月 17 日，https://world.huanqiu.com/article/9CaKrnKmSq1，访问日期：2021 年 6 月 1 日。

中。例如，哈萨克斯坦"数字丝绸之路"方案通过在农村地区提供宽带互联网接入，通过光纤通信线路在1200个农村建立村村通互联网，计划到2022年为哈1800万人口提供宽带互联网，[①]并将互联网用户比例从2019年的81.3%增加到2022年年底的82.3%。[②]哈计划于2021年年底在努尔苏丹（阿斯塔纳）和阿拉木图启动5G试点，预计到2025年覆盖全国。发展数字经济和政府数字化转型是乌兹别克斯坦提高吸引外资水平和发展国民经济"最重要的步骤"，[③]乌拟到2020年年底，在全国所有2万多所社会设施，包括学校、学前和医疗机构接入光纤互联网，将手机用户数量提高到2300万。[④]中方企业可与中亚国家共建光纤光缆、人造卫星、电话线、有线电视线等网络设施，为中亚国家提供路由器、阅读器、中继器和其他控制传输途径的硬件设备，促进中亚国家数字基础设施和服务的可获得性，推动双方网络高速率、广普及、全覆盖、智能化。例如，中国电信与吉尔吉斯斯坦、塔吉克斯坦和阿富汗的合作伙伴2017年启动了"丝路光缆项目"，并且该项目将延伸至中亚、南亚、西亚其他国家，通过海、陆方式通达中东、非洲和欧洲，创新陆缆合作模式，解决传统跨境陆地光缆"连而不通""通而不畅"的问题，[⑤]这将整体提升亚欧区域的网络互联互通水平，加速区域内跨境信息服务能力，大大提升中亚国家的经济效率和企业运行的效率。

二是数字基础设施软件建设合作。中国企业可持续参与中亚国家数字软件设施的建设，与哈、乌等中亚国家一道建立高质量的软件和硬件相结合的基本信息和通信技术基础设施。[⑥]哈数字发展部已制定5G发展路线图，正在研究

① Асель ШАЙХЫНОВА，«Реализация цифрового Шелкового пути»，февраль 9, 2018, accessed June 1, 2021, https://railnews. kz/ru/news/2823.

② Мария Галушко，«Цифровой Казахстан: что изменилось в стране за год»，January 4, 2020, accessed June 1, 2021, https://365info. kz/ 2019/02/slabye-tochki-tsifrovogo-kazahstana-obnarodoval-ekspert.

③ «Послание–2020: главные тезисы из речи Президента»，January 24, 2020, accessed June 1, 2021, https:// www. norma.uz/nashi _obzori/poslanie-2020_glavnye_tezisy_iz_rechi_prezidenta.

④ «Премьер: Развитие инфраструктуры—одно из условий роста цифровой экономики»，октября 22, 2019, accessed June 1, 2021, https://www.gazeta.uz/ru/2019/10/22/challenges.

⑤ 《中国电信与阿富汗电信启动丝路光缆项目 以"容量银行"创新模式服务"一带一路"信息化建设》，赛迪网，2017年11月7日，http://www.ccidnet.com/2017/1107/10329521. shtml，访问日期：2021年6月1日。

⑥ Вице-президент Евразийского региона компании Huawei Хоу Тао，«ИКТ-база цифровой экономики Узбекистана будет прочной»，September 27, 2019, accessed June 1, 2021, http://uza.uz/ru/society/ vitse-prezident-evraziyskogo-regiona -kompanii-huawei-khou-ta-27-09-2019.

制定5G移动通信新技术标准，并在努尔苏丹、阿拉木图和奇姆肯特实施了5G试点项目，计划于2021年年底前在努尔苏丹市纳扎尔巴耶夫大学和世博园引入5G技术，自2023年起在全国范围内推广；[①] 乌兹别克斯坦正处于建立5G网络的初期阶段，2019年完成了对5G移动通信网的测试，并定下了2020年在塔什干组织商业网络启动的目标[②] 等，我国华为等企业都可积极参与建设。我国还可在中亚国家经济数字化的不同阶段参与其数字产业化建设，如与中亚国家共同建设中亚数字管道等油气行业信息化项目，将5G技术和物联网技术应用到中亚国家的能源开采领域之中，[③] 参与中亚国家产业数字化、数字医疗、数字教育等多领域建设，将中国"互联网＋"、云计算、区块链等的技术和经验推广到中亚国家，在中亚国家培育更多适应当地数字经济发展水平的新业态和新模式，采取不同办法或综合办法，[④] 促进中亚国家的数字化转型，促进当地数字生态系统发展繁荣。

（二）共同进行数字治理，营造公平良好的数字经济发展环境

数字经济的跨国性和流动性要求在国家间开展更多的对话、建立共识和决策，[⑤] 随着中国与中亚国家数字经济合作的快速发展，中国可与中亚国家秉持共同参与、共享红利、共担责任的原则，在数字治理领域开展多方与多边对话与交流，打造数字治理的样板区域，共同提高中亚区域数字治理的水平。

一是积极参与构建面向未来的数字共同体构架。中国与中亚国家应在数

---

① «Екатерина Елисеева: Внедрить 5G планируется до 2021 года в Нур-Султане», Казахстанская правда, Октября 1, 2019, accessed June 1, 2021, https://kazpravda.kz/news/tehnologii/vnedrit-5g -planiruetsya-do-2021-goda-v-nur-sultane.

② «Премьер: Развитие инфраструктуры—одно из условий роста цифровой экономики», октября 22, 2019, accessed June 1, 2021, https://www.gazeta.uz/ru/2019/10/22/challenges.

③ 梁正等：《哈萨克斯坦总理参观华为深圳总部》，2018年12月6日，https://mp.weixin.qq.com/s?src=11& times tamp =1579440875&ver=2106&signature=JtzEL1oHsn0lPFqkM2wGxlVMY ma8clkFpy4um6uhEItnJ8K W11YcQOGDaZhEAymWvvTeZ1xUUSEgq65FXgMEp1Fvf0tTCJA tapy KGnr9xLF3w35r*LJ*-Upi Vzx2wpa8 &new=1，访问日期：2021年6月1日。

④ Абдурашидов Ж. Ф., Толибов И. Ш., «К проблеме формирования цифровой экономики в Узбекистане», «Молодой ученый», 2019, №29, С. 42-44, accessed June 1, 2021, https:// moluch.ru/archive/267/61740.

⑤ 联合国：《2019年数字经济报告》，数据观网站，2019年9月10日，http://www. cbdio.com/BigData/2019-09/11/content_6151158.htm，访问日期：2021年6月1日。

字经济全球治理启动之初，争取获得更多的数字经济全球治理权力，[①] 共同创造发展中国家掌握"话事权"的机会。充分利用互联网治理论坛＋、区域通信联合体、"一带一路"国际合作高峰论坛、"数字丝绸之路"分论坛等专业机制，以及上海合作组织、亚信会议等中亚区域性合作机制，建立中亚区域数字合作分机构或定期讨论机制，共同设立中亚数字经济治理网，分享数字治理经验，探讨建立统一的数据标准、数据使用原则，并共同制定相关的治理规则、协调政策、[②] 竞争政策、跨境数据交流政策、跨境税收政策、监管政策等。

二是共同构建规范有序、开放安全的数字世界。中国与中亚国家还应加强数据法制建设交流合作，推进数据保护法规建设；[③] 规范中国与中亚国家个人出入境、海关商品进出口、电子支付、跨境物流、跨境运输等数据的收集、处理、交流等活动；加强在数据保护领域的协商，促进数据风险防范交流，共同维护网络空间安全和公平竞争的环境，打击侵犯个人信息等危害数据安全的跨境犯罪行为，共同构建中亚数字经济领域的法律法规保障体系。加强数据开放利用交流合作，帮助中亚国家的更多用户和消费者安全快速上网，以确保更多人的数字未来，推动各国在数字经济中提高创造和捕获价值的能力，消除数字壁垒，维护各国在网络空间的发展权、治理权。

（三）大力开展电子商务合作，共创区域经济合作的机会

中国在数字经济的多个产业领域已具有全球领先优势，数字经济已深深根植于中国经济发展之中，成为高质量发展的重要推动力。以电子商务为例，中国电商发展速度居世界前列。十年前，中国的零售电商交易额不到全球总额1%，到2019年，交易额居世界第一，占全球电商交易额40%以上。[④]

电子商务合作正在成为中国与中亚国家共建"数字丝绸之路"的重要引擎，中国和中亚国家可在以下领域开展合作。

---

① 韩博、金文恺：《加强跨国合作 实现全球数字经济治理》，经济参考报，2019年7月31日，http://dz.jjckb.cn/www/pages/webpage2009/html/2019-07/31/content_55824.htm，访问日期：2021年6月1日。

② 戴建军、熊鸿儒、马名杰：《新一轮技术革命及生产方式变革对中国的影响》，《中国发展观察》2019年第7期。

③ 王俊、彭子洋：《如何实现数据治理合作交流？国家网信办副主任提4点建议》，新京报，2019年10月20日，http://www.bjnews.com.cn/feature/2019/10/20/639114.html，访问日期：2021年6月1日。

④ 《中国创新发展的全球位势：积极谋划，加强数字基础设施建设》，电子发烧友，2019年4月26日，http://www.elecfans.com/d/922935.html，访问日期：2021年6月1日。

一是中国与中亚国家共同开拓彼此的跨境电子商务市场。中国电子商务市场居世界第一。2016年，中国跨境进口电商交易规模已跨入"万亿时代"，[①] 2018年中国跨境电商交易规模达到9.1万亿元，2019年达到10.5万亿元，2020年达到12.5万亿元。[②] 中亚国家可充分挖掘中国14亿人口巨大市场的潜力，通过电子商务将中国作为其出口导向的重要目的地国和农业、制造业产品的主要输出国。中亚国家市场潜力巨大。例如，哈萨克斯坦数字贸易市场潜力巨大，主要包括互联网贸易和过境运输，预计到2025年，哈互联网平台的购物将增加到5000亿坚戈[③]（约合13亿美元），占总零售额的5%；哈电子商务总额可超过20亿美元；物流公司从电子商务的过境运输中获得的收入将增加到1.3万亿坚戈，并将创造包括相关行业在内的多达28万个新的就业机会。[④] 同时，中国加强与中亚国家合作的必要性不仅在于其7000多万人口的巨大市场，还在于其过境运输通往欧洲、南亚、西亚等第三方市场的巨大潜力。

二是不断创新中国与中亚国家电子商务合作的模式。中国与中亚国家共同推出中欧班列多式联运"一单制"跨境区块链平台、跨境电商报通关结算一站式服务，中国乌鲁木齐国际陆港区跨境电子商务试点产业园区为跨境电商企业提供全方位的清关、保税等服务，探索"商贸+互联网+物流"融合发展新模式。中国与中亚多国共同探索试点境内制造企业至其境外分支机构至境外消费者（M2B2C）业务模式、境内外贸企业至其境外分支机构至境外消费者（B2B2C）业务模式，在跨境电商B2B2C出口业务模式认定规范、业务流程、技术标准和监管模式等方面已取得突破，提高了运营效率。

三是共同为中国与中亚国家跨境电商营造良好环境，促进区域贸易便利化。如哈萨克斯坦正在逐步提升边境检查站的现代化，以简化通关流程和过境运输手续。[⑤] 中国与中亚国家可以共同提高海关监管服务水平，简化检验检疫流程，放宽进出口税收体系优化和支付结算政策限制，协商完善跨境电商支

[①] 《中国跨境进口电商 交易规模跨入万亿时代》，《南京日报》2017年8月4日。

[②] 《2019年我国跨境电商市场交易规模与用户数量不断增长》，中国报告网，2019年11月11日，http://free. chinabaogao.com/lingshou/201911/1111460b12019.html，访问日期：2021年6月1日。

[③] 2019年7月16日，美元与坚戈汇率为1∶383.77。请参见https://freecurrencyrates.com/ zh-hans/ exchange- rate -history/ USD-KZT/2019，访问日期：2021年6月1日。

[④] «Объем онлайн-покупок в Казахстане достигнет 500 млрд тенге», July 15, 2019, accessed June 1, 2021, https://profit.kz/news/53489/Obem-onlajn-pokupok-v-Kazahstane-dostignet-500-mlrd-tenge.

[⑤] «Аскар Мамин встретился с Генсеком Всемирной таможенной организации», March 5, 2019, accessed June 1, 2021, https://www. zakon.kz/4960555-premer-ministr-rk-provel-vstrechu-s.html.

付、检疫、物流等方面的政策，等等，共同推动双方外贸发展，促进中小企业发展，培育新产业，降低双方跨境电商企业的政策风险和法律风险。

（四）加强中国与中亚国家的数字人才培养合作，为合作提供人才保障

数字人才的质量决定着数字化转型的质量。中国与中亚国家数字人才培养可包含全民数字基础能力的培养和数字专业人才的培养两个方面。中国与中亚国家可在以下方面开展数字人才培养合作。

第一，对中亚国家全民数字基础能力的培养重点在于提供计算机等数字培训设施和从中小学开始的学校基础教育，提高民众的数字应用能力。中亚国家受教育率普遍较高，但由于年龄、缺乏计算机、地处偏远等多种原因，依然有相当数量的人需要数字扫盲，即学会使用电脑和互联网。2019年，中亚国家中数字化率最高的哈萨克斯坦接受数字扫盲培训的总人口为53.2万人，比计划人数多了6万多人；此外，约有7.83万名社会弱势群体公民接受了数字扫盲培训。① 中国可与中亚国家合作，参与到中亚国家的社区IT培训计划、数字扫盲培训班等多种合作项目当中，提高中亚国家的计算机使用率和网络普及率，协助中亚国家在从中小学到中专校到大学不同级别的教育体系中开展数字教育并发展数字技能；为中亚各国信息技术行业大规模培养高级信息技术人才；为包括弱势群体在内的全体居民开发数字技能培训和再培训系统；用当地语言开发该国数字内容。② 这样做可使越来越多的公民具备基本的信息通信技术技能，熟练运用计算机和互联网，掌握必要的数字技巧，提高就业能力和竞争能力，并有机会参与中国与中亚国家的数字经济合作。

第二，采取多渠道多模式对专业人员进行培养，提高中亚国家从业人员的数字专业能力。随着中亚国家数字经济的快速发展，人工智能、物联网、机

① «В 2019 году в рамках реализации госпрограммы ‹Цифровой Казахстан› создано 8 тыс. рабочих мест», января 15, 2020, accessed June 1, 2021, https://primeminister.kz/ru/news/reviews/v-2019-godu-v- ramkah-realizacii-gos programmy-cifrovoy-kazahstan-sozdano-8-tys-rabochih-mest.

② «КОНЦЕПЦИЯ ЦИФРОВОЙ ТРАНСФОРМАЦИИ ‹ЦИФРОВОЙ КЫРГЫЗСТАН 2019-2023›», accessed June 1, 2021, https://digital.gov.kg/%D0%BA%D0%BE%D0%BD%D1%86%D0%B5%D0%BF%D1%86%D0%B8%D0%B8/%20%D0%BE-%D0%BA%D0%BE%D0%BD%D1%86%D0%B5%D0%BF%D1%86%D0%B8%D0%B8.

器人、虚拟现实等被中亚国家认为是技术革命之后最需要学习的职业技术。[①]
近年来，中亚国家通过多种渠道与多国合作培养专业数字人才。例如2019年，
乌兹别克斯坦和阿联酋启动一个100万程序员的联合培训项目，该项目将为所
有希望通过远程门户共同学习数字技能的人提供机会；[②] 土库曼斯坦对数字网
络的维护人员进行了有计划的培训，在理工学院开设了物流、电信系统的信息
安全和计算机网络等专业，为各级领导人开设了数字经济基础课程。[③] 中国的
大学与企业可与中亚国家的大学与企业联合培养数字人才，通过政府间项目、
校企联合项目、定向培养项目等多种方式协同育人，产教融合，在数字新型学
科建设、相关科研课题、实训基地建设等多领域开展全面合作，使数字课程
设置与各国需求形成对接，推进中亚国家数字产业发展与人才培养模式的有效
衔接，与时俱进地培养中亚国家电子商务、区块链、人工智能、大数据、物联
网、云计算等新一代信息技术复合型人才，提升专业人才的数字能力，最终形
成院校、学生和企业的人才培养链、供给链，为中亚国家的产业输送所需的数
字化应用型人才，助力中亚国家的数字化转型和经济发展，提高中亚国家与中
国的数字经济合作水平。

此外，随着中亚国家数字能力的提升，中国还可与中亚国家在数字医疗、
数字教育等人文领域合作，以及人工智能、量子计算机等前沿领域合作，推动
大数据、云计算、智慧城市建设。

综上所述，中亚国家数字经济发展起步较晚，各国自身的技术水平有限且
发展差异较大，急需借助外力发展本国的数字经济。为搭上数字经济的快车，
弯道超车实现国家经济现代化，中亚各国已制定了侧重点各有不同的数字经济
发展战略，但实现这些战略面临较为严峻的挑战。中国因其技术、设备和人才
优势，是中亚国家目前和今后数字经济合作的重要伙伴和选择之一，双方可通
过数字经济合作共同恢复疫情后的经济，共创繁荣，未来合作前景可期。

[①] «10 технологических профессий будущего,которым нужно учиться сейчас», октябр я 17, 2017, accessed June 1, 2021, https://rb. ru/list/ne-prospi.

[②] Абу-Али Ниязматов, «Узбекистан и цифровая экономика: нужны реформы», апреля 10, 2019, accessed June 1, 2021, https:// regnum.ru/news/economy/2609448.html.

[③] «Туркменскую науку цифровизируют для повышения ее эффективности», ноября 28, 2019, accessed June 1, 2021, https:// www. hronikatm.com/2019/11/science-digitalisation.

Digital Economy Development in Central Asian Countries and Their Cooperation with China

WANG Haiyan

Abstract　The development of digital economy is of great significance to enhance the economic modernization level of Central Asian countries. With the in-depth application of digital technology on a global scale and the accelerated development of the digital economy, the digital economy based on the Internet is booming, and the globalization trend of the digital economy is unstoppable. Central Asian countries have introduced digital economy development strategies one after another. The development of e-commerce is in the ascendant, and e-government capabilities are constantly improving. However, there is a big gap in the development of digital economy among countries. Central Asian countries are facing challenges such as relatively weak digital infrastructure construction, lack of digital talents, cyber security and increased geopolitical risks. Due to the pandemic, the needs for the development of digital economy in Central Asian countries have become more urgent, with huge potential. In view of the advantages of China's digital economy and technology and the foundation of cooperation with Central Asian countries, cooperation between China and Central Asian countries in the field of digital economy can help Central Asian countries upgrade the level of economic modernization and promote the BRI cooperation. China and Central Asian countries can cooperate in the fields of digital infrastructure construction, digital governance, e-commerce, and digital talent training, and adopt suitable policies in each country to jointly build a digital silk road.

Keywords　Belt and Road Initiative; Central Asia Countries; The Digital Economy; Strategy; Cooperation

Author　Wang Haiyan, Associate Research Fellow of Institute of International Relations and Regional Development, Executive Director of Kazakhstan Research Center, East China Normal University (ECNU).

会议综述

周边视域下的中国与东南亚
校庆报告会综述

　　2021年5月25日，复旦大学中国与周边国家关系研究中心举办庆祝建校116周年学术报告会，主题为周边视域下的中国与东南亚。复旦国际问题研究院的杨健研究员、赵卫华研究员、祁怀高研究员、涂怡超副研究员、温尧助理研究员，复旦国际关系与公共事务学院贺嘉洁青年副研究员，复旦大学一带一路及全球治理研究院张励助理研究员分别做了发言。杨健主持了本次报告会。① 上述7位学者的主要观点综述如下。

　　杨健做了题为《东盟的缅甸困境》的发言。她认为，2021年2月1日缅甸军方接管政权导致缅甸局势突变，给东盟带来严峻挑战。缅甸局势可能产生溢出效应，影响东南亚地区的稳定，也使"东盟方式"受到考验。印尼在协调东盟各国立场方面发挥了积极作用。东盟邀请缅甸军方领导人敏昂莱参加东盟峰会并达成五点共识，这是东盟在处理成员国内部事务方面的创举。中国和东盟在缅甸问题上立场相似，中国积极支持东盟发挥作用，双方进行了密切沟通与协调。未来东盟斡旋行动要取得成功需要付出艰苦努力。

　　赵卫华做了题为《越南顶层权力结构调整及对中越关系影响》的发言。他介绍了越南高层权力结构三个层级及其相互关系，分析了越南顶层权力结构重回"四驾马车"权力框架的原因及对中越关系走势的影响。

　　祁怀高做了题为《马来西亚的海洋管辖权主张及中马共同开发的前景分析》的发言。他介绍了马来西亚的海洋管辖权主张，以及马来西亚与印度尼西

---

　　① 《中国与周边国家关系研究中心举办2021年校庆报告会》，复旦大学国际问题研究院，2021年5月26日，http://www.iis.fudan.edu.cn/d4/02/c6840a316418/page.htm。

亚、泰国、新加坡、文莱等部分海上邻国划定海洋边界的情况，分析了马来西亚与泰国、越南、文莱3个海上邻国开展油气共同开发的实践。他认为，尽管目前中马之间开展南海共同开发存在一些障碍，但未来两国仍有推进共同开发磋商的可能。在共同开发的区块选择上，中马可将曾母盆地作为优先选项；在管理模式上，可以采取由两国国有石油公司达成商业安排的模式；在技术合作上，中国已研制出超深水钻井平台，可为马提供先进的深水开发技术选择。

涂怡超做了《美国基督教与东南亚国家社会转型》的发言。她介绍了美国基督教界在缅甸、泰国、马来西亚、印度尼西亚等东南亚多个国家开展传教、教育、医疗和其他慈善工作的历史与现状，分析了当前美式宗教自由与公共宗教话语和内涵，以及美国政府、学界、非政府组织、基督教组织在东南亚对此进行的协力传播和规范协塑，并从精英与大众、基层与中央、观念与机制三个视角讨论了美国基督教对东南亚国家社会转型的效度与限度。

贺嘉洁做了题为《对话关系协调国与东盟的对外关系》的发言。她介绍了东盟的对外关系结构，强调协调国负责的是"10+1"框架下东盟与10个全面对话伙伴关系的协调，分析了协调国机制的形成逻辑，认为东盟推动协调国机制的完善主要是为了利用成员国的外交资源、平衡"东盟方式"的内在矛盾并推动东盟共同体的建设。在总结协调国主要职责的基础上，她以泰国、新加坡、菲律宾担任东盟对华关系协调国期间的外交活动为例，讨论了协调国对于促进东盟与对话伙伴国之间关系的作用。最后，她还简单分析了协调国机制所面临的现实挑战。

温尧做了题为《中国共产党对东南亚交往的特征和趋势》的发言。他介绍了党的十九大以来，中国共产党对外交往的总体情况，以及东南亚各国在中国共产党交往对象之中的特殊性。基于统计数据和具体案例，他总结分析了中国共产党对东南亚交往在对象、形式等方面的异同，并指出其在制度化、多边化等方面的发展趋势。他认为，中国共产党对东南亚交往既是理解政党在世界政治中发挥作用的生动案例，也是中国与东南亚交往实践的重要组成部分。

张励做了题为《中美战略竞争视阈下气候治理与水外交的内在共质、作用机理和互动模式——以湄公河流域为例》的发言。他分析了水资源对国际关系变革的深刻影响，以及美国特朗普政府尤其是拜登政府对中国"湄公河手牌"的新变化。他认为，水外交作为一门新兴理论，在其发展过程中很少将气候变化因素纳入其理论体系和实践路径进行探讨，这不可避免将影响水外交在处理气候变化类水冲突时的实施效果并引起流域国家间的关系紧张。他还着重分析了气候治理与水外交的内在共质和作用机理，并将气候变化因素纳入到水外交理论体系之中。他以湄公河地区气候治理与中国水外交的互动为案例，探讨了湄公河地区气候变化类水冲突的聚焦领域、中国水外交的应对现状以及未来的实施路径。

附　录

复旦大学中国与周边国家关系研究中心简介

（2021年6月）

复旦大学中国与周边国家关系研究中心（Center for China's Relations with Neighboring Countries of Fudan University, CCRNC-Fudan，简称"复旦中国周边中心"）成立于2013年11月11日，隶属于复旦大学国际问题研究院。2021年3月8日，复旦中国周边中心获批教育部高校国别和区域研究备案中心。

中心以复旦大学优势学科政治学和国际关系为依托，着力于中国与周边国家各领域关系的研究，力求为促进中国和周边国家之间的相互交流、相互了解作贡献。

截至2021年6月30日，中心有研究人员15人，其中教授（研究员）12人，副教授（副研究员）2人，助理研究员1人，包括杨健研究员、石源华教授、赵卫华研究员、祁怀高研究员、陈玉刚教授、纳日碧力戈教授、信强研究员、包霞琴教授、方秀玉研究员、邢丽菊研究员、徐海燕研究员、郑继永研究员、涂怡超副研究员、薛松副研究员、温尧助理研究员。中心设科研秘书1人。杨健研究员担任中心主任（2019年9月起）。石源华教授为中心首任主任（2013年11月至2019年9月）。

中心的主要工作包括：（1）主办《中国周边外交研究》（学术集刊，每年2辑）（*Journal of China's Neighboring Diplomacy*）[①]；（2）提交政策咨询报告；（3）主编"复旦大学中国周边外交研究丛书"（*Fudan University Series on China's Neighboring Diplomacy Studies*），"丛书"已先后出版《中国崛起背景下的周边安全与周边外交》（中华书局2014年版）、《冷战后中国周边地区政策

[①] 《中国周边外交研究》原名《中国周边外交学刊》，创刊于2015年6月，自第八辑（2018年第二辑）起更名为《中国周边外交研究》。

的动力机制研究》（中华书局2016年版）、《中国周边外交十四讲》（社会科学文献出版社2016年版）、《转型期日本的对华认知与对华政策》（中华书局2017年版）、《人文化成：中国与周边国家人文交流》（世界知识出版社2018年版）、《中国与周边各国的人文交流与互鉴》（世界知识出版社2018年版）、《权力扩散视角下的中越南海争端研究》（世界知识出版社2019年版）、《中国与"一带一路"沿线支点国家发展战略对接研究》（世界知识出版社2019年版）、《东北亚地缘格局的新变迁与中国的复合型大战略构想》（世界知识出版社2020年版）；（4）主办"复旦大学中国周边外交研讨会"（Fudan Symposium on China's Neighborhood Diplomacy）；（5）编制"中国周边国家概况及其对华关系数据库"；（6）举办国际国内学术会议。

中心是"中国-东盟学术共同体"（The Network of ASEAN-China Academic Institutes, NACAI）的常设秘书处；中心也是国家领土主权与海洋权益协同创新中心（教育部2011协同创新中心）复旦大学分中心。

中心成立后，中心研究人员获得多个国家社会科学基金项目立项，并积极承担中国政府部门的相关科研项目。中心招收政治学博士后研究人员，招收国际关系、国际政治、外交学专业的博士生和硕士生。中心欢迎国内外从事中国与周边国家关系研究的学者和官员前来访学交流。

《中国周边外交研究》征稿启事

　　《中国周边外交研究》(*Journal of China's Neighboring Diplomacy*)是由复旦大学中国与周边国家关系研究中心主办的中国周边外交研究专业性学术集刊（半年刊）。《中国周边外交研究》原名《中国周边外交学刊》，创刊于2015年6月，自第八辑（2018年第二辑）起更名为《中国周边外交研究》。2017年4月，被列入复旦大学文科双一流建设项目"学术期刊质量提升支持计划"。

　　《中国周边外交研究》的宗旨是：积极推进对中国与周边国家之间政治、安全、经济、文化关系的理论研究、战略研究、个案研究和综合研究。

　　《中国周边外交研究》设有"特稿""周边外交综论""'一带一路'研究""周边次区域研究""亚洲新安全观""亚洲命运共同体""中国边海事务""周边看中国""周边国情研究""周边文化交流""中国周边学笔谈""青年论坛""学术动态""书评"等栏目。

　　欢迎国内外从事中国周边外交研究、中国与周边国家关系研究的学者和朋友们赐稿。

　　《中国周边外交研究》每年出版2辑，每年度第1辑于3月31日截止收稿，第2辑于9月30日截止收稿。

　　投稿者务请注意以下事项：

　　一、来稿请提供电子版。严格遵守学术规范，引用的文献、观点和主要事实要注明来源。网上资料的引用应做到可核查。具体注释体例请参见"《中国周边外交研究》注释体例"。

　　二、学术论文每篇一般为1.5万字左右；书评及学术动态一般在5000字以内。

　　三、来稿请提供中英文的题名、作者姓名、工作单位、内容提要（350—450字）、关键词（3—5个）。同时请提供作者简介、详细通信地址、邮编、电话号码、电子邮件地址，以便联系。

四、请勿一稿多投。来稿一经刊用，即付稿酬（含信息网络传播和数字发行稿酬），并赠送当期本集刊2册。

五、本集刊对采用的稿件有修改权，不同意修改者，请在来稿中申明。

六、本集刊实行匿名评审制度，确保论文质量。

七、《中国周边外交研究》编辑部联系方式：电邮：ccrnc@fudan.edu.cn；联系人：孙志强；电话：021-65641685；传真：021-65642939；地址：上海市邯郸路220号复旦大学文科楼307室复旦大学中国与周边国家关系研究中心；邮编：200433。

《中国周边外交研究》编辑部
2021年6月

《中国周边外交研究》稿件体例及注释规范

　　《中国周边外交研究》自第十一辑（2020年第一辑）起，稿件体例及注释规范根据《中华人民共和国新闻出版行业标准》（CY/T 121—2015）做了更新。

　　一、文稿请按题目、作者、内容提要（250—300字）、关键词（3—5个，用分号隔开，最后一个关键词后边不加标点符号）、基金项目（可选）、作者简介、正文之次序撰写。节次或内容编号请按一、（一）、1.、（1）……之顺序排列。文后请附英文题目和英文摘要。

　　二、正文或注释中出现的中文书籍、期刊、报纸之名称，请以书名号（《》）表示；文章篇名请以书名号（《》）表示。英文著作、期刊、报纸之名称，请以斜体表示；文章篇名请以双引号（""）表示。古籍书名与篇名连用时，可用间隔号（·）将书名与篇名分开，如《论语·学而》。

　　三、正文或注释中出现的页码及出版年月日，请尽量以公元纪年并以阿拉伯数字表示。

　　四、所有引注均需详列来源。注释一律采用"页下脚注"格式，并请参考下列附例：

（一）书籍

1. 中文

（1）专著

石源华：《中华民国外交史新著》第三卷，社会科学文献出版社，2013，第1094—1174页。

（2）编著

石泽主编《中国周边国家与合作组织》，人民出版社，2014，第39页。

（3）译著

亨利·基辛格：《大外交》，顾淑馨等译，海南出版社，2012，第146页。

译著作者不加国籍。

（4）文集中的文章

爱德华·卡尔：《现实主义对乌托邦主义的批判》，载秦亚青编《西方国际关系理论经典导读》，北京大学出版社，2009，第3—24页。

（5）前言、导言、序言、后记等

李鹏程：《当代文化哲学沉思》，人民出版社，1994，序言，第1页。

楼适夷：《读家书，想傅雷（代序）》，傅敏编《傅雷家书》增补本，三联书店，1988，第2页。

黄仁宇：《为什么称为"中国大历史"？——中文版自序》，《中国大历史》，三联书店，1997，第2页。

前言、导言、序言、后记等如果没有单独的名称，放在出版时间之后、页码之前。

2. 西文

（1）专著

Robert G. Sutter, *Chinese Foreign Relations: Power and Policy since the Cold War* (Lanham, Maryland: Rowman & Littlefield Publishers, 2012), pp. 17-37.

页码字母p.或者pp.与阿拉伯数字之间空一个字符。

（2）主编、编类著作

Christopher M. Dent (ed.), *China, Japan and Regional Leadership in East Asia*, (Cheltenham, U.K.: Edward Elgar Publishing, 2008), p. 286.

其中，ed.或者eds.放在括号内。

（3）文集中的文章

David M. Ong, "Implications of Recent Southeast Asian State Practice for the International Law on Offshore Joint Development," in Robert Beckman, Ian Townsend-Gault, Clive Schofield, Tara Davenport, and Leonardo Bernard eds., *Beyond Territorial Disputes in the South China Sea: Legal Frameworks for the Joint Development of Hydrocarbon Resources* (Cheltenham, U.K.: Edward Elgar Publishing, 2013), pp. 181-217.

其中，ed.或者eds.不放在括号内。

（二）论文

1．中文

（1）期刊论文

祁怀高:《新中国70年周边多边外交的历程、特点与挑战》,《世界经济与政治》2019年第6期，第43—64页。

（2）报纸和大众杂志中的文章

温家宝:《关于社会主义初级阶段的历史任务和我国对外政策的几个问题》,《人民日报》2007年2月27日，第2版。

（3）学位论文

赵卫华:《权力扩散视角下的中越南海争端研究》，博士学位论文，复旦大学国际关系与公共事务学院，2016，第99页。

（4）会议论文、报告、演讲

刘若楠:《东南亚国家对特朗普政府地区安全政策的反应》，第九届复旦大学中国周边外交研讨会会议论文，上海，2019，第77—84页。

2．西文

（1）期刊论文

Song Xue, "Why Joint Development Agreements Fail: Implications for the South China Sea Dispute," *Contemporary Southeast Asia* 41, no. 3 (December 2019): 418-446.

其中，41是卷volume（Vol.）；如果仅仅知道发表的月份，标注为月份和年，如June 2014。

（2）报纸和大众杂志中的文章

Joseph S. Nye Jr., "Work with China, Don't Contain It," *New York Times*, January 26, 2013, p. 19.

（3）学位论文

Jiajie He, "Self-Determination and Post-Imperial Nation Building: Why Mao's China and Nehru's India Diverged?" (PhD diss., American University, 2018).

（4）会议论文

Aaron Jed Rabena, "Sino-Philippine Joint Exploration in the South China Sea: Prospects and Challenges" (paper presented at the Shanghai Forum 2019 roundtable on Creative Thinking and Practical Policies of Joint Development in the South China

Sea, Shanghai, May 26, 2019).

（三）档案文献

1. 中文

雷经天:《关于边区司法工作检查情形》（1943年9月3日），陕西省档案馆藏陕甘宁边区高等法院档案，档案号：15/149。

2. 西文

James Oglethorpe to the Trustees, January 13, 1733, Phillipps Collection of Egmont Manuscripts, 14200: 13, University of Georgia Library.

（四）互联网电子资源

1. 中文

国务院新闻办公室:《中国的和平发展》，中国国务院新闻办公室网站，2011年9月，http://www.scio.gov.cn/zfbps/ndhf/2011/Document/1000032/1000032_3.htm，访问日期：2020年5月2日。

2011年9月是该文件发布的日期，2020年5月2日是作者登录网站浏览文件的日期。

2. 西文

U.S. Department of Defense, "Indo-Pacific Strategy Report," June 1, 2019, p. 36, accessed March 29, 2020, https://media.defense.gov/2019/Jul/01/2002152311/-1/-1/1/DEPARTMENT-OF-DEFENSE-INDO-PACIFICSTRATEGY-REPORT-2019.PDF.

（五）转引文献

章太炎:《在长沙晨光学校演说》（1925年10月），转引自汤志钧编《章太炎年谱长编》下册，中华书局，1979，第823页。

（六）重复引用文献

文献初次引用要确保各项内容齐全，再次引用可以简化为"责任者、书名、页码"。

1. 中文

石源华:《中华民国外交史新著》第三卷，第1094—1174页。

2. 西文

Sutter, *Chinese Foreign Relations*, pp. 17-37.

《中国周边外交研究》编辑部

2021年6月

审稿专家致谢

以下为《中国周边外交研究》第十三辑（2021年第一辑）审阅稿件专家，感谢你们对《中国周边外交研究》的支持和帮助（以姓氏拼音字母为序）：

包霞琴，复旦大学国际关系与公共事务学院教授

费　晟，中山大学历史学系教授

黄　伟，武汉大学中国边界与海洋研究院副教授

林　梅，厦门大学国际关系学院/南洋研究院副教授

林民旺，复旦大学国际问题研究院研究员

吕文正，中国自然资源部第二海洋研究所研究员

马　斌，复旦大学国际问题研究院副研究员

祁怀高，复旦大学国际问题研究院研究员

宋清润，北京外国语大学亚洲学院教授

汪金国，兰州大学政治与国际关系学院教授

魏力苏，内蒙古财经大学公共管理学院行政管理系教师

温　尧，复旦大学国际问题研究院助理研究员

西仁塔娜，内蒙古大学蒙古国研究中心副研究员

薛　松，复旦大学国际问题研究院副研究员

徐庆超，中国科学院国家创新与发展战略研究会北极可持续发展中心执行主任、研究员

杨　健，复旦大学国际问题研究院研究员

曾　皓，湖南师范大学法学院副教授

赵华胜，复旦大学国际问题研究院研究员

赵卫华，复旦大学国际问题研究院研究员

周　健，武汉大学中国边界与海洋研究院研究员

朱永彪，兰州大学政治与国际关系学院教授

〔越南〕裴氏秋贤，越南社会科学翰林院中国研究所副主任